旅游目的地管理

吕俊芳　张世杰　编　著

北京理工大学出版社
BEIJING INSTITUTE OF TECHNOLOGY PRESS

内 容 简 介

旅游研究已经从要素研究发展为融合各要素的目的地研究，本书在综合利用旅游目的地管理理论的基础上对旅游目的地管理实务进行了阐释。全书内容共分十二章，由理论篇和实务篇构成，每章每节均融入课程思政和新时代的重点和热点问题，力图做到与时俱进。前五章属于理论篇，后七章属于实务篇。理论篇包括旅游目的地概述、旅游目的地管理、旅游目的地管理基础理论、旅游目的地影响因素、旅游目的地发展驱动机制，实务篇包括旅游目的地战略规划管理、旅游目的地开发、旅游目的地市场营销管理、旅游目的地节事活动管理、旅游活动对目的地的影响、旅游目的地危机管理、旅游目的地可持续发展。

本书可供普通高等院校旅游管理相关专业学生作为教材使用，亦适用于各级旅游管理部门和旅游目的地发展的决策借鉴，同时对旅游相关行业工作人员和广大旅游者有一定的参考价值。

图书在版编目（ＣＩＰ）数据

旅游目的地管理／吕俊芳，张世杰编著. --北京：
北京理工大学出版社，2024.5
ISBN 978-7-5763-4066-2

Ⅰ.①旅…　Ⅱ.①吕…　②张…　Ⅲ.①旅游地-旅游
资源-资源管理-高等学校-教材　Ⅳ.①F590.3

中国国家版本馆 CIP 数据核字（2024）第 105006 号

责任编辑：李慧智　　　　文案编辑：李慧智
责任校对：王雅静　　　　责任印制：李志强

出版发行 / 北京理工大学出版社有限责任公司
社　　址 / 北京市丰台区四合庄路 6 号
邮　　编 / 100070
电　　话 / （010）68914026（教材售后服务热线）
　　　　　　　（010）68944437（课件资源服务热线）
网　　址 / http://www.bitpress.com.cn

版 印 次 / 2024 年 5 月第 1 版第 1 次印刷
印　　刷 / 河北盛世彩捷印刷有限公司
开　　本 / 787 mm×1092 mm　1/16
印　　张 / 18.5
字　　数 / 432 千字
定　　价 / 95.00 元

伴随着中国旅游业的蓬勃发展，2009 年年底国家已明确要把旅游业培育成为国民经济的战略性支柱产业和人民群众更加满意的现代服务业。近年来旅游已经由景区景点旅游迈向全域旅游。2018 年教育部颁发国家教学质量标准，首次在旅游管理专业核心课程中增设了旅游目的地管理这一核心课程。为加快旅游产业转型升级，适应旅游目的地发展对旅游经营管理复合型人才的需要，课题组对近年来旅游目的地管理的研究成果进行了系统梳理，充分研究了国家标准的课程设置和质量要求，并结合党的二十大精神，深入学习贯彻习近平总书记关于旅游发展的一系列重要论述，"坚持以文塑旅、以旅彰文，走独具特色的中国旅游发展之路。推动旅游业高质量发展、加快建设旅游强国，强化系统谋划和科学布局，保护文化遗产和生态资源，提升供给水平和服务质量，深化国际旅游交流合作，不断开创旅游发展新局面"，编写了本书。本着"着力提高人才培养水平""坚持育人为本，德育为先""强化能力培养，创新人才培养模式""着重培养学生的主动精神和创造性思维"等新时代教育要求和进一步落实教育部倡导的"立德树人、三全育人"时代方略，结合多年旅游教育实践，编写团队探索出"三源四横四纵"的链核式旅游人才培养范式，并不遗余力地实施推广，本书是其阶段性成果。

本书全面贯彻落实"三全育人"、全过程融入课程思政，每章均增设素养目标，遵循"职业素养""专业知识""行业技能""创新能力"并重的原则，本着探索精神，结合旅游目的地发展时代背景从理论和实务两个维度进行建构，具有四大特点：一是宏观性。本书遵循高等旅游教育的定位策略，系统性探研了旅游目的地发展的驱动机理，梳理出旅游目的地基础理论、影响因素和驱动机制，跳出旅游目的地视角，宏观系统地进行理论呈现，结构清晰。二是创新性，本书把最新科研成果融于教学，突破观光时代景点旅游理念的局限，提出"旅游地资源"这一从旅游目的地角度的创新概念，将问题意识和创新思维融入全过程，每章均设置了章首导入案例和章末的案例思考与解析，着重培养学生的主动精神和创造性思维。三是时代性，为应对日益加速的"知识流变性"，本书紧跟旅游目的地发展实践和紧扣国家教育方针政策，与时俱进形成了开放的理论体系，致力于建构以"健全职业人格"为更高整合框架的赋能型课程体系。四是核心性，本书在融合管理学、地理学、经济学、文化学、社会学等学科思维的基础上，摆脱了旅游管理知识依附其他知识的附属地位，构筑了旅游目的地管理的核心知识体系，融合了旅游空间上的运行体系、经济上的产业体系、社会生活的场景体系。

  本书第一章到第七章、第十二章由吕俊芳完成，第八章到第十一章由张世杰完成，吕俊芳负责统稿，倪岩负责技术支撑。成文过程中参阅引用了大量相关优秀研究成果，限于篇幅，书中没有一一指出，仅在章后进行罗列参考文献，在此对相关作者深表谢意。在本书成文过程中，倪渝灵不辞辛苦校对文稿，在此深表谢意。受理论水平和实践条件所限，书中纰漏之处在所难免，敬请读者不吝赐教，以匡不逮。

编　者

2024 年 2 月

目录

理 论 篇

第一章　旅游目的地概述

学习目标

通过本章的学习，你应该能够：
1. 掌握旅游目的地的含义和特征；
2. 掌握旅游目的地构成要素；
3. 熟悉旅游目的地的各种类型。

素养目标

1. 运用旅游目的地的相关知识准确分析旅游目的地发展的能力；
2. 反思旅游目的地发展相关问题，独立创新地探索旅游目的地发展的思路；
3. 把握旅游目的地的社会地位和承担的社会责任，增强旅游发展中的人文关怀意识；
4. 挖掘旅游目的地的文化内涵，培养自信乐观的职业态度。

导入案例

贵州打造"高铁旅游目的地"

2015 年 4 月 4 日，贵阳至广州高铁客运专线开通已满百日。其间，有超过 180 万人次的旅客通过这条线路出行，贵州境内日均发送旅客超过 9 000 人次。"井喷"的客流引爆淡季贵州旅游市场，据贵州省旅游局统计，全省有组织地接待旅游团队大幅度增长，仅春节黄金周期间，从广东来黔旅游的游客同比增长七成。贵广高铁开通后为贵州聚集了大量的人气，开启了贵州"高铁旅游目的地"新格局，也将为"后高铁时代"开启新的商机。

高铁引爆淡季贵州旅游市场

"地接导游现在都忙得没有时间休息。"海外旅行社一位负责人表示，今年贵州冬春季旅游市场堪比旺季，赤水、西江苗寨等旅游线路房源一度紧张。来自贵阳市旅游局的统计数据显示，仅今年清明节假期，贵阳市就接待国内外游客 167.04 万人次，同比增长 30.8%；旅游总收入 8.83 亿元，同比增长 38.6%。

西江千户苗寨、青岩古镇、南江大峡谷、肇兴景区在今年春节小长假和清明节小长假期间也迎来了大批游客，游客增幅较往年呈现出两位数的增长，其中西江千户苗寨游客较往年增长近 50%。

受高铁出行辐射，贵州境内其他旅游景点游客也大幅攀升。高铁开通首月，黄果树景区接待游客 51 991 人，同比增长 154%，其中持高铁票游客占 42.3%。荔波景区接待游客 40 011 人，同比增长 393%，高铁游客占 29.5%。贵广高铁强有力的"磁场"拉动今年春节前后贵州旅游，全省旅游景点较去年同期增长约 20%。

快旅慢游需多元化产品支撑

"200 多元钱，4 个小时从广州到贵阳，2 天周末变 3 天小长假。"长期在广州一家网络供职的罗丹是一名背包客，贵广高铁的开通让她周末到黄果树采风的愿景变为现实。

"高铁将促进旅游空间结构趋于均衡化。"北京交通大学旅游系主任张辉表示，高铁将促使旅游消费者的出游方式和时间发生改变，旅游产品开发也将向深度发展。

高铁源源不断的客流催生了许多深度旅游产品。广之旅推出的"西江千户苗寨黄果树瀑布动车 4 天人气团""荔波大小七孔肇庆侗寨岜沙苗寨动车 5 天深度游"等产品一经推出就在羊城热卖。同样，南湖国旅推出黔东南从江岜沙苗寨、加榜梯田、肇兴侗寨、侗族歌舞表演等 6 条"999 元贵广抢鲜玩"产品受到市民疯抢。"贵州旅游线路不再因为空间距离受限于简单的东部线、西部线等单线的旅游产品，更多综合型、深度游的产品受追捧。"省旅游局相关负责人表示。

张辉认为，高铁不仅提高了"行"的速度和质量，还拉动了"游""住"两大要素，使"快旅慢游"逐步变为现实，既缩短了旅途时间，也节省了旅途花销，可以达到使周末双休变为 3 天长周末的效果，有利于激发中低收入或闲暇较少的群体出游，有利于提高出游率和普及率。高铁的便捷、廉价和舒适将带动散客人数大量增加。贵州省旅游局相关负责人表示，旅游团将不再仅以一个城市或省份为目的地，高铁融合了区域关系，可以形成"香港—广州—桂林—荔波—西江—贵阳"联动的旅游线路，贵州也可跻身"珠三角一日游"的行列，高铁拉近了、融合了区域关系，使城市之间、地区之间的旅游发展由传统的松散型、概念性合作，变为实质性的同城化、一线式。

高铁扩大了市场配置资源空间

"高铁为贵阳国际旅游胜地建设带来了机遇。它不仅仅是一种交通工具，更重要的是它提高了整个旅游的速度与效率，在此前提下，很多业态也发生了变化，也必然创造了新的行业机会。"张辉表示，贵阳必须加快旅游产业的优化升级，丰富旅游产品结构，加快实施一批大的接待服务类旅游项目，大力发展旅游购物、餐饮住宿、文化娱乐等行业，提高旅游产业综合效益。此外，借助高铁的便利条件，还可以发展分时度假、产权酒店等新型度假形式，打造高铁休闲圈中的"第二居所地"。

贵广高铁 4 小时的旅程大幅度拉近了客源地与目的地的市场距离，成了名副其实的"短途游"。过去难以企及的客源市场拉近了，岜沙、肇庆、黎平等长期偏处一方的旅游目的地可迎来大量的中远程游客。贵州大学区域经济学教授王志凌认为，一些靠自然发展需一二十年才能迎来市场机遇的地区，随着高铁的开通而一跃成为投资热点，并很快发展为

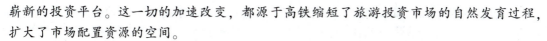

崭新的投资平台。这一切的加速改变，都源于高铁缩短了旅游投资市场的自然发育过程，扩大了市场配置资源的空间。

（资料来源：中国旅游网 www.cntour.cn 2015-04-23）

1. 通过案例思考何为旅游目的地。
2. 尝试总结旅游目的地的构成要素。

旅游越来越呈现出系统性特征，学界更多地把旅游看成旅游系统。从不同的角度解构，旅游系统有不同的结构。从空间角度解构旅游系统是重要的维度，旅游系统的空间结构包括旅游目的地、旅游客源地和旅游通道。旅游目的地是相对于客源地而存在的，是激发旅游者产生旅游动机并完成旅游活动的空间载体，是基于空间视角的旅游活动核心。

第一节　旅游目的地概念

一、旅游目的地定义

国内外对旅游目的地尚未定论，不同专家学者从不同角度对旅游目的地有不同的界定。

（一）国外代表性旅游目的地界定

旅游目的地的国外研究始于20世纪70年代，最初它被认为是一个明确的地理区域。

Clare A. Gunn 提出"旅游目的地地带"（Destination Zone），其中包含吸引物综合体、服务社区、通道等。

世界旅游环境中心指出，旅游目的地指乡村、度假中心、海滨或山岳休假地、小镇、城市或乡村公园；人们在其特定的区域内实施特别的管理政策和运作规则，以影响游客的活动及其对环境造成的冲击。

Leiper 认为，旅游目的地是旅游者到此旅游，且在此为了体验对其具有吸引力的景点的某些特性的地方。

Devidson 和 Crouch 认为，传统意义上的旅游目的地被认为是有良好基础设施的地理区域，如一个国家、一个岛屿或一个城镇。

D. Buhalis 认为，旅游目的地是一个特定的地理区域，被旅游者公认为一个完整的个体，有统一管理和规划的、独立完整的特定地理区域。旅游目的地是旅游产品的集合体，并且向旅游者提供完整的旅游经历，目的地产品是与目的地有关的市场形象的一切旅游产品和服务的总和。

世界旅游组织定义旅游目的地为物理空间，在这个空间内平均每个游客起码待一个晚上，这个空间包括旅游产品和服务，是具有地理区域和行政界线的，可以通过影响市场竞争力等方面的要素来体现管理活动、形象和旅游者满意度。

Robbins 认为，旅游目的地包含旅游者需要消费的一系列产品和服务。

（二）国内代表性旅游目的地界定

国内旅游目的地研究晚于国外，起始于20世纪90年代中后期，较早时称为旅游地。

代表性的观点有：郭来喜指出，旅游地是具有一定经济结构和形态的旅游对象的地域组合。

保继刚认为，旅游目的地是旅游者停留活动的地方，是指附着在一定地理空间上的旅游资源与旅游基础及专用设施和相关条件在一定地理空间的有机结合，造就了游客停留、活动的目的地。

崔凤君指出，旅游目的地是具有统一的、具有整体形象的旅游吸引物体系的开放系统。

魏小安认为，旅游目的地是促使人们产生旅游动机，并使动机实现的多种空间要素之和。

张辉认为，旅游目的地是拥有特定性质的旅游资源，具备一定的旅游吸引力，能够吸引一定规模、数量的旅游者进行旅游活动的特定区域。

林峰指出，旅游目的地是一个非常有用的区域经济概念，但从旅游作为一个游憩及游憩接待的系统而言，目的地概念包含了一种系统结构与系统工程的理念思路。

邹统纤指出，旅游目的地是一个感性概念，它为游客提供一个旅游产品和服务的合成品，一个组合的体验经历。

杨振之在区分了旅游目的地和旅游过境地基础上，指出旅游目的地除了是一种集中的地理空间外，还形成了旅游产业发展的格局。

董观志、张巧玲指出，旅游目的地是以一定的旅游资源为核心，以综合性的旅游设施为凭借，以可进入性为前提的旅游活动与旅游服务地域综合体，它是旅游者停留并开展旅游活动的核心载体。旅游目的地是具有一定规模、相对集中的地域空间范围；旅游目的地对一定的旅游资源已经开发利用，具有一定的旅游吸引功能；旅游目的地具有内部联系紧密的综合性旅游产业结构与相对完备的游乐和接待服务功能，从而使旅游业在该地域经济结构中占有相当比重。

《中国旅游大词典》中，词条"旅游目的地"（Tourism Destination）与词条"旅游地"合并出现，泛指能够为来访游客提供旅游经历或体验的特定地理区域。

(三)旅游目的地含义

通过国际国内的旅游目的地界定发现，由于国内外学者所处的发展阶段和社会背景各不相同，对旅游目的地界定的方式和关注点不尽相同，但是有一定的共识，即：

旅游目的地形成需要具备一定条件，主要有：适当数量的旅游资源，和旅游资源匹配的基础设施和专门设施，相应的旅游服务，适量旅游客源需求，一定的地域空间，特定的管理机构，相应的产业链条等。保继刚认为，一定意义上旅游目的地是旅游产品和旅游服务与游客体验相结合的整体。

旅游目的地的含义：第一，旅游目的地是在旅游资源基础上，以吸引力为核心，能够激发人们旅游动机的地域空间；第二，旅游目的地要依托旅游专用设施、旅游基础设施以及相关的其他条件有机结合起来，能够成为旅游者停留和活动的空间综合体；第三，旅游目的地具有完善的区域管理与协调机构，是能实现旅游目的和完成旅游接待服务的功能空间体。旅游资源是旅游目的地存在的核心基础，旅游资源虽有垄断等价值吸引性但不能自发产生效益，当旅游资源与一定的技术、知识等因素相结合时才真正包含价值，当吸引较多旅游者到来并完成特定旅游需求时就成为旅游吸引物，当吸引游客达到最低门槛值时就

成为旅游目的地，围绕旅游目的地的旅游企业越来越多时就转型为成熟的旅游目的地。

综上，旅游目的地定义为：旅游目的地简称旅游地，指具有独特的旅游形象和吸引力、健全的设施和服务、完善的区域管理与协调机构，能够使潜在旅游者产生出游动机并做出出游决策，实现其旅游目的的区域。

二、旅游目的地特征

旅游目的地是人们可以进行旅游活动的场所，具有一定的空间范围，从其区域主要功能看，具有地域辐射带动性、动态稳定性、文化永恒性、竞争合作性、协同制约性等特征。

其主要表现为：

(一)地域辐射带动性

旅游目的地是一定区域范围内旅游活动现象通过延伸和拓展而成的地域单元，必须以一个相对完整的空间为前提，具有典型的地域特征。旅游目的地是由旅游资源、产品、市场营销和相关设施配套行业等形成的旅游功能集合体。在特定的地域内旅游活动几乎涉及所有的生活资料行业和服务行业，如交通、文娱、接待、商务、建筑、水电、食品、保险、金融等，同时这些行业又将间接带动其他相关行业的发展，如种植业、畜牧业、林业、制造业、加工业等。因此，旅游目的地不仅可以调整和优化地域产业结构，带动相关行业和区域社会发展，更能促进大批城乡和旅游目的地国际化。

(二)动态稳定性

旅游目的地会因为各构成要素状态不断发生变化而处于不断的变化中，其整体的结构和功能也会随要素的变化而发生变化，但在一定时期内，其发展又呈现出一个动态的平衡状态，从而使旅游目的地保持相对的稳定。

(三)文化永恒性

旅游目的地从本质上讲是地域的文化财富。旅游者之所以愿意花费时间、精力、体力、金钱到一目的地，主要是受其新鲜的异质文化吸引，例如，北京故宫是由于其独特的文化魅力和人文环境才吸引了全世界旅游者的到来。因此，旅游目的地应该对其异质文化和独特人文环境进行妥善合理的管理，使之持续保持与客源地文化之间的差异性和不可替代性，从而具有永恒的生命力和吸引力。

(四)竞争合作性

每一个旅游目的地都在力争成为旅游者最向往的地域，所以旅游目的地不仅要不断创新，更要在实践中不断总结，将自我创新出的模式形成自己独有的魅力和风格，从而保持自己的垄断性，比其他旅游目的地更具吸引力。同时，旅游目的地的进一步创新发展离不开竞争与合作，这种合作是以旅游目的地之间的差异性所形成的竞争优势为前提，通过合作来寻求更多的发展可能，从而不断提升自我竞争力。

(五)协同制约性

旅游目的地协同性表现为各构成要素间以及各构成要素内部的协同，旅游目的地借助这种协调来实现自我预期目标；旅游目的地的制约性表现为旅游资源的开发与环境的保护是一个永远要寻求的平衡，如旅游目的地资源的开发利用常常使资源和环境遭受冲击甚至破坏，从而危及其吸引力。

第二节　旅游目的地构成要素

旅游目的地作为一个系统，从不同的角度看会有不同的结构，国内外专家学者从不同的维度对旅游目的地进行了结构解析。

一、Clare A. Gunn 和 Murphy 的五要素论

Clare A. Gunn 和 Murphy 曾提出旅游运作系统，指出旅游动态系统的构成及各组成要素间的互动关系，旅游动态系统由需求和供给两个子系统互动构成，其中需求子系统是指产生旅游者的国家和地区，供给子系统是接待旅游者的国家和地区，即旅游目的地国家和地区。他们认为供给子系统的旅游目的地由四大要素构成：交通、吸引力、服务和信息推广。他们认为能够真正成为旅游目的地的地区应该具备以下条件：

(1)拥有一定距离范围的客源市场。

(2)具有发展旅游的潜力和条件。

(3)对潜在市场具有合理的可进入性。

(4)其社会经济基础具备能够支持旅游业发展的最低限度水平。

(5)有一定规模并包含多个社区等。

旅游目的地是一个综合体，其各个组成要素密切配合，才能成为一个旅游者愿意选择并具有旅游功能的目的地。

二、Cooper 旅游目的地"4A"论

Cooper 把旅游目的地的构成要素归纳为"4A"：

(1)吸引物(Attractions)。

(2)接待设施(Amenities)，包括住宿设施、餐饮设施、娱乐设施、其他服务设施等。

(3)进入通道(Access)，包括有形的交通硬件设施和无形的政策保障条件。

(4)辅助性服务(Ancillary Service)，包括政府机构如旅游行政管理部门和非政府机构，如旅游教育机构等。

三、D. Buhalis 旅游目的地"6A"论

D. Buhalis 在 Cooper"4A"论的基础上，提出旅游目的地由 6 个"A"构成：

(1)旅游吸引物(Attractions)。

(2)接待设施(Amenities)。

(3)进入通道(Access)。

(4)包价服务(Available Package)。

(5)活动(Activities)。

(6)辅助性服务(Ancillary Service)。

四、魏小安和厉新建的三要素论

魏小安、厉新建认为旅游目的地包含三要素，即吸引力要素、服务类要素及环境类要素。其中前两者称为吸引要素，基本涵盖旅游业发展的行、游、住、吃、购、娱等要素；后者称为发展要素，主要是支撑保障主体性或主导性产业——旅游产业在旅游目的地发展，涵盖旅游目的地发展的文化、咨询、环境、科教、制度、综合等多要素。旅游目的地发展有两大支点，一是各县、市、省、国家、洲等地域支点，二是旅游企业等产业支点，两大支点的结合共同促进旅游目的地建设。

五、邹统纤的两要素论

邹统纤认为旅游目的地核心的要素有两点：一为旅游吸引物，一为人类聚落，要有永久性的或者临时性的住宿设施，游客一般要在此逗留一夜以上。一般意义上的景点留宿，不应该是旅游目的地。

六、《中国旅游大辞典》的 4As 论

《中国旅游大辞典》中指出，旅游目的地形成需具备较为完整的旅游供给要素，即 4As：

（1）吸引物条件（Attractions），即拥有以旅游景点为代表的旅游资源。

（2）交通条件（Access），即能够提供必要的交通基础设施和客运服务。

（3）游客生活条件（Amenities），即能够提供住宿、餐饮、娱乐、购物等方面的旅游生活接待设施和相关服务。

（4）其他便利性服务（Ancillary services），即为方便到访游客开展活动而提供的各种相关服务（如旅游问讯中心）。

4As 基本上涵盖旅游吃、住、行、游、购、娱层面，主要基于供给层面界定旅游目的地。《中国旅游大辞典》中增加了"旅游目的地空间结构"和"旅游目的地系统"这两个词条。

《中国旅游大辞典》中，旅游目的地空间结构（Spatial Structure of Tourism Destination）指旅游目的地、游客集散地和旅游交通线共同形成的地域结构，是旅游经济客体在空间中相互作用形成的空间集聚程度和集聚状态，包括旅游活动的空间属性和相互关系，是旅游活动在地理空间上的投影，是区域旅游发展状态的重要"指示器"。旅游目的地空间结构研究的实质是从跨区域角度探讨旅游发展问题。旅游目的地空间结构要素分为组成要素和关联要素。组成要素包括旅游吸引物、旅游服务设施、旅游线路、旅游功能区，可以归纳为"三层次、四要素"，"三层次"指点状、线状和面状三个层次，"四要素"即上述四个组成要素。关联要素包括旅游客源市场、对外交通等。组成要素是旅游目的地构成的基本要素，是空间结构演变和优化的基础；关联要素通过组成要素发生作用，从而影响旅游目的地空间结构的整体布局。

《中国旅游大辞典》中，旅游目的地系统（Tourism Destination System）指旅游目的地空间和时间结构中形成和存在的包括社会、经济和环境在内的实物形态和精神氛围的总和。旅游目的地系统由旅游吸引物、旅游设施和旅游业管理三部分构成。旅游吸引物是旅游目的地核心构成要素，包括景观类吸引物和节事类吸引物，它决定了旅游目的地的层次、主导功能、发展规模和品位，是旅游目的地竞争力的重要影响因素；旅游设施包括基础设施和服务设施，是使旅游目的地吸引物转变为旅游产品的重要驱动因子；旅游业管理包括旅

游者、旅游从业者和第三方管理等，是旅游目的地旅游业开展和维持的基本保证。旅游目的地系统是一个动态的、开放的系统：随着时间的变化，系统的状态也会发生变化；系统的各要素是相互联系、相互影响的，任一成分的变化都有可能导致整个系统发生变化；系统不断与外界交换物质、能源和信息，外界影响因素的变化都会引起系统发生变化。旅游目的地系统的功能表现为三个方面，即客流、信息流和收益流，其中客流是实体功能，信息流是基础功能，收益流是旅游目的地系统的目标功能。

综上，旅游目的地有多层构成要素：第一层次要素为吸引力要素，即各类旅游吸引物，是吸引旅游者从客源地到目的地的直接的基本吸引力，以此为基础形成的旅游目的地（点）是第一产品；第二层次要素是服务要素，即各种旅游服务的综合，旅游目的地的其他设施及服务是第二产品，会影响旅游者的整个旅游经历，与旅游吸引物共同构成旅游目的地整体吸引力的来源；第三层次为环境要素，环境要素既是吸引力要素的组成部分，又是服务要素的组成部分，形成一个旅游目的地的发展条件。通俗地讲，旅游目的地要素由地理空间、吸引要素、基础设施、接待设施、产业链条、公共属性、环境属性等多要素组成。

第三节　旅游目的地分类

从不同的角度，依据不同的标准，旅游目的地会划分成不同的类型，因此关于旅游目的地类型的划分没有定论。

一、基于空间划分

为对接旅游发展实践，以旅游目的地资源禀赋为依托，基于空间区划关系，把旅游目的地划分为两大系列：一为旅游区，二为旅游城市（村镇）。

（一）基于非行政区划空间——旅游区

旅游区是经县级以上（含县）的行政管理部门批准并成立，具有统一的管理机构且范围明确，有适当参观游览或休闲度假等旅游功能，拥有的旅游服务设施与旅游服务的空间区域。旅游区通常具有一定的地域范围，具有旅游管理机构，由若干旅游景区组成，有旅游通道相连接，并形成一定特色旅游形象。旅游区是一个较大系列，涵盖若干小类别，主要包括世界遗产地、国家公园、地质公园、森林公园、自然保护区、湿地公园、海洋公园、考古遗址公园、生态公园、风景名胜区、主题公园、动物园、植物园、美术馆、旅游景区、景点、历史文化保护区、度假区、工农业旅游示范点等。

旅游区是吸引游客产生旅游动机的最直接动因，是旅游活动赖以实现的重要条件与保障，是旅游产业链中各业的核心支撑，是旅游业重要的生产力要素及旅游创收创汇的重要来源，是游客活动的核心场所，是区域旅游目的地形象的重要体现者，它直接影响旅游目的地的发展。

（二）基于行政区划空间——旅游城市（村镇）

基于行政区划空间，我国旅游目的地有旅游城市和旅游村镇。

旅游城市是指具备独特的自然风光或人文旅游资源，能够吸引旅游者并具备一定接待能力的城市。旅游城市是以旅游为主要职能的城市，往往以景区景点为核心，以旅游产业为主体，旅游业产值超过城市 GDP 的 7%。旅游城市需要四个基本条件：具有良好自然和生态环境，有广泛吸引力的特色旅游资源；有能满足旅游接待需要的城市基础设施和旅游专门设施；有高质量的旅游服务和舒适的旅游环境。旅游城市评审主要是对城市旅游资源、旅游吸引力、旅游接待能力、旅游服务管理、旅游业的产值、旅游目的地开发规划等方面给出综合评定分值，评审旅游城市的目的是以评促建，通过差异化特色发展来提升旅游目的地旅游业水平。

我国乡村旅游广泛开展涌现出魅力独具的旅游村镇(旅游城镇)，旅游村镇是指旅游资源丰富，在区域旅游市场中有鲜明形象，有一定接待能力，且旅游经济在城镇 GDP 中占比持续增加的村镇。我国村镇型旅游目的地主要分为文化型、生态型和综合型等类别。

二、按照旅游者的需求划分

按照旅游者的需求不同，旅游目的地可以划分为观光型旅游目的地、休闲度假型旅游目的地、商务型旅游目的地、专项型旅游目的地。

(一)观光型旅游目的地

观光型旅游目的地是指旅游资源性质和特点适合开展观光旅游活动的特定区域，主要有自然观光地、城市观光地、名胜观光地等具体类型。观光型旅游目的地既是观光旅游的空间依托，也是一种传统型旅游目的地，它曾经在世界旅游活动中占有极为重要的地位。

(二)休闲度假型旅游目的地

休闲度假型旅游目的地是指旅游资源性质和特点能够满足旅游者休闲、度假和休养需要的特定区域，主要有滨水型休闲度假地、山岳型休闲度假地、林木型休闲度假地、乡村田园型休闲度假地等类型。此类型旅游目的地在全球旅游活动中将会占有越来越重要的位置。

(三)商务型旅游目的地

商务型旅游目的地是指适合旅游者开展以商务为主要目的，旅游为主要手段，游览、娱乐和商务兼具的特定区域，主要有传统的商务旅游目的地、奖励旅游目的地和会展旅游目的地等类型。

(四)专项型旅游目的地

专项型旅游目的地是指满足某类旅游者康体、运动、科考、探险等特种旅游体验的旅游地，包括购物旅游目的地、高尔夫旅游目的地、珠宝旅游目的地、登山探险旅游目的地、生态旅游目的地、红色旅游目的地、研学旅游目的地、康养旅游目的地等。

三、按照旅游目的地构成形态划分

按照旅游目的地构成形态，旅游目的地可以划分为板块型旅游目的地和点线型旅游目的地。

(一)板块型旅游目的地

板块型旅游目的地是旅游吸引物紧密地集中在某一个特定区域，所有的旅游活动在空间上都是以这个旅游目的地为中心展开的，都以这个旅游目的地的服务设施以及旅游体系为依托的旅游目的地。

(二)点线型旅游目的地

点线型旅游目的地是旅游吸引物分散于一个较为广泛的地理空间区域内，在不同的空间点上各个吸引物之间的吸引力是相对均衡的，没有明显的中心吸引点。它是通过一定的旅行方式和组织将这些不同的空间点上的吸引物以旅游路线的形式结合在一起，旅游者在某一空间点只停留一段时间。通常旅行方式与组织体系是点线型旅游目的地形成的主要条件。

四、按照空间范围大小划分

按照旅游目的地空间范围大小，旅游目的地可以划分为国家旅游目的地、区域性旅游目的地、城市型旅游目的地和景区型旅游目的地。不同空间大小的旅游目的地的认知与旅游者的出游距离有关，出游距离越远，对旅游目的地的空间认知感越大。

(一)国家旅游目的地

国家旅游目的地是从世界旅游空间范围的跨国旅游来划分的，属于国际性旅游目的地的范畴，一般由多个区域性旅游目的地组成。旅游目的地国家突出的功能是建立与世界主要客源地之间便利的国际航空交通，并具有向各个区域性旅游目的地分散客流的经济功能。

(二)区域性旅游目的地

区域性旅游目的地是从一个国家空间范围来划分的，通常由多个城市旅游目的地组成。区域性旅游目的地是以国内航空港以及铁路中转交通枢纽为中心建立起来的旅游服务体系，这个体系中包括多个旅游城市和若干个旅游景区。良好的进入性条件、方便的客源分流体系是区域性旅游目的地的主要经济特征。

(三)城市型旅游目的地

城市型旅游目的地是从一个特定旅游目的地的地域空间范围来划分的，是由多个旅游景区所组成的，城市型旅游目的地不但具有参观、游览等观光功能，同时还具有完备的以住宿为主体的接待体系，并以便利的公路交通作为保证。

(四)景区型旅游目的地

景区型旅游目的地是旅游目的地的最小单位，景区是独立的单位和专门的场所，以一个特色为主、划分明确、面积不大的区域。景区主要具有供旅游者参观、游览和观光的功能，一般不具有住宿的功能。

五、按照资源特性划分

按照旅游资源的特性，旅游目的地可划分为自然山水型、都市商务型、乡野田园型、文化历史型、民族民俗型和古城古镇型。

(一)自然山水型旅游目的地

自然山水型旅游目的地以自然山水旅游资源为主要吸引物，可细分为山岳型旅游目的地、水域型旅游目的地、森林草原型旅游目的地、沙漠戈壁型旅游目的地等类型。

（二）都市商务型旅游目的地

都市商务型旅游目的地是凭借大城市作为区域政治、经济、文化中心的优势发展起来的旅游目的地。

（三）乡野田园型旅游目的地

乡野田园型旅游目的地是凭借农村生活环境、农业耕作方式、农田景观及农业产品等吸引旅游者的旅游目的地。

（四）文化历史型旅游目的地

文化历史型旅游目的地是凭借历史文化、历史遗迹等成为具有浓厚文化底蕴的旅游目的地。

（五）民族民俗型旅游目的地

民族民俗型旅游目的地是凭借不同地域、不同民族之间的民俗文化和民族传统上的差异，依托独特的地方民俗文化和民族特色而发展的旅游目的地。

（六）古城古镇型旅游目的地

古城古镇型旅游目的地是依托在历史发展中保存下来的完整的古色古香的城镇风貌和天人合一的居民生活环境而吸引旅游者的目的地。

六、按照主要功能划分

按照旅游目的地主要功能，可划分为经济开发型旅游目的地和资源保护型旅游目的地。

（一）经济开发型旅游目的地

经济开发型旅游目的地是以营利为主要目的，例如主题公园、旅游度假区等，旅游目的地内一般没有特殊遗产资源，有较多人工痕迹的旅游目的地。

（二）资源保护型旅游目的地

资源保护型旅游目的地是以公共资源为依托，目的地资源的社会文化与环境价值往往超过经济价值，目的地资源具有不可再生性，如风景名胜区、森林公园、自然保护区、历史文化保护区等旅游目的地。

七、按照开发时间和发展程度划分

按照开发时间和发展程度，旅游目的地可划分为传统旅游目的地和新兴旅游目的地。崔凤军将我国这两类旅游目的地划分的时间界线定在 20 世纪 80 年代中期，按照这一标准，我国的北京、上海、广州、苏州、杭州、桂林、西安等城市和长城、故宫、泰山、黄山等景区是典型的传统旅游目的地，这些目的地依然是我国旅游的热点和重点；三亚、珠海、丽江等城市和华侨城等旅游目的地，其发展历史相对较短，是典型的新兴旅游目的地，这些旅游目的地的发展一般都是遵循旅游目的地生命周期曲线规律，需要不断创新和发展。

八、其他类型划分

依据旅游线路模式分为单一型、枢纽型、门户型、出口型。依据旅游者从客源地到目的地的距离及花费时间，可分为近、中、远程三类目的地；按照空间尺度和地域大小旅游目的地可以分为国家、城市、特殊功能区等。基于旅游目的地管理和制定实施旅游政策的务实性，依据某种公认的行政管辖范围，旅游目的地分为：国家、某一跨国界的旅游合作区域(如欧洲的里维埃拉海岸区)，一国中的某个大区(如我国的环渤海区域)，一国的某个省、州、城市或城镇，某一本身足以吸引游客来访的著名旅游景区(如美国佛罗里达州的迪士尼世界)。

国际上 Clare A. Gunn 将旅游目的地(带)分为：都市型(Urban)、放射型(Radical)和扩散型(Extended)；Buhalis 把旅游目的地分为城市、海滨、山地、乡村、真实的国家和世外桃源等类型。

 本章小结

旅游目的地简称旅游地，指具有独特的旅游形象和吸引力、健全的设施和服务、完善的区域管理与协调机构，能够使潜在旅游者产生出游动机并做出出游决策，实现其旅游目的的区域。旅游目的地具有地域辐射带动性、动态稳定性、文化永恒性、竞争合作性、协同制约性等特征。

旅游目的地是一个地域产业综合体，有多层构成要素：第一层次要素为吸引力要素，以此为基础形成的旅游目的地(点)是第一产品；第二层次要素是服务要素，与旅游吸引物共同构成旅游目的地整体吸引力的来源；第三层次为环境要素，是旅游目的地的发展条件。通俗地讲，旅游目的地是地理空间、吸引要素、基础设施、接待设施、产业链条、公共属性、环境属性等多要素的综合。

角度、标准不同，旅游目的地的类型就不同，基于行政区划空间关系，旅游目的地划分为旅游区和旅游城市(村镇)两大系列；按照旅游者的需求，旅游目的地可以划分为观光型、休闲度假型、商务型、专项型；按照构成形态，旅游目的地可以划分为板块型和点线型；按照空间范围大小，旅游目的地可以划分为国家、区域性、城市型和景区型；按照旅游资源的特性，旅游目的地可划分为自然山水型、都市商务型、乡野田园型、文化历史型、民族民俗型和古城古镇型；按照主要功能，旅游目的地可划分为经济开发型和资源保护型；按照开发时间和发展程度，可划分为传统和新兴旅游目的地；以及国内外的其他分类方案。

 关键术语

旅游目的地；旅游资源；旅游吸引力；旅游服务

 参考资料

[1]邵琪伟. 中国旅游大辞典[Z]. 上海：上海辞书出版社，2012：749，375.

[2]保继刚. 中国旅游地理学研究问题缺失的现状与反思[J]. 旅游学刊，2010(10)：13-17.

［3］石培华．支撑我国旅游业发展的十大科研课题［C］．2011 中国旅游评论，北京：旅游教育出版社，2011：10-13.

［4］马耀峰，宋保平，赵振斌．旅游资源开发［M］．北京：科学出版社，2005：1.

［5］李庆雷，赵红梅．旅游资源的可拓性及其认识论意义［J］．人文地理，2012，125（3）：125-130.

［6］马勇，张祥胜．国内旅游目的地研究综述［J］．世界地理研究，2008，17（1）：144-153，173.

［7］黄安民．旅游目的地管理［M］．武汉：华中科技大学出版社，2019：1-8.

［8］邹统纤．旅游目的地管理［M］．北京：高等教育出版社，2011：1-9.

［9］李雪松．旅游目的地管理［M］．北京：高等教育出版社，2021：1-18.

［10］吕俊芳．旅游目的地时空错位发展研究［M］．北京：北京理工大学出版社，2022：1-56.

 网络资源

1. 中国旅游网：http：//www.cntour.cn/（中国旅游景点大全，可以获取丰富的旅游景点信息）；

2. 中国旅游研究院：http：//www.ctaweb.org/（查询旅游经济研究的理论观点、政策信息和旅游业的重点、难点问题）；

3. 第一旅游网：http：//www.toptour.cn/（中国旅游报电子网络平台，可以获得中国旅游经济的最新资讯）；

4. 中华人民共和国文化和旅游部网站：http：//www.mct.gov.cn/（查询国家旅游政策、旅游动态信息、旅游统计数据等）。

 分析与思考

1. 什么是旅游目的地？

2. 旅游目的地的特征是什么？

3. 分析旅游目的地的构成要素和条件。

4. 旅游目的地的类型有哪些？

 技能训练

1. 查询世界旅游与旅行理事会网站（www.wttc.org）或中华人民共和国文化和旅游部网站（www.mct.gov.cn），阅读相关旅游目的地信息，概括我国旅游总体发展情况。

2. 调查你所在地域旅游目的地的发展概况，讨论分析旅游目的地的影响因素。

3. 利用网络资源和学校的图书期刊资源，了解国内外旅游目的地研究动态并进行评述。

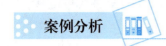 **案例分析**

戴斌：市民生活应是旅游目的地软实力

"市民以及市民的日常生活才是城市最美丽的风景，才是旅游目的地真正的软实力之所在。"16 日，中国旅游研究院院长戴斌在 2014 中国(郑州)世界旅游城市市长论坛上表达了自己对于旅游目的地新发展的理解。

在本次论坛上，对于如何发展中国特色旅游目的地，中国旅游研究院院长戴斌认为，过去发展旅游只要建立几个高大上的景区，盖几个高星级酒店，做一段主流媒体的广告，可能就能吸引游客前来。至于本地的经济社会发展的环境和城市管理的水平，市民的日常生活，通常不会顾及。

戴斌表示，现在那些老办法不适用了。越来越多的游客出行是散客化方式出行，他们带着体验异地生活的想法融入市民的日常生活当中，无时无刻不在以寻常的目光打量目的地的城市。他们依然要看风景，但是更要享受景观之上的生活。戴斌说："要让异国他乡的人可以触摸到真实的城市，事实上，任何自然环境、任何历史文化事件如果没有旅游目的地居民的日常生活作为空间背景，都不可能在旅游市场上获得长足的竞争力。"

而对于当今以及未来打造精品旅游目的地的要素，戴斌说："游客喜欢一个地方，愿意为朋友推荐、分享并到访的旅游地点，往往跟他们的生活环境密切相关。纯净的海水、广阔的瀑布，独特的建筑，创新的宣传广告……这些都可能影响他们。"此外，戴斌认为，现实中的导游、司机、服务员、售货员、警察、城管甚至跳舞的大妈大爷们才是这个城市的主人，他们日常生活的一言一行让这个城市有了活的灵魂。

同时，戴斌还提到了今年 8 月份中国政府颁布的《新的旅游业发展战略和指导思想》中"强化科学旅游观让国民在旅游中舒心、放心，发现美、享受美、传播美"来佐证他的市民及市民生活才是旅游目的地真正软实力的观点。"具体到城市，我想如果让游客像走亲戚那样常来常往，我们就得学会从市民的日常生活出发，学会与远方的客人聊聊家常，让游客得到这个城市的生活气，是柴米油盐的生活味道，是亲人的感觉，是母亲在家就在。"

提及河南郑州的旅游业发展，戴斌认为，只有传统的少林寺、嵩山、黄河和广大市民完美地融合在一起才有历史可想，有风景可看，有舌尖上的体验。"游客通过平等真诚的分享，特别是对普通市民和服务人员有了发自内心的亲近感，才会真正了解郑州，真正走入郑州。郑州才会真正成为世界级旅游目的地。因为城市是市民的生活空间，让市民拥有温暖的日常生活，我想才会有游客眼中最美丽的风景。"

(资料来源：中国旅游网 www.cntour.cn 2014-11-19)

思考问题：

为什么说市民生活是旅游目的地的软实力？谈谈你的理解。

第二章　旅游目的地管理

🎯 **学习目标**

通过本章的学习，你应该能够：
1. 了解旅游目的地开发与管理的创新；
2. 熟悉和理解旅游目的地管理的内容；
3. 掌握旅游目的地管理的概念和原则。

✒ **素养目标**

1. 运用旅游目的地管理知识准确分析和解决旅游目的地发展问题的能力；
2. 系统谋划旅游目的地管理问题，探索旅游目的地发展的创新思维；
3. 整体把握旅游目的地管理范畴，增强旅游管理中的社会责任和大局意识；
4. 辩证看待旅游目的地发展问题，培养乐观自信的职业精神。

◈ **导入案例**

旅游目的地如何通过预订网站吸引游客？

作为美国最忙碌的预订网站之一，Expedia 对旅行者选择目的地的决策影响越来越大。例如，告诉旅行者多少人订了某家酒店，并延伸帮助目的地开展营销活动。

Expedia 开展的这些营销活动都很成功，提升了曾经默默无闻的目的地以及要求推广的目的地的知名度。Expedia 在加拿大艾尔伯塔省举办的营销活动获得了 11 倍的投资回报。Expedia 媒体解决方案的发言人 Noah Tratt 称，这个省的机场客流量增长了 21%。

"自从我们开展营销活动后，艾尔伯塔省对他们的营销方式进行了反思。通过这些活动，我们也发现了在旅行者做出决定前我们有机会对他们产生影响，这次活动的结果与我们开展的其他活动的结果是一致的。"他说道，"不了解 Expedia 的人们以为旅行者访问我们的网站时已经知道了要去哪，但事实上并不总是如此。"

2010 年，Expedia 发现 20% 的用户在预订前的 48 小时内会在网站上搜索多个目的地。另一项 2013 年的研究显示旅行者在预订前平均会访问 38 个网站，这说明只要在旅行者访问预订网站的时候对其施加影响就不算晚。

Expedia 针对艾尔伯塔省开展的营销活动说明了触及正确的受众的重要性以及哪些活动不适合与社交媒体的关注者互动。

"艾尔伯塔省的活动拉动的社交媒体互动并没有达到我们预期的程度，"他说道，"我们希望未来的活动能更多关注我们的用户博客。互动是我们衡量一次活动是否成功的第一标准，投资回报是第二标准。"

对于通过访问目的地营销机构(DMO)网站来决定去哪儿的旅行者来说，多数目的地通过贴牌方式整合了一个预订网站，如 Expedia 和 Booking.com，或是选择另一个预订系统。目的地营销组织网站通常会根据预订量获取佣金。

对于 Expedia 来说，通过 DMO 网站的流量带来的预订量对总预订量和收入而言微不足道。Tratt 补充道，只有 6.4% 的 Expedia 用户通过这个预订网站访问 DMO 网站。

"我们并没有一个团队将 Expedia 整合到 DMO 的网站中，因为我们很少看到来自 DMO 网站的流量带到我们的网站。"他说道。

奥斯汀市的会议及访客局(CVB)是利用替代性预订系统的典型例子。2009 年奥斯汀选择与 Advanced Reservations 系统合作，为节庆活动、旅游景点和旅行社提供包括酒店在内的打包产品选择。洛杉矶也采用了这一系统。

"与替代性预订系统合作确保我们的消费者能更容易地预订。"CVB 的发言人 Shilpa Bakre 表示。

不过许多目的地并不这么认为，比如旧金山和纽约，这两个城市都选择将 Booking.com 放在自己的网站上。尤其是那些国际游客特别多的城市都会这样选择。

"由于我们一直在扩大国际营销活动，Booking.com 上 40 多种语言和货币转换对我们来说是关键的优势。"旧金山旅游营销团队发言人 Lynn Bruni 称。

"Booking.com 与我们多数酒店都有连接，因此酒店不需要花太多工夫，"她说道，"Booking.com 还提供高级的报告和追踪分析，对于酒店来说其佣金也能够承受。"

（资料来源：环球旅讯 www.traveldaily.cn 2014-09-29）

1. 通过案例思考如何进行旅游目的地管理。
2. 尝试总结旅游目的地管理的内容。

第一节　旅游目的地管理概念

一、旅游目的地管理

旅游目的地管理是通过行政方法、经济方法和法律方法，将旅游目的地视为一个开放型的完整系统，开发、利用和保护旅游资源，调控目的地的运行机制，组织各种丰富多彩的旅游项目活动，创造显著的经济效益和社会效益的过程。

旅游目的地管理通俗地讲就是对旅游目的地及其相关领域进行领导、组织、反馈、协调和控制。核心就是围绕旅游目的地开发和产业发展这一主线，通过对旅游主体(游客)、旅游客体(招商引资、开发建设、导游培训、景区运营)和环境(环境监测、环境容量调控、危机管理)进行有效监督控制，对旅游目的地内部政府、企业等不同利益主体进行协调和平衡，提升旅游目的地产出效益，保障旅游目的地的可持续发展。

一般来讲旅游目的地管理的主体，可以是当地政府，也可以是专业化企业，或者是两者的联合体。

二、旅游目的地管理的必要性

旅游目的地是一个开放的系统。

一方面，旅游目的地对外是开放的，它与社会有广泛的、密切的联系，它要向社会、游客提供特定的产品及其使用价值，要面对来自同行业的激烈竞争和挑战，还必须担负社会某些方面的责任和义务。

另一方面，旅游目的地自身就是一个系统，拥有很多工作部门、大量员工，还有很多产品，各种各样的设施设备以及旅游环境等。

为了使旅游目的地这个复杂的系统良性运转，就需要对旅游目的地进行科学的管理。

三、旅游目的地管理的目标与任务

旅游目的地作为社会管理和经营活动的一个单元，它的管理目标既有总目标，又有分目标，并且各目标任务在旅游目的地管理活动的实施过程中起到纲领性作用。虽然旅游目的地之间各有不同，具体要求有所差异，但从总体来看，其管理任务却大体一致。

旅游目的地管理的任务主要包括：保护旅游资源，培育资源生态与环境；开展健康有益的文化游览活动，为游客提供良好的产品和服务，丰富群众的精神文化生活；达到一定的经营目标，取得经济、环境和社会综合效益。

四、旅游目的地管理的模式

我国在旅游目的地管理方面进行了长期的探索，形成了不同的管理模式。根据灵活性和主体功能性的不同，大体有政府隶属模式、景区开发公司模式、景区管委会模式、旅游经济特区模式和政府行政模式等。

第二节　旅游目的地管理原则

一、突出特色的原则

旅游目的地的特色，包括自然和人文景观、建筑、项目和管理的特色，是旅游目的地的吸引力及其生命力所在。古香古色、宏伟壮观、民族风情、惊险曲折等都可以成为旅游目的地的特色。当然，此种特色应该与环境相协调，与旅游目的地的基调相一致，还要有一定的传统基础和群众基础。

旅游目的地应该挖掘当地特色资源、文化和环境，在旅游产品和旅游项目开发过程中因地制宜展现地域文化特色，突出本土民族、地方、环境等优势，挖掘整合各种资源，取其精华，准确定位，合理创新，形成自我独具的特色。

二、合理布局原则

合理布局有广泛的含义，从旅游目的地的平衡来讲，旅游项目应均匀分布，疏导客流；从旅游目的地特色来讲，要配置适当，组合巧妙；从游客利益来讲，要设施配套，路线合理，不走回头路；从业务管理来讲，要便于维护、管理；从项目组合来讲，应冷热均衡，大中小混合，各层次搭配，不断变换与创新。

三、效益兼顾原则

旅游目的地发展的目的和任务，因为开发主体、开发对象和时空背景不同，差别很大，但是不外乎经济效益、社会效益和生态效益。有的以经济效益为主，例如旅游项目投资；有的以社会效益为主，例如红色旅游目的地；有的以生态效益为主，例如各类生态湿地等禁止开发主体功能区建设。从科学发展观的角度看，应该追求三大效益的综合最大化。

旅游目的地管理的基本原则之一，就是要持续提高接待能力和吸引力，取得尽可能高的经济效益、社会效益和生态效益。要充分发挥现有旅游项目的利用率，通过保护、维修或改造延长旅游目的地生命周期。因此，对稍加修整便可开放的旅游项目应该优先利用；新建旅游项目，应该在统一规划和合理布局的前提下，选择吸引力强、观赏价值大、经济效益好的优先发展，建设周期要尽量短，以便尽快投入使用，同时兼顾经济、生态和社会三大综合效益。

进行旅游目的地管理时，既要最大程度满足各级各类旅游者寻求高质量体验经历的需求；还要保证旅游企业、当地社区等经营者最大限度地取得合理效益；同时要不遗余力地改善旅游目的地的自然人文生态，提高社会发展水平，保证与当地整体发展一盘棋。

四、持续发展原则

旅游目的地管理应该保证旅游目的地的持续发展。首先，要利用与保护相结合，保持生态平衡，对旅游资源破坏式开发和超容量利用，只会带来短期效益。其次，要提高旅游目的地的吸引力和服务水平，提高游客的重游率，只凭华丽的宣传和推销手段而不下功夫提高旅游目的地质量的做法是短视管理。最后，要不断推陈出新，用新的更有生命力的新项目持续增加旅游目的地的知名度和吸引力。

第三节　旅游目的地管理内容

旅游目的地管理是一项既复杂多变又务实的系统工程，包含如下内容：

一、旅游目的地战略规划管理

旅游目的地战略规划管理是依据旅游目的地的资源禀赋、地理区位、交通通道、宏观地理环境、微观产业管理等具体情况，综合市场需求和供给等因素，确定旅游目的地主题和形象定位，旅游目的地产品和项目等功能定位以及旅游目的地空间结构和功能布局等，协调内外关系，确定旅游目的地发展的基本格局，研究旅游目的地的发展方向和远景发展战略，并对实施战略的步骤进行确定。旅游目的地管理处在不断变化的市场环境中，区域经济、社会文化和旅游业本身发展、旅游产品供求关系的变化都将影响到旅游目的地生存和发展方向。

二、旅游目的地组织管理

旅游目的地经营管理战略实施、计划的落实和一切管理活动的完成都需要有健全的组织机构和完善的组织制度来保障。旅游目的地组织管理的目的在于根据所处环境的变化，为实现其战略目标而创新组织架构，不断调整和完善组织管理制度，确保组织机构具有较强的凝聚力和较高的效率，并拥有规范完善的管理制度。

三、旅游目的地开发管理

旅游目的地开发管理是指在旅游目的地资源调查评价的基础上，针对旅游目的地的属性、特色和发展规律，根据社会、经济和文化的发展趋势，对旅游目的地进行开发的总体布局、项目具体方案规划和实施的动态过程。旅游目的地开发管理，属于旅游发展中实践操作层面的内容，同时也是地方政府和开发商投入关注度最高的部分。

旅游目的地开发管理的内容包括旅游景点和项目建设、旅游目的地交通等基础设施建设、旅游目的地接待、服务设施建设和旅游目的地市场开拓等。

我国旅游目的地开发起步较晚，从 20 世纪 70 年代我国旅游事业起步开始到目前为止，经历了三个阶段，分别是资源导向型以供给侧为核心的旅游产品开发阶段（20 世纪 60、70 年代），区域导向型的系统规划开发阶段（20 世纪 80 年、90 年代），可持续发展、标准化开发管理阶段（21 世纪）。

四、旅游项目、景区、景点管理

旅游目的地项目、景区景点的建设、维护和合理布局，通过游客流量的调控，既可以达到增强旅游目的地吸引力和创造显著经济效益的目的，又可以达到保护资源、保障旅游业持续发展的目的，还可以通过旅游项目网点的特色形成目的地的优势。

五、投资管理

投资管理是维持旅游目的地生存、促进发展、增强竞争实力的重要保证。旅游目的地从一个旅游项目的创意设计、规划咨询、管理目标设计、建设，到建成后的经营管理都需要从投资管理的角度进行科学的论证。

六、业务管理

旅游目的地业务管理是使管理者的命令得到有效贯彻和全面实施的基本活动单元。业务能力主要包括人力资源开发与管理（如人才招聘、培训，员工考核激励，人事管理，劳资管理）、财务管理（如财务预算，财务决算，资产管理，收入、费用、税金与利润管理，财务分析与检查等）、服务质量管理（如服务质量标准制定，控制体系、服务流程设计等）和信息管理（如行业经营与发展信息管理，信息咨询系统管理，内部信息流通与反馈管理，信息收集与统计分析)等。

七、环境保护管理

旅游目的地竞争能力在很大程度上取决于环境质量的优劣。旅游目的地所处的地区其自然环境和社会经济文化环境(当地居民的消费水平、消费习惯、习俗、好客程度、文化差异等)都在深刻地影响旅游目的地的经营和发展，做好环境管理，是创造高品位的旅游产品，高质量的旅游活动，延长游客逗留时间，增加游客消费和旅游收入的重要手段。

八、游客管理

通过对游客的宣传教育、适当引导和必要制约，指导游客进行文明健康的旅游活动，维护旅游目的地良好秩序，制止极少数人的不良行为。

第四节　旅游目的地开发与管理创新

一、旅游目的地项目合理布局

(一)旅游项目合理布局的作用

旅游目的地内项目的合理布局，是指旅游项目的合理设置、科学分布与有效组合，是旅游目的地管理的重要内容。

1. 旅游项目布局的合理性直接影响旅游目的地的旅游吸引力

旅游项目布局合理，能给游客以内容充实、收获很大的感觉，并留下深刻印象，使游客在旅游目的地的整个旅游过程中，感到有新意，既丰富而又不凌乱，既分散而又有联系，从而使旅游吸引力大大增强。

2. 旅游目的地项目布局的合理性与游客旅游容量密切相关

通过旅游项目合理布局分散了游客，也减轻了旅游热点由于人多带来的迅速磨耗和游客旅游体验下降。布局的合理性还会通过项目的增加，季节性、时间性和游客偏爱程度不同项目的合理配置，直接增大旅游容量。

3. 旅游项目合理的布局能显著增加旅游目的地的经济效益

通过旅游项目的合理布局，可以引导固定偏爱少数项目的游客去认识和喜欢新的项目，可以引导不同类型的客流有秩序地流动而增加所需气氛，可以刺激游客的旅游需求和购物需求，可以大大延长游客在旅游目的地的停留时间，从而显著增加旅游目的地的经济效益。

(二)旅游项目合理布局的原则

旅游项目的配置，依旅游目的地的特色不同而各有差异，但其一般原则如下：

1. 均衡原则

(1)供求均衡原则。供，是指旅游目的地的旅游容量与接待能力；求，指游客的人数和旅游需求。若接待能力和旅游容量大于需求，则造成资源浪费，设施闲置；若求大于供，则会给游客的吃、住、行、游、购、娱造成困难，降低旅游目的地的旅游吸引力。供求均衡，指旅游目的地从整体上讲接待能力与游客数量相适宜，旅游项目设置能满足游客的旅游需求，使其获得良好的旅游体验。当然，这种均衡，是一种动态的均衡、发展的均衡、能够刺激游客不断增加的均衡。

（2）布点均衡原则。有效利用整个旅游目的地的空间，使旅游项目多而不拥挤。自然景色多的区域，可以辅以人工旅游旅游项目；自然景点少的区域，可建设一定规模的人工项目群。通过布点的均衡和适当的引导，最大限度地利用旅游目的地的有限空间。

（3）冷热均衡原则。包括空间上旅游热点和旅游冷点合理配置形成冷热均衡的分布，也包括季节性旅游项目合理配置形成冷热均衡的旅游线路，这样尽管随季节变化旅游线上各旅游项目冷热转移，但线与线之间冷热均衡。通过冷热均衡和布点均衡，实现游客在目的地内的动态均衡。

2. 充分利用现有资源

旅游目的地内项目的配置，应该充分考虑旅游目的地自然旅游资源和人文旅游资源的分布特点。

（1）根据地势起伏，山、水、林、草的分布，建立适宜的旅游项目。比如，起伏较大的地方建假山，平坦的区域建赛车场、儿童乐园，低凹地建水上世界等。

（2）依据原有风景名胜地，加以开发利用。比如，亭、台、塔、牌坊、水榭等。

（3）依据典故、传说、神话和名人逸事等，加以重建、修饰。比如，点将台，拴马桩，各种旧址、故地等。

充分利用现有资源，既可以节约经费，又有自己特色，易于形成较高的知名度。

3. 延长游客逗留时间

延长游客逗留时间，是增加旅游目的地旅游收入的重要途径之一，而通过旅游项目的合理布局来增强目的地的旅游吸引力，则是延长游客逗留时间的有效途径。

（1）要使旅游项目本身有特色，布局有新意，项目的组合常变化，推陈出新。旅游项目本身的特色能够使游客留下深刻的印象，布局的新意可以使游客始终充满浓厚兴趣，而旅游项目组合的变化与创新无疑是提高游客重游率的有效措施。

（2）要有整体感，有悬念。旅游目的地内在项目布置要有整体感，有悬念，刺激游客的游览兴趣，使游客不全部游览就会有遗憾，时刻惦记着下次再来，从而提高重游率。

（3）要刺激游客的参与意识和"下马看花"的愿望。走马观花式的旅游项目组合设计，无疑是一种廉价的资源输出。在整个旅游目的地中，应散布一些耗时较多、参与性较强或需要"下马看花"的项目，如亲手采一点茶叶，实践几道制作工序，自己动手泡一壶茶，就是一个参与性的项目。在旅游目的地内，设置参与性的游戏、化妆、演出、制作等是十分必要的。

（4）张弛相间，指通过旅游项目的地合理布局，使游客走路与览胜、参观与休息、紧张阶段与娱乐松弛阶段相协调，既不至平淡无味，又不至疲惫不堪。

二、合理布局旅游项目的方法

旅游目的地建设的重要项目是目的地形象，决定了目的地的兴衰和知名度，应着意建设。

(一)建立一批各具特色的重要旅游项目

重要旅游项目应具备的条件：

(1)知名度高，要选择历史悠久、影响面大、感染力强的点进行重点建设。

(2)要标志明显，特色突出。应本着"人无我有，人有我优，人优我特"的思想，选择那些使人印象深刻，易于宣传、记忆的点，使游客一想到这些点就记起这一旅游目的地。

(3)要有较大的容量，能接待较多的游客，造成较大的声势。这些重要旅游项目，既是目的地的标志，又是目的地的中心和枢纽，能带动整个旅游目的地的发展。

重要项目在精而不在多。只有数量不多但质量颇佳，才能集中大量的人力物力不断地进行开发、建设，越建越好。这些项目的选择，应综合各方面因素，听各方面专家意见，采用定性与定量相结合的办法决策。

(二)连点成线，连线成网，功能分区

整个景区的布局要严谨有序。首先，各功能分区主题突出，各成体系，使游客得到与功能区主题相适应的满意体验。例如，儿童乐园是孩子们的天地，气氛热烈活泼；水上世界以水为题，划船、赏荷、钓鱼、水上射击，天水一色，烟波浩渺等。其次，点线网错落有序，既有完美的设计组合，又有自由组合、殊途同归的新意，曲径通幽处，当是新的景致、新的乐趣。最后，在不失功能区主题的原则下，充分顾及各不同年龄层次、职业层次的游乐需要，使人人自得其乐。以划船为例，既有老人、儿童乘的大型船，又有情侣划的小船；既有散客自由泛舟的普通船，又有团体竞赛的龙舟等。

同时，在以旅游点线为基本格局的功能区内，要注意饮食、购物、休息、摄影等服务设施的配套；重视功能区平面图、标识系统、警示牌等的设置；注意导游的配备和导游服务质量的提高；通过综合的配套服务，为游客提供方便。

(三)信息反馈与布局调整

旅游目的地的旅游项目配套，并不是一成不变的，再好的布局，若不随时调整，终究要落后。因此，旅游项目的布局应是一个动态过程，不断地依据反馈信息进行调整，才能达到并保持布局合理。

(四)通过游客人数调查以调整旅游客量

依据游客的数量变化，增删项目设置，调整旅游容量，以实现供求平衡。游客总数的测定，应区别不同的季节，同一季节应区分周末、节假日和平常的差别。

游客人数的调查方法主要有以下几种：

(1)依据门票数估测：适宜于严格售票的旅游目的地，用门票数加上增票和免票数得出游客总数。

(2)在交通要道设卡点数：既可全部点数，也可抽样点数，用内插法求出总量。

(3)依据交通流量估计：依据到达的汽车的数量和类型，估测总量。

(4)设立自动登记站：在必经之路设立登记站，请游客自动登记。

(5)遥感的方法：利用定时摄影机间隔拍摄照片，在照片上分析人数，内插求得总量，或利用闭路电视系统监测交通要道上的游客流量。

(五)通过游客在旅游目的地内分布的调查以调整旅游项目布局

调查各景点、各旅游线、各功能区的游客数量，区别出热点、冷点、热线、冷线、游

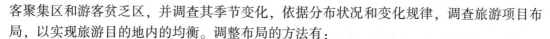

客聚集区和游客贫乏区，并调查其季节变化，依据分布状况和变化规律，调查旅游项目布局，以实现旅游目的地内的均衡。调整布局的方法有：

（1）通过增设新项目分流。

（2）通过宣传、导游疏导。

（六）通过游客构成调查和游客需求调查以调整各不同类型旅游项目的比重

依据游客成分构成及各成分对旅游项目的需求，调整各不同类型旅游项目在整个旅游目的地所占比重，以便更好地满足各层次游客的旅游需求。

通常游客构成包括年龄构成、性别构成、职业构成、零散游客与团体游客及外国游客的国籍构成，游客需求包括来旅游目的地游览的目的、希望在哪些区域游览等。游客构成和需求调查，一般通过采访的方式进行，并计入事先准备好的表格。

（七）通过旅游者满意程度调查以对旅游目的地进行整体调控

对旅游结束的游客进行访问调查，既可以调查对全部旅游项目的体验，也可以调查最满意的旅游项目与最不满意的项目，通过游客对项目旅游体验的统计分析，发现问题，从而进行整体调控。

三、旅游目的地品牌建设

我国旅游的发展战略目标是：建成世界旅游强国，培育旅游战略性支柱产业和人民群众更加满意的现代服务业，建设美丽中国之旅的旅游品牌。因此，必须加强旅游目的地建设，整顿旅游市场秩序和完善旅游支持系统，全面培育旅游目的地竞争力，形成友好的旅游目的地，从而提升旅游目的地在国际上的总体形象。

21世纪是个性化的时代，品牌是目的地的一张独特名片。21世纪是"体验经济"的时代，品牌为"体验"提供了坚实的保障。进入21世纪之后，战争、疾病、灾难等无一不对敏感的旅游业发展产生巨大影响。创造知名度，推广环保、友好、安全的目的地形象才是至高无上的追求。因此，旅游目的地品牌也成为目的地应对危机、恢复重振的基石。

未来旅游业的竞争，将会从以地域资源为基础的竞争逐渐转化为不同"类型"旅游目的地的竞争。目的地的独特个性将在旅游竞争中起到关键的作用。因此，目前我国旅游目的地品牌建设的一个重要思路就是要打造美丽中国"类型"旅游目的地名牌。所谓"类型"旅游目的地就是旅游目的地不再是一个"地域"的概念，而是一个"功能"的概念。例如，休闲度假旅游目的地、会展旅游目的地、特种旅游目的地等，随着旅游竞争日趋激烈，各个旅游目的地都在寻找自己独一无二的品牌形象，例如，"爱情之都"杭州、"好客山东"、"老家河南"等品牌形象打造。

（一）旅游品牌形象创新

旅游品牌形象创新就是要打破原有的旅游目的地形象，清晰地界定新的旅游目的地形象并注入新的文化、社会、经济、环境的内涵，品牌形象创新不是彻底抛弃，而是"破茧而出，羽化成蝶"的过程。

（二）旅游品牌传播创新

传统的品牌经营只注重品牌的树立，依靠传统的途径进行品牌形象传播，而忽略了品牌形象的有效传播。品牌传播的实质就是要抓住"眼球"，在"注意力"经济中，知名度和美誉度就是一种生产力。要从关注"品牌形象"转移到关注"注意力"上。

（三）与品牌的日常管理紧密结合

要增强品牌经营管理意识，把旅游目的地品牌的经营和管理放到战略管理的高度。旅游目的地品牌的树立将会带动各产业的蓬勃发展。要把旅游目的地的硬件建设和软件建设结合起来，把提高目的地的精神文明程度、塑造文明的旅游形象作为旅游安全管理和旅游目的地品牌管理的主要内容。

本章小结

旅游目的地管理是通过行政方法、经济方法和法律方法，将旅游目的地视为一个开放型的完整系统，开发、利用和保护旅游资源，调控目的地的运行机制，组织各种丰富多彩的旅游项目活动，创造显著的经济效益和社会效益的过程。

旅游目的地管理需要遵循突出特色原则、合理布局原则、效益兼顾原则、持续发展原则等，管理内容包括旅游目的地战略规划管理，旅游目的地组织管理，旅游目的地开发管理，旅游项目、景区、景点管理，投资管理，业务管理，环境保护管理和游客管理等。

旅游目的地内项目的合理布局，是指旅游项目的合理设置、科学分布与有效组合，是旅游目的地管理的重要内容。旅游项目合理布局的一般原则包括均衡原则、充分利用现有资源、延长游客逗留时间等。

未来旅游业的竞争，将会从以地域资源为基础的竞争逐渐转化为不同"类型"旅游目的地的竞争。必须加强旅游目的地建设、整顿旅游市场秩序和完善旅游支持系统，通过旅游品牌形象创新、旅游品牌传播创新与品牌的日常管理紧密结合等策略，全面培育旅游目的地竞争力，形成友好的旅游目的地，提升旅游目的地在国际上的总体形象。

关键术语

旅游目的地管理；旅游目的地管理原则；旅游目的地管理的内容；旅游目的地项目合理布局；旅游目的地品牌建设

参考资料

[1]徐虹，路科．旅游目的地管理[M]．天津：南开大学出版社，2015：10-24.

[2]MORRISON A，邵隽，陈映臻．目的地管理与目的地营销：打造优质旅游目的地平台[J]．旅游学刊，2013，28（1）：6-9.

[3]李树民，支喻，邵金萍．论旅游地品牌概念的确立及设计构建[J]．西北大学学报（哲学社会科学版），2002（3）：35-38.

[4]高静，肖江南，章勇刚．国外旅游目的地营销研究综述[J]．旅游学刊，2006（7）：91-96.

[5]邹本涛，谢春山．旅游文化学[M]．北京：中国旅游出版社，2023：156-223.

[6]吕俊芳．旅游目的地时空错位发展研究[M]．北京：北京理工大学出版社，2022：156-223.

[7]李雪松．旅游目的地管理[M]．北京：高等教育出版社，2021：135-158.

[8]周成．区域旅游创新研究[M]．北京：光明日报出版社，2021：190-200.

网络资源

1. 欣欣旅游网：http：//news.cncn.com/（查询旅游目的地管理的实际案例）；

2. 中华人民共和国文化和旅游部网站：http：//www.mct.gov.cn/（查询国家旅游目的地管理的政策信息等）。

分析与思考

1. 什么是旅游目的地管理？

2. 旅游目的地管理的原则有哪些？

3. 通过学习，你知道旅游目的地管理的内容有哪些？

4. 说明如何合理布局旅游项目。

5. 怎样理解旅游项目对于旅游目的地的重要性和意义？

技能训练

1. 北京是世界著名的旅游目的地，请查找北京的相关资料，并结合你的理解简述其旅游目的地管理的特点或优势。

2. 借助网络资源，对你感兴趣的国际知名旅游目的地的管理进行分析，总结其成功经验并形成书面报告。

案例分析

成为淄博："网红"旅游目的地要有品牌思维

作为一个山东老牌的工业城市，淄博或许没想到自己会因为烧烤爆火，进而带动原先对 GDP 贡献相对较小的旅游经济。通过平价烧烤、善待游客、良好治安等特色元素，淄博成功吸引了大众目光，大约从 3 月开始爆火出圈，高热度一直持续到"五一"假期。据微信 5 月 4 日发布的《2023"五一"游玩井喷数据报告》，"五一"假期期间，淄博旅游业消费额环比增长 73%，游客在淄博本地中小商户日均消费金额环比增长近 40%。

在三四月份，"大学生组团到淄博吃烧烤"这个话题在小红书和抖音出现了热度小高峰，随后有抖音大 V 博主摸底淄博 10 家烧烤摊位，发现没有一家店铺缺斤少两，这种实在真诚的品质把淄博烧烤推上了高热度。

话题度变高之后，淄博官方也推出了非常给力的措施，进行网红内容建设，比如开设

"烧烤专列"，发布规范经营者价格行为提醒告诫书，要求商户明码标价，不得随意涨价，等等。

当时，短视频传播起到了流量助推的作用，配合政府关于做强烧烤经济、推广文旅品牌的一系列政策，在多重因素的合力之下，淄博一跃成为网红旅游城市。

虽然偶然因素占多数，但是淄博的成功也离不开必然因素，比如当地的热情好客和产品的平价高质。淄博的案例告诉我们，只要具备条件，操作偶然事件成为网红目的地并非难事。类似淄博的案例也可在其他城市复制。

那么问题来了，凭借偶然因素出圈之后，旅游目的地该如何利用必然因素进行长期的城市营销呢？

1. 作为目的地营销案例，淄博烧烤值得打 10 分

我们都知道，旅游目的地品牌建设是一个系统工程，需要各方共同努力。而短视频和直播作为新兴的营销方式，确实为目的地品牌打造提供了新的思路。

谢乾表示，现在短视频平台非常成熟，使用者数量巨大，比如抖音超 6 亿的"日活"，这为营销提供了便利。汪凌辉则指出，短视频和直播最大的优势是打造沉浸式的视觉体验，这很符合旅游内容的属性。

尹婷认为，淄博的爆火确实应该感谢短视频和直播。在爆火之前，淄博烧烤已经靠《人生一串》小有名气，真正的大火是在学生体验完并分享到短视频社交平台之后。

在短视频引爆流量之后，淄博文旅部门的流量转化服务也非常到位，包括推出烧烤的小程序、烧烤消费券、烧烤的音乐节，等等。

如果要以淄博烧烤作为目的地营销案例进行打分的话，汪凌辉认为值得打 12 分。一方面是能够做到全淄博人去接待游客，另一方面是发起了首届直播电商节，邀请供货企业、多频道网络(MCN)机构、网红达人参加，发挥直播电商促消费的积极作用。"很多博主、达人去淄博打卡，每一个博主后面可能是几万、十几万甚至上百万的'粉丝'。"

谢乾则认为至少应该是 10 分。"当地政府的调度能力，包括对民情的把控能力都非常强，而且充分地把淄博的特色展现出来了，这点难能可贵。"

2. 用好 UGC 实现自传播

短视频和直播作为 UGC(用户创作内容)的重要载体，目的地品牌如果能与之实现有效对接，那么对品牌建设会非常有帮助。

汪凌辉所在的项目是位于安徽的工业城市铜陵市的犁桥水镇，这是一个融合了水乡风情和徽派民居的景区。自今年 4 月开业以来，共计接待游客 200 万人次，其中，本地人约占 100 万人次。

对于原因，他认为有两方面，一个是开业之后赶上了"五一"假期的报复性消费浪潮，另一个是产品本身的特点引起了游客社交分享的欲望。"灯光水雾、徽派民居、水乡很炫……不管你懂不懂摄影，这个照片肯定是完美的，所以才引起这么多的自传播。"

汪凌辉非常重视发挥用户的内容创作力量，"我们的账号目前生产了约 7 万条短视频，其中游客自发数量 5 万条以上。"

作为西藏第一家旅游上市公司，拥有新晋 5A 级景区雅鲁藏布大峡谷等项目的西藏旅游也紧抓这一机遇。不过，谢乾更加重视的是针对不同的景区挖掘创意内容。

"在整个挖掘和曝光过程当中，每个地区的特点比如文化底蕴是非常重要的。我们要把景区的吸引点都显示出来，连成面甚至是网，触达我们的客群。"

　　腾讯广告作为第三方平台，也会为旅游目的地在短视频营销层面提供助力。主要体现在两个方面：一是腾讯有着专业的视频制作团队，可以将目的地的定位、理念与传播诉求相结合，定制化打造出高质量的短视频内容；二是以自身的营销传播能力，将视频内容辐射至各大头部内容平台，实现目标用户的高效触达，提高传播效果。此外，腾讯广告还可以基于数据能力，帮助目的地品牌分析内容传播效果，进行优化调整。

　　值得注意的是，虽然短视频、直播等新兴媒介为目的地品牌传播提供了新的可能，但也需要遵循传播规律，进行专业化运作，实现新老媒体有效融合，才能真正提升目的地品牌影响力。

（资料来源：环球旅讯 www. traveldaily. cn 2023-09-25）

思考问题：

　　结合案例，分析"网红"淄博旅游目的地管理的内容有哪些？你认为哪些行为值得借鉴？

第三章 旅游目的地管理基础理论

学习目标

通过本章的学习，你应该能够：
1. 熟悉地方理论、地域分工与经济发展理论；
2. 熟悉区位与区域经济空间结构理论、区域经济发展理论；
3. 理解和掌握旅游学理论、旅游地生命周期理论、旅游目的地利益相关者理论。

素养目标

1. 运用旅游相关基础知识，透过纷繁复杂的旅游实践解构旅游目的地发展的本质；
2. 批判性地运用多学科知识，独立探索旅游目的地管理的规律；
3. 树立正确的旅游发展观，提升旅游目的地管理的社会担当；
4. 系统理解旅游目的地发展，培养旅游目的地管理中的整体观。

导入案例

贵州围绕山地特色打造世界级旅游目的地

拥抱大自然，舒展身心，在城市化快速发展的今天，山地旅游正受到越来越多游客青睐，前景广阔，延伸出山地观光、山地文化、山地乡村、山地度假、山地康养和运动等主要类型。

在2023年国际山地旅游暨户外运动大会上，对国际山地旅游目的地城市建设展开了深入探讨。与会嘉宾纷纷认为，作为一个新课题，国际山地旅游目的地城市具有丰富内涵，通过多年持续耕耘和积累，贵州建设国际山地旅游目的地城市具有一定基础和优势。

差异化布局"山地旅游+"

今年暑运期间，贵阳三大站旅客发送总量和到达总量均超过830万人次，创下历史同期最高纪录。而在马蜂窝与腾讯大数据联合发布的《2023暑期贵阳旅游大数据报告》中，凭借特色美食、活力夜生活、丰富多元的城市及山地新玩法等，贵阳在"避暑+游玩"综合热度飙升城市榜单中一举夺魁。喀斯特地貌让城市与山川自然紧密交错，两湖之间，三山纵横，全长374公里的环城林带与1025个湿地公园，成为贵阳这座省会城市独有的山地景观。

在2021年省委、省政府发布的《关于推动旅游业高质量发展加快旅游产业化建设多彩贵州旅游强省的意见》中，为全省各市、州厘清了各自的文化旅游的发展特点，即贵阳和安顺"山地旅游+集散地+避暑度假"、遵义"长征文化+研学培训+茶酒文化"、六盘水"避暑康养+冰雪运动"、毕节"山地旅游+康养度假"、铜仁"山地旅游+温泉康养"、黔东南"山地旅游+民族文化"、黔南"山地旅游+天文科普"、黔西南"户外运动+康养度假"的旅游功能区定位和差异化布局。

对此，各地立足旅游资源特色，对标国际标准，不断完善旅游服务和管理。在贵阳市委十一届六次全会上，贵阳提出打造具有国际影响力旅游名城，在丰富城市内涵的基础上，加快建设国际山地户外运动目的地、国际避暑度假康养旅居胜地、国际阳明心学高地和国家旅游枢纽城市。

乐享山地旅游服务

"乘坐那种绿色的复古公交车，可以到茂兰自然保护区。"近日，来自南宁的一家人走出荔波高铁站，在志愿者的帮助下找到前往茂兰的景区直通车。"现在不光是从贵阳、南宁这样的交通枢纽城市前往荔波很方便，游客前往荔波境内各景区景点也很方便。"导游方婷感慨高铁开通以来荔波在城市旅游服务方面的提升。据悉，自贵南高铁开通以来，全县开通了重点景区旅游直通车18条，推出智慧租车等业务，为游客构建"无缝接驳、快进慢游"的交通体系。作为一个综合性概念，山地旅游目的地城市具备丰富而优质的山地旅游资源，拥有多种山地旅游类型，能够让游客享受高品质山地旅游服务。

有了好的接驳体系，荔波对标国际国内一流标准，发力各旅游项目提质升级。根据近年来的游客画像分析，荔波将游客划分为情侣闺蜜、老年游客、亲子游客等圈层，根据不同圈层的需求设计旅游产品，打造"踏瀑戏水"等46个互动式、沉浸式新业态产品，引进花间堂、宋品、温德姆等知名酒店和全季、汉庭等一批连锁酒店，并推出大小七孔门票7日游等活动。一直以来，将优质服务与产品体验深度捆绑，是荔波旅游成功"出圈"的秘籍。走在荔波的大街小巷，游客随处可以感受到——入住民宿，送乡村大舞台观看门票，小店烧烤，送整晚KTV演唱时间，这样"买一送一"的超前服务理念，为荔波旅游发展赢得了好口碑和回头客。数据显示，今年暑期全县游客接待量超740万人次，日均达11万人次。

高品质的城市综合服务

秋日，漫步兴义街头，喀斯特的峰林在城市周边勾勒出好看的形状。国家4A级风景名胜区万峰林位于兴义东南部，作为中国南方喀斯特锥状峰林的典型代表，明代地理学家、旅行家徐霞客曾两次来此，留下"天下山峰何其多，惟有此处峰成林"的赞叹。"城市是景区会客厅、景区是城市后花园"，一直是兴义旅游发展的优势。2015年以来，国际山地旅游大会(2016年后为国际山地旅游暨户外运动大会)的举办，使得兴义作为山地旅游目的地城市的基础设施得到极大完善，旅游接待能力显著提高，文体旅产业融合发展、并驾齐驱。

黔西南州政协副主席、兴义市委副书记、市长田涛认为，大会促进了兴义城乡面貌的改善，一大批群众直接或间接受益，随着地方经济不断发展，催生出更多新业态，开拓发展新空间。"自2016年提出国际山地旅游城市的建设目标后，兴义进行了大量探索，坚持生态优先、绿色发展，采取了'低强度、微冲击、嵌入式'的开发理念。"田涛说。

在9月26日，省文化和旅游厅公示的第四批省级夜间文化和旅游消费集聚区名单中，黔西南州兴义市马岭河夜间文旅消费集聚区榜上有名。美食摊位烟火味十足，各种风情好物应接不暇，民谣歌手低吟浅唱，这个位于兴义市中心湿地公园旁的夜间文旅市集，将"夜景、夜演、夜游、夜购"等多场景串联，用多元化、一站式丰富体验吸引更多群众乐享其中。

2023国际山地旅游暨户外运动大会期间，新发布的《万峰林宣言》，从共同推动资源互享、共同推动客源互送、共同推动服务互通、共同推动品牌互彰四个方面对山地旅游未来的发展目标和行动路径达成共识，期望通过共同努力和务实合作，吸引更多的国家和地区参与到国际山地旅游目的地城市建设的行动中来，为全球山地旅游发展及文体旅深度融合提供新思路、新方案，注入新动能、新活力。

（资料来源：新华网 www. gz. xinhuanet. com 2023-10-16）

贵州打造世界级旅游目的地运用了什么理论？

旅游目的地理论是指揭示旅游目的地开发、建设、管理、经营和发展规律的观念和思想体系。旅游目的地理论来源于旅游目的地发展实践，会随着旅游目的地实践的发展而不断丰富和完善，并反过来作用于旅游目的地发展实践。旅游目的地理论众多，分为不同的层次，既有旅游目的地本身的发展理论，又包括旅游目的地发展的基础理论，旅游目的地发展的基础理论从旅游目的地发展的核心要素认知方面为旅游目的地发展提供指引。

第一节　地方理论

一、地方理论的内涵

地方理论最早来源于地理学的研究，人们通常习惯于把地方当成一个空间概念，指人类活动的容器，是客观的、可绘制的。20世纪70年代，受现象学、存在主义等哲学思潮的影响，人文地理学蓬勃发展，华裔地理学家段义孚等重新将"地方"（Place）引入人文地理学，并挑战性地界定了这一概念，认为地方是一种对世界的态度，是由个人或群体赋予深刻内涵和意义的特殊空间，强调对地方的主观感受，不单单是空间科学生硬冰冷的空间逻辑。1976年，段义孚首次提出了"地方"（Place）、"地方感"（Sense of Place）等概念，之后西方学者围绕此两个核心概念陆续提出"地方性或地方精神"（Spirit of Place）、"无地方性"（Placelessness）、"地方依靠或地方依赖"（Place Dependence）、"地方依附或地方依恋"（Place Attachment）、"地方认同"（Place Identity）、"地方营造"（Place Making）等概念，此类注重从人的心理、感觉、社会文化、伦理道德等层面阐述的人与地方的关系，即构成了"地方理论"（Place Theory）。

地方理论在20世纪70年代受到关注，80年代末被引入旅游研究领域，主要涉及人文地理学、环境心理学和人类社会学等学科，迄今为止，从概念建立、理论建构、指标体系建立和广泛运用于人地关系的实证等都表明，以人文地理学、环境心理学和人类社会学为代表的学术界基于地方理论已形成了相对完善的学术研究体系。地方感是人地关系联系的有效纽带，人文地理学和环境心理学注重从人地关系角度对地方感进行研究，人文地理学关注点在地方上，环境心理学关注点在心理上，人类社会学强调设施的象征意义，从而影响人与社会环境的双向关系。

（一）地方理论内涵

段义孚从空间现象学的研究视角提出了"地方"概念：地方（Place）是世界活动中人的反映，通过人的活动，空间被赋予意义，地方是人类生活的基础，在提供所有人类生活背景的同时，给予个人或群体以安全感或身份感。

Relph 认为如果一地（空间）充满具有意义的真实经验或发生过动人的事件，个体即会对它形成一种认同感、安全感或关心，此空间就转化为地方。在《地方与无地方性》（*Place and Placelessness*）一书中，Relph 指出，实体环境、功能活动和地方感（地方意义）是对一个地方进行识别的三个基本要素。地方的三要素奠定了地方理论的基石：实体环境是地方含义的第一层，地方是由建筑、自然环境等形成的客观空间实体；功能活动是地方含义的第二层，地方还是身处客观环境中个体与群体的社会活动，地方是社会关系的载体；地方感（意义）是地方含义的第三层，一个正在感受此刻环境或经历这些活动的人对于事物和事情有着自己的评价：美与丑、促进与阻碍、喜爱与厌恶、亲近与疏远，总之，充满意义，地方更在于社会的感受，即地方感。

（二）地方感理论内涵

地方感是人文地理学中对人地关系研究比较深入的领域，更多强调人地关系中的地方。

地方感是人的情感与所处环境之间相互作用而产生的一种反应（情感互动）。因为人的记忆、感受与价值等情感因素会与景观环境间产生情感互动，所以个人就会产生对地方的依附行为。地方感作为一种满足人们基本需要的普遍的情感联系，是以人类地方体验的主观性为基础，其内涵包括地方本身固有的特征与个性（地方性），以及人对于特定地方的情感依附与认同（地方依恋）。

地方可以具有一种精神或一种性格，但只有人才能有地方感，地方感是由地方产生的并由人赋予的一种体验，包含多个维度：地方依恋、社区感和地方依赖等。

地方感通常有两层含义：

（1）地方性：一个地方固有的独特个性。

（2）地方依恋：人对地方的依附，人的情感与所处环境相互作用而产生的一种关系与联系程度；通常有地方认同（Place Identity）与地方依赖（Place Dependence）两个维度。

（三）地方性（地方精神、地方意义）理论内涵

最新版的《中国旅游大辞典》中"地方性""地方特色""地格"这三个词条合并存在。地方性在含义上可以与地方精神、地方意义、地方特色、地格相等同。

地方不仅是一个客观地点和场所，还是一个有意义的价值中心和情感附着焦点，具有地方性。地方性是一个地方固有的独特个性，是地方本身所具有的各类客观特征（自然、

历史、民俗、文化)的集中综合体现，为地方赋予了特定情感和个性(地方精神)。

一个地方的独特个性是由这个地方的自然地理特征、历史文化特征、传统的民族民俗文化特征、现代政治经济社会文化特征等要素构成。地方是一个空间区域，可以是一个国家、一个城市或具有相同文化特征的地区，与行政区划既有联系又有区别。地方性是保证世界文化多元价值得以生成和生存的土壤。地方在实体环境基础上，随着历史发展、事件累积、文化积淀造就了一种与众不同的性格或精神。地方精神(地方意义)是地方所有特征的内在含义，是一个有意义的价值中心和情感附着焦点，独特的地方意义使地方具有竞争性、唯一性和可识别性，成为引人入胜的旅游地。一个地方之所以能成为历史上著名的旅游景区点，不只是因为它长期存在于某个相同的地方，还在于这个地方包含有各种事件的积累，这些积累被记载于历史书、纪念碑、遗址遗迹、节庆、旅游产品或旅游项目中，从而成为延续人类历史传统的地方精神，即一系列地方特征的内在含义。独特的地方性是一地发展旅游的关键因素，对旅游目的地开发及形象定位具有重要意义。一般来说，与外界交往较少的地区地方性较强。在旅游发展实践中，一个地方的地方性越突出、越鲜明则对游客的吸引力就越强，越容易发展成为一个旅游目的地。

一般认为地方性作为地方独特资源和吸引力要素有五类：

(1)地方自然条件：构成自然审美。

(2)地方文化：提供知识层面满足。

(3)地方系列活动组合：提供情感刺激。

(4)地方各种特殊节日活动：增加地方动感和独特性。

(5)地方上层设施：地方依赖的形成基础。

(四)地方依恋理论内涵

Williams 和 Roggenbuck 发现，一些旅游资源与环境要素组合相似的旅游地并不拥有相同的旅游流量和旅游者结构，旅游者并不完全依据旅游资源和环境要素组合情况选择旅游目的地，他们对某些旅游地具有更大的心理偏好，地方依恋是产生此种偏好的根本原因，并首次提出了"地方依恋"的概念。

地方依恋是环境心理学中对人地之间情感连接的研究，更多强调人地关系中人对地方积极的感情依附，侧重心理过程。有学者认为地方依恋与人文地理学中的地方感在核心含义上基本等同。地方感强调地方，地方依恋强调心理过程。地方依恋感是人本主义的微观认知方法论中探讨人地关系的重要理论，侧重研究人与空间(地点)的关系与联系程度。

地方依恋指人与特定地方之间建立起的情感联系，以表达人们倾向于留在这个地方并感到舒适和安全的心理状态。人与场所之间基于情感(情绪、感觉)、认知(思想、知识、信仰)和实践(行动、行为)的一种联系，情感因素是第一位的。地方依恋是个体与客观环境的一种依赖关系，是人的情感与所处环境相互作用而产生的反应，因为人的记忆、感受、价值等情感因素与地方资源之间会产生情感意义上的互动(想法、信仰、偏好、感觉、价值观、目的、行为趋向和技巧的综合形成的复合体，这些情感主要来自认知和实践)，所以个人会对地方产生依附行为。Hummon 指出，人对地方的依附行为在人地之间起到了重要的沟通连接作用。Kevin Lane Keller 指出，一旦消费者对旅游地形成依恋，就会对其忠诚，并愿意为它付出更高价格，因此旅游目的地不仅要跟消费者建立理性的关联，更应使消费者感受到强烈的情感关联，并尽力使旅游者体验到它所代表的地方意义和价值取向。

Williams 认为，地方依恋从结构角度由地方认同和地方依靠两个维度构成。其中地方依靠是一种功能性依赖，主要是地方资源及设施对想要开展的活动的重要性，就像辽宁北镇医巫闾山是了解辽代历史文化和民风民俗的好去处，因此旅游目的地想要提高旅游者地方依附水平，就应有较为完善、科学的能满足具体旅游目的的设施与服务功能，就像医巫闾山定期举行模仿古代皇帝祭天、祭山的礼仪大典。地方认同指一种精神性依赖，是个体与客观环境的一种依赖关系，此种关系依靠与该环境有关的个人有意或无意的想法、信仰、偏好、感觉、价值观、目的、行为趋向和技巧综合而形成，此种情感主要来源于认知与实践。如黄帝陵每年"祭祖"，抓住天下华人对轩辕黄帝崇拜的心理，吸引包括海内外华侨在内的数以万计的旅游者。从这一意义上讲，地方依附可以在后天形成、引导和发展，并具有较大弹性。

地方依恋分为对故乡和家的依恋、对自然的依恋、对文化的依恋等多种依恋。

Hammitt 和 Stewart 认为，地方依恋根据情感程度划分为地方熟悉感、地方归属感、地方认同感、地方依恋感和地方根深蒂固感五个等级。

二、旅游目的地地方营造内容及意义

地方营造是地方理论在旅游中的运用。Clare A. Gunn 认为地方营造就是在保持地方本质同时，赋予地方更多自然和心理上的含义，在保持和加强地方性基础上为旅游者提供更有意义的环境和功能空间，从而增强旅游者的地方感。从地方理论角度看，旅游目的地旅游规划的实质就是凸显地方性、创造一个有意义的地方以增强旅游者的地方感，即一种地方营造活动。Clare A. Gunn 认为与地方相一致是所有旅游目的地规划的基本原则。地方营造理论对于旅游目的地营造地方性、提升旅游竞争力有极大的作用与意义，主要表现在如下几方面：

（一）旅游目的地地方依恋理论运用及意义

1. 地方依恋对旅游需求（尤其是重游率）的影响

旅游者对旅游目的地依恋结构呈现出金字塔层序结构，由弱到强依次为：地方熟悉度、地方归属感、地方认同、地方依赖和根深蒂固感。从此结构层序可知，旅游者对旅游目的地的依附程度越大，其重游率就越大，对旅游目的地的忠诚度就越高。

Kyle 和 Mowen 以一个市民公园为例研究了旅游者旅游动机与地方依附的关系，结果发现不同的旅游动机导致不同的地方依附度：地方依赖和健康动机存在明显的正相关关系，地方认同同自由和学习两个动机有明显的正相关关系。此研究给旅游目的地产品规划开发诸多启示：假如规划康体健身类旅游项目常常会吸引旅游者重游此地。

2. 地方依附水平对旅游者行为的影响

通过地方依附水平区分不同行为特征的旅游者，Bricker 和 Kerstetter 通过对激流泛舟者行为的调查研究发现，此运动技艺越高的旅游者对目的地的依附就越强，而且往往地方认同感也越强。这一研究结果指导旅游规划者和旅游管理者把运动技艺高的旅游者群体当成目的地的重要利益相关者加以管理。Kyle 和 Graefe 研究发现，拥有较强地方认同的旅游者对旅游目的地的拥挤往往更敏感，心理容量较小，更愿意为目的地的环保付费；拥有较强地方依赖的旅游者其心理容量往往较大，更愿意为改善目的地设施付费。此对地方依附水平的区分研究可以为旅游目的地旅游规划开发和旅游管理提供更好的借鉴与指导。

(二)旅游目的地地方意义理论运用及意义

地方意义对旅游目的地的影响是双向的，独特的地方意义可以成就一个旅游目的地，旅游业反过来又会使地方意义发生改变。研究一地如何成为旅游目的地，即构建能吸引旅游者前来旅游的地方意义，成为地方意义对旅游目的地运用的重要领域。Kruse 对于英国利物浦旅游景观的研究表明，甲壳虫乐队是其地方意义之中心，这一地方意义是一个复杂的混合体，既有历史形成的真实成分，又有后来复制的成分，更有大量伪造的成分。Squire 对华兹华斯的诗歌和英格兰湖区旅游发展的调查研究发现，文学作品可将一地浪漫化，使原本无意义的荒野之地成为充满文化意义的旅游目的地。Glibson 和 Davidson 对澳大利亚乡村音乐之都 Tamworth 的研究发现，旅游目的地的地方意义可以是全盘挪用的，可以与历史真实无关。这样创造出来的地方意义是一种社会构建，是城市更新、城市营销及城市旅游发展中各种政治经济力量协商的结果。

1. 利用现象学和主题分析法获得旅游者赋予旅游目的地的意义，将这个意义结构作为一种基于旅游者主观体验的旅游目的地评价

Hayllar 和 Griffin 对悉尼历史城区的地方意义进行了调查，发现"亲切"和"真实"是绝大多数旅游者赋予这一历史城区的意义。上述 Bricker 和 Kerstetter 对美国河流上的激流泛舟者的调查研究，揭示出不同旅游者赋予旅游目的地的地方意义大不相同，地方意义与旅游者个人特质和其对旅游目的地的依附水平等都有关系，可见地方意义是复杂多样的，在旅游目的地发展中应该加强对地方意义的研究，以更好地构建旅游目的地的地方吸引力。

2. 研究旅游者赋予旅游目的地的意义，可以了解旅游者的偏好，从而更好地进行旅游产品规划和旅游地促销

Mcavoy 对印第安人和白人的地方感进行了对比研究，发现印第安人赋予某地的意义从弱到强依次为自由、教育、文化和宗教，而白人恰恰相反，这正是现实中白人更喜欢体验性、个性化的旅游产品，而印第安人更青睐宗教产品的原因。Young 对澳大利亚的旅游目的地的研究发现，旅游者赋予旅游目的地的地方意义与促销材料试图传达的地方意义之间，其实存在着明显差异，研究并了解旅游者期待的地方意义可以有效提高旅游目的地的促销效果。

3. 研究旅游者、居民赋予旅游目的地的意义的差异与冲突，可以合理地开发旅游资源，管理旅游目的地

Dustin 对美国 Devils Tower 旅游目的地的地方意义中的文化冲突问题进行了研究，发现 Devils Tower 对印第安人而言是一处不可侵犯的宗教圣地，对白人而言则是一处绝佳的攀岩场所。

综上，旅游地方性理论对旅游目的地规划、开发、管理与发展起着重要的作用，需要多角度、全方位的研究，以便更好地促进其对旅游目的地发展的提升。

第二节　地域分工与经济发展理论

作为地域经济发展形式之一的地域分工和贸易，是由于地域经济发展条件和基础有差异，为满足各自生产生活需要、提高经济效益，在经济交往中选择和发展各自比较优势产

业而产生的。旅游经济是典型的服务贸易，地域旅游分工和贸易对旅游目的地经济发展作用表现为：①有利于充分发挥地域旅游要素、区位等优势发展旅游经济；②有利于凭借旅游地资源推动技术提高和创新，提高旅游经济水平；③有利于提高地域旅游经济效益。

地域分工与经济发展理论最早是针对国际领域提出，后来被引入区域研究领域，目前地域分工与经济发展理论主要有成本理论、资源禀赋理论、地域分工合作理论等。

一、成本理论

成本理论(Cost Theory)是从要素成本来解释地域分工和贸易的古典经济学理论。代表性的理论有：英国亚当·斯密(Adam Smith)提出的绝对成本理论和英国大卫·李嘉图(David Ricardo)提出的比较成本理论。

绝对成本理论认为不同地域都存在生产某种产品的绝对优势，在自由贸易的条件下凭借各自绝对优势进行专业化生产和贸易，在降低成本的同时有效利用要素来提高生产效率。基于绝对成本理论，在旅游目的地经济发展中，一地可以运用垄断性的旅游资源开发组合旅游产品进行自由贸易，换回更多不具有优势的其他商品来增加财富、促进地域经济发展。

基于比较成本理论，每个地域都会有旅游经济发展的相对比较优势，在旅游经济发展中可以挖掘具有相对比较优势的旅游目的地生产要素，形成具有相对比较优势的旅游产品，并参与地域的旅游分工和贸易，消耗最小劳动成本获得最大经济效益，进而提升地域资源利用效率，实现旅游目的地经济增速发展的目的。

二、资源禀赋理论

资源禀赋理论(Resources Gift Theory)又称要素禀赋理论，是由瑞典著名经济学家赫克歇尔(E. Heckscher)提出，其学生俄林(B. C. Ohlin)进行补充提炼而成的地域分工与经济发展理论，通常称为赫克歇尔—俄林理论(Heckscher-Ohlin Model，H-O 理论)。资源禀赋理论是在批判地继承比较成本理论的基础上，采用供求理论体系从生产要素的丰缺来解释地域分工和贸易的新古典主义经济学理论，它是地域分工与经济发展理论的重要组成部分。

资源禀赋理论认为地域分工和经济发展的根源，除了劳动成本比较优势外，还在于资本、技术、土地、管理等生产要素禀赋差异，以生产要素禀赋的差异为客观基础，强调不同生产要素函数对地域分工和贸易产生的决定性作用。自然、交通、社会、信息等经济条件使得生产要素分布不均，从而引起相对的或绝对的价格差异，最终促成地域贸易。按照资源禀赋理论，不同地域依据各自旅游生产要素禀赋，多生产低廉生产要素比例较大的旅游产品，多购买昂贵生产要素比例较大的旅游产品，借助自身比较优势参与分工和贸易，取长补短地提高旅游目的地经济发展水平。不同的旅游目的地其旅游生产要素禀赋不同，依据资源禀赋、地域分工与经济发展的相关理论，旅游目的地可以依托垄断性的旅游地资源、特色的旅游管理、充足的旅游人才、雄厚的资金、先进的科学技术、良好的区位、特色氛围等任何具有比较优势的生产要素来提升旅游发展水平。

三、地域分工合作理论

地域分工合作理论是指研究地域分工与合作相互关系的理论。地域合作的核心是地域分工，合作的本质是分工的深化。地域分工起源于地域的差异以及由此决定的利益机制。地域分工合作理论的基本思想是：世界经济是相互依赖的，每个区域都在某个方面(如资源、劳动生产率、某种产品等)拥有自己的优势，要充分利用这些优势，并做到区域间的合理分工和共同协调发展。

地域分工合作理论在旅游目的地发展中可以运用于两方面：旅游对其他产业具有依赖性，旅游内部产业结构要不断合理化；各层次目的地旅游系统要在形象定位、旅游产品等方面做到差异化并形成吸引合力。

第三节 区位与区域经济空间结构理论

一、区位理论

(一)区位相关理论

人类活动是在有限的地理空间中存在并受到空间限制的，区位理论是研究人类活动空间法则的理论，区位的主要含义指某事物占有的场所，具有的位置、布局、分布、位置关系等方面的意义。区位理论以其与市场选择理论的紧密结合和抽象提炼的表达方式，受到规划学界的重视。区位理论(Location Theory)源自古典经济理论，即关于人类的活动空间之分布和组织优化的理论，是区域经济理论的研究基石，也是区域经济学的核心基础理论之一。

区位理论形成以杜能(Von Thunen)提出"农业区位论"为标志。区位理论自产生以来经历了古典区位理论(典型代表有杜能的农业区位理论、韦伯的工业区位论等基于微观企业的成本指向型研究)、近代区位理论(典型代表有菲特尔的贸易边界区位论、赖利的市场分界点理论、俄林的一般区位论、克里斯泰勒的中心地理论、廖什的市场区位论等基于城市、地区的市场指向型研究)和现代区位理论(以艾萨德的《区位与空间经济》、贝克曼的《区位理论》为产生标志，典型代表有区域空间结构、区域增长极、区域发展阶段理论等基于空间性、区域性、系统性等的研究)的发展阶段，逐步成熟。

区位理论包含两层含义：①人类活动空间的选择，是人类活动可能及最佳的区位空间选择；②空间区位中人类活动的最佳形态和组合选择。现代区位理论主张系统、动态地考察随机性强的人类活动，强调合理地利用有限资源和空间，促进地域发展。近年来，随着不同学科间在知识体系方面相互交叉、相互渗透，区位理论不断发展和完善，主要表现为区位理论研究关注的决策因素开始由单一的经济因素向政策、文化、社会等非经济因素拓展。

(二)旅游目的地区位理论

国内外旅游研究者将区位论的思想方法运用于旅游研究，形成了旅游目的地区位论，用于描述和解释旅游活动或旅游现象的空间分异。

旅游目的地区位指旅游目的地与其客源地相互作用中的相关位置、通达性及相对意义，通常划分为客源区位、资源区位、交通区位和认知区位。

旅游目的地区位理论是研究旅游客源地、目的地和旅游交通的空间格局、地域组织形式的相互关系及旅游场所位置与经济效益关系的理论。

旅游目的地区位理论主要可以应用于：对区位条件进行分析，评价旅游目的地开发的

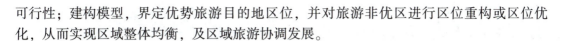

可行性；建构模型，界定优势旅游目的地区位，并对旅游非优区进行区位重构或区位优化，从而实现区域整体均衡，及区域旅游协调发展。

二、区域经济空间结构理论

区域空间结构理论是区位理论的进一步发展和延伸。空间结构是指社会经济主体在空间中相互作用与关系，以及由于互动关系而形成的各种空间集聚形态。区域经济空间结构是指在一定地域范围内经济要素的相对区位关系和分布形式，它是人类在长期发展过程中对经济活动和区位选择的积累结果。比如，中国工业生产主要分布在东南沿海地区，2021年百强县榜单中，近七成百强县在长三角，GDP 破千亿的县就有 38 个。区域空间结构是否合理，对区域经济的增长和发展有着显著的促进或制约的作用，所以，区域经济空间结构便成为区域发展研究的一项重要内容，为协调区域内和区域间关系，根据区域发展所处的阶段，整合各种发展资源提供了科学的依据。

旅游目的地空间结构理论最早出现于 20 世纪 30 年代的西方，相对成熟的有旅游圈层式理论、旅游中心地理论（Tourism Center Theory）、旅游距离衰减理论（Tourism Distance Decay Theory）。

（一）旅游圈层结构理论

圈层结构理论最初是由德国农业经济学家杜能提出的，1926 年他在著名的《孤立国》中提出城市郊区的农业布局呈现圈层式分布规律：以城市为中心，分别分布有自由农业区、林业区、轮作农业区、谷草农作区、三圃农作区和畜牧业区，此种圈层空间结构模式被誉为"杜能环"。美国城市地理学家、社会学教授 E. W. Burgess 通过对城市布局的研究，提出城市自市中心由内向外按照同心圆法则，有序分布有五个功能区，分别为中心商业区、过渡性地区、工人阶级住宅区、中产阶层住宅区、高级或通勤人员住宅区，呈现有序的圈层结构。持圈层空间结构理论观点的学者们通常认为，区域经济发展应该以城市为中心，以圈层状空间分布特点向外逐步延伸布局；这类学者认为城市圈层往往分为三部分：分别是内圈层、中间圈层和外圈层，各个圈层都有各自的特征：内圈层即城市中心区，人口和建筑密度都较高，地价较贵，以第三产业为主发展；中间圈层是中心城区向乡村的过渡地带，居民点的密度不高，建筑的密度较小，往往以第二产业为主并积极发展城郊农业；外圈层是城市影响区，第一产业在区域发展中占有绝对的优势，是城市的水资源保护区、动力供应基地、假日休闲旅游地。圈层理论已被广泛应用于包括旅游在内的诸多领域，进行不同类型、性质、层次的空间发展谋划。

旅游圈层结构理论是杜能的农业布局的圈层式理论在旅游领域的拓展延伸，此理论在旅游空间布局中被广泛采用，吴必虎提出了环城游憩带（Recreational Belt Around Metropolis，ReBAM）理论：在大城市郊区分布着主要为城市居民光顾的游憩设施、场所和公共空间，特定情况下还包括位于城郊的外来旅游者经常光顾的各级旅游目的地，三者共同构成环大都市游憩活动频发地带，即环城游憩带，比较形象地刻画了都市周边区域的同心圆式旅游空间结构。徐嵩龄指出我国自然保护区为由里到外的核心区、缓冲区和实验区的同心圆式功能空间布局模式，旅游活动通常存在于实验区。

（二）旅游中心地理论

中心地理论又称为中心地方论，是由德国地理学家克里斯泰勒于《德国南部的中心地原理》中提出，尽管在克里斯泰勒发表著作之前，已经有许多学者对中心地等级和职能等进行了零散的研究，但缺乏完整的理论体系，克里斯泰勒是第一位对中心地研究成果进行系统化、理论化总结研究的学者，所以学界公认中心地理论是由克里斯泰勒首次提出的。中心地理论是探索"决定城市的数量、规模以及分布的规律是否存在，如果存在，那么又是怎样的规律"。

克里斯泰勒从经济学观点出发研究城市地理，认为经济活动是城市形成、发展的主要因素，通过实地调查收集大量基础数据资料，运用演绎法研究中心地的空间秩序，得出了聚落分布呈三角形，市场区域呈六边形的空间组织结构，并进一步分析了中心地规模等级、职能类型与人口的关系，以及在市场、交通和行政三原则基础上形成的中心地空间系统模型。克里斯泰勒的中心地理论，以其地域结构的严谨划分和市场的空间分析，将区位理论推向宏观化研究，并成为进行旅游中心地分析的基础理论之一；克氏以中心地理论被后人尊为"理论地理学之父"，中心地理论成为城市地理学和商业地理学的理论基础，并成为区域经济学研究的理论基础。中心地理论的基本思想为：中心地存在于一定范围的区域空间之内，不同大小的服务区域对应不同规模的中心地，不同规模的中心构成一个等级序列；中心地体系的具体空间排列服从于中心地的功能性质。

陆林认为旅游中心地是指区域内凭借旅游资源、旅游设施和旅游服务，满足一定市场需要的供给中心。意大利的马里奥蒂强调吸引力是旅游中心地形成的决定因素，根据中心吸引物服务范围大小，旅游中心地可以分为高级和低级中心地，介于两者之间的还有中级中心地。楚义芳提出了$K=3$的旅游地空间组织模型(K值指每一级中心管辖次一级中心的数目以及第一级市场区和次一级市场区数目的关系。$K=3$的中心地体系中，最高中心1个，二级中心2个，以下各级才以3倍的速率增加)。顾朝林提出了旅游中心城市体系。

通过上述学者的研究得出旅游中心地体系是个一般均衡的空间作用系统，包含多层含义：

(1)旅游中心地既是旅游的供给中心，也是需求的释放中心，类似于旅游集散地，旅游中心地应该以区域内的中心城市(镇)为载体，这有利于研究旅游中心地对区域旅游业竞争力的影响，例如，黄山风景区和九寨沟风景区的旅游业发展相对滞后的重要原因是其所依托的旅游中心地功能较差。

(2)旅游中心地具有空间等级结构，高等级的旅游中心地往往会领属几个次一级的旅游中心地，而随着旅游中心地等级层次的变化，旅游目的地区域也会呈现出等级结构的变化，旅游目的地区域内城镇体系结构影响旅游中心地等级结构。旅游中心地的等级性要求旅游目的地规划开发应该具有时序性，小城镇通常是开发旅游资源的依托所在。

(3)不同等级旅游中心地的竞争力的决定因素不同，高等级旅游中心地的竞争力主要取决于其对外交通的便捷性(比如航空港、火车站、港口码头、汽车站的建设等级、规模等)、旅游资源吸引力、旅游中心城市形象和旅游供给设施水平，而中、低等级的旅游中心地的竞争力大小主要取决于区域内高等级中心地之间的交通网络联系、旅游资源信息交换强度、旅游线路设计等因素。

(4)旅游中心地等级结构影响其间旅游流等级结构，通常高等级中心地与区域内中级中心地之间的旅游流流量大于高等级中心地与区域内低级中心地之间、中级中心地与低级中心地之间、各低级中心地之间的旅游流流量。

旅游中心地是旅游需求和旅游供给均衡在空间上的反映，具有一定的等级结构，这对研究旅游目的地区域内旅游空间竞争具有指导意义。基于旅游中心地理论，首先，可以确定旅游目的地之市场大小（上限是旅游地之资源吸引力、环境生态容量、经济容量和社会容量共同决定的，下限是旅游地的门槛值）。旅游目的地可以通过扩大自己的旅游市场吸引范围来获取更多利润。其次，可以确定旅游目的地等级，并按相应的等级进行恰当的旅游产品和服务匹配。最后，可以指导旅游目的地均衡布局，旅游目的地空间格局应该是类似于克里斯泰勒中心地理论提出的服务范围呈面状扩散分布的集聚中心体系，且每个高级中心地属领几个中级或低级中心地（克氏认为是 3 个，用公式表示就是 $Kn=3n-1$，其中 K 表示每个单元内各级中心地的数量，n 表示中心地的级别高低）。刘伟强研究了北京市旅馆业的空间结构，发现社会旅馆的分布与零售服务业网点的 $K=3$ 的空间格局具有相当大的一致性。谢彦君、陈元泰提出了应用中心地六边形模型，解析了锦州市国内客源市场的分布模式，刻画了锦州市的市场分布情形。骆静珊、陶犁对昆明区域旅游中心进行了研究，认为昆明可以以其独特的区位优势，建设成区域旅游文化中心、会议和商贸旅游中心、旅游宣传和促销中心、游客聚散中心和人员培训及信息提供中心。

区位理论从研究目的地选址问题到研究旅游目的地区域生产力的合理布局问题，进一步提升了区位理论对旅游目的地发展的影响力。区位理论研究是经济和非经济因素并重，尤其是对非经济因素的关注，进一步指导了旅游目的地的管理，例如，在国际旅游项目投资选址时，政策和文化差异对于项目运作成本的影响开始成为投资者考虑的非经济因素之一。比如，中国社会各界对上海迪士尼乐园投资项目的探讨就体现了区位研究的综合性特点，在美国之外的同一国家建设两家迪士尼乐园，在迪士尼的发展历史上尚属首例。随着 2011 年 4 月 8 日上海迪士尼乐园的正式破土动工，中国就进入上海、香港两家迪士尼同台竞技的时代。其实，早在 2009 年 11 月 4 日迪士尼公司与上海市政府达成协议之时，诸多专家学者分别从经济、政治、社会、文化等多角度展开对中国第二个迪士尼乐园项目落户上海的利弊展开了热烈的讨论。

（三）核心-边缘理论

核心-边缘理论是解释经济空间结构演变模式的理论。由美国区域规划专家弗里德曼（J. R. Friedmann）于 1966 年在其学术著作《区域发展政策》中系统提出的。

弗里德曼认为，任何一个国家都是由核心区域和边缘区域组成的。核心区域由一个城市或城市集群及其周围地区组成；边缘的界限由核心和外围的关系来确定。该理论试图解释一个区域如何由互不关联、孤立发展，变成彼此联系、发展不平衡，再变为相互关联、平衡发展的区域。

核心-边缘理论可用于旅游目的地规划开发与管理中，即结合旅游目的地和旅游客源地之间相互发展演变的动态规律，不断地为旅游目的地空间结构变动提供认知解释模型和理论指导，促进核心-边缘区域关系的变动和转型，达到促进旅游目的地发展的目标。

国内学者对此也进行了研究，例如汪宇明指出借鉴核心-边缘理论在进行旅游目的地的资源区域整合、旅游景区土地利用规划和都市旅游圈层构造、旅游目的地区域旅游联动发展等方面具有重要指导意义。

（四）旅游距离衰减理论

相互间作用力随距离的增加而降低的现象称为距离衰减，这一原理被克朗蓬（Crampon）引入旅游研究领域；在此基础上，沃尔夫（R. L. Wolfe）提出了旅游引力模型。旅游距离衰减用来描述随着旅游目的地和客源地之间距离的增加，接待游客数量在减少的现象，主要体现在旅游目的地市场引力距离衰减和旅游客源地居民出游距离衰减两方面。

旅游中存在一个门槛距离，即旅游门槛距离理论，是指旅游者的出行距离与游客增减的临界点理论。一地居民外出旅行或从事户外游憩活动，存在一个门槛距离，在门槛距离以内，随着距离的增加，游憩人数增多；超过这一门槛距离，则随着距离的增加，游憩人数明显衰减。游客递增与递减的节点离客源地的距离即为旅游门槛距离。一般而言，不同地区由于经济发展水平不同，其旅游门槛距离也不相同：发达地区旅游门槛距离大，距离衰减曲线平缓；落后地区门槛距离小，距离衰减曲线陡峭。同一地区在不同的经济发展阶段旅游门槛距离也不同，旅游门槛距的大小直接影响目的地旅游项目的选址和竞争力。

借鉴旅游距离衰减理论，依据目的地和客源市场之间距离去探讨目的地区位、规模、形态具有一定的可行性。保继刚探讨了引力模型在游客预测中的应用，并利用某年某月份到访北京的国内旅游者统计数据，构建了北京旅游地引力模型。

（五）旅游地屏蔽理论

旅游地屏蔽理论是研究旅游目的地屏蔽现象的一种理论。旅游地屏蔽现象是指某些旅游目的地的旅游资源，由于相关限制性因素的存在而导致的开发价值降低甚至不能开发的现象，主要有五种屏蔽类型：旅游目的地要素屏蔽、资源屏蔽、区位屏蔽、条件屏蔽和事故屏蔽。

旅游目的地屏蔽现象具有广布性、累加性、有限性和依附性。

该理论的研究主要基于旅游目的地空间竞争理论，更侧重于对生态学"空间竞争理论"的借鉴，将具有竞争关系的旅游目的地系统考虑，并力图对主要要素和机制做综合性反应，从而促进旅游目的地发展。

（六）旅游阴影区理论

旅游阴影区理论是指旅游目的地相互影响的一种理论。王衍用通过对山东孟子故里的研究，提出了旅游阴影区理论。他发现一些旅游目的地与邻近的著名旅游目的地相比，尽管资源品位相当、区位条件相似，但在旅游发展上却相距甚远。他认为这些旅游目的地处于著名旅游目的地的阴影区内，其开发应另辟蹊径，实现差异化战略。

此理论在旅游目的地发展实践中具有重要的应用价值，即处于相近或者相同强势资源和开发地区阴影下的旅游目的地，为了旅游发展，应开发特色旅游产品和项目，塑造相异品牌形象，以走出弱势地位。

三、区位理论和区域经济空间结构理论对旅游目的地发展的意义

旅游目的地区位理论与区域经济空间结构理论表明：旅游目的地发展中必须结合自然、交通、经济等地理区位因素，结合旅游地资源和社会经济等背景，来制定旅游发展的空间布局模式和旅游发展战略，保证旅游目的地健康持续发展。

（一）运用区位理论和区域经济空间结构理论确定旅游目的地市场范围

旅游目的地吸引力大小决定了其在市场上的影响范围，一般市场范围会有上限和下限，市场范围的上限是由旅游目的地的资源吸引力、社会容量、经济容量和生态环境容量四者共同决定的客源市场范围或接待旅游者的数量，但上限值不能超过上述四个变量中的

最小值；市场范围的下限就相当于克里斯泰勒中心地理论中的门槛值(指生产一定产品或服务所必需的最小需求量)，旅游目的地的"门槛"是其旅游产品和服务所必须达到的最低客源需求量，如果没有此最低客源量，旅游目的地无法实现规模效应，其经营成本无法得到补偿，所以旅游目的地一定要考虑旅游目的地开发的需求"门槛"。

(二)运用区位理论和区域经济空间结构理论确定旅游目的地等级

旅游目的地等级划分的主要参考是其市场范围，也即旅游吸引力。高等级旅游地是市场范围较大的中心吸引物，低等级旅游地是具有较小市场范围的旅游吸引物类型。一般而言，高等级旅游地提供的旅游产品和服务档次高、功能全、品种多、质量好，而低等级旅游地提供的旅游产品和服务等级层次等相对差。旅游目的地发展中应该首先明确旅游地在市场中的等级定位，从而在项目、设施和服务设计等方面做出相应的安排。

(三)运用区位理论和区域经济空间结构理论确定旅游目的地均衡布局模式

不同等级的旅游地的服务职能和市场范围存在差异，就会产生各级旅游均衡布局的问题，每个旅游目的地往往存在多个不同等级的旅游地，只有通过均衡布局才能保证旅游目的地的健康发展，并最终实现目的地旅游的持续发展；另外，旅游目的地的均衡布局还强调旅游目的地内部各功能要素之间的均衡布局。

(四)运用区位理论和区域经济空间结构理论指导旅游目的地规划开发

在旅游目的地规划中的运用主要表现在：①确定旅游目的地旅游空间组织层次与规划层次；②制定旅游目的地发展战略；③寻求旅游目的地区位优势；④旅游目的地产品、线路、项目设计与营销；⑤旅游目的地集聚效应；⑥旅游目的地场所选择、空间布局、功能区划等方面。

第四节　区域经济发展理论

区域经济(Regional Economy)是区域内部因素与外部条件互相作用形成的经济发展的生产综合体，反映的是区域经济发展的客观规律和其内涵与外延的相互关系。

区域经济发展理论是用以指导区域经济发展之理论。区域经济发展指凭借技术创新、产业结构优化、社会进步等实现区域经济质量提升，包含区域经济增长和发展两层含义。区域经济增长是指区域经济总量(用国民生产总值、国内生产总值、国民收入等指标衡量)的扩大，是区域发展之基础。区域经济发展理论主要包括区域经济发展的影响因素和作用机理的研究和对区域经济发展过程的研究。典型的区域经济发展理论有增长极理论、地域综合体理论等。

一、增长极理论

增长极理论(Growing Polar Theory)是由法国的经济学家弗朗索瓦(Francois Perroux)提出的非均衡区域发展理论。法国经济学家布代维尔(J. B. Boudeville)提出区域增长极概念，由于不平衡性，在区域经济发展中资金、物资、能量、信息、人才等会逐渐集聚到少数条件优越区域，从而使之成为区域经济增长的中心，即增长极。美国经济学家弗里德曼

（John. Frishman）和赫希曼（A. O. Hischman）、瑞典经济学家缪尔达尔（Gunnar Myrdal）等丰富并发展了这一理论。该理论认为，经济增长不可能同时出现于所有地方，往往首先出现在某些具有创新能力的行业和主导部门即增长点和增长极上，并在其影响范围内引导经济活动的进一步发展，这种经济活动的极化必然导致地理分布上的极化，并通过溢出、支配、乘数等效应来对区域经济产生作用，并影响区域经济发展。溢出效应是指增长极的极化效应（增长极吸引和拉动周边地区的要素和经济活动不断趋向增长极，从而加速增长极成长的作用）和扩散效应（增长极向周围地区输出要素和经济活动从而刺激和推动周围地区经济发展的作用）的综合影响；支配效应是指增长极凭借先进性通过与周围地区的要素流动和商品供求从而对周围地区产生支配的作用；乘数效应是指增长极受循环积累因素机制影响不断加强对周围地区的示范、组织和带动等作用。增长极的综合效应对区域产业和空间结构产生影响，进而作用于区域经济发展。

受旅游资源禀赋好坏、区位优劣势等因素影响，旅游目的地极易形成旅游增长极，旅游目的地可以培育旅游增长极并建立多个旅游增长极为节点的旅游网络体系，并通过增长极的极化、扩散、支配、乘数等效应将目的地旅游发展推向新高度。

增长极理论对旅游目的地旅游发展有很强的现实指导意义。该理论以不发达地区经济发展模式为研究对象，可以指导欠发达地区旅游目的地发展。同时该理论还充分强调政府的作用以弥补市场的不足。在旅游目的地发展中，各级政府应该根据实际情况，选择那些旅游资源价值大、区位条件好、社会经济发展水平高的旅游目的地作为区域增长极进行培育，集中人力、物力和财力，重点发展，并促使其推动整个区域旅游发展，进而通过旅游线路向外扩散，对整个旅游目的地产生影响。

二、点-轴系统理论

（一）点-轴理论

点-轴理论主张在区域经济发展过程中采取空间线性推进方式，即点-轴发展模式，它是增长极理论聚点突破与梯度转移理论线性推进的完美结合。最早由波兰经济学家萨伦巴（Piotr Zaremba）和马利士（B. Malisz）提出。

从区域经济发展的过程来看，经济中心总是首先集中在少数条件良好的区位，呈斑点状分布，此经济中心既是区域增长极，也是点-轴发展模式的点。随着经济的发展，经济中心逐渐增加，点与点之间，由于生产要素交换需要交通线路以及动力供应线、水源供应线等，相互连接起来，即形成了轴线，这个轴线首先是为区域增长服务的，但轴线一经形成，对人口、产业也具有吸引力，吸引人口、产业向轴线两侧集聚，并产生新的增长点。点轴贯通，就形成了点轴系统，点轴发展可以理解为从发达区域大大小小的经济中心（点）沿交通线路向不发达区域纵深发展推移。

点-轴发展模式特征：①方向性和时序性。点-轴渐进扩散过程具有空间和时间上的动态连续特征，是极化能量摆脱单点的限制走向整个空间的第一步。②过渡性。点-轴发展开始将发展重点由点转向了轴线，而多个点轴的交织就构成了网络，点轴发展成为网络形成的过渡阶段，随着区域网络的完善，极化作用减弱，而扩散作用增强，区域经济逐渐趋于均衡，点轴渐进是区域由不平衡向平衡发展转化的过程。

点-轴发展模式基本符合生产力空间运动的客观规律。首先，它通过重点轴线的发展和渐进扩散形式，弥补梯度推移的平面板块式递进方式的不足，真正发挥主体优势，有利于转化区域二元结构，促进城镇周围乡村经济的发展，从而更好地协调城市与区域及区域间的经济发展。其次，通过点、轴这两个要素的结合，在空间结构上，出现由点到轴，由轴到面的发展格局，呈现出一种立体结构和网络态势，在信息的横向流动和经济的横向联系方面有较大的优越性。它还将有利于最大限度地实现资源优化配置，避免资源的不合理流动，同时有助于消除区域市场壁垒，促进全国统一市场的形成。

在旅游目的地发展中，点-轴理论在运用时要注意三点：①所在区域的经济发展水平；②注意各增长极之间的经济联系程度；③注意发展轴的经济合理的空间距离。

（二）点-轴系统理论

点-轴系统理论是区域经济空间结构理论的演化理论，由我国经济地理学家陆大道在中心地理论、增长极理论的基础上提出。

点-轴系统理论认为，在经济发展过程中，几乎在大部分社会经济要素集中在"点"上的同时，"点"与"点"之间就形成了由线状基础设施联系在一起形成的"轴"，"轴"对附近区域有很强的经济吸引力和凝聚力，同时"轴"也是"点"上社会经济要素向外扩散的路径和方向，社会经济客体在空间中以"点-轴"形式进行渐进式扩散。这里的"点"指各级中心城市，"轴"指各级由交通、通信干线和能源、水源通道连接起来的产业集聚带。点-轴系统理论反映了社会经济空间组织和所形成的空间结构的客观规律。

根据点-轴系统理论，在正常情况下，任何一个区域或国家，其社会经济空间组织形式必然经历四个阶段：第一阶段是形成前的均衡，第二阶段是系统的"点-轴"初始出现，第三阶段是系统框架形成，第四阶段发展趋于成熟。

点-轴空间结构空间演化的基本特征有：①是一个具有耗散结构特征的空间经济系统；②是一个具有明显生命特征的社会经济有机体，其演化规律具有可知性、宏观调控的可能性。根据线状基础设施种类的不同，可以把"点-轴"空间结构分为铁路沿线发展轴、河岸经济发展轴、高速经济发展轴、复合型发展轴等类型。

点-轴系统理论是指导旅游目的地发展的重要理论。点-轴发展模式启示：通过某著名旅游目的地为龙头，带动周边区域的发展，这属于增长极发展模式，增长极发展模式适用于旅游目的地发展的初始阶段，或经济稀疏区、经济欠发达旅游目的地；点轴贯穿于复杂的旅游目的地系统之间，构成以点轴为主线的条带状发展系统，此种发展系统适用于旅游目的地发展中期或旅游资源相对成带状分布的旅游目的地；网络状发展模式，在旅游资源比较丰富的旅游目的地或经济中心区，交通发达，城市密集度较大，旅游需求旺盛，众多的旅游景区点和旅游带建设全面启动，组成一个有机的空间体系——旅游网络，这种发展模式应用于大都市型旅游目的地或城市群周边的旅游目的地。

三、地域综合体理论

地域综合体理论，最早源于苏联学者克洛索夫斯基提出的经济地域综合体，他认为经济地域综合体是在一个工业点或一个完整的地区内，根据当地的自然条件、运输条件和经济地理位置，恰当地安置企业，从而获得特定经济效果的各企业间的经济结合。地域综合体可以综合高效利用区域内资源，获得更多的外部经济效益。

旅游目的地系统是多部门、多要素组成的，更需要区域内外的分工协作、密切配合，这也是旅游地域综合体存在的必要性。

旅游地域综合体是在特定地域以专业部门为主体，协作配合辅助部门和服务部门等组成的地域经济系统，保证了旅游业的专业化、社会化和协作化等要求。吴必虎针对泛旅游时代的广义游客、无限活动、全景空间、综合产业等旅游融合化趋势，提出了建设融合农业、工业、商业、会展业、房地产业、体育产业等多产业的居游融合的创意旅游综合体，来满足旅游、养生、娱乐、餐饮、投资、购物、亲子等综合化的市场需求。这为旅游目的地发展指明了全域全产业发展方向。

第五节　旅游学理论

旅游学理论是以旅游、旅游活动、旅游业等旅游现象为研究对象的理论，《中国旅游大辞典》中旅游现象是指由旅游活动（包括旅游者活动和旅游产业活动）在一定地域和时间之内所引发的具有一定规模、强度、持续性和典型特征的旅游宏观表征。通常以旅游流的运动为导引，以旅游产业的勃兴为呼应，内容涉及一个地区的政治、经济、文化、社会、生态环境诸多领域的复杂变化和整体形态。

旅游理论研究出现在19世纪末，学术界一般认为意大利博迪奥发表的《关于外国人在意大利的移动及其消耗的费用》一文是最早的旅游理论，国外旅游理论研究较早，但研究往往重应用轻理论。我国旅游学理论研究起步较晚，目前尚未形成成熟的理论体系，旅游学理论中公认的代表性成果有"三体说""六要素说""旅游本质论""旅游体验论""旅游介入论""旅游系统论""脉理论"等。

一、旅游"三体说"

旅游理论中的"三体说"，指旅游或旅游活动的主体——旅游者、客体——旅游吸引物和介体——旅游业三个要素，学界通常认为"三体说"既适用于"旅游"，也适用于"旅游活动"。其实"旅游"与"旅游活动"含义不同，两者是包含与被包含的关系，不能等同互换。笔者经过分析研究认为"旅游"是在旅游活动中所发生的各种现象和关系的总和，其内涵和外延远比"旅游活动"大；"旅游活动"是以游览为目的的旅行活动动态，只是"旅游"的部分而不是全部，两者不能等同互换。"三体说"是针对"旅游活动"而不是"旅游"提出的。

二、旅游"六要素说"

被业界广泛认同的"六要素说"，是指旅游的吃、住、行、游、购、娱六大要素。正是基于缺一不可的六大要素，出现了方便旅游活动主体与客体接触的介体——旅游业，所以"六要素说"更多的是从旅游业角度提出的一种理论。其实旅游的要素远不止六个，笔者曾撰文指出旅游的要素远不止六个，除了吃、住、行、游、购、娱外还应该加上学、健、安等。

三、旅游本质论

学术界对旅游本质的认识存在两种倾向，即旅游经济倾向和旅游非经济倾向。

（一）旅游经济本质论

1998 年以前，我国旅游学科是从属于经济学的二级学科，国内对旅游性质认识是经济的，旅游资源的潜在属性只是经济的，甚至国内部分学者在界定旅游资源概念时要加上"能产生经济效益"的内容。

旅游经济本质论者多支持旅游经济说、消费说、商品经济发展产物说，主要将旅游活动定性为经济活动或消费活动。

（二）旅游非经济本质论

1998 年以后，我国旅游学科由从属于经济学的二级学科变为从属于管理学的二级学科，国内对旅游经济是旅游本质属性的认识受到冲击，旅游理论中关于旅游本质的研究，学界有多种观点。例如早期的旅游经济本质论、沈祖祥的旅游文化本质论、美国旅游人类学家纳尔逊·格雷本的旅游"仪式论"、邹本涛等的旅游"介入论"、谢彦君的"旅游体验论"等。

旅游非经济本质论者多支持旅游文化说、审美说、娱乐说、休闲说、生活方式说等，大都将旅游活动定性为一种文化活动、审美活动、娱乐活动、休闲活动或生活方式。

四、旅游体验论与旅游介入论

在旅游本质论当中最有影响力的当数"体验论"和"介入论"。

国内"旅游体验论"的代表学者是谢彦君，他认为旅游是旅游者以愉悦为目的的休闲体验。

在旅游本质论当中，"旅游介入论"最早是邹本涛、谢春山在《旅游文化学》中提出的。学界通常认为"三体说"的主体即旅游者，其实旅游者只是旅游活动的主体。旅游的主体不仅包括旅游者这一原发性主体，还包括旅游从业者、行政管理者、研究者、产业参与者和社区居民等旅游介入主体，旅游是多主体的（笔者认为旅游主体是一个三层次、六要素的综合体），通常分为旅游体验者和旅游介入者两类。

很显然"旅游体验论"是针对旅游活动的主体——旅游者提出的旅游学理论，"旅游介入论"是从旅游介入者视角来解析旅游的理论。

五、旅游系统论

旅游具有系统典型的特征和表现，故学界常常把"旅游"称为"旅游系统"。所谓的旅游系统是指产生和完成现代大众旅游活动的各个要素（旅游者、旅游吸引物、旅游信息、旅游相关企业等因子）相互依托、相互制约形成的具有特定功能和目标的有机整体。其基本功能是满足旅游者的需求，整个旅游系统的存在依赖于旅游需求的存在；旅游系统的基本功能也会派生出其他附属功能，即旅游系统会对上一级系统产生各种影响，如社会影响、经济影响、文化影响、环境影响等。

美国学者旅游规划专家 Clare A. Gunn 认为旅游系统是一系列空间要素组成的空间系统，并首次提出了旅游功能系统模型，该模型由五部分构成，即旅游吸引物、服务与设施、交通、信息与引导、旅游者。

澳大利亚学者 Neil Leiper 从地理学的空间角度提出旅游空间系统模型，包括旅游者、旅游客源地、旅游目的地、旅游业、旅游通道五个要素。

我国学者在20世纪80年代初就形成了旅游是一个系统的概念,20世纪90年代后期,又对旅游系统问题进行了许多探讨,并建立了一些系统模型,但这些模型多是在国外学者研究基础上的改进。

《旅游大辞典》中"旅游系统"词条解释为:产生和完成现代大众旅游活动的各个要素(旅游者、旅游吸引物、旅游信息、旅游相关企业等因子)相互依托、相互制约形成的具有特定功能和目标的有机整体。旅游系统是由旅游吸引物、旅游企业、旅游者、旅游交通等诸多要素构成的总系统,由多个子系统组成,从经济学视角解构为旅游需求和旅游供给两个子系统;从地域空间视角可以解构为旅游目的地、旅游客源地、旅游通道三个子系统;从要素关系视角可以解构为旅游主体子系统、旅游客体子系统、旅游媒介体子系统三个子系统。

旅游目的地是旅游系统的重要支点,依据系统理论旅游目的地是三体、六要素的复杂系统,其各要素按照特定方式组合,彼此相互联系、相互制约,要素结构功能高度统一,处于特定环境中并与环境不断良性互动的高度复合体。

六、脉理论

脉理论是指旅游目的地形象定位的地脉、文脉、商脉和人脉"四脉"理论。

地脉是指旅游目的地的地理背景,即自然地理脉络,通常包括地文、生物、气候、水文等自然资源禀赋及交通区位。

文脉是指旅游目的地的社会文化背景,即社会人文脉络,包括有形的历史文化遗产和无形的非物质文化遗产,是一种综合性的历史文化传统和社会心理积淀的组合。

商脉是指旅游目的地形象定位中的市场分析,即分析潜在游客对目的地形象的认知、认同和接受,以及竞争者的形象定位。

人脉原来指人际关系、人际网络,在此是指旅游目的地居民和其他利益相关者对旅游目的地形象的心理判断和接受度。

发展地看,个体的旅游活动和行为可以追溯到原始社会中人们已初具审美意识并能够自主地利用自由时间进行休闲娱乐的历史阶段;而真正意义的旅游现象在中国最早出现在魏晋南北朝时期;近代社会出现大众旅游现象则以托马斯·库克(Thomas Cook)的旅游组织活动为标志。综上,大部分学者都认同旅游现象的基本矛盾为旅游需求与旅游供给之间的矛盾。

申葆嘉从五个方面对旅游进行了解析:旅游是市场经济发展的产物;旅游具有文化性质;旅游具有多元系统结构;旅游的非物质实体形象;旅游因运动而存在。

第六节　旅游地生命周期理论

生命周期理论由德国的克里斯泰勒(W. Christaller)于1963年在对欧洲旅游目的地的研究中率先使用。最为常用的旅游地生命周期模型有巴特勒模型、普罗格模型、双周期模型。

一、生命周期理论

"生命周期"最初源于生物学,指生物从出生到死亡的生命发展过程。生命周期理论是揭示生命体发展规律的理论，这一理论被旅游规划、国际贸易、市场营销等多学科引用来描绘事物随时间的演变过程。该理论认为：旅游目的地有生命周期，任何旅游目的地都会经历产生、成长、成熟、衰落的生命演变历程；在旅游目的地起步阶段旅游目的地到访客流量往往因可进入性、配套设施等因素制约极少，发展阶段游客数量会随着交通状况和配套设施的改善而逐步增多，之后在成熟期游客量持续达到高峰值，当游客来访量超过旅游目的地容量时会再次限制旅游目的地发展。

加拿大的巴特勒(R. W. Butler)于 1980 年根据产品生命周期理论和其他人文地理学家的研究成果，提出了旅游地从探索、起步(参与)、发展、稳固(巩固)、停滞(成熟)直到衰落或复兴阶段的 S 型生命演变的巴特勒模型。

普罗格(Plog)基于心理学理论于 1973 年从旅游者心理特征出发，提出了旅游地生命周期的新力图式假说(Psychographic)，即认为旅游地所处的生命周期阶段与旅游者的行为有关，旅游者按心理类型划分为多中心型、近多中心型、中间型、近自我中心型和自我中心型五类，旅游地生命周期最初源于对多中心型旅游者的吸引，当多中心型旅游者越来越多时旅游地进入发展期，随之近多中心型的旅游者被吸引，之后中间型旅游者被吸引，旅游地进入成熟期，旅游目的地演变为大众型旅游目的地，也渐渐失去对多中心型旅游者的吸引，进而进入衰落期，这即为旅游地生命周期的普罗格模型。

旅游目的地双周期模型(Double-Cycle)是指旅游目的地发展演变历程中，在不同的时间范围存在长、短两种周期。

长周期：旅游地从起步到最终衰落及消亡的漫长周期，它大致等同于上面巴特勒和普罗格所说的旅游地生命周期。

短周期：旅游地在旅游吸引力环境保持不变的一段时期内所历经的周期，它可能完整，也可能不完整。在旅游地发展的短周期内，旅游地的演进只表现为旅游接待状况的变化。

二、旅游目的地的周期演变

任何一个旅游目的地都会经历一个进入市场、市场发展、退出市场的过程，也即任何旅游目的地都经历从成长到衰退的生命周期问题。旅游目的地的产生、成长、成熟、衰退等发展变化过程直接影响到旅游目的地旅游业的发展，也关系到旅游目的地旅游供给企业的收益率。当然旅游目的地的经济活动存在不同程度的波动和运动，并非一成不变，具体表现为旅游目的地生命周期的短期波动和周期演变。

(一)旅游目的地的短期波动

旅游目的地的短期波动是指一个自然年周期里由客流量的变化所引起的旅游目的地实际接待数量与门槛规模和最大规模之间的矛盾现象。

旅游目的地这种短期波动的表现形式为：过剩需求与过剩供给。过剩需求是旅游目的地的最大接待容量不能充分满足旅游者需要的市场状态。过剩供给是旅游需求规模不能满足旅游目的门槛规模需要的市场状态。比如旅游旺季和旅游淡季便是旅游目的地过剩需求与过剩供给的两种表现形式。

作为旅游目的地，受旅游资源性质和地理环境特征的影响，不同的时间或季节，其旅游吸引力会呈现大小和强弱的变化，使得旅游目的地的旅游价值在不同季节出现较大波动，进而影响旅游者出游时间的选择。从旅游需求方面看，受休假制度以及工作日制度和季节性的影响，旅游需求呈现为明显的时间性。而且与一般生产领域的供不应求和供过于求不同的是，旅游目的地的过剩需求和过剩供给是同时存在的，而且二者可以互相转化，并且转化的速度相当快，频繁的变化成为旅游目的地短期波动的主要特点。

（二）旅游目的地的周期演变

旅游目的地的运动有自己特有的运动规律，即周期性的演变，这一理论是市场学的产品生命周期理论在旅游目的地的运用。加拿大旅游学者巴特勒，于1980年提出了旅游目的地生命周期模型。他认为，一个旅游地的发展循环过程经过六个阶段（见图3-1）：探索阶段（Exploration）、参与阶段（Involvement）、发展阶段（Development）、巩固阶段（Consolidation）、成熟（停滞）阶段（Stagnation）、衰落或复苏阶段（Decline or Resuscitation）。

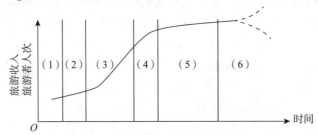

图3-1　旅游地生命周期曲线

（1）探索阶段：是旅游地发展的初始阶段，其特点为，有零星的旅游者无规律地旅行游览，旅游地也没有特别的设施为旅游者服务，旅游地的自然和社会环境未因旅游而发生变化。

（2）参与阶段：随着旅游者的增多，旅游变得有规律，当地居民开始参与向游客提供一些设施和服务，一些设施准备或开始兴建。

（3）发展阶段：固定的旅游市场地区已经出现，旅游者人次增长很快，外来投资骤增，本地居民简陋的设施逐渐被规模大的、现代化的设施所取代。大量的广告和宣传吸引人们来此旅游。旅游目的地的自然面貌改变比较显著。

（4）巩固阶段：旅游业的经营和系列设施已确定下来，当地经济严重依赖旅游业，旅游者的增长率相对下降，旅游地有了界限分明的功能分区。

（5）成熟（停滞）阶段：游客增长相当缓慢，游客量达到最大，旅游地形象基本建立起来，其社会、经济和环境问题相当突出，而此时竞争者已经出现。

（6）衰落或复苏阶段：由于旅游者的兴趣发生转移或者竞争者的更强吸引力，旅游者人次逐渐减少，旅游地难以同新的旅游地竞争，那它就处于衰落阶段；如果旅游地增加了新的具有吸引力的旅游资源和旅游项目，也可能再次使游客量增加，进入复苏阶段。进入复苏阶段的旅游地又开始新的循环，重复上述几个阶段。

在一个旅游目的地，游人的数量总是会不可避免地呈正弦曲线变化，从上升到衰减常常是因为环境容量参数随时间的推移造成超限。为了尽量降低这种衰亡的程度，唯一的办法是采取补偿措施，如改善环境条件、执行新的市场战略等，从而保障旅游业可持续发展。

旅游地循环发展理论对旅游地的开发具有重要的指导意义，也是指导旅游地规划的理

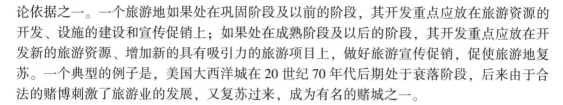

论依据之一。一个旅游地如果处在巩固阶段及以前的阶段，其开发重点应放在旅游资源的开发、设施的建设和宣传促销上；如果处在成熟阶段及以后的阶段，其开发重点应放在开发新的旅游资源、增加新的具有吸引力的旅游项目上，做好旅游宣传促销，促使旅游地复苏。一个典型的例子是，美国大西洋城在 20 世纪 70 年代后期处于衰落阶段，后来由于合法的赌博刺激了旅游业的发展，又复苏过来，成为有名的赌城之一。

三、旅游目的地的生命周期影响因素

旅游目的地的生命周期表明旅游目的地也处在不断运动之中，其生命周期的运动是由多种因素共同作用形成的。需要指出的是，生命周期的长短在不同的旅游地是不同的，周期中各个阶段的长短也不一样。旅游目的地生命周期的主要影响因素有：

（一）新旅游目的地的开发

新旅游目的地作为新生事物往往会有较强的生命力，不仅能更好地满足旅游者的旅游需求，也会给旅游目的地的发展一个助力，促进旅游目的地的生命周期演变。新的旅游目的地的开发，是影响旅游目的地生命周期的重要因素之一。例如一些主题公园、红色旅游目的地，还有森林公园、自然保护区等绿色旅游目的地的出现等。很多革命老区往往是比较落后和发展缓慢的地区，其旅游供给能力一般较弱，但是由于红色旅游的兴起，这些地区一跃成为非常火爆的旅游目的地，给原有的旅游目的地带来了很大的冲击。

（二）现有目的地的竞争

旅游目的地生命周期的演变还会受到现有其他目的地的竞争，现有目的地的竞争会影响到其间市场机会的重新分配，如同样价格和类型的两个目的地，会因为其中一个旅游目的地质量的上升，引起另一个旅游目的地在保持原有品质的情况下被选择的机会减少。这些目的地要在激烈的市场竞争中生存，必然会不断改进产品，也会利用价格、促销等因素和文化内涵的挖掘来提高市场占有率，这必然给旅游目的地的生命周期带来一定的影响。

（三）旅游替代品的发展

旅游目的地的竞争不仅来自现有和新的目的地，还有来自和旅游目的地呈替代关系的替代品，像一些耐用消费品和文化娱乐产品等也在日新月异地发展，这些替代品的发展可以在人们有限的可自由支配收入和闲暇时间等方面进行竞争，这势必造成旅游市场的竞争更激烈。这就要求旅游目的地不断进行创新和发展，否则很难在激烈的市场竞争中生存。

（四）游客需求的变化

游客的需要各种各样、千变万化，游客的旅游需要不仅跟自身的性格、爱好、民族、宗教、职业、年龄等有关，同时还会随着社会的发展、科技的进步等呈现出不同的变化，所有的这些变化都需要旅游供给市场来及时全面地满足。作为主要供给者的旅游目的地必须考虑客源市场的需要，及时改进旅游产品，以便更好地满足游客的各种需要，而这也促进了旅游目的地的发展演变。例如民用航空、高速列车等交通技术的发展，主题公园、康体度假和现代娱乐设施的发展，都不同程度地刺激了人们的旅游需求。作为旅游目的地的旅游供给，就应该有效地利用现代科学技术，最大限度地满足旅游者的旅游需求。

（五）游客的期望和价格敏感度

旅游目的地生命周期的演变还跟游客的期望和游客对价格的敏感度有关。随着中国旅

游市场的不断成熟，游客的旅游期望也发生了变化。越来越多的游客不再是旅游目的地产品与服务的被动接受者，他们对产品和服务的期望越来越高，不再满足于跟随旅游团，走马观花。他们会对新兴旅游更感兴趣，会更追求旅游产品的"真实性"；再者，游客对价格的敏感度也极大地影响着旅游目的地的发展。游客对旅游目的地的旅游价格敏感度高的话，旅游目的地的价格就会成为游客评价旅游目的地质量好坏的重要依据；如果游客认为旅游目的地的价格合理，就会认为旅游目的地质量高，反之会认为质量低，从而影响到对旅游目的地的评价和选择，这已在一定程度上影响到了旅游目的地的发展。

（六）政府干预和立法机构的影响

政府和立法机构是旅游目的地发展的外在影响因素。政府运用政策和法律法规等手段来加快旅游资源的优化配置、旅游经济结构的转换和水平提高，实现旅游经济的良性运转。政府对旅游目的地的政策和态度，直接影响到旅游目的地的规模和前景。政府支持，旅游目的地的发展就会如鱼得水；政府不支持，旅游目的地的发展就会很艰难。立法机构制定相应的旅游法律法规对旅游目的地的作用在于，为旅游目的地的发展提供恰当的法律保障，为旅游目的地的发展保驾护航。

四、生命周期理论对旅游目的地指导作用

旅游地生命周期理论主要应用于：
（1）预测旅游目的地客源市场规模。
（2）提供旅游规划与管理调整的依据。
（3）指导旅游目的地进行创新开发。

第七节　旅游目的地利益相关者理论

利益相关者的概念来源于企业。1927年美国通用电气公司首次提出公司应该为利益相关者服务的思想。1963年斯坦福研究院首次提出利益相关者概念。弗里曼把利益相关者定义为：任何可以影响组织目标或该目标影响的群体或个人。索特和莱森根据弗里曼的研究将利益相关者理论运用于旅游业中。

利益相关者理论既不同于只考虑供应商和消费者的生产观念，也不同于只关注所有者、员工、供应商和消费者的传统管理观念，而是将政府、社区以及相关政治、经济、社会环境乃至非人类因素如自然环境等纳入其中，将企业的社会责任和管理紧密联系起来，提供一种全新的管理理念和模式。

2000年保继刚、钟新民首次在我国旅游规划中引入利益相关者概念。旅游目的地利益相关者是指能够影响旅游目的地旅游业生存和发展以及受到当地旅游业影响的个人、群体或组织。旅游目的地利益相关者众多，主要有当地政府、旅游企业、旅游者、媒体部门、当地居民、社会公众、非政府部门、学术界和其他组织机构等。

利益相关者是指能够对"旅游目的地"发展起影响作用（包括积极和消极的方面），同时也会受到"旅游目的地"发展影响的所有个人或组织。利益相关者涉及诸多层面（见图3-2），包括：

旅游体验的需求方：旅游者；

为满足旅游体验而存在的旅游供给方：目的地旅游企业、当地社区等；

介入"目的地旅游"的介入方：行政管理者、学界的旅游研究者、旅游产业的参与者等"旅游"现象与关系的创造者都是"旅游目的地"的利益相关者。

这些层面之间关联度很高，各个层面的和谐运行才能促进"目的地旅游"良性运转。

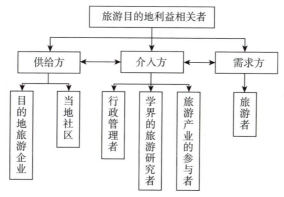

图3-2　旅游目的地利益相关者关系

 本章小结

地方（Place）是世界活动中人的反映，通过人的活动，空间被赋予意义，地方是人类生活的基础，在提供所有人类生活背景的同时，给予个人或群体以安全感或身份感。地方感是人的情感与所处环境之间相互作用而产生的一种反应（情感互动）。地方性是一个地方固有的独特个性，是地方本身所具有的各类客观特征（自然、历史、民俗、文化）的集中综合体现，为地方赋予了特定情感和个性（地方精神）。地方依恋是指人与特定地方之间建立起的情感联系，以表达人们倾向于留在这个地方并感到舒适和安全的心理状态。

地域分工与经济发展理论主要有成本理论、资源禀赋理论、地域分工合作理论等，对目的地经济发展作用表现为：有利于充分发挥地域旅游要素、区位等优势发展旅游经济；有利于凭借旅游地资源推动技术提高和创新，提高旅游经济水平；有利于提高地域旅游经济效益。

区位理论是研究人类活动的空间法则的理论，旅游目的地区位理论是研究旅游客源地、目的地和旅游交通的空间格局、地域组织形式的相互关系及旅游场所位置与经济效益关系的理论。区域经济空间结构是指在一定地域范围内经济要素的相对区位关系和分布形式，它是人类在长期发展过程中对经济活动和区位选择的积累结果。区域空间结构理论是区位理论的进一步发展和延伸。旅游目的地区位与空间结构理论相对成熟的有旅游圈层结构理论、旅游中心地理论、旅游距离衰减理论。

区域经济是区域内部因素与外部条件互相作用形成的经济发展的生产综合体，反映的是区域经济发展的客观规律和其内涵与外延的相互关系。典型的区域经济发展理论是增长极理论、地域综合体理论等。

旅游学理论是以旅游、旅游活动、旅游业等旅游现象为研究对象的理论，公认的代表性成果有"三体说""六要素说""旅游本质论""旅游体验论""旅游介入论""旅游系统论""脉理论"等。

常用的旅游地生命周期模型有巴特勒（Butler）模型、普罗格（Plog）模型、双周期（Double-Cycle）模型。旅游目的地的生命周期影响因素有新目的地的开发、现有目的地的竞争、旅游替代品的发展、游客需求的变化、游客的期望和价格敏感度、政府干预和立法机构的影响等。

旅游目的地利益相关者是指能够影响旅游目的地旅游业生存和发展，以及受到当地旅游业影响的个人、群体或组织。旅游目的地利益相关者众多，主要有当地政府、旅游企业、旅游者、媒体部门、当地居民、社会公众、非政府部门、学术界和其他组织机构等。

关键术语

地方感；地方性；地方依恋；地域分工与经济发展；区域经济；旅游地生命周期

参考资料

[1]吕俊芳.旅游目的地时空错位发展研究[M].北京：北京理工大学出版社，2022：35-42.

[2]段义孚，志丞，左一鸥.人文主义地理学之我见[J].地理科学进展，2006(2)：1-7.

[3]明庆忠，邱膑扬.旅游地规划空间组织的理论研究[J].云南师范大学学报（哲学社会科学版），2006(3)：137-143.

[4]谢彦君.论旅游的本质与特征[J].旅游学刊，1998(4)：41-44，63.

[5]吕俊芳.旅游主体与旅游六要素的创新思考[J].渤海大学学报（哲学社会科学版），2011，35(4)：39-41.

[6]谢春山，邹本涛.旅游介入文化研究[J].旅游科学，2008(4)：73-78.

[7]周玲.旅游规划与管理中利益相关者研究进展[J].旅游学刊，2004(6)：53-59.

[8]阎友兵.旅游地生命周期理论辨析[J].旅游学刊，2001(6)：31-33.

网络资源

1. 中国知网：http：//www.cnki.com.cn/Navi/J-J153.htm（查询旅游目的地理论方面的研究论文）；

2. 新华网旅游频道：http：//www.xinhuanet.com/travel/（了解旅游资讯和旅游服务信息）；

3. 中国旅游研究院：http：//www.ctaweb.org/（查询旅游研究的理论观点、政策信息和旅游业的重点、难点问题）；

4. 中华人民共和国文化和旅游部网站：http：//www.mct.gov.cn/（查询国家旅游政策、旅游动态信息、旅游统计数据等）。

分析与思考

1. 简述旅游学理论的代表性成果。
2. 概述地方理论。
3. 概述地域分工与经济发展理论。
4. 概述区位与区域经济空间结构理论。
5. 简述旅游地生命周期理论的几种类型。

技能训练

1. 通过网络资源的利用，找到某个景区资料，并分析该景区涉及的利益相关者。
2. 查阅相关文献资料并结合旅游目的地生命周期理论，谈谈你感兴趣的一个旅游景区(点)的发展情况。

案例分析

平桂区多举措创建国家全域旅游示范区

今年中秋、国庆长假期间，贺州市平桂区境内的姑婆山国家森林公园、紫云洞、玉石林等景区景点共接待市民游客 44.77 万人次，同比增长 58.53%，志愿服务者为游客开展秩序维护、法治宣传、旅游咨询等服务 20 万人次，无旅游安全事故及重大投诉发生。旅游的持续火爆，得益于该区加快创建国家全域旅游示范区建设步伐。

近年来，平桂区以创建"国家全域旅游示范区"为抓手，推动文旅、体旅、农旅、产旅等产业融合发展，塑造时时可游乐、处处是美景的"诗境山水 活力新平桂"。该区荣获"广西全域旅游示范区"称号，创评 4A 级景区 3 家、3A 级景区 3 家、四星级乡村旅游目的地 3 家、全国特色景观旅游名村 1 个、中国传统村落 2 个。

为加快创建国家全域旅游示范区工作，平桂区成立由区委书记、区长为组长的工作领导小组，制定出台多项优惠政策，设立旅游发展专项资金，鼓励引导各类资本投资发展旅游业，先后投入 16 亿元，新建农文旅项目 10 个；开通以城区为旅游交通集散中心，北至姑婆山景区，南至小凉河乡村旅游目的地的旅游专线车，形成"快进慢游"立体交通网络体系；推行旅游市场"红黑榜"发布制度，制定资源保护规范，开展"三整一改"，持续优化旅游环境；同时，制定旅游市场开发奖励办法，建立旅游联盟，近三年累计安排旅游营销专项资金 800 多万元。

通过创建国家全域旅游示范区，平桂区实现"矿四区"华丽转变"景四区"。"矿区"变"景区"，将废弃老矿区打造成为玉石林国家 4A 级旅游景区、华千谷广西体育旅游示范基地、贺州温泉、天沐温泉等景区；"厂区"变"街区"，盘活老旧厂房建设新型城市文化休闲空间；"采空区"变"新城区"，利用废弃矿区、采空区，建设平桂新城区；"工业园区"变"景区"，建成广西最大的黄金珠宝产业园，打造成特色工业旅游景区。突出"温泉康养+旅游""户外运动+旅游""文化创意+旅游"的重点，推动旅游与农业、工业、文化、体育等产业融合发展。

为提升平桂旅游的知名度和影响力，平桂区在姑婆山、十八水、玉石林、贺州温泉等景区陆续常态化开展仙姑节、纳凉节、风车节、养生节等节庆活动，以及三月三节庆、广西(平桂)体育节、广场舞文艺汇演、舞狮大赛、城市定向运动、乡村文化旅游节等活动层出不穷。该区创新政府搭台、媒体助力、企业推介的多元化营销模式，线上线下加大推介力度，获评"中国长寿之乡""广西高质量发展先进县""广西可持续发展实验区"等荣誉称号。

"我们把创建国家全域旅游示范区作为平桂区推进中国式现代化的主要抓手，目的在于促进平桂乡村全面振兴，让全区各族人民群众过上更美好生活。"平桂区一名相关负责人说。

（资料来源：快资讯 www.360kuai.com 2023-10-09）

思考问题：

结合案例，利用旅游目的地生命周期理论的相关内容，解释平桂是怎样从一个资源枯竭区一步步成为全域旅游示范区的。

第四章　旅游目的地影响因素

学习目标

通过本章的学习，你应该能够：
1. 掌握旅游目的地影响因素的内容；
2. 理解各影响因素对旅游目的地的作用机制。

素养目标

1. 运用多学科思维探查旅游目的地发展的影响因子，提升管理旅游目的地的能力；
2. 宏观微观相结合梳理培养旅游目的地管理的辩证思维；
3. 树立系统的旅游发展观，提升创新管理旅游目的地的能力；
4. 探查旅游目的地横向纵向联系，培养旅游目的地管理的全局观。

导入案例

戴斌：大众旅游时代亟须加快建设城乡慢行交通体系

近日，中国旅游研究院院长戴斌就大众旅游时代建设城乡慢行交通体系的背景、目标、空间规划和重点任务进行系统阐述。全文如下：

1. 大众旅游迎来新时代，慢行成为旅游新常态

2022年1月20日，国务院印发《"十四五"旅游业发展规划》，概括总结了"十三五"期间旅游业发展历史成就和发展经验、科学研判了大众旅游进入全面发展阶段所面临的形势和挑战、坚持以人民为中心，以现代化为导向，擘画了"十四五"旅游业高质量发展新蓝图。

中国旅游研究院院长戴斌表示，"过去五年，是大众旅游全面发展的五年，也是融合发展、创新发展的五年"。

戴斌指出，2016年《政府工作报告》中明确提出"迎接一个大众旅游的新时代"。改革开放以来，我国旅游业从入境旅游起步，很快就进入了国家战略视野，并以星级酒店和导游服务引领了社会生活的风向标。1999年国庆节"黄金周"开始，旅游业逐步进入国民消费为基础，入境、出境和国内三大旅游市场协调发展的新阶段。党的十八大以来，旅游业更是驶入了发展的快车道。2019年的国内旅游、出境旅游和入境旅游市场规模分别达到60.5亿人次、1.55亿人次和1.45亿人次，成为全球最大的国内和出境旅游市场。"十三五"期间人均出游超过4次，假日旅游成为新民俗，旅游成为小康社会人民美好生活的刚性需求。这是一个足以载入世界旅游发展史册的伟大成就，也是建设旅游强国最为坚实的市场基础。

虽然新冠疫情对全球旅游业造成很大冲击，也是我国"十四五"前半段旅游业最大的影响因素，但是从总体上看，旅游业仍然处于高质量发展的战略机遇期。

2. 日新月异的"三农"将成为旅游市场蓝海

"人们对旅游休闲有期待，就是在疫情期间，也从来没有停止过对旅游的向往。微旅游、微度假成为过去两年的热词和市场主体创业创新的市场基础。人民有保证生命安全和身体健康的权利，也有免于恐惧的自由。这种权利和自由属于城市居民，也属于农村居民，并构成共同富裕的内在要求。"戴斌说。

过去是城里人在旅游，农村人在接待，全面建成小康社会以后，越来越多的农村居民开始参与到探亲访友和休闲度假等旅游活动中来了。2022年春节期间，全国出游游客中农村居民占比达到了38.1%的历史新高。

戴斌分析说，受中青年游客提前回家过节、提前返程，老年人反向过年影响，主要务工输出地和传统客源地的旅游热度上升明显。四川、广东、江苏、湖南、安徽、湖北、浙江、河北、广西和河南游客接待人数居前。调查表明，44.7%的回乡务工人员在春节返乡探亲期间，将商业街区和购物中心作为休闲首选，直接带动了中小城市和县域中心城市游乐园、主题公园、经济型酒店、特色餐饮和旅游购物业态的发展。相对于商务旅行和市民休闲的红海，日新月异的"三农"成为旅游市场有待深度开垦的处女地，是蓝得不能再蓝的蓝海。

2022年劳动节假期，农村居民出游率为4.5%，出游人次占假期国内游客出游人次的14.2%，再次显示农村居民出游正在成为新趋势，从业者应该及时调整思路迎接新变化。

3. 城市和郊区是旅游主要空间，慢行交通大有可为

"有从业者感叹游客都去哪儿了，游客其实就在身边。我们过去对旅游的认识有点狭义，以为长途跋涉去观光、休闲才是旅游。但其实旅游已经成为居民日常化生活的选择，逛郊野公园、去城乡绿道骑行、找农家乐吃饭等，都算是旅游。游客会进入当地老百姓日常生活空间，游客是出去旅游的居民，居民是旅游回来的游客。这正是旅游人民性的内涵。"戴斌说。

按各地政府要求做好防控措施的同时，城乡居民遵循"限量、预约、错峰"的原则，抓紧一切可以利用的时间去休闲、去旅游。境外去不了就境内游，跨省游熔断了就省内游、周边游和本地休闲。旅游景区和度假区关闭了，就去城市公园、郊野公园，去山川、去河谷、去森林、去草原，到访一切愿意到访也能够到访的开放空间，这就需要国家多部门通力合作，尤其是交通运输部门要顺势而为，尽快建成一个功能完善的城乡慢行交通体系。

"疫情以来，城市居民出游距离和在目的地游憩半径都大幅度收缩，清明节期间分别收缩到100公里和5公里以内。劳动节假期延续了这一态势：游客平均出游距离99.6公里，较去年同期下降33.2%；游客在目的地平均游憩半径6.0公里，较去年同期下降

60.7%。这意味着城市和郊区成为当前旅游消费和休闲活动主要空间，是旅游市场底线支撑。"戴斌说。

为发展社会事业，满足城市居民的精神和文化生活，城市建设了越来越多的绿道、社区公园、遗址公园、水体、植物和文化景观公园、郊野公园、地质公园、森林公园和博物馆、美术馆、科技馆、图书馆、文化站等公共文化设施。这些场馆设施和高品质的公共文化服务，加上完善的商业环境和便捷的物流体系，对城市居民产生"系泊效应"的同时，也对周边城镇和乡村形成"虹吸现象"。

如何才能更好地与这些旅游设施、文化设施亲密接触？如何才能实现沉浸式体验？利用公共交通工具，或者三五个好友一起骑行，无疑是一种好选择。只有慢下来，才能去品味。

建设城乡慢行交通，是助力乡村振兴的重要手段。慢行交通能提升"快进慢游"功能，促进"交通+"产业融合发展，推动乡村旅游、休闲旅游和全域旅游发展，助力乡村振兴战略有效实施。

4. 共同富裕和旅游业高质量发展相互促进

戴斌强调指出，要坚持人民性、现代化和未来感，奋力开创旅游业高质量发展的新格局。

推进旅游业的高质量发展，必须建设现代旅游业体系。通过大众旅游助力乡村振兴，进而实现共同富裕；只有大家都富裕了，才能促进旅游业高质量发展。

城市居民要出游，农村居民也要出游。无论市民还是农民，旅游方式有自主、自助、自驾、骑行等，多样性、分层次和品质化将是游客的主流需求。从国家公园到国家文化公园，从城市到乡村，从戏剧院到菜市场，都将成为主客共享的美好生活新空间。

"我们看到短途游、城市周边游和本地休闲带动了旅游目的地的消费活跃度上升。疫情以来，本地休闲、近程旅游、近郊度假带动了客源地市场活跃度提升，探亲访友、都市休闲、乡村度假、冰雪休闲、避暑旅游、研学旅行、自驾出行成为市场主流。城市周边的郊野公园、文化公园、森林公园、地质公园、水利公园、主题乐园和度假区、冰雪世界、乡村民宿等旅游空间，成为家庭游和亲子游的乐享地。"戴斌说。

按照"旅游者定义旅游业，而不是旅游业定义旅游者"的逻辑，投资者开始以消费的视角重新审视旅游资源开发、项目建设和产业创新。越来越多的旅游企业开始关注近程旅游和本地休闲市场，强调文化引领、科技创新、融合发展、生态文明，以增量投资带动存量优化，而不是单纯依靠自然资源和文化资源来吸引游客。

戴斌指出，随着旅游市场复苏和产业升级进程的加快，客源地主导旅游经济增长趋势将愈发明显。发展理念要回到老百姓常态化生活方式上来，回到主客共享的空间营造上来，回到科技和文化赋能资源存量上来，让旅游紧密融入人民的美好生活中，得客源地才能得天下。

"面对个性化和多样性的旅游消费新需求，我们必须坚持旅游与文化、科技、教育融合发展方针，走智慧旅游发展道路；还必须坚持生态文明指导思想，践行绿色旅游发展理念，为建设面向未来的世界旅游共同体贡献中国智慧、中国经验和中国方案。"戴斌总结说。

（资料来源：中国旅游网 www.cntour.cn 2022-09-08）

请总结案例中所提到的影响旅游目的地的因素。

第一节　旅游目的地资源禀赋

一、资源及旅游地资源含义

(一)资源

　　资源，是指生产或生活资料的来源，即资源是对人类的生产和生活有实用价值的最基本的原材料(物质基础)，比如水体资源、矿产资源、土地资源、森林资源、海洋资源等，资源作为人类生产生活最基本的来源对人类发展起着至关重要的决定作用，资源的多少、优劣直接决定着人类发展演进。不同地域因天然赋存和后天发展等原因使得用于生产和生活的要素分布不均，即资源禀赋不均，从而奠定了地域发展差异的基础。根据前文提到的资源禀赋理论，不同地域依据自我的资源禀赋，多购买(少生产)昂贵要素占较大比例的产品，少购买(多生产)低廉生产要素占比较大的产品，凭借自身比较优势参与到生产分工中，通过降低成本来提高自身经济发展水平。

(二)旅游地资源

　　旅游资源是资源的一部分，具有资源的价值实用性和基础性等共性，旅游资源的价值实用性和基础性主要体现在对游客的吸引力。旅游资源是一地旅游业发展中具有重要基础作用和可资利用价值的原材料，作为旅游活动的客体要素之一，对一地旅游发展起到不可替代的基础作用。一地具有的对游客有吸引力的事物与因素越多，其吸引力就越大，其吸引的游客将越多，其客源市场就越大，作为凭借旅游资源等为旅游客源市场服务的旅游业(旅游餐饮业、旅游住宿业、旅游交通业、旅游娱乐业、旅游购物业等)才会越做越大，一地的旅游经济才会发展。闻名中外的传统型旅游目的地都有核心旅游资源作为支撑，例如北京作为古都型旅游目的地有故宫、颐和园、十三陵、天坛等与皇家相关的旅游资源，桂林作为风景型旅游目的地有甲天下的山水胜景，苏州作为园林型旅游目的地有拙政园、狮子林、沧浪亭、留园、网师园等私家园林作为依托，以地上天堂著称的杭州有"淡妆浓抹总相宜"的西湖。

　　非传统的旅游目的地也离不开旅游资源的基础性吸引，例如香港因其购物旅游资源吸引中外游客，大连因滨海、广场、绿地、节庆等浪漫旅游资源吸引旅游者，深圳因其锦绣中华、世界之窗、中华民俗村等主题公园引人前去游乐。

　　综上，启动旅游目的地旅游发展的原动力是独具特色的旅游资源，只是旅游资源可能是传统的名山胜水等自然风景，也可能是古迹名胜等人文胜景，更可能是民俗风情、休闲娱乐等主题氛围。

　　随着时代的发展和游客主观审美的变化，具有吸引力的事物和现象也许处于动态变化中，但无论怎么变，吸引游客离开常住地的旅游客体地位却不会改变，旅游地资源始终是旅游发展的原动力，其基础作用不容忽视。旅游目的地范围可大可小，旅游吸引因素或多或少，但旅游目的地却一定要有吸引因素。从吸引因素所在的范围考虑旅游目的地的可能是：旅游地、旅游城市、旅游目的地、旅游景区、旅游景点、旅游景物、旅游景观、旅游景象、旅游景元、旅游景段、旅游景域等。在旅游目的地蓬勃发展的今天，旅游目的地的吸引因素不是单一和可区分的，而是多元混合的整体。对游客而言，其向往的往往是旅游目的地这一空间整体，不仅包括旅游资源，还包括旅游服务及与之相关联的要素，多要素共同形成旅游吸引力。

根据目的地旅游吸引因素之内容，主要指旅游资源、旅游吸引物、旅游产品、旅游项目等，这即是本文旅游地资源内涵所在（见图4-1），旅游地资源是具有吸引力（资源属性）的多种事物的综合概念。在以上旅游地资源的相关概念中旅游资源和旅游吸引物侧重表达可以被旅游业利用的性质和状态，而旅游地、旅游城市、旅游目的地、旅游景区、旅游产品、旅游项目等更多表达一种已被利用的状态与性质。旅游目的地吸引游客的可以是旅游资源或旅游吸引物，更可能是旅游产品或旅游项目，旅游目的地旅游发展好坏取决于有核心吸引功能的旅游资源禀赋，也取决于支撑保障旅游发展的旅游目的地旅游供给系统。

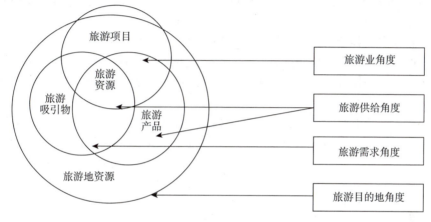

图4-1　旅游地资源相关概念关系

旅游吸引物是从旅游需求角度存在的，旅游资源和旅游产品是从旅游供给角度存在的，旅游项目是从旅游业角度存在的，旅游地资源则是从旅游目的地角度存在的。旅游地资源包含旅游资源、旅游吸引物、旅游产品的全部以及旅游项目的绝大多数（不包含吸引本地居民的休闲部分，旅游是外地人的事情，休闲既可以是外地人也可以是本地人的事情）。

旅游地资源突出的是旅游资源的空间定位特征，存在于与客源地相对应的旅游目的地。旅游地资源有广狭义之分：广义的旅游地资源指旅游目的地所有对游客有吸引力，用于旅游业发展所需的基础资源，通常有自然和人文旅游资源、综合的旅游资源、能渲染目的地旅游氛围之设施与服务。狭义的旅游地资源（旅游景观资源）仅指含有旅游吸引力，并能激发旅游者产生旅游动机并完成旅游活动，被旅游业利用的自然和人文吸引物。本文采用广义的旅游地资源含义。

无论广义还是狭义的旅游地资源都具有广泛综合性、地域性、不可移动性、重复使用性、动态性、模糊性、观赏性、文化性等特征。

根据旅游目的地资源禀赋多少，旅游目的地可以分为富集型和资源缺乏型。20世纪90年代以来国内外学者针对资源缺乏型（不乐观旅游资源区域、旅游业冷区、旅游资源非优区、旅游资源非显优区、旅游目的地位非优区）旅游目的地进行过多角度研究。

二、基于空间区划关系的旅游目的地类别

以旅游地资源禀赋为依托，基于空间区划关系，形成两大系列旅游目的地：一为旅游区，二为旅游城市(村镇)。

(一)基于非行政区划空间旅游目的地——旅游区

旅游区是经县以上(含县)的行政管理部门批准并成立，具有统一的管理机构，且范围明确，有适当参观游览或休闲度假等旅游功能，拥有相应的旅游服务设施与旅游服务的空间区域。旅游区通常具有一定的地域范围，有旅游管理机构，有若干旅游景区组成，有旅游通道相连接，并形成一定特色旅游形象。旅游区是一个较大系列，涵盖若干小类别，主要包括世界遗产地、国家公园、地质公园、森林公园、自然保护区、湿地公园、海洋公园、考古遗址公园、生态公园、风景名胜区、主题公园、动物园、植物园、美术馆、旅游景区、旅游景点、历史文化保护区、度假区、工农业旅游示范点等。

旅游区是吸引游客产生旅游动机的最直接动因，是旅游活动赖以实现的重要条件与保障，是旅游产业链中各业的核心支撑，是旅游业重要的生产力要素及旅游创收创汇的重要来源，是游客活动的核心场所，是区域旅游目的地形象的重要体现者，它直接影响旅游目的地的发展，需要重视。

为使各旅游区具有可比性，我国启动了国家评定标准，对旅游区采用 1A~5A 的评定标准(见表4-1)。A 级旅游区是指就服务质量与环境质量、景观质量和游客意见的评分达到《旅游区(点)质量等级的划分与评定》(GB/T17775-1999)国家标准及其《服务质量与环境质量评分细则》《景观质量评分细则》及《游客意见评分细则》三项细则的最低标准以上的旅游区。此项国家标准化评定始于 1999 年，从旅游交通、游览、安全、卫生、通信、购物、管理、客源接待、环境保护、资源品位与价值等 10 个方面全面考查、综合评定。标准启用初期设定 1A~4A 的级别评定，2005 年中国旅游行业标准(GB/T17775-2003)增加了 5A 级评定级别，此国家标准从旅游交通、游览、旅游安全、卫生、邮电服务、旅游购物、经营管理、资源和环境保护、旅游资源吸引力、市场吸引力、年接待游客数量与结构、游客满意度等多方面规定了各级旅游区的划分条件，尤其对 5A 旅游区的细节、特色性、文化性等方面做了更高的要求。

表4-1　A级旅游区评定细则

级别	所属地	服务质量与环境质量分	景观质量分	游客意见分	功能
1A	县级	500 分	50 分	50 分	初级层，一定游览及服务基本功能
2A	地市级	600 分	60 分	60 分	基本偏下，一定游览及服务基本功能
3A	省级	750 分	75 分	75 分	基本层，较完整游览及服务基本功能
4A	国家级	850 分	85 分	85 分	特色突出，重景观性和功能性
5A	国家级	950 分	95 分	95 分	游人为本，重人性化和细节化

资料来源：《中国旅游大辞典》

(二)基于行政空间的旅游目的地——旅游城市(村镇)

基于行政区划空间，我国旅游目的地有旅游城市和旅游村镇。

　　旅游城市是指具备独特的自然风光或人文旅游资源，能够吸引旅游者并具备一定接待能力的城市。旅游城市是以旅游为主要职能的城市，往往以景区景点为核心，以旅游产业为主体，旅游业产值超过城市 GDP 的 7%。旅游城市需要四个基本条件：具有良好自然和生态环境，有广泛吸引力的特色旅游资源，有能满足旅游接待需要的城市基础设施和旅游专门设施，有高质量的旅游服务和舒适的旅游环境。旅游城市评审主要是对城市旅游资源、旅游吸引力、旅游接待能力、旅游服务管理、旅游业的产值、旅游目的地开发规划等方面给出综合评定分值，评审的旅游城市的目的是以评促建，通过差异化特色发展来提升旅游目的地旅游业水平。我国旅游城市评审中较权威的当数中国优秀旅游城市、最佳旅游城市和历史文化名城等国家评定标准。

　　优秀旅游城市是指国际化程度较高、创汇收入较多、发展潜力较大的旅游城市。我国自 1995 年由国家旅游局开展的创建中国优秀旅游城市成为旅游目的地建设的重要活动。我国优秀旅游城市是从城市旅游经济发展水平、旅游业政策支持和资金投入、旅游产业定位与规模、旅游业发展的政府主导机制、旅游业精神文明建设、旅游业管理体系、旅游促销与产品开发、旅游景区的开发与管理、旅游的市场秩序、旅游交通、旅游的安全与保险、城市生态自然环境、现代旅游功能、餐饮住宿、旅行社、购物、文化娱乐、旅游厕所等进行全方位的评价。2006 年，国家旅游局与世界旅游组织联合启动评审中国最佳旅游城市，并命名成都、杭州和大连为中国最佳旅游城市。北京第二外国语学院旅游管理学院在 2014 年就网络舆情指数对中国旅游城市进行排名，其中中国十佳网络舆情旅游城市有：大连、青岛、上海、杭州、厦门、三亚、桂林、天津、武汉、黄山。

　　城市型旅游目的地最吸引人的是其人文符号，尤其是历史文化因素，因此历史文化名城成为重要的旅游目的地。国务院于 1982 年、1986 年和 1994 年先后公布了三批共 99 座国家级历史文化名城，并在 2001 年增补 2 座，2004 年、2005 年各增补 1 座，2007 年增补 7 座，2009 年、2010 年各增补 1 座，2011 年增补 6 座，共增补 18 座，截至 2014 年中国共有包括古都型、一般史迹型、风景名胜型、地方民族特色型、传统风貌型、特殊职能型、近现代史迹型在内的国家级历史文化名城 117 座。自 1986 年以来我国还针对物质与非物质状况评定了省级历史文化名城。

　　我国乡村旅游中魅力独具的旅游村镇（旅游城镇）是指旅游资源丰富，在区域旅游市场中有鲜明形象，有一定接待能力，且旅游经济在城镇 GDP 中占比持续增加的村镇。我国村镇型旅游目的地主要分为文化型、生态型和综合型等类别。对旅游村镇我国主要评定特色景观旅游名镇名村和中国历史文化名镇名村两大系列。2009 年中华人民共和国住房和城乡建设部联合国家旅游局在全国启动了特色景观旅游名镇名村的评选，截至 2014 年我国分两批共评出此类旅游村镇 216 个。2003 年起由建设部和国家文物局联合评选中国历史文化名镇名村，旅游文化名镇名村是指文物保存特别丰富，且具有重大的历史价值或纪念意义的地方民族特色村镇。截至 2014 年我国分 6 批评出了 528 个历史文化名镇名村，其中 252 个历史文化名镇，276 个历史文化名村。

　　以上基于行政空间区划的两大系列旅游目的地中质量和价值较高者还可能被联合国教科文组织作为世界物质遗产，列入世界遗产名录。世界遗产指在世界范围内公认，具有很高价值的自然和文化类遗产，是大自然和人类留下的最珍贵遗存，作为最有价值之自然、人文景观，是人类共同之财富。世界物质遗产通常有文化、自然、自然与文化双重遗产、文化景观四大类别。中国省级建制的旅游目的地中以北京最多，涉及 47 项中的 8 项，北京因此提出打造世界旅游城市的目标与举措。

旅游目的地是因旅游而存在的地域空间，旅游资源是目的地得以形成的基础前提，不同目的地的旅游资源数量、种类、分布等也不同，使得旅游业发展有差异。旅游资源禀赋存在于旅游目的地不可移动，其对旅游目的地经济发展起直接推动作用，是旅游目的地竞争力的核心依托。依据地域分工与经济发展的相关理论，一地可以利用其资源禀赋，组合形成具有成本、区位等比较优势的旅游产品，发展旅游经济。如何发挥旅游目的地资源禀赋优势、优化配置各种旅游生产要素，最终转化为旅游产业优势和竞争力是旅游目的地发展的任务之一。

第二节　旅游目的地地理区位

区位是一地发展赖以存在的地理背景和依托，有利的地理位置与分布往往对一地发展起到助推作用；不利的地理位置与分布则阻碍或制约一地发展，区位从时间和空间双重层面影响旅游目的地的发展。

一、区位

Trice 等在杜能农业区位论的基础上提出了旅游吸引力衡量模型，假设以某目的地为中心，其周围不同距离的范围内分布有多个客源地，从多客源地去往旅游中心地之游客数量，与其中最远的客源地之最大旅游成本与实际付出旅游成本间的差值有关。目的地的旅游总收益为积累的消费剩余；如果有 $n(1，2，3\cdots\cdots，N)$ 个客源地，并逐个认为区域 N 距目的地是最远的，那么目的地的旅游总收益 B 用公式表示为：

$$B = \sum_{i=0}^{n} (\mathrm{CN} - Cn)\,\mathrm{rn} \qquad\qquad (4-1)$$

公式中 CN 是最远的客源地的最大旅游成本，$Cn(n=1，2，3\cdots\cdots，N)$ 是从方位 n 到目的地的相应旅游成本，rn 是客源地 n 至目的地的游客总数。此研究表明距离导致的成本是客源市场大小的重要决定因素，区位中旅游目的地与旅游客源地的距离是旅游目的地空间演变重要的参数，随时空不同其影响也不同。

区位(Location)即位置、分布、布局、位置关系等，通常指人类活动所占有的场所。旅游经济是典型的空间经济，由于旅游活动的特殊性使得其活动规律和区位布局呈现特有的区位现象，旅游目的地的区位和空间结构是现代区位理论的重要研究内容。旅游目的地区位是指旅游地与其客源地相互作用中的相关位置、通达性及相对意义，可以分为资源区位、客源区位、交通区位、认知区位等。作为旅游现象的发生地，旅游目的地是与旅游客源地相对应而出现的。旅游目的地因其本身所在的地理位置以及与主要客源地的相对位置、旅游目的地内部及对外的交通通达状况、旅游目的地与区域内的中心城市的距离和相互依托关系、旅游目的地与相邻旅游地的时空关系等因素的不同呈现出不同的发展状况。

二、自然区位

自然区位是旅游目的地所在背景与场所，是影响目的地的最基本因素。自然区位是目的地所在之自然地理位置。旅游目的地所处的地理位置决定其与其他区域在空间上的关

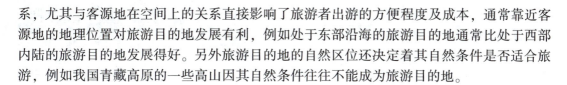

系，尤其与客源地在空间上的关系直接影响了旅游者出游的方便程度及成本，通常靠近客源地的地理位置对旅游目的地发展有利，例如处于东部沿海的旅游目的地通常比处于西部内陆的旅游目的地发展得好。另外旅游目的地的自然区位还决定着其自然条件是否适合旅游，例如我国青藏高原的一些高山因其自然条件往往不能成为旅游目的地。

三、交通区位

交通可以保障旅游者顺利完成空间位移。交通区位是影响目的地又一重要因素，目的地自然区位不理想则可借交通条件加以改善。旅游目的地陆路、水路、民航等因素的覆盖率和通达性等成为推动或阻碍旅游目的地发展的重要因素。例如世界自然遗产地四川的九寨沟、黄龙，其自然区位不佳，但通过空中交通建设方便了世界各地旅游者来往。

四、经济区位

经济区位是旅游目的地在区域经济中所处的地位以及与周边地区在经济发展中的竞争与合作关系。通常经济发达且经济区位优良的旅游目的地在旅游设施支撑服务方面会比较优良。例如长三角和珠三角地区的旅游目的地发展多受益于良好的经济区位。

五、旅游区位

旅游区位是指旅游目的地在该区域旅游发展中的地位，与周边地区旅游发展的竞合关系。旅游区位关乎其旅游发展的难易程度，成为影响发展的重要依据，在制定旅游目的地发展战略中要优先考虑。例如滨海城市锦州在建设海洋旅游目的地发展战略时就处于不利的旅游区位，因为锦州向西有海洋旅游发展成熟的秦皇岛，向东有海洋旅游发展突出的大连，向南有海洋旅游发展势头强劲的烟台、威海、青岛、日照等旅游目的地。

旅游目的地旅游发展受地理区位因素中自然、交通、经济、旅游等多种因素的影响，两者呈现出一种正向变化关系，即地理区位越优良旅游发展越好，反之旅游发展则受阻。地理区位是旅游目的地发展的重要影响因子，针对旅游目的地的区位，国内外专家进行了多角度研究，要轶丽等提出了"旅游目的地位非优区"的存在，王衍用提出旅游"阴影区"，王瑛针对旅游区位的特殊性提出了"旅游域"理论等指导旅游目的地建设。

第三节　旅游目的地交通通道

回顾旅游发展史不难发现交通每前进一步，旅游都会有飞跃性发展，蒸汽机车的出现促使旅游由古代进入近代，航空技术的民用促使旅游由近代进入现代，旅游与交通水乳交融相互促进。交通是旅客实现位置移动的生产过程，交通运输是沟通地域之间、生产与消费之间经济联系的重要途径。旅游的异地性使得现代社会的所有旅游者必须借助交通支撑，才能实现从离开常住地到回到常住地过程中的所有空间位移。目的地是旅游发展的重要空间，交通是目的地发展的引擎，也是旅游目的地时空演变的重要途径。

旅游目的地发展中交通因子，主要涉及物理距离的远近、经济距离的大小等指标，此类指标随着交通状况的变化会发生改变。交通对旅游发展的影响具体体现在时间和金钱两个指标上，即从旅游客源地通过特定的交通工具到达旅游目的地花费的时间和金钱。旅游目的地旅游发展的好坏最明显的标志就是客源的多少，具有旅游动机的潜在旅游客源要完成从客源地到目的地的旅游活动，必须满足两个基本条件：可自由支配收入和闲暇时间，一旦以时间和金钱为标志的客观条件满足，潜在旅游客源就可能变为现实的旅游客源，而交通则直接影响此两者。当交通足够方便和快捷时就可以节省旅游中花费的时间，原来受闲暇时间制约无法进行的旅游将会随着旅游目的地交通状况的改善变成可能。以北京为旅游目的地的锦州客源为例，在京哈高铁没有开通前，乘坐普通火车从锦州到北京单程花费的时间为 6~9 小时，往返则需要 12~18 小时，在火车车次较多随时出行的情况下，要完成锦州到北京的旅游出行最少需要 3 天的闲暇时间，如果不是小长假和黄金周，此类旅游无法成行；高铁开通后锦州到北京单程需要 3~5 小时，往返只需要 6~10 小时，加之高铁车次的设置比较密集，游客随时出行成为可能，则游客从锦州到北京的旅游，少则 1 天多则 2 天即可完成，在非小长假和黄金周的时间即可出游，从时间因素考虑每个周末的闲暇时间都可能成行。旅游目的地会随着交通状况的改善而由不能变为可能。交通影响旅游的另一个层面即为金钱，当可自由支配收入不多时，潜在旅游客源虽然有旅游动机和闲暇时间，也会受金钱所限无法变为现实，但当交通费用降低此时此类出游则会大大增加。以上海为旅游目的地的大连客源为例，为节省时间往往选择飞机出游，大连到上海的单程全额机票价为 1 000 元左右，往返在 2 000 元左右，加之交通以外的其他消费，大连到上海的出游最少需要 3 000 元的可自由支配收入，当可自由支配收入低于 3 000 元时无法成行；但是国内第一家低成本航空公司——春秋航空公司推出了直接让利于消费者的低成本机票，从大连到上海单程机票最低一折销售，即 100 元左右，往返需要 200 元左右，加上机场建设费、燃油附加费等必要费用后，500 元往返费用足够，仅长途交通就可节省 1 500 元，可自由支配收入在 1 500 元左右时此类出游即可完成。交通状况的改善缩短了旅游者与旅游目的地的时间距离，交通费用的降低缩短了旅游者与旅游目的地的经济距离，交通从时间、金钱两维影响着旅游目的地游客多少，旅游中的交通主要有空运、水运、陆运和特种运输等，不同种类的交通相互补充，共同作用于旅游目的地的发展。

一、航空交通

航空运输在我国交通体系中占据重要地位，中国民航成为全球增长最快、最迅速的交通力量，现代航空运输技术的进步和客机机型的不断改进，使航空旅行不仅速度更快、更舒适、更便捷，而且票价也更便宜，安全系数更高，对旅游者来讲航空出游的性价比越来越高，国内外民航交通的大发展对我国旅游目的地发展演变起着至关重要的作用。

二、陆路交通

在当今陆路运输占据旅游交通主流的背景下，公路和铁路交通的一举一动无不影响着旅游目的地的发展。

(一)公路交通

廉价、灵活和方便使得汽车旅行成为全世界最受欢迎的旅行方式，世界上的旅游大部分是靠汽车进行的，公路客源方式主要有客运汽车、旅游汽车、出租汽车和家用汽车。家庭小汽车日渐普及帮助更多的旅游者在闲暇时间完成到旅游目的地的自驾游，因此增多了旅游目的地的散客，统计数据表明我国有驾照者达 3 亿多人，私有汽车达 1.04 亿辆；在美国、日本和西欧，80%以上的假日旅游者都是乘坐家用小汽车；抑或使更多的旅游者避开旅游目的地景点进入旅游目的地的非景点，助推了旅游目的地的无景点旅游。省级公路系统的改善，尤其是"非收费公路"的逐渐普及，极大地鼓励了我国的度假旅游，特别是长途旅行，因此推热了我国的度假型旅游目的地；而滨海公路从北到南的贯通更是带活了滨海型旅游目的地。

（二）铁路交通

现在陆路交通不断进步的又一表现是高速火车的发展，最早有日本的"子弹火车"投入运营，其他工业化国家继而加入研发与使用的行列。如今我国成为世界上高速铁路发展最快、运营速度最高、里程最长、在建规模最大、集成能力最强、系统技术最全的国家。2020年我国铁路快速客运网全面铺开，覆盖我国所有省会城市和50万人口以上城市和全国90%以上的人口，北京到全国绝大部分省会城市形成8小时交通圈，相邻的省会城市形成1~2小时的交通圈，省会和其周边城市组成半至1小时交通圈，高速铁路将极大地满足民众高速增长的旅游需求，我国旅游目的地的空间格局出现了较大的改变。

首先，高铁影响旅游目的地的专业化区域分工。高铁全面铺开后原有的旅游目的地将会进一步分化为旅游目的地、旅游集散地、旅游休闲地、旅游主体功能区等类型，从而使得涵盖"吃、住、行、游、购、娱"各业的旅游产业结构的区域协调、利益博弈成为紧迫需要。

其次，旅游目的地网络化结构渐成态势。传统旅游目的地演进基本遵循"点-轴"式发展模式，高速铁路网络全面铺开后，旅游目的地的演进模式就会变为"点-轴-网"式结构，进而改变旅游客源地与旅游目的地间原有的圈层辐射范围。旅游目的地吸引力大小从波浪式空间演进转换为跳跃式空间演进，离客源地客观距离近的旅游目的地未必比离客源地客观距离远的旅游目的地更有吸引力和交通优势，从而既扩展了旅游目的地空间竞争的范围，更要求各旅游目的地从孤岛式发展向集群化转变，从而加强了旅游目的地内聚化发展。

再次，多个旅游目的地转化为集聚地。高铁极大地改变了旅游流的流动方式和游客的空间距离感知，随之出现多个资源型旅游目的地被动地变为集散地的资源飞地，旅游集散地在没有丰富旅游资源的情况下则可以利用原有旅游目的地的旅游资源发展景区景点之外的其他旅游衍生消费。例如，郑州至西安的高铁开通后，大部分游客选择以郑州或西安作为过夜的集散地，以至拥有丰富旅游资源的九朝古都洛阳被游客路过而不留下，因此变为郑州与西安的旅游飞地。这一趋势将促使原有旅游目的地纵深化地开发休闲度假旅游产品，进行多产业融合，否则旅游者将会缩减在该地停留的时间，将会逐步淘汰过分单一依赖门票的旅游经济发展方式，与旅游中的购物、娱乐、消费等相关的新业态将逐步增多。

最后，乡村型旅游目的地将面临新挑战。高速铁路网络的铺开提升了一批原本交通不便的旅游村镇的区位优势，区域性交通干道和车站沿线的中小城镇因为交通区位的改善面临新的发展机遇，一些旅游村镇通过乡村气息的强化、创意生活的打造吸引了大量城市休闲度假游客，成为休闲生活第三地。例如辽宁省营口市下属的熊岳镇随着哈大高铁的开通，崛起了类似思拉堡的温泉休闲小镇。这也给乡村型的旅游目的地提出挑战：域内高速公路等路网要迅速对接高速铁路，提高便捷程度，留住并提升村味、挖掘新的旅游吸引物等。

经过分析，本书认为交通总体上对旅游目的地发展起支撑作用，是旅游目的地发展的先决条件，旅游目的地的发展和交通发展相辅相成。

第四节 旅游目的地宏观地理环境

旅游目的地不可能在真空中发展，其外围的宏观地理环境是不可忽视的因素，旅游目的地宏观层面的地理环境因素通常包括自然环境（Natural）、经济环境（Economic）、社会环境（Social）、文化环境（Cultural）、政治环境（Political）等方面，将以上层面的英文词首字母集合概括简称为 NESCP，此多项因素在不同时间复合营造了旅游目的地的地方感。

一、自然环境

自然环境是旅游目的地最原始的客观环境，是指旅游目的地所处的地理位置相关的各种自然因素：气候、水文、地形地貌、植被、土壤、矿藏的总和。

不同地域的自然环境造就了不同类型的地域生产与生活，从而形成了地域性景观特征和旅游目的地，例如雪域高原的藏家风情旅游目的地，草原韵味的蒙古族歌舞风情旅游目的地，雅致细腻、小桥流水的江南旅游目的地。旅游目的地分布于何处，其空间结构如何，主要受自然环境制约。自然环境的地理学规律对旅游目的地的空间分布有一定的启示，我国已故的地理学家胡焕庸先生经过长期研究，在 1935 年提出了划分我国人口密度的对比线，即"胡焕庸线"，最早称"瑷珲至腾冲线"，后随地名变迁曾先后称为"爱辉至腾冲线""黑河至腾冲线"。此线从黑龙江省瑷珲（1956 年后的爱辉，1983 年后的黑河）起，经过大兴安岭、张家口、榆林、兰州、昌都直到云南省腾冲，在中国陆域版图上基本呈现一条东北向西南倾斜 45 度直线。此线东南的人口密度极大，是以平原、丘陵、喀斯特地貌、丹霞地貌、水网等为主的地理区域，自古以农耕经济文化为主要特征；此线西北的人口密度极低，是以高原、沙漠、草原、雪域山峰等为主的地理区域，自古以游牧经济文化为主要特征，线两侧呈现出两种迥然不同的自然和人文区域。"胡焕庸线"线既是我国人口的地理分界线，更是自然环境的地理分界线，在一定程度上也影响着我国旅游目的地的分布与发展。魏小安等指出旅游目的地的"六等"决定规律：等高线决定生活方式特征，等雨线决定历史变迁特征，等深线决定资源丰度特征，等温线决定市场偏好划分，等距线决定市场规模划分，等时线决定市场权重划分。

自然环境作为旅游目的地产生发展的物质基础和背景，对旅游目的地的影响主要体现在三方面：从整体上影响旅游目的地的性质；从空间上影响旅游目的地的结构；从容量上影响旅游目的地的发展。

旅游目的地作为旅游发生的空间环境，本身就是自然环境的一部分，从根本上决定旅游目的地的环境与性质。平原地貌是城市型旅游目的地产生的基础，例如辽宁中部因辽河平原而存在以沈阳为中心的城市群，景观特征是城市密集、古迹众多；山林河海为度假型旅游目的地的通常背景，例如我国首批 12 个国家级旅游度假区不在山间就在湖畔、海滨；一定范围内起伏变化、高低错落的地表形态常常有利于园林型旅游目的地存在；因气候而形成的避寒型旅游目的地多在低纬度的热带，其景观则以椰树雨林著称，例如我国的海南岛、深圳、香港等地。另外，自然环境还是旅游目的地规划开发的重要依据，在旅游景区规划中，景区的功能分区、道路的规划设计、景观的布设都要因地制宜、因势利导。自然景观往往是诞生于特定的自然环境中，地质地貌常常是自然风景区的基本骨架（例如江西的庐山、鄱阳湖景区，断层作用形成的断层山、湖盆，构成风景的骨架），河湖林木、气象天象加以装饰点缀（例如桂林胜景即是山水的有机结合），共同构成引人入胜的自然美景；某些自然要素本身就是可遇而不可求的自然景观，例如张家界、长江三峡、新疆将军戈壁上的"魔鬼城"等；自然环境作为背景起到加深、凸显旅游意境的作用，例如"青城天下幽"的意境形成，是由于山间小路曲曲折折，两侧苍松翠竹掩映，碧绿成荫，深藏其间的溪流也加深了其深远感。自然环境直接决定旅游目的地的自然景观性质与意境。旅游目的地的自然环境常常构成对客源市场的直观吸引，越是奇特、优美、罕见的自然环境越能给游客一种直观的"拉动"，激发旅游者前往旅游目的地旅游体验。

自然环境使旅游目的地的历史传统、生产生活、审美风俗等各具特色，进而对旅游目的地景观的造型、式样、装饰等都有影响。例如通透、凉快的西双版纳民居，粉墙灰瓦、精巧雅致的徽州民居，凝重、封闭的黄土窑洞民居等无不受其自然环境影响。自然环境还影响旅游目的地的空间布局和结构，表现最明显的就是对城市型旅游目的地的影响。其实城市分布本身就是对自然环境选择的结果，尤其是文化底蕴深厚的历史文化名城，其选址就极其注重地理环境，往往根据山水脉络走向，因天时就地利，力求山环水抱、阴阳和顺，方能建城。中国科学院院士叶大年专门研究了城市形成发展与自然地理环境的关系，得出中国城市地理对称分布原理，当然对称性有多种，有中心对称、轴对称、平移对称、旋转对称、曲线对称、色对称、斜对称等。参照何伟的区域城镇空间结构与优化研究，笔者梳理出平原型旅游目的地近似中心地系统的空间结构，干旱半干旱地区中小城镇型旅游目的地的多中心空间结构，江河沿线城镇型旅游目的地的轴线型空间结构，山区城镇型旅游目的地沿河谷走向分布的空间结构等旅游目的地空间结构类型。

旅游活动具有典型的产地消费性特征，旅游发生在旅游目的地，因此空间容量则是制约目的地发展的核心环节，目的地环境容量决定了目的地供给规模之上限，如果超负荷接待旅游客源将导致自然环境破坏和当地社区不满，吸引力再大、区位优势再优良、基础设施和服务再独特的旅游目的地，一旦其环境容量不够，将制约其旅游发展规模和质量。旅游目的地发展遵循"木桶原理"：木桶盛水多少取决于木桶中最短的木板，一旦环境容量成为"木桶中最短的板"将直接影响旅游目的地供给能力，从而阻碍旅游目的地发展。

二、经济环境

经济环境指旅游目的地内对其发展所要达成目标产生直接或间接、有利或不利影响的一系列外部经济因素的总和。经济环境是旅游目的地发展的外在经济背景，其发展水平从供给角度影响旅游目的地发展，旅游目的地进行旅游供给时，不仅要开发有特色的旅游资源、组合旅游产品、创新旅游项目，更要一定配套的基础设施、专门设施等，这一切都需要大量的资金。强大外在经济环境可以为旅游目的地旅游供给提供强大的物质保障；旅游目的地能否根据客源市场的需求及时调整，尤其是扩大旅游供给的规模与结构，在很大程度上取决于所在地的经济支撑能力。发展中国家与发达国家在旅游目的地供给方面的巨大差距通常是其经济发展水平不同的结果。

经济环境主要影响旅游目的地的旅游资源、产品、项目的开发，基础设施、专业设施的建设等方面。经济发达地区由于经济发展水平较高、科学技术领先、基础设施和专门设施完善，旅游产业发展的内外环境较好，其旅游发展水平较高；经济欠发达地区的旅游目的地在旅游供给的规模与质量上往往落后于经济发达地区的旅游目的地，例如我国长三角、珠三角等经济发达地区的旅游目的地不仅原来的供给基础好，而且有雄厚的经济实力为旅游供给的扩大和提升做物质保障，为创新项目的建设提供经济和技术支撑；西部内陆地区旅游目的地发展受制于其落后的经济发展，常常不尽如人意。

经济还对旅游目的地的结构演变提供支撑，以强大经济实力作为后盾的旅游目的地，在旅游产业结构优化方面往往居于领先地位，例如上海市凭借强大的经济技术支撑承办了多项国际节事，其会展旅游领先于国内其他旅游目的地；而且凭借其现代化城市发展中的智能交通、现代信息化技术支撑，率先在国内打造智慧型的旅游目的地，借助现代信息、物联网、云计算等技术实现资本与旅游产业的有效对接，仅此一项就使上海市从众多的旅游目的地中脱颖而出，赢得了旅游发展的先机，从而促进其经济更快地发展。经济对旅游目的地的影响除了直接的资金注入和技术保障之外，还体现在投资、融资等政策上，例如海南国际旅游岛自 2011 年 1 月 1 日正式实施的境外游客购物离境退税政策，大大增强了海南旅游经济的活力，尤其是购物旅游的发展。

影响旅游目的地的发展的具体经济因素主要有：国民生产总值、旅游价格、汇率、通货膨胀率等。国民生产总值从一定程度上决定了旅游目的地的接待能力，通常国民生产总值高的旅游目的地旅游设施和接待条件较好，旅游活动的保障能力就较高。旅游价格直接影响旅游需求的多少，通常旅游价格与旅游需求具有负相关关系，当旅游目的地旅游价格上升时，其旅游客源需求就会下降，旅游收入可能会下降；反之旅游客源需求就会上升，旅游收入可能会上升。旅游价格弹性系数可以从一定程度上反映两者的变化程度，价格对旅游目的地的影响是最直接的，例如在我国旅游景区门票价格普遍上涨的情况下，大众旅游者纷纷避开旅游目的地景区，进行无景点旅游。针对国际旅游，汇率的变化是影响旅游目的地的主要因素，具体影响表现在：当旅游目的地国货币升值(汇率上升)时，前往旅游的国际客源会减少或停留时间会缩短，旅游目的地旅游收入会减少，反之旅游目的地旅游收入会上升，例如我国近几年国际入境旅游持续低迷的重要原因，就是人民币升值(汇率上升)、国际经济不景气等因素的结果。另外旅游目的地的通货膨胀率对旅游发展也有影响，当客源地的通货膨胀率较高时，就会刺激居民外出旅游，例如 20 世纪 80 年代中期的日本由于大量的贸易顺差，导致日元升值，进而在日本国内引发通货膨胀，日本政府因此鼓励国民出境旅游，在一定程度上缓解了国内的经济形势。所以旅游目的地国家或地区应审时度势地就通货膨胀或汇率变化等现象，适时调整旅游经济的运转来增加旅游收入。

在当前全球发展旅游经济的大背景下，旅游目的地经济发展是区域经济发展的重要组成部分。区域经济发展和旅游目的地发展存在相互促进、相互依赖的辩证发展关系，区域经济发展是旅游目的地发展的先导推力，区域经济发展可以在旅游目的地发展中得到充分体现，反过来旅游目的地发展对区域经济发展会产生反推作用，之前我国旅游目的地发展的"超常之路"就是有力的证明。我国旅游在经济基础薄弱、不具备旅游发展条件的情况下，以政治导向率先形成国际入境旅游目的地，并逐步培育旅游经济发展，之后通过旅游目的地经济的反推作用走上国际、国内旅游全面发展的道路。

三、社会环境

旅游目的地在受自然环境影响的同时，不可避免地受到其所处的社会环境和时代氛围的影响，缺少了社会环境因素与条件的支撑保障旅游目的地将不存在。社会环境对旅游目的地的影响具有隐蔽性和长远性，不如自然环境和经济环境的影响直接。社会环境对旅游目的地影响的层面表现为社会风气、家庭以及旅游目的地社区的旅游发展态度等层面。

社会风气是特定时空范围内社会成员相同或相近的价值判断、思想意识、行为意志、行为方式的集合。从古到今社会的尚游之风为我国各类旅游目的地的出现和发展提供了强大的社会支撑。我国古代社会有广泛影响力的科举考试之风，为士人学子"读万卷书、行万里路"的游学创造了契机，使得锦绣文章千古流传，从而增加了我国各旅游目的地的文化内涵。不同的社会风气造就了不同的旅游目的地，西方社会开放、进取、敢于冒险、勇于探索的外倾型社会风气，其尚游之风带火了攀岩爬壁、蹦极跳伞、冲浪滑翔、赛车拳击等探险型旅游目的地；我国崇尚自然山水之美的社会风气为各类生态型旅游目的地的发展奠定了广泛的社会基础；市场经济下国人的消费意识普遍被激活，近年来随着社会生活水平的不断提高，出游距离日渐加大、消费水平日渐提高，因此带火了一批境外旅游目的地和长距离旅游目的地，其中受益最大的当数我国的香港、澳门、台湾等旅游目的地。

家庭是社会的基本组成单元，处在不同生命周期或不同类型的家庭在旅游行为的选择上不尽相同。年轻的单身家庭其旅游行为具有时尚的特征，旅游目的地多选择非景区景点或游乐体验类型，在旅游目的地的消费以娱乐占比最大。满巢家庭处在不同的满巢阶段其旅游选择也不同，具有婴幼儿的满巢家庭其旅游目的地常选择短途一日型的，旅游消费行为多在游乐园、动物园等幼儿娱乐场所，并且频率较高；具有少年儿童的满巢家庭其旅游目的地多选择博物馆、历史文化名城、专题场馆等，旅游活动方式常常围绕扩大孩子视野、增长孩子知识、陶冶孩子情操类型的，且出游时间多在节假日；具有成年孩子的满巢家庭其旅游目的地选择往往没有一定的规律，在旅游目的地的消费行为往往更理性。空巢家庭旅游的主客观条件最容易满足，多选择文化内涵深的旅游目的地，旅游消费选择行游比适当的模式。

旅游目的地社区是和旅游目的地发展最直接相关的社会群体，对旅游发展的态度直接决定了旅游发展的潜力大小，旅游目的地社区是旅游环境的重要组成部分和支持力量，社区支持、参与旅游目的地建设，是最理想的旅游目的地发展模式。社区是旅游的利益主体之一，提到旅游主体，人们自然而然想到的就是旅游者，其实旅游者是旅游活动的主体，但却并不是旅游的唯一主体，所有与旅游有关的人都是旅游的主体，除了旅游者还应该包括旅游经营者、旅游管理者、旅游研究者、当地社区等多元利益主体，旅游目的地发展过程中应该最大程度地满足所有利益主体的利益，否则旅游目的地发展就容易在不能满足利益的主体那里受阻。例如当地社区在以往的旅游目的地发展过程中常被忽略，旅游目的地发展更多关注的是旅游者能获得高质量的旅游经历，旅游经营者能从旅游投资经营中挣到钱，旅游地政府能获得相应的旅游税收等，对世代生存于旅游目的地的当地居民利益不加考虑，当地社区未能从旅游目的地发展中受益却要承担环境污染、物价上涨等旅游发展成本，因此当地社区常常成为旅游目的地发展最大的阻碍群体。相反如果旅游目的地发展吸收当地社区参与旅游，旅游发展好坏将直接关乎社区利益，当地社区将积极支持旅游目的地发展旅游，就会增加旅游目的地原汁原味的文化氛围，提升旅游目的地的吸引力。

四、文化环境

文化是人类社会在长期的生产生活实践中建立起来的素养、信仰、价值观、理想、人生观、道德等因素的综合。狭义的文化环境指人类活动所创造的文化要素组成的和自然环境相对应的文化综合体；广义的文化环境是指旅游目的地人类创造的各种文化因素的综合，语言、宗教、习俗、建筑风格等文化符号是地域的基因，被时代传承、沿袭，共同组成地域文化环境。正是因为文化环境的差异才导致旅游者离开惯常环境，去往旅游目的地体验不同文化。所有旅游者期望通过旅游在旅游目的地增长知识、扩大视野、陶冶情操，文化环境是旅游者最在意的因素，是旅游目的地产生和发展的基础与渊源。

旅游目的地的形象来自其文化环境的支撑，尤其是主流文化的强化，例如我国"九五""十五"时期从上到下弘扬自强自立的民族精神，具有此类文化环境的红色旅游目的地备受游客青睐，因此得以发展。旅游目的地的文化基因是旅游者建构原初形象的依托，例如孔子的家乡——山东曲阜被游客当成礼仪之邦，辽宁营口熊岳城因望儿山及其"慈母盼儿归"的美丽传说，被游客当成母爱的发源地，每年母亲节期间的敬母爱母活动广泛吸引中外游客。此类现象被权威人士评论为"一个传说带活了一座城市"。到特定地域体验特色文化成为很多旅游者选择目的地的依据和参考，例如到云南的西双版纳体验傣家风情，到丽江感受纳西民风，到大理体验白族的好客，到西藏体验藏家的淳朴等旅游现象广泛存在，旅游目的地的特色民俗文化成为其最具活力的吸引因素，也成为旅游目的地发展的重要资源与环境。我国求全的文化传统使得旅游者出去旅游重观光而轻休闲，因此导致我国观光型旅游目的地曾经一统天下，但随着追求文化个性、文化特色的发展趋势，曾经火爆的观光型旅游目的地将逐步降温，不断转型发展成为体验休闲型。

旅游目的地旅游受文化环境影响，还体现在其地域文化氛围吸引的客源群体有两大特征：其一为与目的地文化相同或类似的客源群体，例如中东的阿拉伯国家是我国信仰伊斯兰教的群体外出旅游的首选之地，主要原因在于有着共同语言、风俗习惯、道德规范、宗教信仰的群体，其行为方式和思维特征容易彼此理解，对从事的旅游活动有相同的看法和体验感觉，尤其离开常住地的旅游者，在异地能感受到自己熟悉的事物和现象倍感亲切，更容易引起其认同和配合，例如，我国出境旅游者大多选择在亚洲旅游，尤其邻国成为中国公民选择率最高的出境旅游目的地。其二为与旅游目的地文化反差极大的群体，其原因在于旅游者出游的根本原因是探新求异和逃避紧张现实，只有到了与常住地文化反差极大的地域，旅游者才会彻底忘却生活中的烦恼，求得暂时安宁与解脱，并能获得全新的体验，因此认为旅游活动是满意和值得的。可见文化环境在潜移默化中影响着旅游目的地的旅游发展，不容忽视。

五、政治环境

政治环境是旅游目的地的政治现象和因素组成的氛围，其对旅游目的地发展的影响主要体现在三方面：旅游目的地的政治氛围和社会稳定状况；旅游目的地政府对待旅游业的态度与政策法规；旅游目的地与客源地的政治双向关系。

旅游目的地政治氛围和社会稳定状况是旅游发展的重要保障，也是旅游者选择旅游目的地的基本考虑。按照马斯洛需求层次理论，人的需求是有层次的，从下到上依次是：生存、安全、爱与社交、受尊重、自我实现的需求，五层需求呈"金字塔"状，而旅游需求属于三层以上的中高层次的需求，只有在低一级的需求满足的前提下，高一层次的需求才会被激活，即只有当生存、安全的需求满足的前提下旅游需求才会被激活。如果旅游目的地政局不稳，旅游者的安全无法保障的情况下，从理论上来讲旅游者是不会选择旅游的；只有在旅游目的地政治稳定、社会安泰的情况下旅游者才会选择前往。

旅游目的地政府对待旅游的态度与政策直接决定了旅游目的地的发展方向，目的地政府支持还是反对旅游业发展，直接决定了旅游目的地的存在与否，目的地政府支持旅游业发展的态度也是有区别的：把旅游当成政治与外事的一部分来发展，旅游是几乎不产生经济效益的；极端地把旅游看成仅有经济性的产业来发展，社会各业一哄而上疯抢旅游经济这一蛋糕，只会导致乱糟糟的旅游发展局面，旅游目的地也是要走弯路的。理性认识旅游，才会有合理发展旅游的政策与措施，旅游目的地的发展才会科学合理。旅游目的地政府对旅游业的政策措施主要包括法律政策、税收政策、信贷政策、投资政策、价格政策等，方方面面的政策措施从宏观上对旅游目的地旅游发展起支持或限制作用，从而助推或阻碍旅游目的地发展。

不同时期目的地政府的旅游方针政策对旅游目的地的影响是决定性的，例如我国对待国内旅游发展的方针政策从"三不"（不支持、不提倡、不反对）到"因地制宜、积极引导、稳步发展"，再到今天的"积极发展"的转变过程，直接建构了我国国内旅游目的地发展的三部曲。我国对待国际旅游的基本方针政策也影响其他国家的旅游目的地发展，我国对待国际旅游中的出境旅游的方针从改革开放之初的"三不"（不宣传、不提倡、不鼓励）到20世纪90年代后期的"适度发展"，再到2005年的"规范发展"，这一方针的调整使得我国的出境旅游目的地实现了从基本没有，到逐步增多，再到全面开放的发展历程。在1983年到2003年的21年间我国公民只有28个国家可以选择为出境旅游；2004年年底出境旅游目的地达到78个；到2006年年底出境旅游目的地达到132个，正式开发业务的达到86个。政府的旅游政策法规也对旅游目的地影响深远，例如2009年年底国务院出台的41号文件确立了旅游业的战略性支柱产业地位，中国首部旅游法的出台规范了旅游目的地的旅游经营，中国特色的居民休假政策造就了旅游目的地的假日经济，我国广泛铺开的城市化政策，使得一批又一批乡村型旅游目的地脱颖而出。

政治环境对旅游目的地的影响还体现在与客源地的政治双边关系上，双方之间有无邦交，以及双方关系的好坏都会对旅游产生直接影响。双方良好互信的政治关系，在繁荣双边贸易的同时促进了双方旅游来往，尤其是需要跨境的国际旅游目的地间的双边关系则更为重要，主要体现在双方的签证政策上，当签证和出入境手续方便快捷时就会刺激旅游产生，反之就会抑制旅游产生。例如2014年APEC峰会中美两国间达成签证延长协议，其中旅游签证期延长为10年，这促进中美双方互为旅游目的地的出境游增长。相反如果双方之间无邦交就谈不上互为旅游目的地，即使有邦交但双边关系不良则会阻碍旅游目的地发展，例如邻国日本、菲律宾无故挑起一些有损与我国关系的事端，造成两国关系紧张，最直接的表现就是华人去往此两个目的地旅游的数量直线下降，旅游业因此下滑明显。

旅游目的地发展旅游在一定程度上又可以促成其和平稳定的政治局面，因为旅游自诞生之日便承担着和平与发展的使命，每年9月27日"世界旅游日"的主题可以体现这一使命。旅游对世界和平与发展的促进具体时间历程如表4-2所示。

表4-2　世界旅游日主题一览

年份	主题
1980	旅游业的贡献：文化遗产的保护与不同文化之间的相互理解
1981	旅游业与生活质量
1982	旅游业的骄傲：好的客人与好的主人

年份	主　题
1983	旅游和假日对每个人来说既是权利也是责任
1984	为了国际间的理解、和平与合作的旅游
1985	年轻的旅游业：文化和历史遗产为了和平与友谊
1986	旅游世界和平的重要力量
1987	旅游与发展
1988	旅游教育
1989	旅行者的自由活动创造了一个共融的世界
1990	认识旅游事业，发展旅游事业
1991	通信、信息和教育：旅游发展的动力
1992	旅游促进社会经济一体化，是各国人民相互了解的途径
1993	争取旅游发展和环境保护的和谐
1994	高质量的服务、高质量的员工、高质量的旅游
1995	通过负起责任而受益
1996	旅游业：宽容与和平的因素
1997	旅游业：21世纪创造就业和倡导环境保护的先导产业
1998	政府与企业的伙伴关系：旅游目的地开发和促销的关键
1999	旅游业：为新千年保护世界遗产
2000	技术和自然：21世纪旅游业的双重挑战
2001	旅游业：和平和不同文明之间对话服务的工具
2002	经济旅游：可持续发展的关键
2003	旅游：消除贫困，创造就业和社会和谐的推动力
2004	旅游拉动就业
2005	旅游与交通——从儒勒·凡尔纳的幻想到21世纪的现实
2006	旅游让世界受益
2007	旅游为妇女敞开大门
2008	对气候变迁挑战的旅游回应
2009	旅游：庆祝多样性
2010	旅游与生物多样性
2011	旅游连接不同文化的纽带
2012	旅游业与可持续能源：为可持续发展提供动力
2013	旅游与水——保护我们共同的未来
2014	旅游和社区发展

续表

年份	主 题
2015	旅游与交通
2016	旅游促进发展，旅游促进扶贫，旅游促进和平
2017	可持续的旅游
2018	旅游数字化发展
2019	旅游连接不同文化的纽带
2020	旅游与乡村发展
2021	旅游：消除贫穷，创造就业和社会和谐的推动力
2022	重新思考旅游业
2023	旅游与绿色投资
2024	旅游与和平

表中资料来源：整理百度搜索资料所得。

第五节　旅游目的地产业微观管理

宏观环境是旅游目的地发展变化的外因，旅游产业是目的地发展变化的内因。按照辩证唯物主义观点，事物发展的根本动因是其内在的矛盾性，即内因是事物发展变化之主因，外因借内因发挥作用，并在某种程度上影响事物的发展。按照马克思主义的观点旅游目的地发展变化的主要原因是旅游产业发展本身，对旅游目的地旅游产业进行微观管理是其发展的关键，根据以往学者研究可知，旅游目的地的微观管理主要体现在旅游产业定位管理、旅游目的地营销管理以及旅游目的地内外竞合关系的管理等方面。

一、旅游目的地产业定位

产业（Industry）是指其主要业务或产品相同的企业类别的总称。中国在传统计划经济时期称之为行业。旅游业在我国通常被称为旅游行业、旅游产业等，当前是我国国民经济举足轻重的支柱力量。产业定位是产业举措的根本和主要依据，对于促进国民经济的发展和产业结构的调整转换有着十分重要的作用；旅游目的地的产业定位是指确定旅游产业在目的地国民经济体系中的地位，不同旅游目的地其旅游产业地位不同。

国民经济中产业众多、作用不一，克拉克把全部的经济活动划分为第一产业（包括农业、畜牧业、林业和狩猎业等农业）、第二产业（包括采矿业、制造业、建筑业等工业）和第三产业（包括商业、金融业、保险业、运输业、服务业及科学、文化、教育、卫生、公务等其他事业），其中旅游产业属于第三产业。而根据各产业在国民经济中发挥的主要作用和功能，可以分为主导产业、关联产业、基础产业等；按功能分类还有支柱产业、潜导产业的类别之分。主导产业与支柱产业两者区别在于：支柱产业虽在本地的经济总量扩张中所占比例较大，但在全国的同类产业中所占比例却不一定大，抑或与全国的同类产业相比不具发展的优势，产品输出率不够高，不能发挥区际分工的作用，因而没有主导产业的功能。根据产业发展潜力、发展前景的大小，又有朝阳产业(新兴产业，即指产品需求增长快，产业增长率明显高于国民经济各产业的平均水平，并且在经济发展中所处地位、对经济增长的贡献均有不断上升趋势的产业)与夕阳产业(即指产品需求增长慢、停滞、下降，产业增长率明显低于国民经济各产业的平均水平，并且在经济发展中所处地位、对经济增长的贡献均有不断下降趋势的产业)之分。

作为国际旅游目的地，我国对旅游产业的定位随着时代发展逐步变化。改革开放之初，我国旅游地位是从属于政治的外事接待业(关联产业)，旅游没有独立的产业地位；1985年，我国首次明确了旅游的独立性经济产业地位，旅游产业的经济性作用初步凸显(潜导产业)；1992年，我国进一步明确了旅游业是第三产业的重点(朝阳产业)；1998年，我国把旅游业作为国民经济新的增长点加以培育(朝阳潜导产业)发展，多个省区把旅游业定位为支柱产业；2009年，我国明确了旅游的战略性支柱产业(指对国家或地区发展具有战略意义、具有社会经济发展重要支撑力的产业，其本身具有相当规模，且发展潜力大，能对经济社会发展起广泛带动作用的产业，从数量上来讲当某产业增加值占GDP的5%以上时为支柱产业，占8%以上时即为战略性支柱产业)地位。目前我国旅游已融入人们生产方式和生活方式之中，成为人人享有的基本权利，旅游业增加值已占GDP的5%以上，旅游产业定位呈现由支柱产业向先导产业培育的趋势，旅游产业在我国被提升到前所未有的高度加以大力发展。

当今为把旅游目的地的旅游产业支柱(战略性支柱)性落到实处的途径有：首先，要进行产业改革，放宽市场准入，鼓励多种资金依法投资旅游业，从而挖掘旅游产业的发展潜力；其次，发挥集群效应，通过旅游产业的集群化发展，在旅游产业实现规模经济；最后，打造新业态、延长产业链，实现旅游与多产业的融合，通过创新追求范围经济。旅游目的地通过以上途径做大做强旅游产业，并发挥旅游产业的关联带动作用，从而在旅游目的地确立旅游产业的战略性支柱地位，例如河南省的栾川县，依托丰富的旅游资源，在全国开创了以旅游产业带动县域经济发展的"栾川模式"。

不同的旅游目的地其资源禀赋不同，旅游产业发展的宏观环境也不同，旅游产业的发展定位不能一概而论。如今我国多个省域旅游目的地对自己旅游业进行定位，有的定位为支柱产业例如贵州省，有的定位为主导产业例如西藏自治区，有的定位为第三产业的支柱产业例如青海省，有的定位为战略性新兴产业如辽宁省，有的定位为战略性支柱产业如海南省，有的定位为优先发展的潜导产业如山东省。不同旅游目的地旅游的不同产业定位，决定了旅游产业的发展机会和力度，也在一定程度上造成了旅游目的地发展格局和水平。

二、旅游目的地营销管理

如今我国人均GDP已突破3 000美元，这预示着我国即将迎来旅游爆发性增长，旅游目的地都在拓展旅游范畴，有资源的挖掘组合旅游产品、没资源的创新打造旅游项目，旅游可谓遍地开花，旅游目的地"酒好不怕巷子深"时代一去不复返，如今"酒好还怕巷子深"，即使"天生丽质"的旅游目的地也需借助营销，完成从产品向效益的转变。鉴于旅游产品的产地消费性，旅游目的地在旅游产品开发完成后，需要结合产品本身、产品的市场需求及竞争等状况，通过适当的价格、销售渠道，并借助广告、公共关系管理、人员推销、销售促进、网络营销等促销手段，将旅游产品传递给目标市场，这一过程即为旅游目的地的营销管理。

过去观光旅游时代，按照意大利著名经济学家帕累托提出的"二八原理"(在任何群体中，重要因子通常只占20%，不重要的因子则占80%，因此只要控制重要的少数就能控制全局，这就是应用广泛的重要的少数与琐碎的多数——"二八原理"）旅游目的地营销需要从战略高度规划旅游营销，聚焦创造 80% 效益的 20% 的观光旅游客源群，例如商务观光、政务观光等，并针对其进行精确的营销管理，使目的地有限的资源发挥最大效益，从而提高旅游目的地的经营效益与水平。胡润研究院的调查表明我国个人资产超过 600 万元的高端客群约有 290 万人，据携程发布的调查报告显示，我国高端旅游群的单人单次旅游消费在 10 万元以上，出境旅游交易会调查显示，我国 18% 的出境旅游运营商的高端业务经营收入占总收入的 50% 以上，相对于我国近 14 亿的人口基数和 40 亿以上旅游客源市场规模，高端小众旅游客群的营销就显得较为重要。

指导旅游目的地战略营销的基本理论即 STP 理论，其中的 S、T、P 分别是指市场细分（Segmentation）、目标市场选择（Targeting）和目标市场定位（Positioning），STP 是战略营销的核心内容。STP 理论的实质是市场定位理论，即选择并确定目标消费群体的理论。旅游需求市场是综合、多层次和多元的消费群体，任何旅游目的地都不能满足所有市场需求，旅游目的地常常根据需求层次、购买力等因素把所有消费群体分为由相似需求构成的若干子市场（即市场细分 S）；旅游目的地再根据本身的经营战略及所供给的产品情况，从若干子市场中选择符合自我目标和能力的细分市场作为目标市场（即目标市场选择 T）；之后旅游目的地把产品定位在目标市场需求偏好上，并借助适当的营销活动向目标市场传达自我的定位信息，使其注意并感知到此供给是他们所需的（即目标市场定位 P）。简言之，STP 理论是旅游目的地在适当市场细分基础上，确定自我目标市场，并把产品定位在目标市场需求的位置上。

旅游目的地最常用的营销战略有形象制胜战略、竞争优势战略、品牌支撑战略、产品升级战略、网络营销战略、营销组合战略、事件营销战略等。

旅游目的地形象制胜战略是指旅游目的地通过旅游形象的设计与推广来达到市场营销推广的目的。旅游目的地通过形象定位、形象塑造、形象标志设计等环节，打造旅游目的地的形象识别系统（CIS）并推广，使之在相关群体中形成鲜明独特的良好形象，以此来实现目的地的营销目标，例如我国作为旅游目的地在 2013 年初设计推广的"美丽中国之旅"这一旅游形象，以及辽宁省在 2014 年设计塑造并推广的"乐游辽宁不虚此行"的旅游形象等，均属于形象制胜战略。

竞争优势战略是指旅游目的地通过对竞争状况和竞争对手的分析评价后，选用具有比较优势的竞争战略。旅游目的地在分析评价竞争状况时最为常用的方法有 SWOT 分析法，是将优势（Strength）、劣势（Weakness）、机遇（Opportunities）、挑战（Threats）等关乎发展的内外各因素进行综合和概括，进而分析组织的优、劣势，面临的机遇与威胁的一种方法，如表 4-3 所示。

表 4-3 基于 SWOT 分析的营销决策矩阵

SWOT 分析结果	营销方向	营销战略	营销决策
优势+机会	拓展	产品认知	增强目的地实力，占领并领导市场
优势+威胁	进攻	品牌塑造	集中优势、化解危机、开拓市场
劣势+机会	争取	个性凸显	把握市场机遇、快速争取市场
劣势+威胁	保守	有效回收	降低费用占领角落市场、急流勇退

ASEB 栅格分析法[是将 SWOT 分析法的优势 S、劣势 W、机遇 O、挑战 T 分析，结合需求体验分析法的活动（Activity）、环境（Setting）、体验（Experience）、利益（Benefit）各分析要素相互对应，按从活动优势（SA）到利益的威胁（TB）顺序交叉组合，形成 16 单元代码的矩阵（见表 4-4），并对 16 单元逐层进行分析研究，以栅格的形式组成表格进行分析的方法]等。而在营销竞争战略决策时通常较多被采用的战略有：低成本战略、差异化战略、市场领先战略、集中战略等。

表 4-4　ASEB 栅格分析代码矩阵

因素	活动（Activity）	环境（Setting）	体验（Experience）	利益（Benefit）
优势（Strength）	SA	SS	SE	SB
劣势（Weakness）	WA	WS	WE	WB
机遇（Opportunities）	OA	OS	OE	OB
挑战（Threats）	TA	TS	TE	TB

品牌支撑战略是指旅游目的地通过品牌塑造和评价后选择相应的品牌营销战略。

产品升级战略是指旅游目的地通过旅游产品局部或整体的创新、升级赢得竞争的战略，同时针对旅游目的地所处的生命周期不同阶段采取不同的营销战略。

网络营销（在线）战略是指旅游目的地利用互联网展开市场调研、产品宣传和服务、完成销售、处理售后事宜等的营销战略。相对于传统营销其在经营理念上发生了两大转变，其一是经营理念转变：由传统的关注产品与质量的二维结构，转向关注产品、质量、时间、个性的四维结构；其二是销售方式的转变：由面对面销售转向网上交谈销售，此战略使得旅游目的地出现新业态。

营销组合战略是指旅游目的地为达成在目标市场的销售，而对可控的营销变量进行优化组合，并综合运用的营销管理活动。"营销组合"概念 1964 年由美国的波顿（Bordon）提出，同年由麦卡锡（MeCarthy）发展后提出 4Ps[产品（Product）、价格（Price）、促销（Promotion）、渠道（Place）]营销组合策略，1981 年布姆斯（Booms）和比特纳（Bitner）对 4PS 进行修正后提出 7Ps[产品（Product）、价格（Price）、促销（Promotion）、渠道（Place）、人（People）、有形展示（Physical Evidence）、过程（Process）]营销组合策略。

节事营销战略是旅游目的地有计划地策划、组织、举行、利用有新闻价值的节事活动，通过运作吸引媒体和公众注意，达成塑造良好形象、提高知名度并最终促进产品销售之目的的营销战略。我国国家旅游局从 1992 年起到 2018 年每年推出一个旅游主题活动来塑造和推广我国旅游目的地形象，不同时期旅游主题具体如表 4-5 所示。通过持续性常规的旅游主题年节事营销，"美丽中国之旅"这一形象在全球逐步被认可，为中国成为全球第一大旅游目的地起到了不可替代的作用。

表 4-5　中国旅游活动年主题一览

年份	旅游主题	年份	旅游主题
1992	友好观光年	2006	中国乡村游
1993	中国山水风光游	2007	中国和谐城乡游
1994	文物古迹游	2008	中国奥运旅游年

续表

年份	旅游主题	年份	旅游主题
1995	民俗风情游	2019	中国生态旅游年
1996	休闲度假游	2010	中国世博旅游年
1997	中国旅游年	2011	中国文化游
1998	华夏城乡游	2012	中国欢乐健康游
1999	99生态环境游	2013	海洋旅游年
2000	神州世纪游	2014	美丽中国之旅——2014智慧旅游年
2001	中国体育旅游年	2015	美丽中国——丝绸之路旅游年
2002	中国民间艺术游	2016	丝绸之路旅游年
2003	中国烹饪王国游	2017	美丽中国之旅——2017丝绸之路旅游年
2004	中国百姓生活游	2018	美丽中国——2018全域旅游年
2005	中国旅游年		

我国各旅游目的地在进行市场推广的过程中，综合运用多种营销策略，不断创新营销理念与行为，具体体现在：首先，借助旅游目的地的整体形象营销提升自我魅力，例如首都北京，浪漫之都大连，购物天堂香港，休闲之都杭州，好客山东等整体形象营销。其次，通过营销方式创新凸显多产业的融合，例如张家界市与波司登联合举办"羽裳霓曲·魅力张家界"主题营销活动，长沙举办融合体育与旅游的"幸福长沙，骑乐无穷"主题的环湘江自行车邀请赛，北京融合影视与旅游在《非诚勿扰Ⅱ》中植入背景旅游景点与文化，并推出"北京旅游非线路"产品，通过多产业融合营销取得较大的经济与社会效益。再次，打造专业旅游营销联盟，例如天津与上海签订旅游合作协议，三亚与黄山开展旅游品牌互推、客源互送的活动，河南成立"郑汴洛焦"旅游推广联盟并与"广深珠"协作推广各自旅游，福建与黑龙江合作成立省内各市的旅游营销联盟，促进区域旅游发展。最后，境外营销专业成熟，例如北京为打造世界城市，特联合搜狐推出融8种语言的"畅游北京"旅游公共服务门户网站，海南为建成国际旅游岛，构建在韩、俄、德、日、美、加等客源国的"海南旅游窗口网络"，采用"面对面、阵地式、经常性"营销战略。

另外，我国的旅游目的地广泛借助新媒体营销，主要有：利用旅游微博、博客打造旅游营销新阵地，例如起自新浪微博的微博网络营销如火如荼；乐途旅游网为河北省打造的"嘻游冀"非官方博客等，都助推旅游营销进入极速传播时代。合作团购网站进行旅游团购，例如2009年山东省旅游局在国内率先与拉手网合作，整合域内吃、住、行、游、购、娱资源，推出系列团购旅游产品，开创了官方团购营销之先河，"好客山东"这一旅游品牌在全国叫响，在全国成功塑造了"联合推介、捆绑营销"山东旅游营销新模式。

三、旅游目的地内外竞合关系

旅游目的地间的相互关系，主要表现为一定区域范围内的某旅游目的地在区域旅游客流分配中占据的地位，此地位往往受制于文化或地域相近的其他旅游目的地影响。旅游目的地与其他相近旅游目的地的相互作用按性质可以分为替代关系与互补关系，按作用的方向有单向作用与双向作用。其中作用的方向受旅游目的地等级决定，作用的性质由旅游目的地的性质决定。综合来看旅游目的地复杂的内外关系不外乎竞争与合作两种，对旅游目的地竞合关系的分析可以帮助目的地探寻自我特色、准确定位，优化并创新旅游产品与项目对接旅游市场，从而促进旅游目的地发展。

竞争使得旅游资源自发地从生产效率低的领域走向生产效率高的领域，旅游目的地因此需要认真分析研究竞争对手的竞争战略，有针对性地选择竞争手段，从而提高自我的经营与发展水平。当今全球旅游业蓬勃发展，大大小小的旅游目的地层出不穷，其中多个旅游目的地把旅游作为主导产业、支柱产业或重要产业加以培育和发展；同处一个环境中的多个旅游目的地往往因为争夺有限的资源与客源而展开竞争，从而形成旅游收入和旅游客流在旅游目的地之间的分配，也造就了旅游目的地的市场地位，因此旅游目的地之间的竞争很大程度上影响旅游目的地的发展。旅游目的地竞争中有替代性竞争与非替代性竞争之分，例如同是避暑型海洋旅游目的地的大连与青岛，其竞争就属于替代性竞争；同是名山型旅游目的地的青城山与峨眉山，其竞争在一定程度上则可以转化为优势互补，属于非替代性竞争。

旅游目的地旅游供给由多方面生产要素组成，借助区内外的合作实现生产要素的互通有无，进而发挥区域的整体优势来提高目的地供给能力。对内部而言合作利于统筹发展，凭借比较优势来实现地域分工；于外部而言利于整合资源，发挥规模优势来提高竞争能力，同时避免形成重复建设、恶性竞争的局面。旅游业是典型的注意力经济，游客注意力是稀缺资源，其对目的地的选择逐步趋于区域的整体形象，而非碎片化产品信息，而旅游目的地的合作是树立整体形象，并吸引旅游者的必然选择，区域合作已成为旅游目的地发展的大趋势，从国际国内区域合作来看也都取得了显著成绩，例如长三角地区各主要旅游城市达成旅游合作协议，打造了无障碍旅游目的地，粤港澳联合组成了珠三角地区的旅游大三角，各旅游目的地一体化旅游成绩显著。旅游目的地合作的主要形式有：推行区域旅游，打造大旅游圈、推行无障碍旅游、实行网络化区域合作等。

旅游目的地的竞争与合作关系不是绝对的，在特定情况下竞争关系与合作关系可以相互转化，互相兼容，其中旅游目的地的空间竞合关系如表4-6所示。

表4-6　旅游目的地空间竞合关系

类别	性质相同的旅游目的地	性质不同的旅游目的地
不同等级的旅游目的地	高对低的单项取代关系	高对低的单项补充关系
相同等级的旅游目的地	竞争关系为主	合作关系为主

竞争与合作是一对"孪生兄弟"，旅游目的地发展既不能一味地竞争，也不可能绝对合作，往往是"竞争中有合作，合作前提下竞争"，在全球旅游目的地大发展的背景下，竞合就成为非常重要的战略思想。部分文化或地域相近的旅游目的地在进行激烈竞争的同时，为抵御共同面临的风险，常常以特定方式联合起来，形成既竞争又合作的"竞合"关系。竞合关系是竞争与合作并存，强调与竞争对手"抱团取暖"，双赢互利。国际旅游目的地或以共同的地脉，或以共同的文脉，或以一体化经济为基础的竞合已蔚然成风，比如欧盟28个国家以政治和经济一体化发展为基础，已成立相当于"欧洲旅游局"的欧洲旅游委员会促进整体旅游，不仅欧盟各成员国公民可以完全自由地流动，而且作为一个整体欧盟已同我

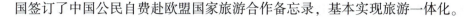

国签订了中国公民自费赴欧盟国家旅游合作备忘录，基本实现旅游一体化。

四、旅游目的地周期演变

旅游目的地的经济活动存在波动和运动，其规律主要表现为旅游目的地生命周期的短期波动和周期演变。

（一）短期波动使旅游目的地发展充满挑战

旅游目的地短期波动指在一定时间内（一年），由于目的地客流量的变化引起的实际接待量与门槛规模及最大规模之间的矛盾现象。表现为旅游目的地旅游经济运行中的过剩需求（旅游目的地最大接待容量无法满足旅游者需要的市场状态）与过剩供给（旅游需求规模无法满足旅游目的地门槛需求规模的市场状态）并存。旅游目的地的供不应求与供过于求两者可以随时转化，频繁变化且速度很快，所以很难找出旅游目的地短期波动的规律，这给旅游目的地管理提出挑战。

（二）周期演变使旅游目的地发展有章可循

从较长时间段内审视旅游目的地发展，可以发现其周期性的演变规律，张辉提出了旅游目的地产生、成长、成熟和均衡的发展演变周期性规律，为旅游目的地管理提供了一定指导。旅游目的地时刻处于运动变化之中，影响旅游目的地发展变化的因素众多，其中主要的有：新目的地的开发，原有目的地的竞争，旅游替代品的发展，客源需求的变化等。

新目的地作为新生事物常常具有强大的生命力，在满足旅游者旅游需求方面会更好，这给其他旅游目的地发展提供了一个推力，促动了其生命周期演变。例如，像中华民俗村等主题公园型旅游目的地的出现，给我国资源依托型旅游目的地带来了不小的冲击，加速其生命周期进入下一个阶段。

原有目的地提升也会影响目的地间市场机会的分配，同样类型与价格的目的地，会因其中一个旅游目的地的改进或提升，引起另一目的地在保持原有品质的情况下被市场选择的机会减少，从而出现旅游目的地争相改进产品、提升文化内涵来提高市场占有率，这必然给目的地生命周期带来一定影响。例如随着消费市场的成熟，许多观光型旅游目的地被市场选择的概率下降。为求得生存，传统旅游目的地会通过深层次开发从静态观赏型向动态参与型发展，从而促进了其发展。

现代社会旅游替代品层出不穷，诸如高档耐用消费品、文化娱乐产品在一定程度上占用了人们有限的可自由支配收入和闲暇时间，从而降低了人们到旅游目的地旅游的机会与能力，使得旅游目的地之间的竞争加剧，这也要求旅游目的地不断创新以减少来自替代品的竞争，从而促进了旅游目的地的更新换代。

客源市场需求千变万化，旅游目的地需全面地满足并随时跟进，否则会出现供需错位。旅游目的地应随时关注客源市场需求变化，及时改进旅游产品来满足市场需求。例如随着互联网和智能手机终端的普及，旅游者越来越青睐主动出击的参与体验型旅游，一些在线旅游运营商适时推出"私人定制旅游"，例如携程推出的"鸿鹄逸游"、中青旅推出的"耀悦"、众信旅游推出的"奇迹旅行"、驴妈妈推出的"飞驴湾"等旅游深受高端旅游者喜爱，取得了不错的经营效益。

从经济学角度看，旅游目的地生命周期产生和发展的内在机制为旅游者消费的边际效应递减规律、旅游目的地空间相互作用的效应、科学技术发展在旅游经济中运用的作用显现、制度创新引发的经济周期演变等共同作用的结果。马勇认为旅游者的边际效用递减是原动力，同类旅游目的地的竞争、旅游替代品的替代等市场机制是内在动力，科学技术的发展、制度体制创新是外部促动因素。在旅游目的地管理时，需要多方协调促动旅游目的地良性发展。

综上系统分析可知旅游目的地发展影响因素众多，旅游资源禀赋是目的地发展的基础，交通通道和地理区位从空间层面影响发展，宏观地理环境支撑保障发展，微观行业管理决定发展，图4-2所示为旅游目的地发展的影响因素。

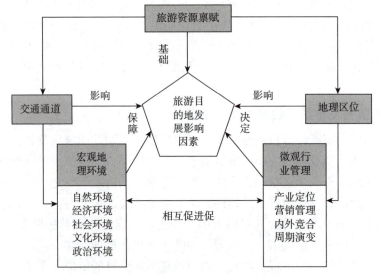

图 4-2　旅游目的地发展的影响因素

 本章小结

本章主要讨论旅游目的地的影响因素。

资源禀赋是影响旅游目的地的基础因素，这里的资源禀赋是旅游地资源，旅游地资源有广狭义之分：广义的旅游地资源指旅游目的地所有对游客有吸引力，用于旅游业发展所需的基础资源，通常有自然和人文旅游资源、综合的旅游资源、能渲染目的地旅游氛围之设施与服务。狭义的旅游地资源（旅游景观资源）仅指含有旅游吸引力，并能激发旅游者产生旅游动机并完成旅游活动，被旅游业利用的自然和人文吸引物。基于旅游地资源禀赋，结合行政区划空间关系角度，可将旅游目的地分为旅游区和旅游城市（村镇）两种类型。

区位（Location）即位置、分布、布局、位置关系等，通常指人类活动所占有的场所。旅游目的地区位是指旅游地与其客源地相互作用中的相关位置、通达性及相对意义，可以分为资源区位、客源区位、交通区位、认知区位等。自然区位、交通区位、经济区位、旅游区位等对旅游目的地的发展产生不同的影响。

交通通道包括航空交通、陆路交通和水路交通等，对旅游目的地发展起支撑作用，是旅游目的地发展的先决条件。

旅游目的地宏观层面的地理环境因素通常包括自然环境（Natural）、经济环境（Economic）、社会环境(Social)、文化环境(Cultural)、政治环境(Political)等方面。

　　旅游目的地的微观管理主要体现在旅游产业定位管理、旅游目的地营销管理以及旅游目的地内外竞合关系的管理等方面。

关键术语

　　旅游地资源；旅游目的地区位；旅游目的地战略营销

参考资料

　　[1]李天元.旅游学概论[M].天津：南开大学出版社，2014：116-286.

　　[2]孙根年，张毓，薛佳.资源-区位-贸易三大因素对日本游客入境旅游目的地选择的影响[J].地理研究，2011，30(6)：1032-1043.

　　[3]马勇，张祥胜.国内旅游目的地研究综述[J].世界地理研究，2008(1)：144-153，173.

　　[4]刘丽娟，李天元.国外旅游目的地品牌化研究现状与分析[J].人文地理，2012，27(2)：26-31.

　　[5]邹统纤.旅游目的地管理[M].北京：高等教育出版社，2011：45-59.

　　[6]田里.旅游经济学[M].北京：高等教育出版社，2019：100-148.

　　[7]吕俊芳.旅游目的地时空错位发展研究[M].北京：北京理工大学出版社，2022：43-62.

　　[8]马勇，李玺.旅游规划与开发[M].北京：高等教育出版社，2018：1-24.

网络资源

　　1.第一旅游网：http：//www.toptour.cn/(中国旅游报电子网络平台，可以获得中国旅游的最新资讯)；

　　2.中华人民共和国文化和旅游部网站：http：//www.mct.gov.cn/(查询国家旅游政策、旅游动态信息、旅游统计数据等)。

分析与思考

　　1.什么是旅游地资源？简述基于旅游地资源的旅游目的地类型。

　　2.影响旅游目的地的区位因素有哪些？

　　3.什么是旅游目的地交通通道？包含哪些类型？

　　4.影响旅游目的地的宏观地理环境因素有哪些？

　　5.简述指导旅游目的地战略营销的基本理论。

技能训练

自选感兴趣的旅游目的地，分析该地营销管理中采取的战略。

 案例分析

隔壁云南旅游资源开发已超四川，甘孜旅游的"丁真牌"还能打多久？

丁真最近的微博显示，他正在成都体验"冒险之旅"，不仅学会了攀岩，还拍起了Vlog。

就在上周，丁真在快手进行了首场直播，超过360万人次观看，目前"粉丝"人数接近140万。

20多天前，丁真因一条10秒的视频走红，在社交媒体的助推下，这名"甜野男孩"成了顶流网红，长期霸榜微博热搜。令网友诧异的是，在各大网综、选秀平台还没来得及找上门之前，丁真已经入职国企，成了不用坐班的"打工人"。

11月25日，丁真为家乡四川甘孜代言的宣传片《丁真的世界》上线，迅速刷屏。紧接着，牧民丁真有了新身份——理塘旅游形象大使。随着丁真爆红，他的家乡理塘也成了网友们计划的打卡胜地。

携程数据显示，"理塘"一词的热度从11月20日起搜索量大涨，到11月最后一周更是猛增6倍。除了四川本省游客外，广东、山东、云南、江苏、北京、重庆、湖南、河南游客也热搜理塘。有业内人士指出，理塘或成元旦旅游黑马目的地。

丁真带动了当地旅游发展，这是当下毋庸置疑的事实。但长远来看，丁真引发的热度能维持多久？作为知名藏区旅游景点，甘孜能否在"丁真效应"的加持下发挥更大的优势？

"从旅游经济的角度来说，丁真的火爆'非常突然'，相信当地政府会有计划地运用好网红优势，以此推动经济发展。"李小波称。

从"人设"到旅游大使

正如网友调侃的那样，半个多月前，20岁的牧民丁真还开开心心地去村口买两桶泡面，心里美滋滋地盘算着先吃什么口味，结果半个月后，就在全国网民的监督下写起了作业。

火了以后，丁真用并不熟练的普通话在镜头前向网友问好，并欢迎大家去他的家乡甘孜做客。而从11月21日开通微博至今，丁真的"粉丝"迅速累积到130万，页面阅读量超过8亿，相关帖子高达3.1万条。

随丁真爆红而来的，还有甘孜当地旅游订单的飙涨。记者从携程旅游平台获悉，以甘孜为关键词搜索，有近2 000条产品可供选择；以"丁真的世界"为主题的格聂神山、稻城、康定、长青春科尔寺等甘孜线路也火了，甘孜跟团游产品预订报名人数在一周内增长高达66%。

四川师范大学旅游与城乡规划研究院副院长兼总规划师李小波告诉《时代财经》记者，甘孜近几年一直在举办赛马节、选美活动来吸引游客，当地还专门打造了一座康巴汉子村，但效果都一般。

"原因在于，以前的活动由政府、企业和村民共同打造，参加选拔者穿着民族盛装出席，一是人数多让人审美疲劳，二是太过正式有表演的痕迹，大家见惯不惊。丁真火了以后，甘孜的旅游订单就开始激增，的确是很奇怪的现象，有运气的成分在。"李小波称。

在李小波看来，在互联网、5G 等科技手段助力下，营销的关键是情感价值，只有情感营销才能让目的地与市场产生关联。为什么全国都来"抢人"？是缘于丁真身上的"真"，是这个时代任何一个地域、任何文化背景的人都渴望的"真情"和"共情"。

记者注意到，甘孜旅游在前不久宣布，从 2020 年 11 月 15 日起至明年 2 月 1 日，将实行 67 个 A 级景区门票全免。不少网友认为这是甘孜旅游"趁热打铁"做出的营销，李小波告诉记者，免门票其实是藏区每年都会推出的活动，因为冬季气温低、环境有所限制，导致旅游热度下降，这是当地吸引游客的举措。

丁真火了以后，网友们在讨论时往往离不开一个关键词：干净。

这个土生土长的 20 岁藏族小哥，因少有接触大城市的钢筋水泥，眼神清澈，笑起来非常"俘获人心"。这种气质与他的家乡有着某种呼应，后者代表着"涤荡心灵"，藏区的风俗人情无疑成了游客的向往。

李小波向记者透露，丁真的家乡理塘最有名的是每年举办的赛马节，在赛马节上有精湛的马术表演，绚丽多姿的民族服饰表演，场面壮观的千人锅庄等，这些都折射出当地特殊的藏族风情，也是吸引游客的重要原因之一。

相关文献显示，理塘县是一个藏族人口占到 95% 的高原县城，目前还生活着很多游牧藏族，因其至今保持游牧族的生活方式，满足了游客求新的需求。2003 年前后，当地曾举办过甘孜歌唱比赛等活动，但因规模不大，宣传力度不够而影响有限。

"地方旅游不应过度炒作网红"

作为网红的丁真肩负当地旅游大使的责任，这股热度能持续多久？

中南财经政法大学兼职教授、江苏大学工商管理硕士导师、知名财经评论员谭浩俊在接受《时代财经》采访时表示，一个地方的旅游经济能不能发展，绝不是靠某一个人或者某一次行为能够带动起来的。尽管丁真对当地旅游产生了很大影响，使得甘孜旅游成为近期的热门，但不能忽视当地本身拥有丰富的旅游资源，与丁真相结合，才产生了目前的热度。

"能否保持热度，取决于当地能否进一步优化旅游资源，提高服务水平等，仅仅依靠丁真的网红效应，无法构成旅游经济发展的内在动力。"谭浩俊称，"甘孜想要发展旅游经济，除了开发好旅游资源、提高旅游产品质量，对旅游文化进行更深入的发掘，引进一些像丁真这样有影响力的人才也是不错的方式，结合当前的互联网优势，或许能开辟出一条新的道路。"

同日，从事旅游研究多年的学者高胥（化名）向记者表示，从旅游经济的角度来说，地方旅游不能靠过度炒作网红来提升热度，要真正把旅游资源发挥好、营销用到点子上才能构筑起品牌优势。

高胥告诉记者，拿云南的著名景点泸沽湖来说，该地区四分之三资源位于四川，但"名号"在云南，原因是后者的宣传做得比四川好，加上地方有扎实的学术支撑，很多旅游品牌都是从云南打出去的，四川在利用自身资源方面还需加强。

记者了解到，泸沽湖是国内有名的 AAAA 级景区，在行政区划上隶属四川省盐源县和云南省宁蒗县共同管辖。记者在多个旅游平台搜索发现，泸沽湖被"公认"为云南旅游必打卡之地，在四川却少有类似说法。

在高胥看来，两省的旅游资源各有特色，但云南更"善于"开拓。

"云南的旅游发展条件较好，当地在建和已建成的交通网较为发达；其次是云南泸沽湖地区的景区规划、接待设施建设、旅游管理和环境保护等多方面的策划领先，而云南目前已经制定把做大做强文化产业作为相关政策，泸沽湖是其发展少数民族文化产业的亮点。"高胥表示，"相比之下，四川泸沽湖虽然依托稻城亚丁的名气开拓了徒步穿越线路，但总体有所落后。"

记者注意到，近年来云南通过纪录片、文化著作等方式塑造了包括丽江古城、三江并流、云南石林、茶马古道等多个旅游品牌，逐步打造起独特的旅游形象。高胥认为，地方旅游应该在提升区域经济合作方面进行深入开拓，网红只能作为"辅助力量"，而无法长久运行下去。

"保护我方丁真"

眼下，丁真暂时离开了家，就职于理塘县文旅体投资发展有限公司（下称"理塘文旅"）。说起来，理塘文旅可谓丁真的"贵人"。

天眼查 App 显示，理塘文旅成立于 2014 年 6 月，注册资本 200 万，法人为杜冬，由理塘国资控股。目前理塘文旅对外投资 5 家企业，不乏旅行社、酒店、传媒等业务，在珠海香洲设有一家分公司。

记者曾尝试致电理塘文旅及杜冬本人，但电话一直未能接通。此前杜冬在接受媒体采访时表示，"太焦虑了，我现在从早到晚就是打电话接电话"。

11 月 18 日，理塘文旅与丁真正式签约，一份是劳务合同，一份是代理合同。劳务合同指的是丁真需要为理塘和甘孜的旅游出力，每月有五险一金和 3 500 元工资；代理合同则是由理塘文旅代理丁真的著作权、肖像权，并为其筛选真实正规的合作方，而公司不参与分成。

杜冬曾向媒体透露，之所以签订两份合同，是为了"给孩子一个交代"，我们希望他不要被伤害到，也不要被冲昏头脑，哪怕他不想（工作）了，也可以选择回家继续放牛。

有网友激动地评论："遇上好公司了！保护我方丁真！"也有业内人士表示，公司的做法很不错，抓住了好机会，希望当地旅游业能迎来一波高峰。

去年 9 月，杜冬担任理塘文旅的法人、董事长，目前还分别担任着理塘国投、康藏之窗旅行社的董事和执行董事。作为丁真的"贵人"，杜冬亦是一个对藏区文化非常了解的文艺青年。

早年间，杜冬曾在上海宝钢做英文翻译，译作有小说《黑暗之劫》《波西米亚》和《流浪者旅店》等。2007—2010 的 4 年间，杜冬 6 次穿梭于我国东部地区和康巴藏区，并陆续写下近 15 万字的《康巴情书》，又称"一本写给姑娘曲西的书"，在豆瓣读书收获了 9.0 的高分。

2010 年，杜冬从上海辞职来到拉萨，供职于当地报社，并为多家媒体撰写西藏文化相关稿件。记者梳理发现，杜冬曾为全球知名旅行指南《孤独星球》撰写过西藏旅游内容，并担任过《西藏人文地理》的主笔。

在川西生活了 10 余年，杜冬在被问及"理塘将如何发展"相关问题时表示，川西有很多县推旅游，实践成本很高，要么时间，要么缺人缺物，但这并不代表不去尝试。"小规模试错，小步快跑才是适合理塘的。"目前看来，这个道理同样适合流量中心的丁真。

（环球旅讯 www. traveldaily. cn 2020-12-10）

思考问题：

结合案例，谈谈旅游目的地营销如何影响旅游目的地的发展。

第五章 旅游目的地发展驱动机制

学习目标

通过本章的学习，你应该能够：

1. 熟悉旅游目的地发展的体制机制；
2. 理解旅游目的地发展的政策驱动机制；
3. 掌握旅游目的地发展的主体利益驱动机制。

素养目标

1. 运用旅游相关基础知识，探研旅游目的地发展的规律；
2. 创新性地运用跨学科方法，建构旅游目的地管理的顶层思维；
3. 强化旅游目的地发展的大局意识，提升学生的主动学习能力；
4. 联系旅游目的地发展，培养学生的系统观。

导入案例

戴斌：从风景到场景 关于景区度假区和休闲街区的新思考

一、景区一直都是旅游活动的典型空间和经典业态，对旅游业的贡献，史不可忘，未来可期

长期以来，旅游景区承载了国民大众对诗与远方的美好想象，满足了游客对目的地的不可替代的经典体验。自古以来，"读万卷书，行万里路"就是中华民族的优良传统，万卷书中有山川河流的大块文章，万里路上有历史文化的经典传承，《徐霞客游记》更是建构了国人对行程中自然风景和人文风情的美好想象。自古以来，"五岳归来不看山"的泰山、华山、嵩山、恒山、衡山，"黄山归来不看岳"的黄山，佛教名山九华山、五台山、普陀山、峨眉山，道教名山武当山、齐云山、三清山、青城山、崆峒山，长江三峡、桂林山水、壶口瀑布、黄果树瀑布、杭州西湖、厦门鼓浪屿等山水名胜，长城、大运河、故宫、秦陵兵马俑、安阳殷墟、平遥古城等文化遗产地，共同构成了壮丽山河、多彩人文的旅游本底资源。大众旅游发展的初级阶段，那些依托山水林草等自然资源和文化遗址、非物质文化遗产、文博场馆等人文资源的旅游景区，极大满足了国民大众看远方风景、享当地文化的需要。对国际国内游客来说，无论是首次还是多次到访一个国家、一个地区和一座城市，如果没有去过当地标志性的景区景点，总是令人遗憾的。

多年以来，传统景区与酒店、旅行社一起构成了典型的旅游业态，促进了旅游服务品质的持续提升，直到今天仍然有其生存的基础和发展的空间。1979 年，邓小平同志在黄山就旅游业改革、创新与发展做了长篇讲话，对旅游景区的品牌推广、服务品质提升、管理体制改革、环境保护和可持续发展做出了一系列重要指示。从那时起，旅游景区的内涵就不再局限于自然、历史和文化资源的聚集空间，还是高品质的旅游体验空间和旅游发展思想的策源地。以 5A 级旅游景区为代表的高等级旅游景区，已经成为旅游目的地建设和旅游业高质量发展的关键支撑。直到今天，还有相当一部分人对于旅游的要求就是看山看水看风景，还有很多地方同志一说发展旅游就是做规划、建景区，特别是高等级景区，总觉得没有专家给打个分数，没有上级给发块牌子，发展旅游业就没有底气似的。景区在旅游目的地建设和旅游发展体系中的重要地位是历史与现实、经济与社会、市场与交通等多种因素共同作用而形成的。只要大众旅游的品质化和多样性要求并存，观光旅游的市场基础没有改变，传统旅游景区就有其存在和发展的理由。

随着大众旅游全面发展新阶段和小康旅游新时代的到来，旅游景区和市民休闲空间的边界日渐模糊，场景开始取代风景成为旅游目的地建设的关键要素。中国旅游研究院(文化和旅游部数据中心)课题组通过近三年对发改、国土、林草、环保、体育、文化和旅游等部门的政策文本和词频研究发现：文件内容中直接提及景区的频率越来越低，而游客愿意到访并深度体验的类景区和泛场景的词频越来越高。夜间文化和旅游消费积聚区、旅游休闲街区、历史文化街区、文化园区、艺术中心、重点旅游乡村、旅游度假区、主题乐园、商业中心等场景，虽然没有直接冠以景区的称呼，却处处可见景区的身影。随着大众旅游进入全面发展的新阶段，景区景点的内涵不断丰富，外延也在持续拓展，那些面向本地居民休闲的公园、游乐场、历史文化街区、购物休闲中心、公共文化设施和夜间消费积聚区，都成了吸引游客到访的非典型景区。在地图软件上，被游客贴上景区标签的空间或场景多达百万以上，远远超过文旅部门公布的 A 级旅游景区的数量。当代游客对景区的诉求不再只是美丽的风景，还要有美好的生活，以及面向未来的调性与质感。值得关注的是，游客不断进入目的地居民生活休闲空间的同时，城乡居民也得益于交通基础设施和公共服务的完善而广泛进入传统的旅游空间。从城市公园、郊野公园、国家公园、国家文化公园到主题乐园、休闲街区和度假区，越来越多的国土空间、文化场馆和休闲场景开始构建起类型更为多样、谱系更加多元的泛旅游景区体系。

二、依托城乡居民的生活场景和叠加休闲内容的美丽风景，共同构成了旅游目的地发展的新方向和旅游产业现代化的新动能

疫情以来，旅游业承受了前所未有的挑战，经历了最为漫长的复苏，旅游景区尤其是中远程游客为主的传统景区承受的压力更大，我和业界同人感同身受。疫情期间，也有两个值得关注的信号：一是近程旅游和本地休闲的兴起，人们愈加在意身边的美丽风景和日常的美好生活；二是家庭自驾游和自助旅行的兴起，旅游者以其消费选择权获得了对旅游景区、旅游目的地甚至旅游业的定义权，"旅游者定义旅游业，而不是旅游业定义旅游者"正在成为业界的广泛共识。

神州处处是风景。疫情让旅游需求和消费行为发生了很多始料未及又顺理成章的变化。猝不及防的疫情把生命、健康、家庭、亲情、疾病、死亡这些似乎离日常生活很远，又因为埋首于工作而无暇顾及的词汇，拉进了我们的生活，并促使人们开始重新审视生命的价值和旅行的意义。这种审视带来了显而易见的心理变化：远方的风景固然美丽，近处的场景更是美好。相对于一个人说走就走的旅行，家庭与亲情、互动与陪伴、健康与安全更值得我们守护。近距离的出行、高频次的休闲、多场景的消费，成为疫情以来节假日旅游市场的显著特征。疫情以来，游客的出游距离和目的地游憩半径明显收缩。中国旅游研究院(文化和旅游部数据中心)专项调查显示：2022 年元旦、春节、清明、五一、端午的出游半径分别为 110.3、131.8、95.0、99.6 和 107.9 公里，目的地游憩半径分别为 8.7、8.3、4.9、6.0 和 7.3 公里。而疫情前的 2019 年，游客出游半径和目的地游憩半径分别为 270 公里和 15 公里。在出行距离缩短的同时，休闲的频次明显提升，消费场景趋于多元，旅游休闲活动可以发生在社区花园、城市绿道，可以在城市公园、郊野公园、国家公园等一切有风景的开阔开放空间，也可以发生在餐馆、酒吧、咖啡馆、购物中心、菜市场、酒店与民宿等商业环境中，还可以发生在图书馆、文化馆、博物馆、美术馆、电影院、音乐厅和戏剧场等文化空间。在这片美丽的国土上，处处都是可以驻足欣赏的风景。

旅游无时不场景。1999 年"黄金周"以后，我国进入大众旅游发展的历史进程，从游客到旅游从业者，甚至到旅游主管部门，从旅游景区、酒店、旅行社等传统业态到携程等在线运营商，工作主线基本是以节假日、暑期和冬季等旅游旺季为时间轴，围绕热门旅游目的地和热点旅游景区展开的。如何促进淡旺季平衡、城乡市场平衡和区域旅游发展平衡，是重大理论问题，也是产业实践难题。我国国内旅游人数从 1999 年的 7.19 亿人次发展到疫情前 2019 年的 60.06 亿人次。这么大规模而且持续、快速增长的旅游市场，10 多亿人又是首次出游，如果不能从时间和空间两个方面加以平衡和延展的话，"人民群众更加满意的现代服务业"是不可能实现的。事实上，每到节假日，媒体关于景区拥堵的报道和游客在网络上的花式吐槽屡见不鲜，甚至已经成为节假日新闻的"标配"。在这种情况下，传统景区对于成熟旅游者和年轻群体的吸引力日渐式微。

当场景融入风景，旅游景区和目的地发展的新时代来临了。2020 年以来，说来就来的疫情，说走就走的隔离，形成了疫情暴发与旅游复苏此起彼伏的"跷跷板效应"。尽管端午节过后迎来了中远程旅游市场复苏的"拐点"，但是受经济周期和收入预期的影响，城乡居民还是更加重视近程旅游和本地休闲。工作日的早市、早茶、电影、戏剧、夜市、广场舞，周末的垂钓、露营、近郊游，碎片化的旅游休闲需求与分散式在地供给相耦合的结果，无意中熨平了中远程旅游市场的不确定性。在休闲旅游者的眼中，春有百花秋有月，夏有凉风冬有雪，无处不风景，时时可休闲。短距离、低消费、高频次的近程旅游和本地休闲，为传统的旅游景区注入新内容的同时，也让传统的消费场景成为新的旅游景区。游客需求的变化也促进了旅游休闲新业态的概念创新和市场导入，比如北京杜威中心的梵高和莫奈的光影艺术大展、嘉兴的歌斐颂巧克力小镇、蚌埠的禾泉山庄、上海春秋的建筑可阅读、城市微旅游，以及春秋集团推出的春野秋梦露营产品等。它们不是传统的景区，而是全新的消费场景，在融合风景与场景的同时，也为景区创新和目的地建设提供了全新的空间和无限的可能。游客对当地生活环境、生活方式的深度体验，对旅游休闲资源的再定义，深化了旅游景区的内涵，拓展了旅游景区的外延。个性化、品质化、多样化的旅游消费需求，将旅游景区带到一个更加广阔的发展空间。

三、重构场景化导向的现代旅游业发展体系

坚持以人民为中心的当代旅游发展理念，从风景到场景，建设主客共享的美好生活新空间。旅游已经成为人民生活的刚性需求和常态化的生活方式，没有任何力量可以阻挡人民对旅行的向往，这是旅游业的信心和力量之所在。同时也要看到，经此一疫，旅游业回不到过去了。城市、乡村和旅游景区能否吸引游客到访，能否提供给游客更高的满意度和更多的获得感，并不取决于它挂上什么标牌，而是取决于有没有高品质的生活场景。回归日常生活场景，以民生视角思考旅游，是理论研究者、产业实践者和政策制定者应该坚持也必须坚持的立场、观点和方法。随着游客广泛进入目的地居民的日常生活空间，旅游景区乃至旅游产业的边界正处于消失和重构的进程中，由需求侧来定义旅游景区将成为不可逆的趋势。为适应新发展阶段的变化，旅游景区要更加强调游客视角，目的地建设要更加重视需求导向和市场思维。

传统景区要强化场景营造和内容创造，旅游目的地要加强文化引领和科技赋能，方能引领旅游业发展的未来方向。文化要回到生活现场，科技要见人见物见未来，满足游客的当代需求，并通过资本和商业的结合而创造全新的生活场景和消费内容。最美的风景是人，最好的旅行是人的连接。那种蓝天白云、高山大川的空镜头，配上播音腔的历史解说，已经不再能够满足年轻一代游客的需要了。他们不会无休止地追忆逝去的繁华和苦难，也不会无条件地接受既定的旅游线路、项目和产品。当前，经由数字化而来的平等、自由和无限的可能，正在深刻改变包括旅游休闲在内的经济增长和社会发展方式，也为建设现代旅游业体系、推动旅游业高质量发展提供了全新动能。

引入社群经济和社区分享的商业模式，推动旅游景区和目的地分类发展和分层创新。品质化和多样性是大众旅游全面发展新阶段的市场特征，分类与分层并重则是旅游景区和目的地建设的指导思想。我们既要关注自然和人文类景区开发，迪士尼、环球影城、长隆、方特、欢乐谷、海昌海洋公园等主题公园的引入，也要重视高水平旅游度假区的建设，更要关注城市更新进程中的存量资产优化，推动小微型文化、休闲和旅游项目融入社区和景区。洛宝贝乐园、比如世界、杜莎夫人蜡像馆、老舍茶馆、木木美术馆、南京喜事、杜威中心等文化项目可以融入购物中心和休闲街区，星乐度、三华李、永安稻香村等轻度假、泛休闲业态可以融入乡村建设和共同富裕，并成为旅游投资新空间和产业运营新模式。

全面建成小康社会的中国，全面开启社会主义现代化建设新征程的中国，神州处处是风景，休闲无时不场景。全体旅游人，让我们与文化、艺术、科技、教育、体育、工商各界携起手来，让更多的风景叠加场景，更多的场景融入风景，为人民创造更好的旅游休闲生活而奋斗！

（资料来源：中国旅游网 www.cntour.cn 2022-08-18）

1. 促进和制约旅游目的地发展的因素通常有哪些？
2. 旅游目的地发展有哪些新方向？

机制又可称为机理，在这一意义上，《现代汉语词典》解释为：泛指工作系统的组织或部分之间相互作用的过程和方式。作为系统旅游目的地，各组成部分间相互作用存在协调机制。

第一节　旅游目的地发展的体制机制

一、市场机制是调节旅游目的地发展的核心机制

市场经济背景下，市场机制对旅游目的地资源有效配置起着决定性作用。市场机制指旅游目的地各旅游主体在市场上围绕经济活动形成的多要素有机协调的运行过程，其中起主要作用的有价格机制、供求机制、竞争机制、风险机制等。

(一)旅游价格机制

市场经济中价格是最敏感、最直接和运用最多的经济调节手段，价格机制是市场机制的主要调控机制。

价格机制是市场竞争中和供求之间互相影响、互相制约的价格形成和运行机制。

旅游价格机制对旅游目的地多方经济运营主体产生作用。在旅游者层面，价格机制是调节旅游需求的直接信号，旅游价格涨落明显反映的是旅游供求的多少变化，从而影响旅游者购买欲望、调节旅游需求数量和结构；在旅游经营者层面，旅游价格机制是调节旅游供给和市场竞争的核心途径，旅游经营者凭借价格变化来调节旅游供给的数量及结构。在政府层面，旅游价格机制为旅游政策制定、旅游经济运行提供重要的参考，并能自发地调节旅游供给与旅游需求总量的平衡。

旅游目的地价格机制影响因素众多，主要取决于产品质量与特色、游客需求状况、汇率变化、通货膨胀、替代品价格、旅游目的地政府价格政策等因素。当旅游目的地产品质量上乘并且特色独具时旅游价格往往偏高，反之价格偏低；当旅游目的地旅游产品供不应求时旅游价格往往偏高，反之价格偏低，当然需求结构也在一定程度上决定价格，当需求能力偏低、需求强度偏小、需求层次偏低时，旅游价格上涨趋势受到制约；汇率是一国货币用另一国货币单位表示的价格，旅游变化也会影响旅游目的地国际旅游价格，当汇率下降即一国货币贬值时，同等数量的外国货币购买力增强，相当于国际旅游价格下调，反之相当于价格上涨；旅游价格通常也会受到通货膨胀(纸币流通情况下，假如纸币发行量超过实际需求货币量，导致纸币币值下降、物价上涨现象)的影响，旅游目的地通货膨胀率越高旅游价格就越高，反之价格越低；与旅游目的地旅游产品呈替代关系的产品价格下降相当于旅游价格上升，旅游需求量因此减少，导致旅游价格下降来平复损失；旅游目的地政府价格政策也会给旅游价格带来不同的变化。政府的旅游价格分为三个层面：首先是从经济总量层面调控价格，旅游目的地政府通过宏观经济政策对游客需求量和消费结构进行调控；其次是直接调控价格；再次是价格监管，为形成公平的市场竞争环境，目的地政府需要加强对价格的监管，主要通过建立完备的市场价格方面的法律法规，来规范旅游价格秩序。以上多种因素共同作用，共同形成旅游目的地价格机制，主要表现为战略价格和战术价格两种。

旅游目的地战略价格的形成是由市场多方主体博弈的结果，其中旅游产品的价值量决定供给价格，根据价值量确定的价格是经营者可以接受的价格，决定此价格的是价值规律；旅游供求关系决定需求价格，当产品价值一定时，旅游产品的供求关系决定需求价

格，此价格主要由供求规律决定；旅游市场竞争决定成交价格，旅游产品的经营者之间、需求者之间、供需双方之间为求得各自利益，在市场上进行较量和抗衡，竞争的结果是旅游价格向竞争优势明显的一方倾斜并成交，决定此价格的是竞争规律。其中旅游供给方期望以最高价出售，供给者之间的竞争使得价格倾向于低价；旅游需求方期望以低价购买，旅游需求者之间的竞争使得价格倾向于高价；在市场上旅游需求方力量占优势则成交价格向下倾斜，供给方力量强大则成交价向上倾斜，旅游价格经过多方博弈最终成交于力量最强者。旅游目的地旅游战略价格是旅游需求方与供给方多方博弈的结果。

旅游目的地战术价格体现在定价目标、定价策略和价格形式等层面。旅游目的地的定价目标直接关乎价格制定。旅游目的地定价目标主要有：反映产品质量，获得最大利润，扩大市场占有率，符合市场行情，有助于市场其他营销要素等。不同的定价目标其价格形成机制不同，采用的定价策略也不同。旅游目的地价格制定一般策略有：成本定价策略（包含撇脂定价策略、渗透定价策略、满意定价策略），心理定价策略（包含声望定价策略、招徕定价策略、需求习惯定价策略、心理折扣定价策略、尾数定价策略、整数定价策略），应对竞争的定价策略等。旅游目的地价格的实现方式灵活，主要有差价（包括地区差价、季节差价、批零差价、质量差价）和优惠价（包括同业优惠价、销售优惠价、老客户优惠价）等。

旅游目的地在综合研究分析旅游产品的价值与实用价值、市场供求关系、内外竞争状况、政府的政策调控、市场的规范程度、汇率、通货膨胀等诸多因素的基础上，以自身的发展战略、营销目标为导向，选择恰当的定价方法和策略进行价格定位与决策。

（二）旅游供求机制

供求机制是指供给与需求间通过竞争形成的内在联系及作用形式。旅游需求与旅游供给是旅游目的地经济运行的两个侧面，旅游需求受旅游者主观因素影响具有灵活多变、伸缩性强的特性，旅游供给受旅游目的地客观条件决定呈现稳定性特征，旅游供给的稳定性与旅游需求的多变性之间的矛盾，使得旅游目的地经济运行表现为绝对的不平衡和相对的平衡交替出现。不平衡是旅游目的地旅游供给与需求的常态（绝对的不平衡）；但此种不平衡却又总是趋向于平衡，原因在于旅游经济活动作为需求与供给的统一体，客观上要求两者相适应，另外市场运行的规律（价值规律、供求规律、竞争规律等）发挥作用使得两者趋向于平衡；受制于需求与供给的矛盾，此种平衡很快又会被打破，即旅游目的地经济呈现由"不平衡—平衡—不平衡"的循环往复。旅游目的地供需不平衡具体表现为：旅游供给与需求在数量上的矛盾，旅游供给与需求在结构上的矛盾，旅游供给与需求在空间上的矛盾，旅游供给与需求在时间上的矛盾等多种不平衡。旅游供需的不平衡常态总是在多种市场机制的动态调节下趋向于平衡，其中价格的变化会对旅游供求发生调节作用，反过来旅游供求的变化也会对价格发生调节作用。在其他因素的作用下，旅游需求量的增加会引起旅游价格上升，从而使得旅游供给量增加，而价格的上升又会导致需求量减少。当其他因素导致旅游供给量增加后又会导致旅游价格下降，从而引起旅游需求增加，在旅游供需的不断增减中，供求不断发挥修正作用使之趋于平衡，并在动态变化中实现短暂平衡后被打破。

旅游供求机制对旅游供需平衡有调节作用，还对旅游者合理流动有引导作用。主要表现为：旅游供求机制适时、灵敏地反映旅游目的地供给、需求的变化和发展趋势，揭示目的地经济运行的内在矛盾，为供需双方提供信号及行动方向，起到调节市场供需平衡的作用；在旅游价格机制、竞争机制等的配合作用下，旅游目的地供求机制实现合理配置资源的功能，进而调节旅游供需结构平衡；借助旅游供求机制，旅游目的地实现对旅游经济的宏观调控，继而促进旅游业可持续发展。

（三）旅游竞争机制

旅游竞争机制就是指旅游市场中，旅游经营者之间为了自身利益相互争夺客源，从而影响旅游供给及资源配置的动态过程。

竞争机制是商品经济最重要的经济机制，它反映竞争与供求关系、价格变动、资金和劳动力流动等市场活动之间的有机联系。它同价格机制和供求机制等紧密结合，共同发生作用。旅游竞争是旅游经济运行得以实现的内在机制。旅游目的地竞争的存在具有客观必然性，这种客观必然性既来自市场经济运行一般规律的要求，也体现了旅游经济运行特殊规律的结果。在市场经济条件下，旅游竞争机制是同旅游供求机制和价格机制紧密结合并共同发生作用的。

竞争即消费力对生产力的关系。旅游竞争机制指旅游经营者之间基于各自利益展开的争夺客源，进而影响旅游目的地市场供需和资源配置的动态运动。旅游竞争机制的核心内容是争夺旅游客源、争夺中间商、提高市场占有率。争夺客源是旅游目的地市场竞争的根本目的，因为客源越多，旅游产品销售量才越大，旅游目的地收入就越高、经济效益就越好。争夺旅游中间商其实还是争夺客源，旅游中间商系帮助目的地针对客源市场销售产品的中介机构和分销渠道(例如旅行社、旅游公司、旅游经纪人等)，争夺到的旅游中间商越多，旅游产品的销售概率就越大；直接争夺客源固然重要，但失去一个中间商可能会失去一批客源，因此争夺中间商更不能忽视。提高市场占有率是争夺客源和中间商的集中表现，旅游市场占有率是反映旅游目的地在市场竞争中地位、实力与状况的指标。旅游市场占有率通常分为绝对占有率和相对占有率。旅游目的地市场占有率的高低直接影响旅游供需，并直接决定旅游价格，因此对旅游市场占有率的争夺是旅游目的地竞争的重要目标。

综上分析，旅游竞争机制是旅游目的地市场客观存在的，同旅游价格机制、旅游供求机制等机制紧密配合，相互作用于旅游目的地旅游市场。

另外，产品竞争、价格竞争、质量竞争、服务竞争、营销竞争、信息竞争等内容也是旅游竞争机制的重要组成部分，旅游目的地可以运用价格、非价格策略参与市场竞争。迈克尔·波特的五种力量模型可以帮助旅游目的地形成适当的竞争战略，五种力量分别是：供方议价实力、买方议价实力、替代品威胁、进入壁垒、现有竞争对手竞争状况。综合分析旅游目的地的五种力量可以帮助旅游目的地进行有效的竞争。

（四）旅游风险机制

旅游风险机制即旅游经济活动与盈利、亏损、破产之间相互作用的运动形式。旅游风险机制是旅游目的地竞争中无形的市场强制力，旅游目的地的所有经济主体在参与市场竞争时均面临盈利、亏损及破产的可能性，促使所有旅游经营者自觉、适时地对市场信号做出反应，形成应对旅游市场竞争的自我协调能力。旅游风险机制借助利益动力与破产压力双向机制，促使旅游目的地市场主体经营行为合理化，进而提升旅游目的地的经济效益。

旅游风险机制作为旅游市场机制的重要部分，是一种无形的市场强制力量，促使每个旅游经营者遵循市场规律，自觉地对市场信号做出灵敏反应，形成适应旅游市场竞争的自我平衡能力。同时，旅游风险机制也利用市场利益动力和破产压力的双重作用，促使每个旅游经营者行为的合理化，并按照旅游市场需求提供适销对路、物美价廉的旅游产品。

旅游市场机制以价格、供求、竞争、风险等机制的交互作用调节旅游目的地的经济运行，具体表现为：通过供求机制把旅游供需连接起来，实现旅游产品交换以满足供需双方的利益；通过市场的多种机制促使旅游经营者及时调整供给数量与结构以适应需求和市场变化，在提高旅游经济效益的同时完成旅游资源、要素的优化配置；价格、供求、竞争等多种要素通过市场的信息传导和综合反馈形成旅游目的地经济活动的"晴雨表"，帮助各市场主体及时应对市场变化，继而促进了旅游经济的良性运转；在旅游市场出现供需不平衡时，通过价格波动、竞争加剧等途径，使得旅游市场供需趋向平衡，从而显现出旅游市场机制对旅游经济活动的调节功能与平衡功效。

市场机制是客观存在的，当旅游目的地市场条件具备时就会自动对旅游经济运行进行调节；市场机制是多重机制的交互融合，其中任何因素发生改变都会影响其他因素，例如价格发生变化就会影响供求、导致竞争等；市场机制发挥作用的过程迂回，往往具有时滞性；市场机制具有自发性，当市场发育不充分时，市场机制就无法发挥作用，表现出市场机制的局限性。

二、行政管理是旅游目的地发展的保障机制

市场经济发展大背景下，市场机制是旅游目的地经济运行的主要调节机制，但是市场机制具有滞后性、局限性、条件不成熟造成的盲目性等特征，受旅游特性和旅游市场的不完全性等因素影响，旅游目的地市场调节机制失灵现象比较突出，英国经济学家凯恩斯认为：弥补市场调节机制局限的最有效措施，就是建立健全政府和行业组织的宏观引导机制。

(一)政府宏观调控、行业宏观指导引领旅游目的发展

宏观调控是政府运用行政手段对宏观经济进行干预和调节，以实现宏观经济的平稳增长。政府通过规划、引导、协调、制定宏观政策与法律法规等手段，为旅游目的地经济发展营造良好的外部环境，保证旅游目的地经济在宏观政策的指引下，按照市场竞争规则和运行规律自主发展。按照调控的范围，旅游目的地宏观调控的主体有两类：政府管理部门（例如各级旅游局）和行业管理组织（例如各类旅游行业协会、旅游行业委员会等）。

政府的旅游管理部门通过制定旅游的宏观政策，引领旅游目的地相关部门和行业按照产业发展方向发展，监督和指导各类旅游企业的可持续发展；旅游经济运行有其自身的特殊规律，旅游目的地旅游发展在接受国家宏观调控的同时仍需接受旅游行业的宏观指导，旅游经济涉及旅游目的地众多的行业和部门，在运行中常会出现不协调，因此必须通过权威的行业管理主体来进行调控。

旅游目的地的宏观调控主要内容有：指引方向，例如确定旅游业的发展目标、编制旅游业发展规划、指导旅游经营与投资方向等；培育并完善市场，例如制定旅游业的行政法规和行业标准、调整旅游产业政策等；服务行业并提供公共物品，例如制定国际旅游市场的开拓规划、宣传促销旅游目的地形象、提供旅游相关信息和统计资料、论证重大项目、提升基础设施、进行旅游培训教育等；协调关系，例如参与制定旅游业有关的财政、金融、税收、价格等政策和规章制度，协调旅游与交通、景区秩序、旅游购物品生产销售、

旅游安全等工作。通过以上调控起到平抑旅游目的地市场波动，限制旅游目的地旅游中的不正当行为，减少旅游中外部不经济性，降低旅游交易成本等作用。不同的旅游调控主体其调控的手段不同，政府的职能部门主要以行政手段为中心建立旅游调控体系，行业管理部门往往以服务为中心依靠协会章程或规则建立管理体系。

（二）政府的微观规制规范旅游目的地发展

微观规制指政府利用行政手段与资源，对旅游目的地各微观主体的经济活动做出限制性规定，来避免市场机制局限和微观主体不当行为等导致的对其他利益主体利益的消极影响。具体表现在完善市场规则、制止不正当行为、保护消费者权益、有效地反对垄断等方面，政府的旅游规制通常具有法定性、强制性、稳定性、综合性、长期性等特征。

我国政府的旅游规制是政府对旅游目的地市场的规制，政府利用行政性资源与手段，在维护旅游目的地经济稳定发展和市场良好秩序的过程中，存在规制范围广、规制手段多、旅游规制权的非统一性特点。在旅游目的地政府的旅游规制最常用的工具就是法制工具、审批工具、监管工具、政策工具等。

实践证明，我国旅游目的地最成功的经验就是政府主导型发展战略。我国自 1987 年初步实施政府主导型发展战略；自 1995 年创建中国优秀旅游城市以来，我国旅游目的地逐步明确了政府主导的发展战略；1997 年我国正式确立目的地的政府主导发展战略。这一战略指政府借助规划或通过制定产业政策以引导旅游目的地成长与演进的发展战略。政府主导型发展并不是要排斥市场机制，相反是要更大限度地运用市场机制引导旅游目的地发展，使旅游发展效能更高。尤其在省域旅游目的地发展中，政府主导型发展成果显著，例如云南、四川、河南等省域旅游目的地异军突起；在政府主导下城市型旅游目的地发展效果突出，在全国创建了 339 个优秀旅游城市，3 个最佳旅游城市，117 个历史文化名城等，旅游目的地在省域和城市层面出现了跨越式发展。

第二节　旅游目的地的政策驱动机制

一、旅游目的地产业政策

产业政策是重要的宏观政策，是政府为实现特定的目标，就具体产业制定和实施的综合性政策体系。产业政策制定的主体是政府，产业政策是一系列政策组成的政策体系，产业政策实施的前提是市场经济，产业政策具有培育市场、引导、协调、服务、监控等功能。一直以来我国旅游目的地由于实行政府主导型发展战略，旅游产业的成长与发展主要是由政府的产业政策来驱动的，产业政策机制是我国旅游目的地发展的重要驱动机制。

（一）旅游政策

旅游目的地发展最主要的是旅游基本政策，即旅游目的地旅游发展基本方针，以推动旅游业发展为总目标，旨在为形成旅游目的地一定的旅游综合接待能力、实现旅游各方利益为具体目标，明确旅游在社会经济发展中的地位与作用而制定政策。全国性的如当前我国旅游发展的方针"积极发展入境旅游，全面提升国内旅游，规范发展出境旅游"，2009年出台的《国务院关于促进旅游行业发展的若干意见》，2013 年出台的旅游法和《国民旅游休闲纲要》，2014 年出台的《关于促进旅游业改革与发展的若干意见》。地方性的例如：2009 年出台的《关于加快海南国际旅游岛建设的意见》，2012 年国家批复的《桂林国际旅游胜地建设发展规划纲要》，2012 年贵州提出的建设国家公园省的旅游发展之路等，此类旅游基本政策都是旅游目的地发展利好的政策，对旅游目的地的发展方向和结构起着建设性的影响，当某个时间段内与旅游目的地旅游基本政策不符时，最明显的后果就是旅游的时空错位。

　　旅游目的地的具体旅游政策是以发展个别部门、具体行为与活动为目标，为贯彻执行基本旅游政策而辅助制定的具体政策，会从不同具体层面影响旅游发展效果。例如旅游的相关税收、利率、价格等政策直接影响目的地经营者的利润；双边的签证、航空、贸易等协议会影响目的地的入境旅游收入；文化、环境、文物保护等方面的政策会影响旅游目的地旅游发展的深度、广度和强度；交通通信政策会影响旅游目的地的可进入性及广告媒介；最低工资政策、教育会影响旅游目的地的人力资源供给；休假制度会影响旅游目的地旅游业的发展周期；地方规划与议事程序会影响旅游目的地相关开发；公共服务政策会影响旅游目的地相关设施的供给能力；汇率、外币兑换政策会影响国际型旅游目的地的旅游供需，进而影响旅游业的经营效果；公共安全和法律保障政策会影响旅游目的地的形象和旅游业发展。以上不同的旅游相关政策从不同角度促进或阻碍旅游目的地发展。

（二）产业结构政策

　　产业结构政策是依据目的地产业发展实际，为满足国民经济发展和产业结构优化之目标而确定的政策体系。由于旅游产业的综合性和高依赖性，决定旅游目的地产业结构政策层次，首先是旅游产业定位（我国目前的定位为"旅游是现代服务业重要的组成部分"），其次是旅游产业宏观方向（我国目前的方向是"积极发展入境旅游、全面提升国内旅游、规范发展出境旅游"），最后是旅游产业配套（如北京、上海、沈阳等城市的 72 小时入境免签政策，海南的境外游客购物离岛退税政策等）。

　　旅游产业结构政策涉及旅游产业内外结构，主要体现在旅游产业与其他产业，以及旅游产业内部结构方面。旅游产业高关联性使得相关产业，尤其是基础产业例如交通产业的发展直接影响旅游产业发展水平，当基础产业发展滞后时，往往成为制约目的地发展的"瓶颈"，因此要保证旅游产业的战略性支柱地位，就必须协调旅游产业同相关产业的发展比例。旅游产业内部吃、住、行、游、购、娱等各环节的比例协调，旅游目的地观光、度假、休闲娱乐、专项等产品的比例也要恰当，避免旅游产业内部的重复建设和过度竞争，旅游目的地才能良性发展。

（三）产业组织政策

　　旅游目的地产业组织政策指为实现旅游产业组织优化目标，由政府制定的对旅游市场行为、旅游市场结构等的干预政策的总和。通俗来讲就是协调旅游中竞争与垄断的关系，在追求旅游目的地规模经济的同时，不丧失市场的竞争性。旅游产业组织政策和旅游目的地发展直接相关的政策有维护旅游竞争秩序政策，例如反不正当竞争法、价格法、旅游法、《旅行社管理条例》、《导游人员管理条例》、反垄断法等；促进有效竞争政策，包括鼓励目的地旅游企业通过并购来组建大型企业集团，鼓励旅游企业的联号经营、一体化等网络性发展，提高进入障碍或降低退出障碍，避免小企业过度进入等。旅游产业组织方面的政策保障旅游目的地的有效运行。

（四）产业技术政策

旅游产业技术政策是指旅游目的地政府制定的引导或干预旅游产业技术进步的政策。现代社会技术进步竞争力增强、生产力提高之间存在直接的线性关系，技术进步直接地降低旅游经济成本，提高旅游产业效率。如现代信息技术打造的旅游信息平台，大大减少了旅游企业交易费用，降低了旅游者消费成本，促进了旅游产业繁荣，如政府倡导的智慧旅游（2014年是中国政府倡导的智慧旅游年）等政策；技术进步还可以使旅游目的地产品与项目推陈出新，从而繁荣旅游市场，例如主题公园型旅游目的地的诞生。技术进步在促进与繁荣旅游市场的同时给旅游产业注入创新活力，例如互联网、云计算等技术催生了在线旅游、无景点旅游、地产旅游等诸多新业态，给传统旅游市场带来活力与创新。政府的产业政策要善于利用技术进步带来的机遇，并细化为旅游产业技术进步的组织、指导、激励、创新等诸多政策。

（五）产业布局政策

旅游目的地产业布局是旅游产业在目的地空间上的发展与分布状态。由于受资源禀赋、区位交通等因素影响，不同目的地旅游产业发展不均衡，具有比较优势的区域旅游产业发展要优于其他地域。产业布局政策就是在遵循国家宏观经济利益的前提下，充分发挥地区比较利益优势来使目的地产业结构趋向合理之政策。我国旅游目的地的产业布局政策注重产业的区域性布局，兼顾产业的点、线、面布局。

首先是旅游业在东、中、西部三大区域布局协调政策。受多种因素影响，我国东、中、西部旅游业非均衡发展现象明显，东部旅游业发展的态势和效益均好于西部，西部资源丰富，但旅游发展效益不理想，旅游不平衡发展现象突出，西部地区未能很好地享受旅游发展带来的增加收入、扩大就业、改善基础设施等好处，因此政府出台对西部旅游的扶持政策，如扶贫旅游、红色旅游、生态旅游等政策，以此盘活西部旅游发展活力，缩小中西部旅游差异。

旅游的城乡空间布局也是政策引导的焦点，我国对此的政策多为强调城市在旅游经济中的带动作用。例如我国出台最佳旅游城市、优秀旅游城市、历史文化名城、旅游强县等系列政策；挖掘乡村旅游魅力，例如我国每年的1号文件均是"三农"政策，针对"三农"旅游的政策如乡村旅游年等主题年，城乡统筹的如和谐城乡游等主题年活动。政策从巩固城市旅游、带火乡村旅游、和谐城乡旅游等层面减少我国旅游目的地发展的不平衡。

（六）产业保障政策

保障旅游产业政策实施的一整套手段与方法体系即为产业保障政策。产业政策往往具有很强的针对性，所有的保障政策从系统、综合层面为旅游目的地各项产业政策实施保驾护航。旅游产业政策的运行主要取决于保障措施，推行政策的方法不同，甚至会改变产业政策之属性。例如，我国休假制度保障了《国民旅游休闲纲要》的实施，中国"旅游日"的设立使旅游的战略性支柱地位深入人心等；我国通过实施旅游培训计划，加强对文化遗产旅游、红色旅游和乡村旅游在职人员培训，鼓励老教师、离退休专家从事导游工作等来提高旅游目的地人力资源的水平与能力；借助"家电下乡"政策支持从事"农家乐"等乡村旅游经营者批量购买家电产品，从而缓解了城乡旅游发展的不平衡。

（七）产业融合政策

产业融合指不同产业或同一产业内部间，在发展中相互交叉、渗透、介入，在竞合中共生共荣，从而催生出新业态的产业拓展与升级现象。基于需求串联特点，旅游产业表现出很强的产业渗透性，使得旅游产业天然地与众多产业关联交叉，进而融合出若干新业态，旅游与第一产业融合出现体验农业、观光林业、休闲渔业等新业态，旅游与第二产业融合出现工业旅游，旅游与第三产业融合出现文化创意旅游、体育旅游、修学旅游、购物旅游等新业态。《国务院关于加快发展旅游业的意见》指出，旅游业与相关产业融合是培育成国民经济战略性支柱产业的重要途径，并提出大力推进旅游与文化、体育、农业、工业、林业、商业、水利、地质、海洋、环保、气象等相关行业的融合与发展。2012年国务院印发了《国家"十二五"时期文化改革发展规划纲要》，指出要积极促成文旅结合，以上产业融合政策为旅游目的地产业融合提供了政策保证，从而在条件成熟的旅游目的地促成全域旅游，例如海南国际旅游岛、贵州国家公园省等发展局面。

二、旅游目的地投融资政策

旅游业是高投入、高产出、高创汇行业，旅游目的地发展无论旅游资源开发还是旅游配套设施建设，都需要先行注入资本，后期运作更是需要资金匹配，资金政策关乎旅游目的地的启动与发展。目前我国旅游投资模式是国资为主、外资为辅，呈现投资主体多元化，即国家、地方、个人、集体、部门、外资多元一体的投资格局。旅游融资渠道大体为：国家专项建设资金、各级政府的旅游专项整合调控、利用外资、募集社会资金等。

国家层面的旅游投融资政策，如2012年中国人民银行会同发改委、国家旅游局、国家外汇局、银监会、证监会、保监会联合出台《关于金融支持旅游业加快发展的若干意见》，对我国旅游投资规模扩大、投资主体丰富产生了直接影响。地方层面的政策较多，例如《辽宁省旅游管理条例》从法律层面确定了旅游业在辽宁省国民经济中的重要作用，并从政策上鼓励、支持境内外经营主体在辽宁依法投资经营旅游业，旅游资源开发实行谁投资、谁受益、谁保护的原则，从而在政策上保障了辽宁省域旅游目的地的发展。

目前我国旅游目的地在投资理念、融资方式、合作对象与方式上逐步与国际接轨，主要表现在：投资的优惠政策广泛铺开，主要有土地、税收、金融、外汇兑换、财政支持等；国家在发行的国债中划拨部分用于旅游基础项目，例如2001年发行12亿国债来加大中西部旅游基础设施建设国债，2003年国家拨付20亿元旅游国债，2005年国家安排4.68亿元的国债支持全国红色旅游经典景区建设；旅游目的地通过招募入股、定向募股、整体旅游项目等方式融资；进行国内上市、信托融资、海外融资等资本市场融资；盘活存量资产融资包括产权融资、售出部分产权融资（例如分时度假）、租赁融资等融资方式，通过投融资政策措施从不同角度保障旅游目的地的建设。

三、旅游目的地区域发展政策

区域发展政策指国家为协调区域发展，促进产业合理分布和协调地区利益等，针对全国不同区域制定和实施的一系列指导性的产业、投资、科技、劳动、环保等方面的政策。我国区域发展政策大体有三类：第一，是作为国家总体发展战略重要组成的区域发展政策，例如东部率先发展、西部大开发、振兴东北、中部崛起等政策；第二，是改革开放先行区和试验区政策，例如经济特区、经济技术开发区、高新技术开发区等各类开发区政策；第三，是特殊功能和问题区域的政策，例如自然保护区、水源保护地、贫困区域、资源枯竭型区域的政策。影响旅游目的地发展的相关区域政策如下：

（一）城乡统筹发展政策

城乡统筹是以城带乡，城乡协调互动发展，通过城市带动农村、工业带动农业，建立城乡互动、良性循环、共同发展的一体化体制。城乡统筹发展政策是党的十八大提出的区域协调发展政策，是消除制约我国经济发展的城乡二元结构的重要政策，对旅游目的地发展的不平衡有一定的缓解作用。

我国幅员辽阔，陆域面积约为960万平方公里，大陆海岸线约为1.8万公里，水域面积约为470万平方公里，大小岛屿约7 600个，截至2022年年底有城市695个，建制镇约2.1万个，乡有7 600余个，自然村260多万个；我国历史悠久、民族众多，自然风景与名胜交相辉映，全域旅游资源丰富，但在观光为主流的大众旅游时代，旅游活动常常集中在城市或传统景区，乡村、海岛、草原、沙漠等原生态旅游资源地旅游发展不充分。城乡统筹政策在旅游目的地的全面推进，可以引导旅游产业资源要素由城市走向农村，既盘活了诸如乡村、海岛、沙漠、森林、草原等羡余旅游资源，也繁荣了旅游市场，从而在一定程度上，缓解了旅游目的地发展的不平衡现象。

基于原生态旅游资源的大量羡余，在城乡统筹政策的引导下，我国在2013年年初形成了"美丽中国之旅"旅游目的地品牌推向全球，全国各省域旅游目的地因此掀起了"美丽中国之旅"建设热潮。相关信息如表5-1所示。

表5-1　中国34政区"美丽中国之旅"建设主题一览

美丽中国省主题	美丽中国省主题	美丽中国自治区/直辖市/特别行政区主题
美丽中国，大美龙江	美丽中国，美好安徽	美丽中国，新疆最新
美丽中国，生态吉林	美丽中国，清新福建	美丽中国，和谐宁夏
美丽中国，幸福辽宁	美丽中国，粤变粤美	美丽中国，生态西藏
美丽中国，胜景/生态河北	美丽中国，醉美/多彩贵州	美丽中国，美丽内蒙古
美丽中国，美在中原	美丽中国，七彩云南	美丽中国，永续广西
美丽中国，美德山东	美丽中国，秀美江西	美丽中国，小康北京/古今交融美
美丽中国，晋善晋美	美丽中国，最美四川	美丽中国，魅力上海
美丽中国，文明湖北	美丽中国，大美/诗意/印象青海	美丽中国，美丽天津
美丽中国，绿色湖南	美丽中国，美好甘肃	美丽中国，美丽/魅力重庆
美丽中国，美好江苏	美丽中国，小康/大美/人本陕西	美丽中国，动感香港/都会美
美丽中国，浙江先行	美丽中国，幸福海南/海南践行	美丽中国，美丽澳门
美丽中国，宝岛台湾		

北京市为协调城乡发展，结合京郊北山区农业发展特点提出了生态休闲旅游业为龙头的"沟域经济"发展理念；2010年11月北京市政府出台《关于促进沟域经济发展的意见》；为充分挖掘旅游业对国民经济的贡献在制度上进行了创新，把旅游局改为旅游委，使之从市政府直属机构升级为组成部门；提出了"一（创一个国际旅游城市）、十（旅游业增加值

超过 GDP 的十分之一)、百(年入境旅游创汇百亿美元)、千(入境旅游超千万人次)、亿(国内游客达 2 亿人次)"的发展目标。在政府政策顶层统筹及城市发展的强大推力(北京建设世界城市)和市场需求的强大拉力(北京人均 GDP 突破 1 万美元)下，北京旅游目的地形成"旅游下乡"的强劲发展势头。在城乡统筹和沈阳经济区一体化发展政策的驱动下，李悦铮就沈南的临空旅游目的地提出了政府主导、市场运作、共利多赢、全域旅游的沈南模式。

旅游目的地发展受城乡统筹政策影响，盘活了传统发展中的羡余旅游资源，从而变旅游地资源优势为经济、环境、社会等综合效益，在一定程度上缓解了旅游目的地不平衡发展的状况。

(二)陆海一体化发展政策

21 世纪是海洋的世纪，是许多国家的共识与行动。地球上陆地总面积为 1.4 亿平方公里，而海洋总面积为 3.61 亿平方公里，占地球表面积 70% 的海洋，数千年来一直是边缘地区，未被人类利用，新国际法律制度赋予了中国约 300 万平方公里的国家管辖海域，从而使我国的国土面积达到约 1 260 万平方公里。如果说中国的陆域版图是一只"雄鸡"形状的话，加进海洋国土之后就像一把"火炬"，大陆是火炬的"火焰"，从渤海经台湾至南沙群岛曾母暗沙，再加上北部湾的海洋国土，是火炬的"手柄"。基于我国陆海兼具的优势，以及陆域经济发展遭遇空间等瓶颈因素制约的现实，我国提出了盘活海洋经济的发展战略，使我国由过去以陆域空间为主的发展转向"陆海并重"的发展，这便是追求陆海之间平衡的陆海一体化发展战略。我国形成了三大六小沿海经济区，三大沿海经济区指珠江三角洲经济区、长江三角洲经济区、环渤海经济区，六小沿海经济区指：辽宁沿海经济区、山东半岛蓝色经济区、江苏沿海经济区、海峡西岸经济区、广西北部湾经济区、海南国际旅游岛。

十八大之后海洋发展战略已经成为我国的主要发展战略，大力发展海洋经济成为共识，海洋一产、二产、三产等多产业的发展被提上日程，尤其是融合多产业的旅游业更是被寄予厚望，滨海休闲、海洋旅游、海岛旅游成为旅游者的新宠，2012 年年末我国海洋旅游业跃居海洋经济总产值之首，成为海洋经济龙头产业。我国提出 2013 年中国"海洋旅游主题年"，各海洋型旅游目的地抓住这一战略机遇，积极拓展旅游业尤其是游轮、游艇等新业态，中国旅游协会和《中国旅游报》联合评出了天津市滨海航母主题公园、河北省秦皇岛市、辽宁省大连长山群岛、山东省蓬莱市(今烟台市蓬莱区)、广西北海涠洲岛、上海市奉贤海湾、广西防城港市江山半岛旅游度假区、福建省太姥山、江苏省连云港市云台山、浙江省温岭市中国十佳海洋旅游目的地。海洋旅游在产业富民、海洋主权等问题上也发挥了特殊作用。陆海一体化发展政策，可以盘活和挖掘我国丰富的海洋旅游资源，形成多种多样的旅游产品与项目，既满足了旅游者的多层旅游需求，又在一定程度上缓解了我国旅游目的地发展的不平衡现象。

(三)主体功能区划发展政策

主体功能区划是我国在"十一五"时期出现的概念，主体功能区划是根据各地资源及环境的承载力，兼顾已有开发密度及发展潜力，综合考虑经济的布局、国土的利用、人口的分布和城镇化的格局等因素，按照开发方式将我国的国土，在空间分布上分为"优化开发"(国土开发密度较高、资源环境承载力减弱的地区)、"重点开发"(资源环境承载力较强、经济及人口集聚条件较好的地区）、"限制开发"（资源承载能力弱，大规模经济及人口集聚条件不好、关乎生态安全的地区）和"禁止开发"（依法设立的各类保护区）类型的主体功能区域；依据开发内容划分出城市功能区、农业功能区、生态功能区等类型；在层级上分为国家级主体功能区划（见表5-2）和省级主体功能区划。

表5-2　国家层面主体功能区一览

优化开发区 （城市区域）	重点开发区 （城市区域）	限制开发区 （农业主产区、生态功能区）	禁止开发区 （生态功能区）
环渤海地区 长江三角洲地区 珠江三角洲地区	东陇海地区 江淮地区 海峡西岸经济区 北部湾地区 哈长地区 冀中南地区 太原城市群 中原经济区 长江中游地区 呼包鄂榆地区 成渝地区 黔中地区 滇中地区 藏中南地区 关中天水地区 兰州西宁地区 宁夏沿黄经济区 天山北坡地区	东北平原农业区 黄淮平原农业区 长江流域农业区 汾渭平原农业区 河套灌区农业区 华南农业区 甘肃新疆农业区 其他农业地区（"二十三带"） 大小兴安岭森林生态功能区 长白山森林生态功能区 阿尔泰山森林草原生态功能区 三江源草原草甸湿地生态功能区 若尔盖草原湿地生态功能区 甘南黄河重要水源补给生态功能区 祁连山冰川水源涵养生态功能区 南岭山地森林及生物多样性生态功能区 黄土高原丘陵沟壑水土保持生态功能区 大别山水土保持生态功能区 贵黔滇喀斯特石漠化防治生态功能区 三峡库区水土保持生态功能区 塔里木河荒漠化防治生态功能区 阿尔金草原荒漠化防治生态功能区 呼伦贝尔草原草甸生态功能区 科尔沁草原生态功能区 浑善达克沙漠化防治生态功能区 阴山北麓草原生态功能区 川滇森林及生物多样性生态功能区 秦巴生物多样性生态功能区 藏东南高原边缘森林生态功能区 藏西北羌塘高原荒漠生态功能区 三江平原生态湿地功能区 武陵山区生物多样性及水土保持生态功能区 海南岛中部山区热带雨林生态功能区	国家自然保护区 世界自然文化遗产 国家风景名胜区 国家森林公园 国家地质公园

注：表中资料来自国发〔2010〕46号文件《国务院关于印发全国主体功能区规划的通知》。

主体功能区划打破了以往单一的行政区划，从主体功能的角度细化、深化国家与地区的协调发展，是落实并推进国家层面的"两横三纵"城市化战略、"七区二十三带"农业战略、"两屏三带"生态安全等战略的主要政策。

主体功能区划政策力求空间结构优化高效和可持续发展，为我国旅游目的地发展提出了明确功能导向，优化开发区与重点开发区主要突出其城市化功能，限制开发区域主要突出其农业功能和生态保护功能，禁止开发区域则主要注重生态保护功能，四类功能区的划分为我国旅游目的地开发提供了新契机，指明了旅游产业在保障核心功能基础上分化发展的方向与路径。2014 年的 31 号文件中明确规定：在编制海洋功能区规划时，要规范用海及海岸线占用，此规定限制了海洋休闲度假资源区域的工业化利用，有利于协调我国海洋休闲度假需求与供给间的矛盾。

按照主体功能区划的政策，旅游目的地需要科学评价域内旅游资源的价值与功能、环境的承载力、空间分异规律等，结合旅游目的地的自然与社会环境、总体发展战略、旅游产业发展基础及潜力，制定旅游主体功能区划方案，可以将旅游目的地按空间分出旅游优化开发区、旅游重点开发区、旅游限制开发区、旅游禁止开发区等几类区域，并构建不同旅游主体功能的空间发展方案，建设与资源环境相适应的阶段有序、功能错位的旅游目的地。

受主体功能区划影响旅游目的地建设中出现"反规划"思想，所谓的反规划不是反对规划或不要规划，而是率先对旅游目的地不建设区域进行规划。这一思想打破了先开发后保护或边开发边保护的旅游发展模式，使得旅游目的地走优先保护的发展之路，这与旅游目的地建设旅游禁止开发区的方案出发点相同，此政策在一定程度上保障了旅游目的地的可持续发展。

四、旅游目的地土地政策

我国的土地资源是有限的，为保证粮食等农产品的正常供应，我国制定了不少保护 18 亿亩耕地的耕地红线制度，严禁农用地转化为建设用地等土地用途管制制度，旅游产品的产地消费性使得土地成为旅游目的地发展的重要制约因素，土地政策成为制约旅游目的地发展的重要政策。

地权政策是主要的土地政策，地权涉及土地所有权、土地使用权等。

现阶段我国土地所有权分为国家所有和农民集体共有（包括依法归集体所有的土地、森林、山岭、草地、荒地、滩涂等土地）两种所有权形式，其中国有土地所有权不得流转且不可变更，由政府代表国家（全民）行使对土地的管理；集体所有土地由集体组织行使管理权。为了公共利益，国家可对集体所有土地进行征收并转化为国家所有。

土地使用权分为国有建设用地使用权，宅基地使用权，国有农用地使用权，集体建设用地使用权，其中建设用地使用权取得方式包括无偿划拨和有偿（出让、租赁、作价入股、国家授权经营等）使用；宅基地使用权只对本集体成员使用有效。

目前旅游目的地呈现"泛旅游产业"特性，旅游涉及餐饮业、住宿业、交通业、旅行社业、购物等商业、休闲娱乐业、相关设备及装备制造业、保险业、信息业、咨询与设计等多行业，因此旅游用地呈现多性质特征，建设用地与非建设用地并存，旅游用地概念较难准确界定，旅游目的地在征地过程中土地属性判断和地价确定都十分复杂，旅游建设要占用紧张的用地指标，当政府腾不出用地指标时只能挪用，而农村建设用地所有权在集体组织手中，往往很难协调，如果占用宅基地手续则十分烦琐，而且农民利益很难真正得到补偿，因此在旅游目的地建设中常常出现旅游用地的复合性与土地用途管制刚性间的矛盾。例如，地权制度在一定程度上制约了葡萄酒庄这一新业态的长远发展，因为葡萄酒的生产需要长时间积累和经营，国外这一业态经营动辄就是数百年，只有长时间投资经营才会保障其持续经营，但我国农民没有土地所有权只有土地经营权，无法以其作为股权投资到葡萄酒庄经营中，而投资葡萄酒庄的企业通常缺乏长期经营意愿，因此地权问题成为制约我国葡萄酒庄发展的瓶颈因素。在旅游目的地建设中应该合理协调各方利益冲突，以旅游目的地开发方和当地社区双赢互利模式，加快目的地发展。

我国旅游用地政策在2009年41号文件中规定为：年度土地供应要适当增加旅游业发展用地，积极支持利用荒地、荒坡、荒滩、垃圾场、废弃矿山、边远海岛和可以开发利用的石漠化土地等开发旅游项目；支持企事业单位利用存量房产、土地资源兴办旅游业。以往土地政策中并未单列旅游用地类型，对旅游目的地建设造成限制。2009年以来国土资源部及时总结海南旅游岛、云南旅游省、桂林、秦皇岛旅游市等国家层面的旅游综合改革试验区经验，展开了旅游土地政策改革，2014年关乎旅游发展的31号文件中单列了优化旅游土地的政策，例如"按照土地利用总体规划、城乡规划安排旅游用地规模和布局"。这一规定破解了我国旅游用地类型缺陷，"改革完善旅游用地管理制度，推动土地差别化管理与引导旅游供给结构调整相结合"。这一规定折射出不同类型旅游项目给予不同用地供应政策，对优先发展项目给予优惠的土地供应，对限制发展项目设置土地供应约束，即借助土地供应政策优化旅游目的地的供给结构。其中的"土地差别化管理"，例如"区别对待旅游设施用地和景观用地"，有利于推动旅游目的地向观光与休闲双向发展，从而满足不同的旅游消费需求，休闲度假型旅游目的地的景观用地远大于设施用地，一方面景观用地不直接产生经济效益，另一方面景观用地却可以明显改善周边旅游环境（正外部性），景观用地与旅游设施用地同等定价造成休闲度假型旅游目的地投资方极难承受，转而投资于设施用地占比较大的观光型建设，区别地价则会促动休闲度假型旅游目的地出现与完善，因此现代旅游目的地建设中兼具观光与休闲度假复合功能的用地明显增加，利用方式呈现多样化，旅游目的地相关的土地政策在某种程度上加重了旅游目的地的不平衡发展。

第三节　旅游目的地主体利益驱动机制

一、旅游目的地利益导向变化

旅游目的地发展的利益导向决定了旅游目的地发展前进的方向，不同利益导向的变化循环累积了旅游目的地的发展格局。

（一）政治利益导向

改革开放之前我国主要依靠入境客源发展国际旅游，我国作为旅游目的地主要服务于国际友人，我国旅游业是以政治利益导向的外交业，旅游业对目的地国民经济的贡献基本可以忽略不计，我国旅游被完全当成政治的一部分，主要从属于外事接待业，旅游的经济效益基本可以忽略不计。例如当时全国涌现出北京、西安、上海、南京、杭州、广州、桂林、大同"八大城市型旅游目的地"，长城、黄山、庐山等风景名胜在政府主导下发展了旅

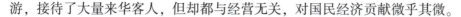

游，接待了大量来华客人，但却都与经营无关，对国民经济贡献微乎其微。

（二）经济利益导向

1978 年到 1987 年我国旅游业逐步由"外事接待型"转向"经济创汇型"，旅游业逐步起步，经济利益导向的旅游目的地逐步形成。改革开放之后我国意识到旅游的经济性，但在计划经济时代旅游并未市场化，旅游属于计划配额，当时旅游目的地只有旅游资源，吃、住、行、游等基本设施匹配不够，例如当时航班严重不足，有时需要空军加以协助，购物、娱乐处于空白状态，旅游目的地属于求大于供的卖方市场。当时旅游目的地清一色发展"资源导向型"国际入境旅游，海外客源市场基本呈现"三为主、三为辅"的特征：以港澳台同胞和华侨为主、外国旅游者为辅，亚洲为主、欧美为辅，日、美等西方发达国家为主、周边中等发达国家和发展中国家为辅。旅游目的地主要承担依托旅游资源为国民经济创汇的重任，越是垄断性旅游资源其创汇能力就越强，例如陕西临潼县（今西安市临潼区）依托秦始皇兵马俑这一垄断资源积极创汇，由原来贫困县一跃成为西安市辖区。在"资源导向型"时代，旅游目的地的发展单一地依赖资源禀赋。

（三）供给者经济利益导向

1985 年我国正式确立了旅游的独立性经济地位，之后我国的旅游目的地发展进入快车道，直到 20 世纪末旅游的经济性质被无限放大，旅游业被称为"无烟工业""朝阳产业"，旅游被当成"无本万利"的经济产业，各行各业一哄而上开发旅游，旅游目的地不再是供不应求的买方市场，旅游业的供给迅速增加，旅游目的地旅游业竞争日益激烈，单一的旅游供给者经济利益导向下旅游目的地出现了完全依赖旅游资源的粗放式发展。对旅游供给者而言其经营好坏主要取决于可以重复开发利用的旅游资源，并且旅游资源的使用是无须付费的，因此旅游目的地的竞争主要体现在旅游资源禀赋层面，有无旅游资源、旅游资源的数量多少、质量高低、组合状况、空间布局等直接决定旅游的经济效益好坏，目的地资源与旅游经济效益是正相关关系，旅游资源丰富的旅游目的地，其旅游经济效益往往好，反之则不好。我国旅游目的地呈现供给者利益导向的发展格局。

（四）多元利益主体导向

21 世纪以来我国旅游客源市场不再是入境旅游一枝独秀，伴随"五一"、国庆等长假机制国内旅游悄然兴起，加之旅游消费市场的成熟，旅游目的地一改以往的单一利益主体，出现了多方利益主体。如图 5-1 所示，旅游目的地利益相关者包括旅游目的地体验的需求方——旅游者，帮助旅游目的地体验实现的供给方——目的地旅游企业、经营旅游的当地社区等，旅游目的地介入方——旅游行政管理者、旅游研究者、旅游产业参与者等。这些利益主体的利益高度关联，只有各方利益最大程度地满足，旅游目的地才能和谐运行。根据上文分析可知，在政府主导旅游目的地发展的大背景下，旅游介入方的旅游行政管理者，是各方利益协调者及政策法规制定者，也是众多利益主体中较为强势的一方；供给方的旅游企业是连接各部门、各行业的桥梁纽带，是旅游目的地利益相关者较为关键的一方；供给方的目的地社区与目的地旅游发展间的双向关系最为密切，也是利益相关者中最弱势的一方；旅游需求方的体验者是目的地最不容忽视的"源动力"，各方利益主体追求的利益不尽相同，利益主体多元化和主体利益多样化使得旅游目的地不同利益主体相互博弈，形成了目的地多方利益主体相互交织的竞合关系。

二、旅游目的地主体利益矛盾

旅游目的地的多方利益主体是影响旅游目的地发展的主体因素，不同主体其利益诉求不同，追求利益的途径亦不同，在旅游目的地发展中存在复杂的相互关系，而主体的利益矛盾运动导致了旅游目的地时空错位格局。特定时段内旅游目的地多方利益主体围绕各自利益展开博弈，具体关系如图5-1所示。旅游需求方与旅游供给方是旅游目的地经济运行的供需双方，双方围绕旅游商品的买卖展开利益博弈。旅游者作为体验方期望到目的地寻求高质量的旅游经历，而文化则是最深刻的旅游体验，因此文化效应是需求利益满足的最佳方式；旅游经营者作为旅游目的地主要的供给者，以最小的成本经营旅游从而获取最大经济效益是其根本利益。只有供需双方利益均得以满足，旅游经济运行方能继续，旅游供需双方为求得各自利益不断博弈推动了旅游目的地不断发展。以旅游目的地政府为代表的旅游介入方为促动旅游经济良性运行，持续进行旅游产业的宏观调控和微观规制，从而实现以旅游产业带动目的地关联产业发展之政治目的。旅游介入方利益虽具有一定的功利色彩，但却在客观上保障了供给方的经济效益和需求方的文化效用。当旅游目的地社区参与旅游时，则成为最有地域文化特色的旅游供给者，社区居民通过让渡部分自我生活空间作为旅游体验活动的公共空间，从而换取一定的经济收益和就业机会，通过与来访旅游者的文化互动融合也促进了当地文化繁荣，通过满足旅游者求美的需求促进当地环境建设，当地社区对旅游的利益诉求是综合的，各方利益既相互对立又相互促进，形成复杂的利益关系，在特定利益规则下各利益主体通过生产、交易获取各自利益。由于不同利益主体间以及利益主体与旅游目的地经济发展、资源配置等不能协同，不可避免地对旅游目的地产生不同的经济、社会、环境等效应，使得不同的旅游目的地发展效应不同。旅游目的地同时存在的经济利益导向下的供给方利益满足，文化导向下的需求方利益满足，政治利益导向下介入方利益的满足，综合利益导向下的社区利益满足等主体利益的不协同，共同导致了旅游目的地的发展格局。

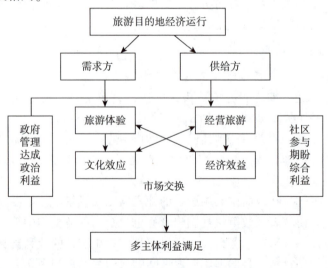

图5-1　旅游目的地主体利益关系

通过研究目的地各相关利益主体间博弈关系，构建目的地合理的利益分享机制、平衡各方权责，才能促进目的地和谐运行。结合旅游目的地错综复杂的主体利益关系和上文对旅游目的地影响因素与驱动机制的解析，提出需求方、供给方、介入保障方三方协同的"三位一体"发展模式，具体如图5-2所示。

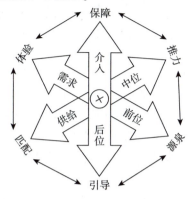

图5-2　旅游目的地"三位一体"发展模式

（一）需求体验方是旅游目的地"三位一体"发展模式之"前位"

需求体验方提供了旅游目的地发展的源动力，是"三位一体"发展模式之"前位"，从旅游体验角度看其需求是花费时间、费用和精力换取的一次旅游经历，即对旅游体验过程中所接触的事物、事件和享受服务的综合感受。加强需求模块建设关键在于提高旅游者对旅游目的地综合体验的满意度，旅游者的满意度取决于旅游效用、期望值和付出成本，用公式表示为：旅游者满意度＝期望指数×成本指数

期望指数＝旅游效用/期望值，成本指数＝旅游效用/付出成本

其中旅游效用就是通过在旅游目的地旅游得到的美、知、新、奇、异、乐等综合效用；期望值就是对旅游目的地旅游效用的事先预估；付出成本就是在旅游目的地旅游所花费的金钱、时间、精力、体力等综合成本。旅游效用越大满意度越高，期望值越低满意度越高，付出的成本越小满意度越高，反之旅游者满意度低。为保证旅游者利益的满足，旅游目的地应该从旅游效用、旅游期望值和旅游成本着手加强管理，以文化为核心尽力提高旅游者在旅游目的地的旅游总效用，在不影响旅游者选择到来的前提下尽量降低旅游者对旅游目的地的期望值，在最大程度降低旅游成本的基础上尽量优化各方面花费的组合，使旅游者在旅游体验中花费的各种成本物超所值，最终提高旅游者满意度，从而为旅游目的地发展提供源源不断的动力。

（二）供给方是旅游目的地"三位一体"发展模式之"中位"

旅游供给方从微观层面保障旅游目的地发展，其利益诉求是以最小的投入获得最大经济效益，由旅游企业（包括旅游投资者、旅游目的地开发者、旅游经营管理者等）和参与旅游的社区共同支撑的供给方是旅游目的地发展的主要推力，是"三位一体"发展模式之"中位"。

旅游目的地各类旅游企业和参与旅游的当地社区是旅游供给的主力，旅游供给者凭借旅游地资源（旅游资源为基础，交通、食宿等设施为依托，旅游形象为标识，旅游产品、项目为表现）向旅游体验者提供完成旅游活动所需的全部服务，通过提高附加值来获取经济效益。旅游供给方提高经济效益的途径有两条，其一为降低投入（在不增加投入的情况下尽可能挖掘利用旅游地资源价值），其二为增加销售（吸引更多的旅游体验者前来旅

游)。从形式上看旅游目的地供给的旅游产品有单项产品、组合产品和整体产品之分。其中单项产品比如火车上的一个座位、酒店里的一顿美餐、景区里的一次导游讲解等；组合产品是多个单项产品围绕客源市场的需求，通过旅行社、旅游公司组合成的旅游线路(包括旅游吸引物、沿线的交通、餐饮、住宿等保障旅游活动的设施与服务，成分综合但各单向产品经营部门却彼此独立)，也是旅游产品最常见的形式；整体旅游产品是由多个组合产品复合而成，旅游目的地即是整体旅游产品。因为旅游资源的不可移动性，使得旅游供给具有特殊性，产品或项目的生产与消费具有同一性，且都发生在旅游目的地，旅游目的地出售给旅游体验者的是产品的暂时使用权而非所有权，换言之旅游目的地资源可以重复组合供应。受旅游供给特性影响，旅游目的地的形象和创新尤为重要，良好的形象可以吸引更多旅游者前来，起到增加销售的作用；独特的创新带给旅游者深刻的感受与经历，通过创新起到降低投入的功效。

旅游企业提高经济效益对策：树立形象，打造品牌，挖掘潜在客源市场；培育主体，建立旅游企业战略联盟；整合资源，深度挖掘特色，创新产品与项目。

(三)介入方是旅游目的地"三位一体"发展模式之"后位"

行政管理者、专业研究者、其他产业参与者作为旅游介入保障方是旅游目的地"三位一体"发展模式之"后位"。旅游目的地介入方的利益是促进旅游目的地供需平衡，从宏观层面保障旅游目的地产业良性运转，其利益导向是政治性的。政府等行政管理部门是旅游目的地利益协调者和政策法令制定者，承担着指引方向和保驾护航的关键职能，其介入途径是宏观调控和微观规制。专业研究者在全方位调查研究旅游地资源基础上，就开发产品、创新项目提出建议，对旅游目的地旅游发展价值、影响和潜力等进行科学评估。旅游产业其他参与者通过管理旅游，开展环境保护教育，进行文化引导，发布相关信息等来保障旅游供需平衡。

旅游目的地发展需多方利益主体协同配合，既要研究旅游体验需求所提供的源动力，又要考虑社区和旅游企业供给提供的推动力，还需遵循市场机制、接受政府引导与调控、采纳专业研究建议。旅游目的地在市场机制保障下按照"需求原创、政府引导、行业促动"之"三位一体"发展模式，才能健康有序地发展。

综合本章分析可知旅游目的地发展机制分为决定机制、调节机制、作用机制，其中决定机制分为内外两种因素，内部因素主要是旅游目的地的微观管理，外部因素主要指旅游目的地的宏观环境；调节机制分为市场机制和政策机制两类，市场机制具体表现为价格、供求、竞争、风险等机制，政策机制通常表现为产业发展政策、投融资政策、区域发展政策、土地政策等；作用机制主要是利益主体逐利作用，多种机制共同作用于旅游目的地发展，多种机制特定时间内交互作用也在一定程度上建构了旅游目的地发展格局。

本章小结

旅游目的地发展的体制机制包括市场机制和行政管理。市场机制是调节旅游目的地发展的核心机制，起主要作用的有价格机制、供求机制、竞争机制、风险机制等；行政管理是旅游目的地发展的保障机制，一是政府宏观调控、行业宏观指导引领旅游目的发展，二是政府的微观规制规范旅游目的地发展。

　　旅游目的地的政策驱动机制是指旅游目的地产业政策、旅游目的地投融资政策、旅游目的地区域发展政策、旅游目的地土地政策。产业政策机制是我国旅游目的地发展的重要驱动机制，包括旅游政策、产业结构政策、产业组织政策、产业技术政策、产业布局政策、产业保障政策和产业融合政策。资金政策关乎旅游目的地的启动与发展，目前我国旅游投资模式是以国资为主、外资为辅，呈现投资主体多元化，即国家、地方、个人、集体、部门、外资多元一体的投资格局。城乡统筹发展政策、陆海一体化发展政策影响旅游目的地空间结构。旅游目的地相关土地政策在一定程度上决定了旅游目的地的发展格局。

　　旅游目的地发展的利益导向决定了旅游目的地发展前进的方向，包括政治利益导向、经济利益导向、供给者经济利益导向、多元利益主体导向等类型。旅游目的地的多方利益主体是影响旅游目的地发展的主体因素，需求体验方是旅游目的地"三位一体"发展模式之"前位"，供给方是旅游目的地"三位一体"发展模式之"中位"，介入方是旅游目的地"三位一体"发展模式之"后位"。不同主体其利益诉求不同，追求利益的途径亦不同，在旅游目的地发展中存在复杂的相互关系。

关键术语

　　市场机制；行政管理；政策驱动机制；利益导向

参考资料

　　[1]林南枝，黄晶．旅游市场学[M]．天津：南开大学出版社，2010：3-31.

　　[2]李正欢，郑向敏．国外旅游研究领域利益相关者的研究综述[J]．旅游学刊，2006（10）：85-91.

　　[3]夏赞才．旅游伦理概念及理论架构引论[J]．旅游学刊，2003(2)：30-34.

　　[4]张凌云．试论有关旅游产业在地区经济发展中地位和产业政策的几个问题[J]．旅游学刊，2000(1)：10-14.

　　[5]邹统纤．旅游目的地管理[M]．北京：高等教育出版社，2011：1-50.

　　[6]田里．旅游经济学[M]．北京：高等教育出版社，2019：328-350.

　　[7]吕俊芳．旅游目的地时空错位发展研究[M]．北京：北京理工大学出版社，2022：71-86.

　　[8]马勇，李玺．旅游规划与开发[M]．北京：高等教育出版社，2018：1-160.

网络资源

　　1. 南方网旅游频道：http：//travel.southcn.com/(查询旅游热点资讯)；

　　2. 人民网旅游频道：http：//travel.people.com.cn/GB/index.html(查询旅游信息及相关报道)；

　　3. 中国旅游研究院：http：//www.ctaweb.org/(查询旅游行业的理论观点、政策信息和旅游业的重点、难点问题)；

4. 中华人民共和国文化和旅游部网站：http://www.mct.gov.cn/（查询旅游目的地动态信息）。

 分析与思考

1. 简述市场机制中起主要作用的机制。
2. 分析旅游目的地发展的保障机制。
3. 结合某一旅游目的地的实际情况，查找并分析该旅游目的地的产业政策。
4. 举例说明不同利益导向的旅游目的地发展特征。

 技能训练

1. 利用问卷法、访谈法、文献法调查你所在城市旅游目的地的发展现状。
2. 调查附近的旅游目的地近5年政策变动情况，并分析其变化对旅游产生的影响。

 案例分析

中国出境旅游正在恢复 文旅合作催热中亚旅游

"壮阔的伊塞克湖、雄伟的列宁峰，众多的旅游路线和独特的民族文化，使吉尔吉斯斯坦成为吸引国际游客的一个主要旅游地。"在西安举办的2023丝绸之路国际旅游博览会上，吉尔吉斯斯坦来宾向中国游客发出旅游邀请。

8月17—20日，第十届中国西部文化产业博览会、2023丝绸之路国际旅游博览会同期在西安举行，来自法国、德国、吉尔吉斯斯坦、哈萨克斯坦、波兰等20个国家的代表团集中参展，中国20余个省区市的政府展团和企业展团到场交流。

"这款帽子是什么材质的？""去吉尔吉斯斯坦旅游的话有哪些路线？"吉尔吉斯斯坦的展厅吸引了很多中国观众驻足咨询。"中国-中亚峰会以后，两国间的交流与合作明显多了起来，包括教育、旅游、贸易等多个行业，来吉尔吉斯斯坦旅游的外国游客中，有相当一部分来自中国。"现场负责人阿米娜说。

今年5月在西安举办的中国-中亚峰会上，中国与中亚五国达成共识，继续巩固文化、旅游等人文合作，进一步加强旅游合作，共同制定中国-中亚旅游线路，并邀请中亚五国参与实施"文化丝路"计划，促进民心相通。

2013年，中国提出"一带一路"倡议。次年，由中国、哈萨克斯坦和吉尔吉斯斯坦三国联合申报的"丝绸之路：长安—天山廊道的路网"成功列入《世界遗产名录》。今年，西安率先实现了中亚五国六城的直航全覆盖，交通条件更加便利，对外联络的紧密度不断提升。

乌兹别克斯坦展厅里，正在为观众介绍手工地毯的阿森贝克对此深有体会，"两国间人员往来越来越密集，我周围越来越多的人来中国做生意、留学、旅游，我们认为中国市场具有很大的潜力"。

　　隔壁的哈萨克斯坦展厅则吸引了很多旅行达人的目光，"明年想带全家人去中亚旅游，刚好在展会上提前了解下哈萨克斯坦的情况。"来自湖北省十堰市的参展嘉宾杨荣广说。

　　在丝绸之路共建国家旅游城市发展论坛上，世界旅游城市联合会首席专家魏小安表示，中国的出境旅游正在恢复，除了传统的东南亚、日韩之外，中亚五国的热度很高，这是中亚旅游的重大商机，也是丝绸之路旅游的新高潮。

　　论坛上，吉尔吉斯斯坦相关单位与陕西两家旅游公司分别签订了备忘录和战略协议。与会的一位吉尔吉斯斯坦官员表示，吉中两国将以参加本次论坛为契机，落实中国-中亚峰会成果，开展更广泛的旅游交流合作，重点优化签证便利性和交通通达性，推进两国旅游业恢复发展。

（资料来源：中国旅游网 www.cntour.cn 2023-08-23）

思考问题：

结合本章所学内容，分析案例中所涉及的旅游目的地发展机制。

实务篇

第六章 旅游目的地战略规划管理

学习目标

通过本章的学习，你应该能够：
1. 理解旅游目的地战略规划的内容，了解旅游目的地主题定位；
2. 阐释旅游目的地的形象规划；
3. 阐释旅游目的地的资源、产品、项目规划。
4. 了解旅游目的地的空间结构功能规划。

素养目标

1. 培养学生运用旅游规划基础知识对旅游目的地发展进行战略规划的能力；
2. 形成主动探索旅游目的地发展的思维，养成创新谋划旅游目的地的素养；
3. 树立正确的旅游发展观，提升旅游目的地发展的社会担当；
4. 系统谋划旅游目的地发展格局，厚植旅游规划的整体观。

导入案例

小案例：主题乐园航母——华特·迪士尼公司的成与败

20世纪50年代，一位从事电影卡通片设计制作的美国人华特·迪士尼以一种创新的理念在美国加利福尼亚州的阿纳海姆兴建了全球第一座主题乐园，将游乐形式戏剧化、舞台化，让游客体验新奇、刺激，进入亦真亦幻的梦幻世界，这就是举世闻名的迪士尼乐园。当迪士尼乐园1955年开业时，许多人都怀疑这样一个没有任何历史传统景区的游乐园能否成功。但迪士尼乐园以其不同的主题区带给游客随时随处的新奇感受，取得了举世瞩目的成功，真正的主题乐园时代随之而来。

迪士尼乐园开园第一年就接待了380万人次，收入达1 000万美元，占当时迪士尼影片公司总销售额的1/3。1971年迪士尼公司又在佛罗里达的奥兰多附近建造了规模更大的华特·迪士尼世界。此后，迪士尼将奥兰多作为发展主题乐园的大本营，不断进行投资和扩张；1982年10月建成"未来世界"，这一占地10 500平方公里的乐园一应俱全，设有自己的学校、公寓、购物中心和一套电脑控制的污水处理系统，这个项目共耗资12亿美元。1989年5月迪士尼-米高梅影城开业，设计了许多新奇刺激的乘骑和特技项目，如灾难峡谷，耗资5亿美元。1998年年初建成动物王国并开始接待游客，动物王国占地20 000平方公里，园内既展出迪士尼的卡通动物，也展示真实的动物。20世纪90年代迪士尼在奥兰多已发展成颇具规模的华特·迪士尼世界度假区。20世纪80年代起迪士尼开始向海外进军。1980年迪士尼公司与日本东方乐园公司合作，兴建东京迪士尼乐园，到2000年东京迪士尼乐园接待游客人数已达到1730万人次。2001年双方又在东京迪士尼旁边修建了一座东京海上迪士尼乐园。1984年起在欧洲法国的巴黎建造迪士尼乐园，并于1992年开业。2005年香港迪士尼乐园开业。据美国主题公园协会和美国行业经济研究会共同发布的2007年世界公园游乐园行业报告称，2007年全球百名前25位的主题乐园接待了1.876亿游客，比上年同期增长了0.5%。

美国的华特·迪士尼公司长期居于全球主题公园行业中的榜首，2007年全球接待人数前25名主题乐园中前8名都是迪士尼主题乐园，迪士尼乐园当之无愧成为主题公园的龙头老大。

虽然迪士尼主题乐园的知名度很高，但作为在美国有影响力的上市公司，在庞大的迪士尼帝国中，主题乐园只是其中一部分。影视业是迪士尼的传统产业，卡通片是迪士尼创始人攫取的第一桶金。1928年米老鼠的形象首次出现在影片《威利号汽船》中，不久，又有唐老鸭在内的卡通人物加入，成为美国家喻户晓、人见人爱的艺术形象。米老鼠、唐老鸭等卡通人物不仅与麦当劳、可口可乐一样成为美国文化的一部分，而且还成为迪士尼产业大厦的坚实基础。迪士尼的卡通人物和品牌成为迪士尼公司在市场上竞争的重要法宝和巨大无形资产。当然迪士尼的娱乐产业还包括经营电视频道、电视节目、家庭录像带制作和电视广告的业务。迪士尼的另一个传统产业是百货零售业，1984年迪士尼仅靠出让卡通动物形象使用许可就获得1.11亿美元。1995年迪士尼公司在全球范围内经营的百货公司已达到429家。饭店业和房地产业是迪士尼的另一项主业，第一座由迪士尼建造和经营的酒店是位于美国大峡谷广场景区的当代乐园酒店。而房地产的开发是源于华特·迪士尼的一个宏大的理想，即在迪士尼公园的基础上建立一个既是展示美国工业科技和文化的橱窗，又能满足大部分居民生活要求的环保型社区。1996年，占地20多平方公里的社区已建成为2万人的家园。迪士尼又将新的增长点放在IT行业的投入上。不难发现，迪士尼公司的成功使我们看到了迪士尼积累的品牌优势和庞大的产业群是其成功的坚实基础。迪士尼的成功取决于深入人心的卡通形象和品牌效应，也因为迪士尼有一个人才济济、实力雄厚的创意工程部，不断研究、设计、开发各种富有创意和迎合市场需求的游乐项目，以及具有很强的融资能力等有利条件。迪士尼是将主题乐园作为一项集度假、娱乐、饭店、商业零售和地产等于一体的综合性产业来发展的。

在迪士尼公司成功的同时，其在投资决策中的失误和教训也绝非个别。有一批因计划不周及其他原因而流产的工程，如长滩"迪士尼海洋工程"、弗吉尼亚州新的主题乐园项目、阿纳海姆的"西屋中心"工程计划、加利福尼亚州的"迪士尼之加州冒险"游乐园（一个有滑翔机、救生筏和游客可以动手制作自己的动画片的游乐园）等。其旗下的巴黎迪士尼乐园却可以用"经营惨败"来形容。究其失败的原因主要有：

1. 巴黎迪士尼乐园的开放时间选在西欧经济严重衰退之时，经济的衰退使得主要目标市场的需求下降。

2. 迪士尼乐园地处巴黎附近，地理位置偏北，年均气温较低，这意味着每年的一定时间内，景区将饱受天气寒冷阴湿之苦，在这段时间里，旅游需求会大大下降。

3. 价格尤其是餐饮和旅馆的价格超过了欧洲游客的承受能力。

4. 游客对没有葡萄酒佐餐的饮食不能接受，这与欧洲的消费文化，特别是法国的饮食传统格格不入。

5. 由于禁止自带食品，游客不得不购买景区内出售的昂贵的食品，为此不少潜在游客推迟了他们的访问计划。

6. 巴黎迪士尼乐园的产品对某些游客缺乏吸引力，如景区内游乐项目不够刺激，使其失去了对需求刺激的年轻人的吸引力。

7. 欧洲人对欧洲文化受到美国的冲击感到忧虑，巴黎是法国的首都，更是近代欧洲文化的发源地和荟萃之地，作为历史较短的美国文化要在这里立足确非易事。法国很多人甚至称建迪士尼为引进美国的"文化核泄漏"。

8. 人们感到巴黎迪士尼的服务不如美国的迪士尼乐园，因为使欧洲员工按美国传统来工作有一定的困难，这一点使许多访问过美国迪士尼乐园的游客感到失望，他们的消极印象影响了景区的口碑，从而影响了潜在市场。

（资料来源：根据相关网络资料整理）

迪士尼乐园的成功给旅游目的地战略规划怎样的启示？

旅游目的地的战略规划是制定旅游目的地发展规划的一体两翼，其中一体是指主题定位，两翼中的实体翼是指制定旅游产品项目的空间功能分区，虚体翼是指旅游目的地的形象定位。

第一节　旅游规划的主题定位

一、旅游规划的主题

主题，在不同领域内含义不同。例如，在文学中，主题是指作品希望表现的中心思想；在音乐中，主题是指不断重复并由其扩展的短曲。因此，无论从何角度理解，主题都是位于核心位置的要素。主题是旅游目的地规划的灵魂。

旅游目的地发展中，主题更多地表现为规划设计内在的理念和价值观，它需要借助旅游产品、项目才能显性化。主题从构成上可以理解为历史文化和发展目标，旅游产品项目建构的功能和旅游形象等多个层次。旅游目的地历史文化和发展目标是对区域旅游主题产生影响的因素之一。旅游主题的选择必须以当地历史文化为基础，并延续人们对区域特征的认知，这样目的地的旅游主题才有坚实的基础。例如，意大利著名的水城威尼斯，在其历史发展中，"水城""艺术之城"是其基本的设计要素。另外，旅游目的地主题的选择还会影响一地旅游业未来的发展方向。所以，旅游目的地的主题选择必须与区域发展目标相一致，促进旅游业和区域经济社会的和谐发展。

通常，旅游目的地主题规划要借助具体的旅游产品、项目的实体功能才能为旅游者感知。旅游功能是指旅游目的地能够满足旅游者需求的能力。旅游产品、项目是对一地旅游功能的重要支撑，因为，旅游者需要借助旅游产品、项目的消费和体验来满足其需要。因此，旅游产品、项目是旅游功能的表现形式。例如，威尼斯提供的观光功能借助运河的河道、特色的游览船只——刚朵拉等旅游项目和设施予以实现；其科学考察功能依托各类建筑中的艺术品陈列加以实现。

可见，旅游目的地主题结构大体可以分为三个层次：以当地历史文化和发展目标为内涵的基础层，以旅游功能和旅游产品、项目为内容的支撑层，以旅游形象为主要内容的表象层。其中，基础层是旅游目的地主题的来源和依据，支撑层是旅游目的地主题构建的重要工具和依托，表象层是旅游者对旅游目的地主题综合反映的结果。

旅游目的地主题可以界定为编制旅游目的地规划的核心理念。该理念需要以旅游目的地历史文化背景为基础，以促进旅游与区域经济和谐发展为目的，并通过旅游目的地产品项目提供的功能和旅游形象加以表现。

二、旅游目的地主题定位的内容

确定旅游目的地的主题，往往是针对上述旅游目的地主题的内涵，如发展目标、旅游功能、旅游形象等开展研究，同时将旅游产业在国民经济中的定位和旅游发展的模式等加以明确。

(一)旅游目的地发展目标的定位

1. 旅游目的地发展目标

广义的目标是指针对现状、目前的趋势和预期的环境、前景而制定的激励后期实践的任务、目的和指标。旅游目的地发展目标可以按照不同的标准进行分类。

(1)按照旅游目的地发展目标的内容分类，可以分为终极目标和阶段目标。终极目标是旅游目的地经过长期的开发和发展后要达到的要求，通常包含以下内容：需要旅游目的地旅游相关行业部门去支持的旅游需求，对该地旅游发展的未来可能性所做的预期，对该地旅游战略的一般性指导方针，对该地旅游发展意义的揭示，等等。

(2)按照旅游目的地发展目标的属性分类，可以分为经济水平目标、社会效益目标、环境保护目标和文化发展目标。

旅游发展的经济水平目标是反映其最终产业规模和经济收益状况的系列指标，包括境内外旅游者人数、旅游总收入与创汇额、地方居民收入水平、占 GDP 的比重、投资回收期、投资回收率、乘数效应等。

旅游发展的社会效益目标主要涉及特定时期下旅游的发展将会产生怎样的社会效果，包括提供的就业机会、地方居民的支持率、社会风气、旅游者的满意度、从业人员服务质量等指标。

旅游发展的环境保护目标直接关系到旅游可持续发展的问题，包括自然风景资源保护、历史文化资源保护、环境综合整治指标、绿色覆盖率、水资源环境、大气资源环境等指标。

旅游发展的文化发展目标需要体现旅游发展对当地文化影响和文化互动的预期结果，包括当地文化的完整性、文化个性、文化整合的程度、交叉文化的吸引力等指标。

2. 旅游目的地发展目标的框架

上述旅游目的地发展目标的定位基本上是从目的地发展的角度对一地旅游的目标设计。但是，在旅游目的地规划中，其目标的制定不仅要关注当地的发展，同时还应将游客的需求满足感置于较为重要的位置。所以，在旅游目的地规划中，还需要制定出针对游客的发展目标。目前，被各方广为接受的目标框架如下：

（1）满足个人需求。不同的游客，其旅游动机不尽相同。因此在市场经济条件下，满足游客的个人需求是旅游发展的最根本目标之一。它主要包括以下几个方面：安静与休息，同时参与消遣和体育运动；回避喧嚣同时与当地居民适当接触；接触自然与异域风光，但拥有家庭舒适感；隐匿或独居，但有安全保障与闲暇机会。

（2）提供新奇经历。对大多数游客而言，其所向往的旅游经历是逃避常规生活中高密度人群、快节奏的生活压力与严重污染的环境。因此，旅游目的地发展目标中应体现出"回归自然"的特色，如：安静，生活节奏变慢，放松身心；与大自然、阳光、海水、森林、山地的亲密接触；异质文化与生活方式的新型体验。

（3）创造具有吸引力的旅游形象。旅游目的地规划开发应尽可能赋予旅游目的地一种新颖的个性特征，同时使得这种旅游地的个性特征易于游客辨识、记忆与传播；利用地区资源特色，采用当地材料建设；展示地区属性，创造特别的旅游气氛；对设施赋予富有想象力的处理，反映区域风貌与气候属性；为游客提供与当地居民、工艺品与风俗习惯接触的机会。

上述旅游目的地发展目标的类型和内容只是对旅游地发展目标体系的设计，需要以当地的发展态势作为依据，进行具有针对性的发展目标体系和内容设计。

（二）旅游目的地功能定位

旅游目的地功能定位是指在旅游目的地发展目标的指导下，以当地拥有的历史文化和资源条件为基础，对旅游目的地功能的系统设计和安排，对于指导目的地旅游产品开发设计具有重要意义。旅游目的地功能定位具有多种可能性，但是，出于为旅游目的地的功能进行合理定位的考虑，通常从目标市场期望、政治经济环境、技术资金实力和旅游资源基础四个方面加以综合衡量。

政治经济环境和技术资金实力构成了旅游功能定位的外部环境，对旅游功能定位的可行性产生影响。旅游资源基础是旅游目的地功能定位的基础因子，是设计支撑性旅游产品、项目的基础。目标市场期望则是旅游功能定位的方向指南，为旅游目的地功能定位提供市场导向。

旅游目的地具体的功能定位可分为以下三个方面：

1. 经济功能

经济功能，即旅游目的地的开发将在区域经济产业结构及区域旅游市场格局中扮演何种角色，如区域经济中的重要产业、先导产业、支柱产业等；区域旅游市场格局中的市场领导者、市场追求者、市场补缺等。

2. 社会功能

社会功能，即该旅游地对旅游需求适应的主要类型与辅助类型。它对应于旅游消费行为层次，根据旅游需求的不同可以相应划分出不同功能的旅游目的地类型，如观光度假旅游目的地、康体休闲旅游目的地、民俗游乐旅游目的地等。

3. 环境功能

环境功能，即旅游地的开发及后期管理对环境的影响作用。由此，旅游目的地又有如下功能类型：依托利用环境型，如自然风光旅游目的地；有限开发型，如生态旅游目的地；改善环境型，如沙漠绿洲；人工改造环境型，如大型主题公园等。

(三)旅游目的地形象定位

旅游目的地形象定位是在旅游规划开发中，借助旅游目的地的景观、环境氛围、服务展示、公关活动、信息传递等要素在旅游者心目中形成的综合感知形象。借助此形象定位，旅游目的地在旅游市场中便拥有了明确的立足点和独特的销售优势。旅游主题形象是旅游者认知旅游地的重要途径，是旅游者选择旅游地的决策因素之一。

通常情况下，旅游目的地形象定位主要侧重于以下几方面的设计：即旅游目的地的物质景观形象、社会文化景观形象、旅游企业形象和核心地区形象等。

旅游目的地物质景观形象是指可以体现旅游形象和旅游功能的那些景观和设施，如旅游目的地的核心景观、旅游目的地的服务设施景观和旅游目的地的城镇建设景观等。

社会文化景观形象、旅游企业形象和核心地区形象主要是从当地的旅游企业生产的产品和服务以及旅游核心地段的景观形象来体现旅游形象定位。

第二节　旅游目的地规划的主题形象定位

一、旅游目的地主题形象及其特征

由于旅游目的地主题形象是指旅游者认知旅游地的重要途径，是旅游者选择旅游地的决策因素之一，因此需要做重点规划。

(一)旅游目的地主题形象的概念

旅游目的地主题形象是指某一地区内外公众对旅游目的地总体、抽象、概括的认识和评价，它是旅游目的地的历史、现实与外来的一种理性再现。

旅游主题形象通常简称为旅游形象，是旅游目的地形成竞争优势的有力工具，个性鲜明、亲切感人的旅游形象以及高质量的旅游产品项目可以帮助旅游地在市场上较长时间地占据垄断地位。纵观世界知名的各旅游目的地都具有鲜明且独特的旅游形象。例如西班牙"黄金海岸、3S天堂"旅游形象，瑞士"世界公园、永久的中立国"旅游形象，大连"浪漫之都、北方明珠"旅游形象。

(二)旅游目的地主题形象的构成要素

1. 美学角度的旅游目的地主题形象构成

从美学角度看，旅游目的地形象可以分为三个维度：功能-心理维度、实征-幻象维度、泛征-特征维度。

功能-心理维度是从物质与精神性、可衡量和不容易衡量两个角度研究旅游目的地的特征，其中，功能性特征是物质的，可衡量的；心理性特征是精神性的，不易衡量的。

实证-幻象维度是从心理学和消费者行为学的领域研究旅游目的地形象的本质。旅游目的地提供的整体产品是被旅游者以真实特征和幻象两种方式来理解的，其中实证是可以在旅游目的地得以求证的实际功能性特征和心理性特征；幻象是旅游目的地真实特征投射到人们内心世界的画面。例如旅游者在所获得信息的基础上，将形成对于该旅游目的地旅游经历的幻象，而到达旅游目的地后，在当地的实际生活就构成了对该旅游目的地旅游形象的实证体验。

泛征-特征维度是指旅游目的地形象具有一定的共性和特性。如价格水平、交通体系、气候、接待类型等内容为代表的功能性特征以及以居民友好程度、环境安全性和服务质量等内容为代表的心理特征都是旅游目的地所共有，同时旅游目的地形象也具有一定的个性特色，包括独有的特色或事件以及特殊地方的文化个性等。

美学角度的主题形象模型为旅游目的地规划者提供了一个思考和策划区域旅游主题形象的方向。上述的功能-心理维度、实证-幻象维度之间相互交叉形成了四个象限：

功能-幻象象限：该象限所代表的意思是：人们对该旅游目的地有形特征的印象和感受。规划者可以通过自身的考察体验，对属于该象限的要素进行列举，也可以通过访谈旅游者的形式来获得相关资讯。比如，沿海地区、农村地区等属于此类。

功能-实证象限：该象限所代表的意思是：人们能够非常清晰地感受到的有关该旅游目的地的功能特征，如气候舒适、物价水平、道路状况、夜生活的丰富程度等均属于此类。

心理-实证象限：该象限为旅游者能够实实在在感受到的一种氛围，如居民对待游客的态度、社会治安等。

心理-幻象象限：该象限为旅游者形成的对该旅游目的地相对抽象的印象和感受，例如，轻松、神秘、安详、快乐等。

规划者应该先按照上述四个象限进行主题形象要素的整理和列举，然后，再判断哪些要素属于具有共性的要素，哪些要素属于独特性的要素。最后将具有独特个性的形象要素整理出来，以此为基础进行形象策划与设计。

2. 要素指标体系角度的旅游目的地主题形象构成

旅游目的地主题形象是一个多因素、多层次的系统，可以划分为总指标层、次指标层、子指标层、组类指标层、基础指标层和原始指标层六个层次的因素组成。从总指标层来看，旅游目的地主题形象与历史形象、现实形象以及未来的发展形象有关。大多数情况下，旅游目的地的历史形象与现实形象会具有一定的差异。如广东的佛山、江西的景德镇、湖北的汉口、河南的朱仙镇在历史上同为我国的四大商埠重镇，然而从目前的发展来看，佛山、景德镇以及汉口的现实形象基本上能与历史形象保持一致，而朱仙镇则没有了往日的辉煌。因此，在形象的设计和策划时需要对上述三种形象进行综合分析与判断。在通常情况下，对旅游目的地历史形象要素进行分析得出的结果被称为本底形象，即旅游地在自身的发展中所形成最为根本的形象特征。对旅游地现实形象进行分析时，往往采用客调查和访谈的形式。因此，对现实旅游目的地形象研究的结果被称为感知形象。对旅游目的地主题形象的设计就是要在本底形象和感知形象的基础上，选择既具有历史延续性、又为游客认可的形象。

3. 形成过程角度的旅游主题形象构成

从时间序列上看，旅游主题形象的形成过程可划分为三个阶段的形象，即原生形象、次生形象和复合形象。

第一阶段：原生形象阶段，指游客在未决定旅游之前，头脑中已经存在一系列旅游目的地形象认识，即原生形象。作为可选方案，并在旅游者心目中由经历或教育而形成对各个旅游目的地的形象。

第二阶段：次生形象阶段，指游客有了旅游的动机并决定要去旅游时，就会有意识地搜集有关各备选旅游目的地的信息，并对这些信息进行加工和比较选择。其方式主要是参阅有关旅游资讯的刊物、报纸、电视节目及旅游企业和旅游管理机构的宣传，从中提炼出有用的信息，并在心中加工形成次生形象。

第三阶段：复合形象阶段，指游客对各可选旅游目的地的旅行成本与预期收益进行比较以做出选择决策。等到达旅游目的地实地旅游之后，再通过自己的旅游经历并结合以往的旅游知识形成一个综合性更强的旅游地复合形象。日后人们便可依据形成的复合形象对各备选旅游目的地进行比较选择，以决定是重游故地或另择他地。

上述旅游目的地主题形象的划分较适合于商业化信息与非商业化信息相对容易分隔之情形。但是，在现代的社会环境中，尤其是网络营销中各种活动、广告软文的出现，已经很难区分到底是商业化的信息还是非商业化信息。潜在游客对目的地形象的原有认知越来越多地受到一些游客博客、微博、微信等网络空间或社交媒体的影响。

4. 规划体系角度的旅游目的地主题形象构成

从旅游规划的实际运作来看，旅游主题形象可由主导形象、支撑形象、辅助形象三个层面构成。

主导形象是旅游目的地对外推介时的总体形象，是对旅游地资源、服务、项目等形象构成要素最为精练准确的概括。

支撑形象是旅游目的地中最具有代表性的几个形象特征，通常通过具有较高知名度的项目或对其进行抽象的概括来获得。

辅助形象是从更为微观的角度对旅游主题形象进行剖析，针对其多样化的形象特征提出对应的局部形象。

(三)旅游目的地主题形象的特征

1. 综合性

旅游目的地主题形象由多种因素共同构成，其丰富的内涵构成了旅游主题形象的综合性。

(1)内容的多层次性。区域旅游形象可分为物质表征和社会表征两个方面。物质表征主要包括旅游目的地的外观设计、环境氛围营造、休闲娱乐活动的安排、服务质量的高低、园林绿化、地理位置等，其中具有实质性的要素是旅游目的地的产品和服务质量。由于游客的满意度是影响到游客心理感受的直接因素，因此，旅游目的地的产品和服务质量在游客的形象感知过程中起着举足轻重的作用。社会表征主要包括旅游地的人才储备、技术力量、经济效益、工作效率、福利待遇、公众关系、管理水平、方针政策等。

(2)心理感受的多面性。旅游形象是旅游目的地在游客心目中的感性反映。由于游客的观察角度因人而异、因地而异、因时而异，最终导致游客对旅游目的地形象的心理感受呈现出多样性特点。例如，旅游目的地在其员工心目中的形象和旅游目的地在游客心目中

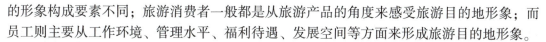

的形象构成要素不同；旅游消费者一般都是从旅游产品的角度来感受旅游目的地形象；而员工则主要从工作环境、管理水平、福利待遇、发展空间等方面来形成旅游目的地形象。

2. 稳定性

旅游目的地的主题形象一旦形成，便会在游客心目中产生印象。一般来讲，这种印象所积累成的形象具有相对稳定性。

首先，旅游目的地主题形象的稳定性产生于旅游目的地所具有的客观物质基础。例如，旅游目的地的地理位置、旅游资源、建筑物类型、社会文化等在短期内都不会有大的变化，由于旅游目的地的物质基础稳定，旅游目的地所树立的形象也是相对稳定的。

其次，这种稳定性还反映在游客具有相同的心理机制，这种相同的心理机制表现为游客好美恶丑，从善弃恶的人之常情。游客对旅游目的地具有大体相同的审美观和好恶感，这点也决定了旅游目的地的形象具有相对稳定性。

旅游目的地形象的相对稳定性对于旅游目的地的发展而言，会产生两种截然相反的功能和作用：

一方面，对于主题旅游形象良好的旅游目的地，相对稳定的良好形象所带来的积极效果对于旅游目的地的深入开发和经营管理十分有利，即使在服务和经营管理活动中出现了一些小问题，也能得到游客的相应谅解。

另一方面，主题旅游形象不鲜明或没有个性特征的旅游目的地，产品和服务上的问题会导致较为明显的负面效应。且这类旅游目的地很难摆脱不良形象所造成的消极后果，有时甚至在做出许多积极的努力之后，仍不能得到游客的理解和支持，唯有通过长期的不懈努力才能逐渐改变公众对该旅游目的地的负面看法。

3. 可塑性

旅游目的地的主题形象要以各种渠道向游客传递的信息为基础，因此，对这些信息进行设计和控制可以人为塑造游客心目中的旅游目的地形象。例如杭州"浪漫之城"的旅游主题形象主要通过历史上与西湖相关的动人故事和现代举办的系列活动为主要传播途径。同时，可塑性也意味着旅游主题形象可以被人为破坏，如严重的旅游事故、旅游服务质量方面的重大缺陷等都会导致游客心目中的旅游形象发生负面逆转。因此，旅游目的地形象的塑造不仅需要在初期进行大量投入，更为重要的是要在随后发展过程中，加强跟进投入和持续维护。

二、旅游目的地主题形象的定位和推广

(一)旅游目的地主题形象定位的三要素

旅游目的地主题形象定位就是针对目标市场通过服务实物和宣传控制，在公众心目中树立起区域的独特形象风格。菲利普·科特勒(Philip Kotler)对定位理论进行了系统化、规范化的描述。他指出，定位就是树立组织形象，设计有价值的产品和行为，以便使细分市场的顾客了解和理解本企业组织与竞争者的差异。形象定位的差异是由以下三要素决定的：

1. 主体个性

主体个性即旅游目的地主体的品质个性和价值个性，指旅游企业、组织或旅游产品的

价值内涵的独特风格。旅游目的地的主题形象定位必须以主体的存在特性作为基础，充分挖掘本地区的旅游资源特性和人文底蕴，并提炼加工成为本地区独特的销售点或形象推广立足点。

2. 传达方式

传达方式指把主体个性有效、准确地传达到目标受众的渠道和措施。主体个性如果不能被有效传达，受众则无法去感受和认知其内涵。传达方式主要有营销推广方式、广告与公关策划等宣传方式。尽管部分旅游目的地在主体个性化和特色化方面并不存在明显的优势，但通过良好的传达途径和传达方式的设计，同样可以造就突出的与众不同的地区形象。

3. 受众认知

在完成主体个性识别并使用有效的传达方式之后，旅游目的地的主题形象定位完成的衡量标志，则是受众认知。所谓受众认知是指旅游目的地主题形象被目标受众所认识知晓与感受的程度。

对于旅游目的地主题定位的成效则可以借助感知形象分析的方法进行探讨。旅游感知形象的测量方法可大体分为两类，一类为结构化的测量方法，另一类为非结构化的测量方法。非结构化形象测量虽然能够更为全面地了解旅客的感知要素和属性，但分析方法目前还停留在一般频数统计和比例分析及排序等层面，对游客在形象感知方面的特征分析及旅游目的地形象优化等方面意义不大。但将内容分析法等其他方法引入感知形象研究中，则能够有效提升感知形象非结构化测量的效果，并为旅游目的地主题定位的研究提供更为充分的信息。如李玺等将内容分析法引入旅游形象感知的非结构化测量中，用于提取游客的感知形象、解析游客形象感知规律，以及探讨影响游客对外推广旅游形象意愿的目的地形象要素等目的，并最终了解到访澳商务人士对澳门旅游形象的总体感知为：集聚博彩娱乐、各类节庆活动和特色美食的休闲小城，拥有欧式文化和美丽古朴的城市景观。居民态度、交通设施以及经济发展态势等形象要素的正面感知会令游客更愿意推广澳门旅游。餐饮产品、社会文化氛围以及政治、历史等形象要素的正面感知会对游客推广澳门旅游的意愿有帮助。而社会文化与氛围、自然资源与环境以及服务质量的负面感知会增强游客不推荐他人来澳门旅游的意愿。

(二)旅游主题形象定位的策略

一般而言，旅游主题形象的定位大致可采取如下几种策略：

1. 超强定位策略

超强定位策略也称"领先定位""争雄定位"，指努力争取使旅游目的地在游客心目中占据同类旅游地形象阶梯的第一位置。如东岳泰山的"五岳至尊"，"桂林山水甲天下"等都属此类定位方式。这种定位策略谋求的是在一定领域的领先性、压倒性竞争优势。

2. 近强定位策略

近强定位策略也称"比附定位""借势定位"，指对于不可能占据某类形象阶梯第一位置的旅游地，可强调与游客心目中处于某类形象阶梯第一位置的旅游地同属一类的形象，即突出"类"的联想、"类"的区别，不做"鸡头"而求属"凤尾"，不能"第一"但求"一流"。如锦州城郊的观音洞定位为北普陀山即是此种定位，这种定位策略谋求的是"借光"性竞争策略。

3. 对强定位策略

对强定位策略也称"逆向定位""对抗定位"，指强调并宣传定位对象是游客心目中第一位的某类旅游形象的对立面和相反面，同时力争开辟一个游客易于接受的新形象阶梯。如"野生动物世界"的形象定位即是站在普通笼式动物园的反向形象阶梯上的定位。这种定位策略谋求的是挑战竞争对手、否定竞争对手，以此凸显自身的竞争优势的定位。

4. 避强定位策略

避强定位策略也称"寻空定位""缝隙定位"，其核心是分析游客心中已有的形象阶梯的类别，发现和创造新的形象，树立一个与众不同的主题形象。这种定位策略谋求的是通过找到市场中的产品空白点，进行具有独特性、首创性、标新立异性的竞争定位，从而形成在同一个市场中，与竞争对手"共荣共存""和平共处"的结果。以美国佛罗里达州奥兰多市为例，该城市中就聚集了世界三大主题公园：迪士尼、环球影城、海洋世界，这些主题公园在规划设计时都充分考虑了对方的主题定位，避开对方的主向，从而实现在一个城市中的共生共存。

5. 名人效应定位策略

名人效应定位策略对于旅游目的地形象塑造效果较为显著。因为旅游活动本身带有较强的文化性和历史性，许多旅游目的地就是依托历史遗迹建设起来的。因此，在有历史或现代名人留下足迹的区域，完全可以依托这些名人形象和地位提升旅游目的地在游客心目中的地位。比如岳阳楼形象与范仲淹、韶山形象与毛泽东、绍兴形象与鲁迅等相联系，都采取或部分采取了名人效应的形象定位策略。

三、旅游目的地主题形象的塑造方法

旅游目的地主题形象的塑造方法按照其形式和使用方式，可以分为以下类别：

(一)传统宣传材料

传统宣传材料指利用纸张、电视等媒体进行旅游形象宣传的物品或文字，如在游客中心获得的小册子、电视广告，户外广告中见到的旅游标志和吉祥物等。在设计该类宣传材料时应采用多种方式，如聘请专家策划、有奖公开征集等，统一设计旅游目的地形象的旅游标志、标准形象图片、旅游吉祥物等。旅游目的地主题形象设计中的图案标志要简洁醒目、易于识别。旅游口号需要针对不同的客源地市场进行设计。这些旅游形象标识一经选定要相对稳定、长期使用、反复宣传，给游客留下深刻的印象。

传统的形象塑造方法主要有：

(1)拍摄以自然景观、民族风情为主的 CD 集、电视散文等。

(2)设计发行或者赠送风光系列明信片、画册、挂历、台历等。

(3)进行音像宣传，有奖征集优秀的、有关旅游目的地的歌曲，唱响一首主题歌，如马来西亚在进行旅游推广时，创作了一首歌曲：*The Essence of Asia*，配合唯美的视频画面，让人记忆犹新。同样的还有澳大利亚的旅游宣传片的配套歌曲 *I Can Sing A Rainbow*，声光的组合让人念念不忘。

(4)以旅游目的地为背景拍摄的优秀影视作品也能起到形象宣传的效果，如知名动漫电影《千与千寻》让人们慕名前往其取景地台湾九份；电影《大话西游》，至尊宝和紫霞仙子在城墙上的经典对白，让影片的拍摄地宁夏镇北堡西部影城彻底火了起来。

（5）编制有关旅游的导游丛书、文化丛书、摄影丛书等。

（6）派遣文化、艺术团体到主要客源地参加演出、交流活动。

（二）旅游目的地形象识别系统

1. 旅游目的地形象识别系统的概念及内涵

旅游目的地形象识别系统是指通过对旅游形象的归纳与把握，将形象通过一定的方式表现出来，成为游客识别该旅游目的地的重要手段。实际上，该系统在企业经营管理中早已存在，即企业形象识别系统（CI）。

2. 企业形象识别系统的概念及内涵

CI 也称 CIS，是英文 corporate identity system 的缩写，译为企业形象识别系统。CI 是指企业有意识、有计划地将自己企业及品牌的各种特征向社会公众主动地展示与传播，使公众在市场环境中对某一个特定的企业有一个标准化、差别化的印象，以便更好地识别并留下良好的记忆，达到产生社会效益和经济效益的目的。

传统的 CI 一般分为三个方面，即企业的 MI 理念识别（企业思想系统）、VI 视觉识别（品牌视觉系统）、BI 行为识别（行为规范系统）。但是目前，随着人们获取信息渠道的不断多元化，识别系统中还出现了基于人类听觉感官的 HI 听觉识别。

MI 理念识别（企业思想系统）是对旅游目的地开发思想和文化的整合化。策划设计内容包括旅游地经营理念、经营宗旨、发展目标、标准广告语等。

VI 视觉识别（品牌视觉系统）是品牌识别的视觉化，即通过形象标志（或品牌标志）、标志组合、环境和对外媒体向大众充分展示、传达品牌个性。策划设计内容包括基础要素和应用要素两大部分。基础要素是指名称（或品牌名称）、标志（或品牌标志）、标准字、标准色、辅助色、辅助图形、辅助色带、装饰图案、标志的标准组合及标志的标语组合等；应用要素是指办公用品、公关用品、环境布置、标牌招牌、制服饰物、活动展示、交通工具、品牌广告等。

BI 行为识别（行为规范系统）是行为规范的文本化，即通过在一定思想指导下的旅游人员的行为以及旅游地的各种生产服务行为，传达该旅游地的独特个性。策划设计内容包括：区域形象、员工形象、品牌形象、沟通礼仪、商务礼仪、接待礼仪、销售礼仪等。

HI 听觉识别是音乐或声音的特色化，即通过独特设计的歌曲、乐曲或声音，向目标群体传达信息，形成对该企业关注的识别系统，如旅游主题歌等。

（三）节庆及公关活动

旅游目的地主题形象的塑造仅仅靠上述的两个形象塑造工具还不能产生持续稳定的效果，实际上，在旅游目的地主题形象的塑造中，主题节庆活动往往和旅游主题形象紧密结合，一个鲜明而且一致的主题节庆活动往往能稳定地在人们心目中构造一个积极的形象。通过主题节庆活动的策划和宣传，人们往往能通过记住几句简单的口号、几条易记词句就能把旅游目的地的名字同一种直观形象联系在一起。

我国旅游主题节庆活动开展得有声有色，从 1992 年开始每年都推出一个中国旅游的主题口号。通过这些主题节庆活动，中国旅游在全球人们心目当中的形象变得更加清晰和独特，极大地促进了中国旅游的发展。可见，要塑造一个持久而独特的旅游目的地主题形象，就应充分利用主题节庆事件来实现以下三项目标：①把旅游目的地宣传成一个充满各种魅力的地方，可树立本地区友好、文化多样或激动人心的主题形象；②通过大型焦点事件来吸引公众传播媒介，产生某种光环效应，把旅游目的地宣传成一个令人向往的目的地；③打造一系列小活动来吸引有各种志趣的游客。

旅游节庆活动的策划应注意各种节庆事件之间具有连贯性、一致性，相互补充，相互协调，使主题更加鲜明突出，从而避免主题形象的离散和自相矛盾，还应注意以下三点：①主题形象的塑造必须和旅游吸引物相协调，举办一个或多个节庆事件以使主题形象更加活泼、生动。②举办一个特别事件，使此事件成为旅游目的地永久性、制度化的旅游识别标志，使其为本旅游地所独有，并成为本地区象征。如西班牙一年一度的奔牛节、爱丁堡举办的系列艺术节等世界著名节事活动都给举办地烙下了深深的印记。③举办多次同一事件，如体育，以塑造"××方面最激动人心的旅游目的地"的主题形象。例如，青海湖所在区域的自然环境对于发展旅游业优势不明显，然而，青海省却策划组织了"环青海湖国际自行车系列赛事"并定期举办，随着赛事的知名度和影响力的不断提升，青海旅游业的发展也迅速成长起来。可见，主题节庆事件需要具有一定的影响力才能对旅游目的地形象的树立产生积极作用。

四、旅游目的地主题形象的传播策略

旅游目的地主题形象传播主要有两种传播策略。

(一)正面强化策略

当一个地区拥有一个正面形象时，便可以采用不断利用旅游目的地发展的新信息去巩固和发展过去主题旅游形象的策略，使原有的正面形象不断得到强化和稳定。例如黄山在对外进行旅游形象宣传时，一如既往地坚持了"五岳归来不看山，黄山归来不看岳"的旅游形象，此形象可以更稳定地打动目标客源群体。

(二)负面消除策略

旅游目的地在游客体验过程中，因管理不善或不可抗力等原因导致的事件会对旅游地形象造成较为负面的影响。如近几年某些旅游地发生的"天价大虾""天价海鲜""游客强迫购物"等事件就给旅游地的形象带来了深远的负面影响。此时，旅游目的地的相关管理部门应该具有危机意识，第一时间启动应急预案，加强沟通、止损、赔偿等工作，将负面影响降低到最小。通过打情感牌的方式，建立地区新的亲切感人的正面形象。

另一个处理负面形象的方法是不断向目标市场灌输本地区革新的正面形象，而该新形象应特别针对过去的负面形象进行否定。该策略对扭转原有不良形象的负面影响具有直接的效果。

综上所述，唯有充分发掘旅游目的地与众不同的风采、独特的个性和特有的文化内涵底蕴，才能将目的地旅游主题形象具体而鲜明地映入游客心中，从而在旅游市场上形成独特的销售主张(Unique Selling Proposition，USP)，产生巨大的旅游吸引力、诱惑力和感召力。

第三节 旅游目的地资源产品项目规划

本章所讨论的旅游资源是指旅游地资源，是存在于旅游目的地具有吸引功能并用于旅游发展的资源总称，涵盖了旅游资源、吸引物、产品、项目等，旅游地资源是从旅游目的地角度提出的概念。本节重点讨论旅游目的地的项目规划。

一、旅游项目创意设计概述

对旅游项目概念的把握是进行旅游项目创意的前提和基础，日常生活中我们经常听说工程项目、建设项目、体育项目、投资项目、研究项目……项目到底为何物？《辞海》中"项目"解释为"事物分成的种类或条目"。《现代汉语大词典》解释"项目"为"事物分成的门类"。"项目"是一个抽象名词，用来描述一个单位或者分类。

管理学中的"项目"有广狭义之分。广义的"项目"泛指一定的约束条件（如资源、技术、资金、时间、政策、法规等）下，投资主体为获得未来预期目标，将货币或实物资本投入盈利性或非盈利性的事业中。美国项目管理协会（Project Management Institute，PMI）定义"项目"为：为完成某一独特的产品、服务或任务所做的一次性努力。管理领域中的"项目"指一种管理对象，一项有待完成的任务，这种任务具有复杂性。

（一）旅游项目创意设计概念

旅游项目不仅是"条目""门类""种类"，也是一种管理对象和任务，但其范畴更为广泛，作为旅游中的"条目""门类""种类"，是为了达到旅游的某种目标而存在的管理对象或某种待完成的任务。

旅游项目就是将各种旅游资源加以开发和利用形成的旅游吸引物（Tourists Attractions）。苏格兰旅游委员会1991年将旅游项目表述为：所谓旅游项目应该是一个长久性的旅游吸引物，旅游项目的主要目的是让公众和旅游者得到消遣的机会，做他们感兴趣的事情，或者是受到一定的教育，而不应该仅仅是一个游乐场、一场歌舞剧或电影、一场体育竞赛，等等。华尔士和史狄文斯（Walsh Heron 和 Stevens）1990年将旅游项目描述成具有如下特征：吸引旅游者和当地居民来访，并为达到此目的而经营；为到来的顾客提供获得轻松愉快经历的机会和消遣的方式，使他们度过闲暇时间；将其发展潜力发挥到最大；按照不同项目的特点来进行针对性的管理，使游客的满意度最大；按照游客的不同兴趣、爱好和需要提供相应水准的设施和服务。

马勇把"旅游项目"界定为：以旅游资源为基础开发的，以旅游者和旅游地居民为吸引对象，为其提供休闲服务，具有持续旅游吸引力，以实现经济、社会、生态环境效益为目标的旅游吸引物。

根据国内外学者的看法，本着简明、实用的原则，旅游项目的概念界定为：在一定时间内能持续吸引旅游者和当地居民来活动，并通过为其提供休闲消遣服务、氛围、经历和感受，来达成预期综合效益的物质与文化载体。

旅游目的地项目创意设计，是对旅游目的地最适合开展的项目进行主题提炼、区位选址、功能分析、游乐活动安排、形象设计以及建设方案的策划。

(二)旅游目的地项目的内涵

对有关旅游目的地项目的一切认识、研究和创意都有赖于一个相对科学的旅游目的地项目概念的建立和对其内涵的深刻把握,为此通过区分几个相关现象和实物来阐述旅游目的地项目的内涵。

1. 旅游目的地项目是具有持续宽泛吸引性的吸引物

(1)持续吸引性。国内外对旅游目的地项目的界定都强调其具有持续吸引性。持续的吸引力是旅游目的地项目存在的前提,而吸引性也是旅游资源的属性,两者都具有吸引性,但吸引性却有所不同。有吸引性就一定是旅游资源,有吸引性却不一定是旅游项目。

旅游资源的吸引性是内在的、与生俱来的属性,永远持续着;旅游资源具有自在性,(不是为旅游而生的),水光山色、奇洞异石、飞泉流瀑、阳光海滩、气象万千、万紫千红的植物、生机勃勃的动物都是天然赋存的有吸引力的事物和现象,不管其吸引力有没有被发现和利用,它都是旅游资源,其吸引力是与生俱来的;而历史遗迹、民族风情、城乡风光、风味佳肴、文化艺术等即使是人为形成的,但也不是专门为旅游而存在的,它们对人们的吸引力也不因是否对其添加活劳动而受影响。因此旅游资源的吸引性是内在的,无须凝结人类劳动,也无法人为造就。

而旅游目的地项目的持续吸引性却是外在的、后天养成的,为了存在而持续着。旅游目的地项目的存在以吸引力为前提,但此吸引力除对旅游资源的天然吸引力加以利用外,还可以人为造就,并且为了持续必须要凝结活劳动,否则将失去对人类的吸引力。例如迪士尼乐园如果不能持续不断地进行创新,其依靠米老鼠、唐老鸭等卡通事物的吸引力带来的新鲜经历将不再新鲜,人们也将对其失去兴趣。

(2)吸引宽泛性。旅游目的地项目的吸引性较宽泛,它不仅吸引外来旅游者,而且可以吸引当地居民。旅游资源的地域性特征使其对外来旅游者充满吸引力,但本地居民却不一定感兴趣;旅游目的地项目的吸引性则不同,外来旅游者一定会感兴趣,而本地居民的兴趣也很浓厚,而且还要对两大群体产生持续不断的吸引。

2. 旅游目的地项目具有功利性内涵

旅游目的地项目的功利性是指通过对旅游项目的创意设计使其能带来经济上的满足与愉悦,旅游目的地项目是为了产生效益而存在的,否则就只是有吸引属性的旅游资源了。功利性是旅游目的地项目要实现和完成的目标,也是其功能之一,旅游目的地项目就是为了实际利益才创意设计的,而且一定要产生效益。功利性是在旅游目的地项目创意设计时的立足点、出发点,又是评价旅游目的地项目创意设计成功与否即成果佳否的基本标准。

从此层面上来看,旅游目的地项目又具有旅游产品的某些特征,要产生效益除了发挥吸引功能之外,还必须有相应的设施和服务进行保障,为吸引来的当地居民或旅游者提供休闲消遣服务、氛围、经历和感受,来达成预期综合效益。

3. 旅游目的地项目的高文化性内涵

旅游目的地项目是创意设计而来的,在其设计的过程中就体现了创意设计者的理念,映射出深深的文化内涵。无论何种旅游目的地项目都是人类文明的体现,具有较强的文化性特征。

二、旅游目的地项目创意设计

(一)旅游目的地项目设计的影响因素

旅游目的地项目是规划与开发设计者在当地旅游资源的基础上设计出的现实旅游吸引物。旅游目的地项目凝结了旅游规划工作者的无差别的人类劳动,是对旅游资源的再创造。因为人与人之间具有主观的差别,在对待同一事物时,由于看问题的角度不同或对问题认识的深浅不一而相去甚远。在旅游目的地项目创意设计时,面对同一个旅游目的地,每个规划者都会有自己独到的项目设计。因此,有必要搞清楚旅游目的地项目创意设计的影响因素。

1. 旅游资源的赋存状况

旅游目的地项目必须以一定的旅游资源为基础,丰富的自然和人文旅游资源是旅游目的地项目不可或缺的重要条件。虽然旅游目的地项目有资源依托型和资源脱离型之分,但是所有的旅游目的地项目在创意设计之初,都要先对旅游目的地的旅游资源类型、结构、数量和质量特征、资源等级、地理赋存状况及开发应用现状等做详细的调查,这也说明了旅游资源对旅游目的地项目创意设计的基础性影响。

旅游资源以其自身的或艺术欣赏价值,或历史文化价值,或科学考察价值,在国内外具有一定的知名度和美誉度,因此对不同的客源群体产生吸引,以此为本底产生了旅游项目类吸引物。旅游资源为旅游项目或者提供文化氛围、吸引依托、背景支撑,或者其自身经过开发成为旅游目的地项目的组成部分,如果没有旅游资源的支撑,旅游目的地项目的创意设计将变得十分空洞和苍白。如果没有高品位的旅游资源,单单靠人造的景点和参与性的活动是不可能吸引旅游者的,更难创造出包括经济效益在内的综合效益。旅游者和当地居民之所以到旅游目的地项目进行消费和活动,大部分是受其旅游资源的吸引而来的,旅游资源的赋存状况、品位高低对旅游目的地项目创意设计的影响是绝对性的,没有创作的原素材,再高明的规划设计师也难设计出创意性强、吸引力大的旅游目的地项目。

2. 开发商的实力

从国内外旅游目的地开发的实践来看,旅游目的地项目的形成,是一个耗费资金和时间的过程,旅游目的地项目的设计、建设以及经营和管理的各个过程中都需要大量的资金作为支撑。

旅游目的地项目的创意设计需要大量的资金作为支撑,在一些地区旅游业发展初期,为节约资金,常常自己承担设计工作,而不聘请专家,也很少听取专家的意见。这样做设计成本下降了,但旅游目的地项目经营中却付出了更大的代价来弥补设计的不足,不仅如此,此类旅游项目运作的成功率也远不如专业设计的旅游项目。

旅游目的地项目设计后的实施也需要资金的支持,例如旅游目的地项目用地往往需要用资金来落实,旅游目的地项目的日常维缮、改造更新、宣传促销更是建立在巨额资金的基础之上。一般来讲旅游目的地项目开发商的实力,会对旅游目的地项目的创意设计产生一定的影响,它不仅影响旅游目的地项目创意设计的质量高低,还会对旅游目的地项目的经营产生长远的影响。因此,一些大型的旅游目的地项目的开发商不是巨型公司,就是国家政府出面主持开发。

3. 规划开发者的创意构想

大多数成功的旅游目的地项目都得益于独到的创意和新奇的构想。创意设计的独特性是旅游目的地项目成功的关键，让游客在旅游目的地体验到从未有过的经历和感受，这是吸引游客和居民制胜的法宝。游客往往会因为旅游目的地项目的独一无二，而愿意以高昂的价格进行消费。独特创意的形成和旅游规划者直接有关，新颖独特的创意构想不仅要求旅游规划者具备创新思维和渊博的专业知识，更取决于旅游规划者的经验和信息度。

一般来讲一个优秀的旅游目的地项目创意需要一支优秀的旅游规划队伍作为保障，有经验的旅游规划队伍应该包括各方面的知识技术人才，这些规划队伍的成员应该有充足的规划经验，能够在市场分析的前提下进行科学的判断，因市场需求而进行相应旅游项目的设计。从一定程度上讲，旅游规划工作对经验要求较高，丰富的经验能够为旅游创意设计提供广阔的思路。因此，旅游规划者要不断地在实践中学习，见多识广才能胸有成竹，但并不意味着旅游规划者一定得是年龄较大的专家，相反年轻人更容易在工作中打破常规，这就要求规划组成员的年龄结构一定要合理搭配，既要有经验丰富的资深老专家，又要有创意十足的年轻专家。

同时旅游规划者的信息度也极其重要，旅游规划者对各方面信息的敏感程度和处理效率，直接决定旅游创意程度的高低。旅游规划者的信息度体现在硬件和软件两方面。首先，信息处理的硬件主要是对各种信息数据收集整理时所用的仪器、设备等，假如硬件设备优良，在旅游规划设计时可以大大提高信息的收集和整理效率。其次，信息处理的软件是与硬件相匹配的软件和高素质的信息管理人员以及信息收集的网络，这些也直接影响旅游规划的创意度。

但是，仅靠新颖独特的构想，是不可能一劳永逸的。因为旅游中一旦有较为成功的创意项目，竞争者就会竞相模仿，这就要求规划创意者不能仅仅满足于一时的创新，必须持续性地进行创新，形成源源不断的创新之源，才能长期立于不败之地。

4. 市场需求现状与趋势

一个旅游目的地项目成功与否，最终只有在市场上才能验证，旅游市场的需求现状与趋势是影响旅游目的地项目的重要外部因素之一。市场经济条件下价值是衡量旅游目的地项目的关键性指标，而价值只有到市场上才能表现出来。旅游规划的经济效益必须以满足市场的需求为前提，只有得到市场上潜在和现实需求的认可才能实现其效益。旅游规划者必须在研究旅游目的地资源的基础上，对市场需求进行深入研究，通过市场分析为旅游目的地项目创意设计提供方向，在市场需求的引导下最大限度地发挥区域规划的综合优势。

在市场经济体制下，旅游项目创意设计不仅仅是要突破"有什么就干什么"创意模式，而是要认真研究旅游市场，根据市场需求状况，规划开发市场需求大、能够畅销的旅游项目；甚至应该在研究历史与现实市场需求的基础上预测未来市场需求变化趋势，抢先创意设计吻合市场需求的旅游目的地项目，从而引导和满足旅游市场需求。

根据旅游市场需求特点，同时结合不同时期的风尚和潮流，设计出适合市场需求的旅游目的地项目，可以创造性地引导旅游消费。例如现在越来越多的年轻人喜欢冒险、刺激的旅游体验活动，设计一些野外露营、攀岩、漂流、蹦极、沙漠探险等旅游目的地项目，既充满挑战性，又满足了人们的猎奇心理，可以得到年轻人的青睐成为流行时尚。要针对不同的旅游市场，以人本主义为出发点，强调旅游目的地项目的普适性与个性化结合，设计出多种类型的旅游目的地项目以满足旅游者的现实需求，还要从发掘潜在的需求和创造未来需求的角度设计旅游目的地项目，以此来刺激旅游者与当地居民，开辟未来旅游市场。

（二）旅游目的地项目设计的基本原则

1. 创新性原则

所谓的创新就是在现有的旅游资源和市场需求条件下，通过表现形式、内容或功能的更新来使其不断产生新效益。要做到创新必须遵循"人无我有，人有我优，人优我特，人特我转"。

"人无我有"就是从旅游目的地项目的外观、内涵、功能等方面进行创新，并且这些创新是其他旅游地从来没有出现过的。这种创意设计属于纯粹意义的创新，也是创新的最高层次，在旅游发展的实践中此种创意的余地越来越小，但不能否认它是旅游项目创意设计的最高标准。例如全球第一个主题公园美国加利福尼亚州的迪士尼乐园是影视与旅游业相结合的产物，它是 1955 年美国的华特·迪士尼的一个天才设想，即把银幕上形成的全世界喜闻乐见的卡通形象物化为一个乐园，从此风靡全球，开启了现代主题公园的划时代意义的新篇章。

"人有我优"就是在其他旅游目的地已有的项目创意设计的基础上对旅游项目的形式进行创新，或对旅游项目的功能进行拓展，或对旅游项目的内涵进行挖掘，从而比原有的旅游项目前进一小步而取胜。较为典型的例子就是过山车项目的改进，过山车是较为经典的动感游乐项目，无论采用何种形式，其基本原理都大同小异，但是，在过山车的形式设计上却可以不断推陈出新。如将过山车项目置于特定的景观环境中，可将其设计为疯狂矿车；将旅游者体验的方式加以改变，可形成更加刺激的悬挂式过山车；而针对过山车的轨道和速度进行改进，又可以形成世界上最高、最快的过山车。如美国新泽西州首府杰克逊的六面旗乐园的"金达卡"过山车，其最高达到 139 米，速度最快可高达每小时 205 公里，成为世界上最高和最快的过山车。此类原则也是旅游目的地项目创意设计中最常用的一种方法。

"人优我特"就是在旅游目的地项目创意设计日益成熟的情况下，在旅游项目上挖掘自我独有垄断性优势，形成不可替代的"新、奇、异"竞争优势，从而在旅游目的地项目创新中技高一筹。例如，在加拿大安大略省北部的苇姆斯城，有两个供游客淘金的大金矿，每天从各地蜂拥而至的淘金者有几万人。游客到了金矿地，先用 10 美元购买一张门票，然后得到一张写有淘金者姓名、号码的许可证，由矿上的工作人员带进矿区，并分得一块 400 米见方的地盘。游客可以在四周插上牌子，使用矿上提供的一切淘金工具，20 天为一期。淘金者大都不分昼夜地苦干，幻想着获取大量黄金，但是矿砂中含金量极少，苦干的结果只是体验一下淘金者的生活。这一淘金体验旅游项目就是发挥了旅游目的地自我独有的金矿优势，形成深受青年人喜爱的旅游目的地项目。

"人特我转"就是当旅游项目在别的旅游目的地已经发展较为成熟，且在目前条件下，无法通过创新措施使本地在该类型旅游项目上获得竞争优势时，旅游项目创意者主动放弃此类旅游项目，转而寻找其他新的旅游项目类型和新的旅游市场空间。此原则需要创意设计者具备较高的市场分析和预测能力，并且还要有相当的勇气和魄力，旅游市场竞争进入白热化时，竞争者想要抽身而退是需要勇气与魄力的。创意设计者应该努力挖掘旅游资源

的内在潜力，力求所设计的旅游项目能在原有旅游项目的基础上有一定的创新和借鉴。

"人无我有，人有我优，人优我特，人特我转"，这是旅游目的地项目创意设计的总体原则，此原则是一个不可随意分割的整体，在进行创意设计时不能断章取义，只强调其中的某一部分原则。此原则整体强调的是旅游目的地项目创意设计的创新性标准，而创新的角度则是多元的。

2. 因地制宜原则

旅游目的地项目所赖以存在的旅游资源具有典型的地域性，这就要求旅游项目在设计时必须从目的地地域角度出发，突出项目的地方性，设计具有独特地域个性的旅游项目。例如滑铁卢古战场位于比利时布鲁塞尔市城郊30公里的地方，比利时把这一震撼世界的地点利用起来，设计了富有地方性的旅游目的地项目。当年拿破仑败北的历史遗迹被精心保存下来。当年为法国、英国和普鲁士士兵树立的各种纪念碑完好无损。一些普通农舍也得到了充分利用：有的改为蜡像馆，展出作战双方的蜡人形象；有的改作小型电影场，专门放映有关滑铁卢战役的电影；有的改为小旅馆，专门接待那些在古战场过夜的游客。规划设计者把昔日拿破仑一战败北的历史遗迹与当地的风土人情结合起来，设计开发出地方性相当突出的目的地项目，吸引了无数游客，获得了巨大成功。

同时旅游目的地项目设计时还要与目的地的整体旅游功能相一致，既取得设计投资方期盼的效益，同时为当地社会的发展添砖加瓦。例如大连无论何种旅游项目在进行旅游项目的创意时，都必须与"浪漫之都"这一整体旅游氛围相一致，否则就不容易取得成功。

3. 针对性原则

旅游目的地项目的创意设计，第一，要针对客源市场的消费群体进行设计，目标市场消费群体在年龄、性别、爱好、职业、种族等结构上的不同直接影响着旅游项目的效益好坏。不仅要针对单一群体的目标市场设计多种类型、功能齐全的旅游项目，同时也要针对多群体的目标市场提供层次丰富、类型多样的旅游项目。例如欧洲的利比萨种马养殖场，仅以马为题材，就涉及灵活多样的服务项目：坐在舒适的地方观看驯马表演；乘坐古香古色的马车领略其特有的风趣；学习骑马的技艺；骑马留影；儿童玩乐的小白马；购买各种图案的特别纪念品和手工艺品。不同年龄段的游客在这里都能找到适合自己的旅游项目，每年到这里的游客有数十万人之多。

同时要针对旅游目的地的特点设计开发旅游项目，即要遵循因地制宜的原则。针对旅游项目所在地的资源优势设计特色鲜明的旅游项目，针对旅游目的地的季节变化设计具有周期性变化的特色项目。例如辽宁省曾经在旅游旺季时推出红色革命旅游、绿色生态旅游、蓝色海洋旅游、古韵遗迹旅游等项目，而在旅游淡季时则推出白色冰雪旅游项目，共同形成"满韵清风，多彩辽宁"的拳头旅游产品。

4. 整体效益原则

旅游目的地项目创意设计时在考虑经济效益的同时，不能忽视旅游项目可能给旅游目的地带来的生态和社会影响。在进行旅游项目的设计时必须精打细算，例如，选址既要占据有利的区位条件，还应尽量利用现有的或规划中的基础设施，尽可能减少旅游项目的成本。当然旅游目的地项目还必须在设计之初就努力减少其可能带来的不良后果，并慎重研究地方法规和习俗对旅游项目的限制，努力与当地居民建立良好的关系。旅游项目应尽量避免占用大片农田、林地，尽量选址在城乡过渡带和城郊废弃的土地上，既节省巨额征地费用，又有助于环境的整治。尽量避免大量耗费能源，以降低运营成本，同时还应综合考虑旅游项目与环境整体气氛的协调。

（三）旅游目的地项目创意的灵感来源

旅游目的地项目的设计始于创意形成，即系统地捕捉好的、新的创意。旅游项目设计时，好的创意往往需要在很多普通的想法中去挖掘。寻找新的旅游项目创意的过程应该系统化而不是很随便。

1. 旅游目的地项目灵感创意的步骤

首先，创意者在心里收集原始资料，包括对旅行社、景区、消费者的研究以及每天的新鲜素材，甚或是影视的、体育的、经济的、文化的等各行业可嫁接在旅游上的相关素材和消息。然后尽可能地将主题抛开，把问题彻底忘掉，在脑海里反复地考虑这些资料。在不知不觉中一些创意和点子就会在脑海中出现，然后迅速地将创意和点子付诸实践进行测试，抓住可行性大的创意进行旅游项目创意设计。

2. 旅游目的地项目创意的灵感来源

旅游目的地项目创意的灵感来源主要有：内部来源、旅游者和社区居民、竞争者、合作者、其他等。

（1）内部来源。一般来说，旅游目的地项目设计创意主要来自规划组内部。旅游规划组可以通过正式的研究，借助相应的方法来发现新的创意。发现创意的方法众多，主要有头脑风暴法、德尔菲法、灰色系统法、拍脑瓜法、智能放大法等。

笔者20多年前读大学时，有一次旅游规划课老师布置了一项旅游规划学科作业，题目就是：创新性地设计一条旅游线路。当时市面上推出的旅游产品——旅游线路还比较单调，例如长城游、黄河游、三峡游、丝路游等都是一些知名度大的景观观光游，如何结合旅游市场进行创新设计是摆在旅游线路设计者面前最大的困难。带着需要创新这一要求，笔者进入图书馆开始搜集资料，从自然风光到人文景观再到民俗风情，中国的旅游资源实在是太丰富了，设计的旅游线路如何能取其精华，而不落俗套呢？左思右想，终于决定了设计的主题："人民币之旅"。

中国人每天都要接触人民币，然而当人们持有人民币时关心的往往是它的面额、价值，几乎没有人注意人民币的图案。当时流通的第四套人民币有主币和辅币两种。辅币面额有1角、2角、5角三种，主币面额由1元、2元、5元、10元、50元、100元六种，无论主币还是辅币正面都以人物头像为主景，主币背面以我国的名山大川和文化古迹为主景，辅币的背面以国徽为主景。风景名胜镶嵌在人民币上，珠联璧合、相映成趣，如果把人民币上风景名胜组合成旅游线路推向市场，既满足了人们旅游的需要又增强了人民币的知名度，可谓一举两得。人民币作为一种交换媒介和货币的象征在国际上的地位日益上升，越来越受到世界人民的关注，它必将走向世界，也就是说人民币上的风景名胜也将走向世界，被世界人民所了解，那么人民币旅游的知名度将越来越大，越来越被人们认可和参与。

旅游构想的提出：当时流通的第四套人民币可进入性景点有六处：1元币上的"万里长城"，2元币上的海南三亚的"天涯海角"，5元币上的长江三峡中的"巫峡"，10元币上的"珠穆朗玛峰"，50元币上的"黄河壶口瀑布"，100元币上的"井冈山主峰"。时下流通的第五套人民币上的可进入性景点有五处：1元币上的杭州西湖的"三潭印月"，5元币上的"东岳泰山观日峰"，10元币上长江三峡的"夔门"，50元币上的"布达拉宫"，100元币上北京的"人民大会堂"，这11处景点组合成的人民币旅游线路是我国最有代表性的旅游线路，这条线路把我国东西南北中最具有中国特征的事物组合到一起，极具魅力。

人民币旅游从表面上看是一条专题旅游线路，实际它是一个套系，它集长城游（四套1元游）、长江游（四套5元游、五套10元游）、黄河游（四套50元游）、海滨风光游（四套2元游）、山岳之最宫殿游（四套10元游、五套50元游）、革命圣地红色游（四套100元游、五套100元游）和西湖游（五套1元游）、泰山游（五套5元游）于一体，是一个集中反映中国经典文化符号的系列产品。它包含旅游的极限——天涯海角、珠峰，中华第一江、第一河——长江和黄河，中国奇迹——长城和人民大会堂，五岳之首——泰山，人间天堂——西湖，山水甲天下的——桂林山水，中国共产党建立的第一个红色革命根据地——井冈山，中华民族特色建筑——布达拉宫等经典事物和现象，魅力无穷。

它的特点表现在：是首次面世的旅游新产品，是一个系列品牌旅游产品，是可持续进行的旅游产品，既是现实的又是观念的旅游产品。它的优点表现在：有高品位的旅游资源，其风险系数小，涉及面广、辐射效应大，开发投资少、简便易行，规模效应大，能带动区域经济的大发展；人民币旅游搭乘2008年奥运会和2010年世博会的顺风船，顺应旅游产品结构调整的大方向，符合大旅游观念。

时至今日随着人民币的升值，它正在成为最受欢迎的国家名片，在方寸之间正在演绎着中国最美丽的旅游风景地，人民币旅游发展潜力巨大，可为今后中国旅游创优创牌。

（2）旅游者和社区居民来源。通过对旅游者和社区居民调查，可以了解旅游者和社区居民的需要和欲望。创意设计者可通过与旅游者和社区居民交流广泛听取其意见、建议、想法、观点，还可以约请一些经常参加旅游的人士谈谈旅游目的地项目的创意，因为这些人员的旅游经验较多、见识较广，他们的创意和想法很有价值，值得重视。

（3）竞争者。有些好的创意可以来自竞争对手，可以通过参与竞争对手的旅游项目来了解其设计过程和销售状况，也可以通过观察竞争对手的广告和其他途径传播的信息来获取有价值的启示。当要模仿或移植竞争对手的旅游创意时，一定要考虑地区的文化差异和社会差异，有时此种差异会是旅游项目设计成功与否的决定性因素。

（4）合作者。经营旅游项目的旅游企业合作者众多，而且分布地区广，大多与市场联系紧密，能接触有关旅游需求和开发新旅游项目的可能性等方面的最新信息，广泛听取合作者的意见，是旅游项目创意的来源之一。

（5）其他来源。其他来源包括行业杂志、展览和研讨会、政府机构、咨询机构、广告代理机构、营销调研机构、大学等。

（四）旅游目的地项目设计的主要内容

旅游项目的设计实际上是在多维空间中找到互相的交叉点。所有的旅游项目都是三个纬度的交叉融合，这三维是时间维、空间维和文化维，在此三维构成的立体空间中旅游项目的设计就是对旅游地最适合开展的旅游项目主题进行凝练和推广、区位进行选址、功能进行分区、游乐活动进行落实、营销策略进行安排等。

1. 确定旅游项目的名称

旅游项目的名称是旅游项目创意设计的一个重要内容。旅游项目的名称是旅游者和目的地居民接收到的关于该项目的第一信息，是连接旅游项目与游客的桥梁，因此旅游项目的名称的设计关系到项目在第一时间内对游客的吸引力，所以在对旅游项目命名时要仔细揣摩游客的心理，力争通过一个有特色的项目名称来吸引旅游者的青睐，并激发人们对于该项目的浓厚兴趣。如"海上田园""天涯海角"等能够引发人们的无限联想和向往。

2. 凝练旅游项目主题

旅游项目的主题包括"一体""两翼"，"一体"是指旅游项目建设的目标，"两翼"分别是旅游项目的功能和形象。

旅游项目的发展目标是旅游项目主题中最根本的要素，它决定了旅游项目的最终前进方向。根据旅游目的地旅游资源特色和目标客源的选择方向和消费能力，以合理的成本，提供具有适度质量的休闲娱乐服务，使游客感到"物有所值""物超所值"。旅游项目的设计是将抽象概念变为具体载体的过程，通过旅游项目的设计和建设要达到不同的目的，这些目的，有时是一致的，有时是相互矛盾的。通常旅游项目建设达到的目的有三，即旅游项目建设的目标：管理部门认可(包括规划委托方认可)、游客满意和经营者赢利。

旅游项目的功能是依据旅游项目的发展目标，在旅游市场需求的引导下，以旅游地的旅游资源和社会经济发展水平为基础确定的，旅游项目的功能是从自身的旅游产品支撑上来体现旅游项目的发展目标，是由旅游项目目标决定的内在功能。旅游项目的功能体现的是旅游项目的内涵，通常从目标市场期望、政治经济环境、技术资金实力和旅游资源基础等四方面加以综合设计的，一般包括三个方面：一是阐述旅游项目对游客能起到何种功效；二是旅游项目对旅游目的地烘托主题形象的作用，或在旅游要素的布局中承担何种功能；三是旅游项目对当地社区的经济、社会和环境效益。经济功能主要表现为通过旅游项目的建设将在旅游地经济产业结构及区域旅游市场格局中扮演何种角色；社会功能主要是旅游项目对社会旅游需求满足的主要类型以及带来的影响；环境功能即旅游项目对自然环境的影响作用。

旅游项目的形象是旅游项目对外展示风采的平台，旅游项目往往通过构建形象系统向人们传达旅游项目中独特和美好的信息，力图使旅游项目攀升到已存在于人们心目中的形象阶梯之上，从而被人们认知并产生吸引力，是旅游项目发展目标的外在表现。如果旅游项目主题形象模糊，就无法使游客产生强烈的热情和激情，也就无法获得游客的认同感，因而就不能持续吸引旅游者。

3. 选择旅游项目的位置与规模

在地域空间中，旅游项目规划者要明确每个旅游项目的区位和规模等，区位需要着力分析研究。旅游项目的产品是一些不可移动的景观和娱乐，其消费特征是广大游客离开其常住地发生空间位移，到达旅游项目所在地才能购买消费，因而距离阻抗成为产品销售的重要影响因素，客源一般呈现随距离衰减的现象。旅游项目的市场在空间上呈现向心集聚而不是网络扩散，导致区位具有高度重要意义。旅游项目的区位选择主要考虑的因素有三个方面：客源区位、资源区位和交通区位。

位置决定客源区。客源数量随着与旅游项目距离、旅行时间的增加而递减，客源区就是根据这一规律划定的范围。从30分钟到数小时不等。根据相关研究，旅游主题公园的理想区位必须具备四个条件：第一在2小时车程范围内有1 200万以上的居民或距离大的旅游度假区不到1小时的车程；第二邻近两个商业广告密集区；第三最好与其他主题公园相毗邻；第四在交通干道旁。成功的旅游项目往往位于人口稠密的客源地，这样就可以尽可能地挖掘一日游市场潜力，这是普通旅游所忽视的客源群。

资源区位同样重要，位于旅游资源丰富的旅游目的地的项目易于成功。建在旅游目的地的旅游项目，可以共享旅游目的地的环境资源、基础设施和旅游资源，也可以共享旅游目的地的客源，因而，经营成功的可能性就大。张家界天子山索道，开始营业不到3年，就收回了8 000万元的成本，当地人说，"天子山索道，简直就是一台印钞机"。在远离客源城市的旅游地，建设旅游项目还必须考虑到季节性因素。

交通区位也不容忽视，方便的交通是大多数旅游项目成功的必要条件。由于游客基本上是乘车前往参观旅游项目，因此，道路的可进入性，对于旅游项目能否成功，显得非常重要。便捷的交通系统，可以有效地连接目的地和客源地。不在交通干线上，哪怕只有几公里的距离，也会严重影响游览旅游项目的人次数。此外，公共汽车线路、停车场以及标明旅游项目区位的识别系统，也影响着旅游项目的经营效果。锦绣中华选址在深南大道旁，标志性景点"长城""石林"，让过往行人尽收眼底，无声的免费广告，产生了难以替代的形象效应。

旅游项目的区位可以分为第一选址（宏观区位）和第二选址（微观区位）。

在宏观区位上，旅游项目不同于其他项目，由于其市场吸引力随距离衰减，宏观区位是与主体创意相并列的两个决定性因子。不同城市经济水平不同，常住人口和流动人口不同，交通便捷程度不同，市域周边景点竞争状况不同。一些低级别的旅游项目对外地流动人口吸引力很小，单一面向当地市场，第一选址就更为重要。

至于微观区位，一般工业项目要求三通一平、不污染环境、有充足用地，但旅游项目的要求更多。对一般企业而言，从该企业到城市的路途时间并不重要，而旅游项目距离城市路途时间则决定了属于一日游范围还是两日游范围，后者的规模往往小于前者。一般工业项目相互之间关系不大，旅游项目则必须注意与其他旅游项目之间的关系，一方面尽量避免同类主题项目近距离重复建设和恶性竞争，另一方面注意与异类主题项目组合成线共同促销，在项目集聚时，也要考虑游客的旅游时间限制和旅游消费限制，注意集聚的适度。有些旅游项目由于规划设计的需要，在微观选址时对地形还要求有一定的起伏以便营建多种景观。

另外，旅游项目占地面积的大小也是设计时要考虑的因素，一般规模要与功能和位置统筹起来考虑，面积以适合为宜。像香港的迪士尼乐园就是因为面积太小而拒客，从而在游客心目中产生了不好的印象，其经营也受到了影响，成为迪士尼家族中为数不多的经营不景气者。

4. 拟定旅游项目的建设方案与期限

在旅游总体规划中，对旅游建设方案的设计往往是粗线条的勾勒，主要说明旅游项目建设的思路、内部功能分区、场景和设施配置要求、游客活动程序和要求。旅游项目的建设方案主要内容有：场地的整体布局、各建筑物的位置和之间的距离；主题建筑的外观、形状、结构、规模、颜色和材料；建筑物内部功能划分、装修和装饰的材料与风格；旅游项目的绿化和道路系统，包括机动车道、行人小径、园林绿化的布局、走向、所用材料；可能进入的通道、停车场、商店、洗手间、餐厅、路标、垃圾箱等旅游服务设施的位置、形状和外观；旅游项目入口一级重点地段的设计效果图。在旅游项目的实际建设中，具体和详尽的内容，往往因场地和项目性质的不同而呈现出大同小异的局面。但无论具体情况如何不同，有一条原则却是相同的：要把由不同部分和场地构成的旅游项目，当成一个整体来设计，一个成功的旅游项目往往是各具体项目相互作用所产生的协同效果，而且一定是1+1大于2。旅游项目除了总体目标外，还必须达到许多子目标，在这些子目标中，有些是一致的，也有些是相互矛盾的，成功的设计就是要在矛盾中寻求统一。

旅游项目建设期限，主要是确定设计项目建设的时间，即将该项目安排在近期、中期，还是远期。旅游项目的建设期限的确定，要综合分析项目投融资情况、项目设计本身的时效性、旅游市场的需求状况等因素。对于市场需求较大、易办到而不易想到、资源脱离型的旅游项目，由于其可替代性大，易于异地复制，所以具有很强的时效性，对此类项目应该安排在近期，尽早招商引资，进行开发建设；对于融资情况较好、市场需求也较大的项目，也可以安排在近期建设；对于资源结合较紧密、其他地方难以复制的旅游项目，可以作为中、远期项目进行规划；对于当前市场需求不大，但开发潜力较大的旅游项目，适宜安排在远期进行开发建设。

第四节　旅游目的地空间结构功能区划

旅游目的地功能区划是依据旅游目的地的资源分布、土地利用、项目设计等状况而对区域空间进行系统划分的过程，是对旅游目的地经济要素的统筹安排和布置。空间布局决定了旅游目的地的内部结构，对旅游目的地景观、交通路线组织都会产生深远影响。

一、旅游功能分区的原则

(一)突出分区原则

突出分区是旅游目的地功能分区的核心原则之一。在旅游目的地规划开发中，必须通过各种产品与服务来突出旅游目的地的主题形象，即通过自然景观、建筑风格、园林设计、服务方式、节庆事件等来塑造与强化不同旅游功能分区的形象。

(二)集中功能单元原则

对不同类型的设施如住宿、娱乐、商业设施等，应采取相对集中的布局。游客光顾次数最多、密度最大的商业娱乐设施区域，宜布局在旅游目的地中心与交通便利的区位，如酒店和主要景点附近，并在它们之间布设方便的路径，力求使各类服务综合体在空间上形成集聚效应。

(1)在开发方面，集中功能单元的布局能使基础设施低成本、高效益，而且随着旅游目的地开发深入与市场规模的扩大，新的旅游服务保障部门更易生存。经验表明，当饭店与社会餐饮区域相邻布局时更容易形成综合的市场竞争优势。

(2)在经济方面，集中功能单元的布局带来的景观类型多样性还可以吸引游客滞留更长时间，从而增加地方经济中旅游服务部门的收入，从而带动社区经济的发展。

(3)在社会方面，集中功能单元的布局有利于游客与当地居民的交流与沟通，利于社会风俗的优化，进而可将其开发成一种新的旅游吸引物。同时，许多旅游设施可以同时为当地社区居民所用，一举两得。

（4）在环境方面，集中功能单元的布局有利于环境保护与控制，对污染物的处理亦更为有效，敏感区能得到有效保护。深度开发区实施合理的设计标准，可采用连续的控制管理。

集中功能单元的布局可以防止布局散乱，亦可防止对主要自然景观的视觉污染。另外，集中功能单元的布局也有利于主题形象的形成，可以产生一定的整体规模优势。

（三）协调功能分区原则

协调主要表现在处理旅游功能分区与周围环境、旅游功能分区与管理中心、旅游功能分区之间以及旅游功能分区与主要景观结构（核心建筑、主体景观）的关系等。

在规划设计时，有些功能分区具有特殊生态价值而应划为生态保护区，而旅游娱乐区则可承受较大的外界干扰，规划设计中通过适当的合理划分，引入适当的设施使其达到各自最佳的使用状态。另外，协调功能分区还应通过对各种旅游活动进行相关分析，以确定各类活动之间的互补、相依或相斥关系，从而有效地划分功能分区。此外，各功能分区内的设施，活动安排也需要选择适当的位置，如野餐区必须具备良好的排水条件、浓密的遮阴设施、稳定的土壤表层和良好的植被覆盖及方便的停车场。

（四）合理规划动线、视线原则

连接各旅游分区交通线路的规划应充分考虑旅游过程中的游客心理特性，以实现符合人体工程学的有效动线规划。其设计必须依照顺序推进，以建立理想的空间布局关系。

旅游目的地内部交通网络应高效且布局优化，路径与园林景观有效配置，并建立公共交通系统，采用步行或无污染交通方式，限制高速行车，使行走与休息均为一种享受。对于相距较远的景点之间旅游目的地应配备公共交通工具，邻近景点间设置人行道、缆车或畜力交通方式，可使内部实现低污染的交通优化。

空间布局还应尽量考虑游客观赏视线上的层次性，在分区内布置有效的观景系统和视线走廊，如在制高点、开阔地带或主要景观地区设置一系列的眺望亭与休息区，让游客能在区内最佳视点充分享受到优美奇特的自然景观。

（五）保护环境原则

环境保护的目的是保障旅游目的地可持续发展，它主要包括两个方面：一是保护旅游目的地内特殊的环境特色，如主要的吸引物景观；二是使旅游目的地的游客接待量控制在环境承载力之内，以维持生态环境的协调演进，保证旅游目的地土地的合理利用。

二、旅游目的地功能分区的基本空间框架

旅游目的地功能空间结构的科学规划，对于促进区域旅游业的发展至关重要，该部分的工作既要考虑到旅游目的地发展的功能需要，还要考虑其空间结构上的合理与协调。在此，从景观生态学和区域空间结构等角度，介绍两种较为常见的空间结构模型。

（一）景观生态学的"斑-廊-基-缘"结构

景观生态学的"斑-廊-基-缘"结构是指自然景观从空间形态上可分为斑、廊、基、缘四种类型。

斑代表景观与生物群落集中的、与周围环境不同的、相对均质的非线性区，例如景点斑就是驱使游客前往乡村进行旅游活动的核心吸引物。

廊是指不同于两侧基质的狭长地带，其两端通常与大型斑块相连。廊道的主要功能包括：分割不同的景观斑，阻滞地表侵蚀；联通不同的景观斑，促进物种的流动。而风景交通廊指的是连通景点斑与景点斑之间、不同环境基之间、景点斑与环境基之间的旅游交通景观线路。

基指自然景观的斑块内的地理环境及土地类型、特征。在旅游发展中，旅游的环境基可以理解为发展旅游的大背景，进一步可分为硬件环境和软件环境两类。硬件环境指为游客服务所提供的旅游接待设施和旅游配套设施，前者通常是住宿设施、娱乐设施、餐饮设施、购物设施等，后者指通信、邮电、给排水等。软件环境指旅游发展的政府政策、旅游服务质量、旅游地形象、旅游市场营销等。

缘是存在于相邻的不同景观单元之间的变化过渡带，旅游规划中的缘可以被理解为规划区域如何与邻近区域进行旅游协作、谋求共同发展。

范春总结上述空间结构要素在旅游发展中的作用：景点斑是核心，起到统摄其他空间要素作用；风景交通廊是骨架，起到信息、物质、能量等连通作用；环境基是基础，起到为景点斑服务的作用；周边缘是指导，起到如何推进目的地旅游发展的方向性作用。可见，此模型能够从景观生态学的角度为规划者提供空间布局的参考。

(二)区域空间结构的"点-轴-圈"结构

"点-轴系统"理论是著名地理学家陆大道先生于1984年提出的区域空间结构理论。该理论提出后，便广泛应用于国土开发和区域经济发展实践中，对旅游目的地旅游空间结构的选择与规划同样具有非常重要的指导意义。在旅游目的地开发中，"点"就是中心城市或重点旅游地，"轴"就是它们之间的联系通道，即交通线，游客通过交通线从一个节点到另一个节点进行流动。

李铭辉从国外学者对于都市意象、空间意象结构的研究中，提出圈域(Domain)的概念。他认为旅游目的地是由许多大小不等的空间组织而成，每一个单一空间可以视为一个游憩活动圈域。旅游目的地往往由不同的游憩活动圈域组成，每个游憩活动圈域又可以细分出三个元素：具有特殊意义的不同类型的中心；由旅游游憩设施集聚所形成的区域；连接各类型中心和区域的道路。由此可见，点-轴是构成圈域的要素，旅游目的地则是由不同规模、等级、类型的旅游圈域组合而成的产物。在李铭辉提出的空间结构模型中，将圈域的组成元素分为四项。

(1)边界，即某一旅游圈域与其他圈域相区隔，以保证区域特色或游客不被干扰。

(2)中心地区，即旅游活动的中心，往往是吸引力最强，或具有综合服务能力的区域。

(3)一般区域，是圈域中除了中心地区外剩余的区域。

(4)出入口，该组成元素主要用于指示与其他游憩圈域之间的关系，并突出表达本圈域的特色。

在李铭辉的空间模型架构中，轴被表达为路径(Path)，即连接不同圈域的路径。在旅游规划中，路径可以分为两类：一类为活动路径，是以开展各类活动为目的的路径，如步行径；另一类属于交通路径，为交通动脉，如主干道、桥梁等。而轴点则被按照其功能进一步细分为：①历史轴点，即重要的历史古迹的遗址；②地标轴点，往往为视觉的焦点，用以指示方向或告示所在地；③交通交会轴点，是交通路径或活动路径的交会点；④圈域入口轴点，即某圈域的入口处，需要展现该圈域中的吸引物和特色氛围；⑤路径节奏轴点，当路径过长而沿途的体验较为单调时，设置如小广场、花园、凉亭、雕塑、喷水池等小品或设施，以增加体验的节奏和变化。

借助点–轴–圈空间结构模型，规划者可以将旅游目的地细分为不同规模和等级的圈域。每个圈域又可以根据其功能和产品定位的不同，加以设计和进行内部空间划分。最终通过各类路径与轴点将圈域之间组合起来，形成完备的旅游目的地。

三、旅游目的地功能分区的方法

旅游目的地功能分区的方法较为多样，如定位、定性、定量方法，聚类区划法，认知绘图法以及降解区划法等。实际工作中使用较多的是聚类区划法。

聚类区划法（Clustering Zoning）又称上升区划法，往往在大尺度空间规划时采取该方法进行功能分区的研究和划分。聚类区划法主要着眼点是空间上的相邻性以及资源特色的相似性。从小地域单元入手，通过对其进行归类合并而逐步上升到数量较少的大型功能分区的方法。

第一，在旅游目的地内设定 n 个地域样本，即最小的地域空间。

第二，计算各个样本空间之间的距离，并按照相邻样本空间之间的共性，将其划分为 $n-x$ 类。

第三，针对上述的 $n-x$ 类地域空间形式，进行同类或相邻地域样本的合并。不断重复该过程。

第四，最终将会形成无法继续合并而产生 $n-x-y$ 个典型少量大型区域，这就是最终需要的对旅游目的地的空间划分。

如果是尺度较小的空间规划，在进行功能分区时，最为首要考虑的是旅游目的地开发的具体功能诉求。此时空间的相邻和资源相似性则降为次级考虑要素。如某休闲农庄项目规划中的功能分区就是按照其发展需要，设置了入口区、停车场、教育农院区、产品展售区、休憩区、广场、住宿等不同的空间区划。

四、典型的空间布局模式

（一）同心圆式布局

同心圆式布局模式（Concentric Zoning）源于景观设计师弗斯特（Forster）1973年提出的旅游目的地空间开发"三区结构模式"。在该模式中，旅游目的地从里到外依次为核心保护区、游憩缓冲区以及密集游憩服务区。其中，核心保护区是受到严密保护的自然区，限制乃至禁止游客进入。围绕它的便是游憩缓冲区，在规划游憩缓冲区时配置野营、划船、越野、观景点等服务设施。最外层是密集游憩服务区，为游客提供各种服务，有饭店、餐厅、商店或高密度的娱乐设施。

世界上许多国家在对待需要保护的生态型旅游目的地时都采用了该布局模式。如美国国家公园土地利用规划就采用了这种三分法，将国家公园分成核心区、缓冲区和边缘区三个部分。核心区是中央自然保护区，对游客的进入加以严格限制。缓冲区是美国国家公园的一般管制区。最外层是周边游憩区，主要为游客提供食、住、行、游、购、娱等活动。在现实中，因为资源分布、地形地貌特征等关系，可能难以找到真正类似同心圆似的空间布局结构，同心圆的模式严格来说属于概念模型。只要旅游目的地从严格保护到密集开发逐步形成不同的开发强度的区域，都可以将其视为同心圆式的布局模式。

如澳大利亚东北部的大堤礁海洋公园规划中，将该规划区域划分为六大分区进行管理，即保护区(严格控制科学研究)、国家公园区(游憩和旅游、科学研究)、缓冲区、保护公园区(游憩与旅游、科学研究、有限制地垂钓)、生态环境保护区(游憩与旅游、科学研究、商业性和娱乐用垂钓)以及综合利用区。

1994年我国国务院颁布的《中华人民共和国自然保护区条例》里规定自然保护区可以分为核心区、缓冲区以及实验区。其中核心区是自然保护区内保存完好的天然状态的生态系统以及珍稀濒危动植物的集中分布地，除经允许的科研活动外，禁止任何单位和个人进入、核心区外围可以设置一定范围的缓冲区，只准进入从事科学研究观测活动。缓冲区外为实验区，可以进入从事科学试验、教学实习、参观考察等活动。

(二)环核式布局

所谓环核式布局模式(Around-Core Zoning)是指旅游目的地空间布局以重要景观或项目为核心，相关的旅游接待、服务设施以及娱乐项目等全部环绕该核心景观和项目进行布局的模式。

一般而言，吸引物较为单一的旅游目的地的空间布局往往会采用环核式布局模式。在该模式下旅游接待服务设施与旅游吸引物之间由交通联系，呈现出伞骨形或车轮形状。例如位于广东省陆丰市的玄武山旅游目的地，因为宗教信仰的缘故，在东南亚一带拥有较大的影响力，成为广东省著名的旅游目的地之一。但是该旅游目的地较为独立，其周边缺少其他旅游景区的支撑，因而，在空间布局上形成了类似于环核式的空间布局。该旅游目的地的所有接待设施都由当地居民自发组织，紧紧围绕在该旅游目的地的周围，形成了包围该旅游目的地的一道接待设施环。

(三)社区-吸引物式布局

社区-吸引物式布局(Community and Attractives)模式是1965年由甘恩首先提出的。其布局是在旅游目的地中心布局一个社区服务中心，外围分散形成一批旅游吸引物综合体，在服务中心与吸引物综合体之间有交通连接。

社区-吸引物式布局与环核式布局有一点相似，即在上述两种布局模式下都会出现环状的分布。其不同之处在于，社区-吸引物式布局模式下位于环状中心的是具有旅游接待功能的社区。而环核式布局模式下，位于环状中心的是旅游吸引物。因此，社区-吸引物式布局是在旅游资源较为丰富，但是分布较为分散的情况下产生的一种分布形式。在该形式下，为了增强区内的交通便捷性，往往会在社区与旅游资源以及旅游资源间修建交通线，最终形成车轮状交通格局。

海坛岛是我国第五大岛，福建省第一大岛。该岛上旅游景点大都分布于岛屿的四周，并且景观众多，如三十六脚湖、凤凰山沙坡、坛南湾、海坛天神等。而由于环境和历史、军事等原因，海坛岛的旅游接待设施基本上位于岛屿中部的平潭镇。因此，最终该区域形成了一个旅游接待中心位于中部，旅游景点和景区分散于岛屿四周的社区-吸引物式空间布局模式。

本章小结

旅游目的地战略规划是对旅游目的地发展进行的系统协调谋划安排。旅游目的地战略规划首要是旅游目的地主题定位。主题定位包含：旅游目的地的(一体)即目标定位，决定了旅游目的地的前进方向；旅游目的地实体翼即资源产品项目等的功能规划，尤其是旅游目的地项目创意设计夯实了旅游目的地主题功能；旅游目的地虚体翼即形象从需求侧支撑了旅游目的地主题发展。旅游目的地战略规划进行空间结构的功能区划实现旅游目的地在空间结构上的优化，从而在实体翼促进旅游目的地的协调发展。

关键术语

旅游目的地战略规划；旅游规划的主题定位；旅游项目创意设计；旅游主题形象定位；旅游目的地功能区划

参考资料

［1］马勇，李玺．旅游规划与开发．北京：高等教育出版社［M］．2012：26.

［2］马耀峰，甘枝茂．旅游资源开发与管理．天津：南开大学出版社［M］．2013：225.

［3］厉新建．旅游经济发展研究——转型中的新思考．北京：旅游教育出版社［M］．2012.

［4］吕俊芳．旅游规划理论与实践［M］．北京：知识产权出版社［M］．2013.

［5］厉新建，张凌云，崔莉．全域旅游：建设世界一流旅游目的地的理念创新［J］．人文地理，2013，28（6）：130-134.

［6］吕俊芳．城乡统筹视域下中国全域旅游发展范式研究［J］．河南科学，2014，32（1）：139-142.

［7］魏小安，魏诗华．全产业链视阈下的旅游发展．天津：南开大学出版社［M］．2012.

［8］周成．区域旅游创新研究．北京：光明日报出版社［M］．2021.

网络资源

1. 澎湃网：https：//www.thepaper.cn/newsDetail_forward（查询有关中国旅游规划的发展信息）；

2. 中华人民共和国文化和旅游部网站：http：//www.mct.gov.cn/（了解旅游可持续发展的相关政策信息）；

3. 中国旅游研究院：http：//www.ctaweb.org/（了解旅游可持续发展的最新动态信息）；

4. 中国旅游报App（了解旅游发展的大事和重要节点、政策等信息）。

分析与思考

1. 什么是旅游目的地的主题？如何理解旅游目的地的构成？

2. 你认为影响旅游目的地项目创意设计的因素有哪些？

3. 旅游目的地形象的理解维度有哪些?

4. 旅游目的地项目设计应抓好哪些重点内容?

5. 结合实际,分析如何实现旅游目的地空间结构的区划。

技能训练

1. 访问中华人民共和国文化和旅游部网站,查找 5 年内国家关于旅游目的地发展的政策并整理成文。

2. 借助网络资源和图书期刊文献,分析影响我国旅游目的地发展的因素,并根据自己的认识提出合理化建议。

案例分析

"好客山东"的发展

山东省地处中国东部沿海、黄河下游,陆地面积 15.67 万平方公里,海岸线长 3 100 多公里,人口 9 417.2 万(截至 2008 年年底),2009 年 GDP 居全国第 3 位,是中国的经济大省,也是旅游大省,拥有丰富的自然和人文旅游资源,2008 年山东省旅游总收入 2 005.2 亿元,在全国居第 5 位。2007 年 6 月,山东省旅游局推出"好客山东"旅游品牌,以此为基础塑造山东旅游形象。

具体措施包括:

(1)以五岳之首、大海之滨、孔孟之乡、礼仪之邦的整体形象,结合山东的"好客之道"和"好客品质",以"诚实、尚义、豪放"的鲜明个性,传递特色化、国际化的现代形象与文化意识。

(2)对"好客山东"品牌进行多角度、多层面、立体化宣传和推广。山东省内的机场、码头、车站以及主要的旅游集散地都统一打出"好客山东"品牌,同时,配以山东旅游宣传片,形成丰富的信息传递,增强山东旅游形象的社会认知度。

(3)建立山东旅游体验网站,通过"炫、影、图、音、动"各类方式对山东旅游景点进行介绍,展示悠久的文化和富有魅力的山水风景,让游客身临其境地体验到山东的热情,对于塑造旅游目的地形象,诱发旅游动机效果明显。

(4)与企业联合,在知名的企业产品上印上"好客山东"品牌,借助产品的流动性推广品牌知名度。例如,2009 年在云南昆明举办的中国国际旅游交易会上进行山东旅游品牌宣传推广,2009 年在北京举办山东旅游品牌推介会等。

(5)建立"鲁菜馆"等实体经济,推广山东特色美食。

(资料来源:根据网络资料整理)

思考问题:

你对于山东的地方印象是什么?如何评价"好客山东"的品牌定位?如何进一步打造"好客山东"的形象?

第七章 旅游目的地开发

学习目标

通过本章的学习，你应该能够：
1. 了解旅游目的地开发的概念和含义；
2. 理解旅游目的地开发的原则、方式和模式；
3. 理解旅游目的地开发的内容、趋势和技术路线。

素养目标

1. 建构旅游开发知识体系，能够转化为旅游目的地开发的能力；
2. 反思旅游目的地开发，养成旅游目的地开发的主动创新意识；
3. 树立整体的旅游发展观，提升旅游目的地开发的社会担当；
4. 系统理解旅游目的地发展，养成良好的旅游职业素养。

导入案例

解读："袁家村模式"是怎样炼成的？

第十一期《人民文旅对话》，人民文旅走进袁家村，与袁家村教师、中国乡村振兴袁家村课题组组长宰建伟对话，深度解读"袁家村模式"是怎样炼成的。

乡村振兴是现在的热点，也是难点，而这个位于陕西省礼泉县、距离西安70公里的村庄却成了众多乡村振兴案例中的"亮点"。这里不靠山不近水，其貌不扬，在10年前，谁也不曾想到关中平原上只有62户人的小村子——袁家村，通过发展乡村旅游，探索出了一条"乡村振兴"的新路子，成为网红打卡地，年接待游客量高达700万人次，年营业额突破10亿元……虽然不是节假日，也非双休日，但袁家村人气依然很旺：小吃街里香味扑鼻、人头攒动；酒吧街上情侣漫步、歌声飘荡；街头秦腔吼起来、露天茶馆喝起来，有不少游客品着茶，也品味着乡村悠闲的慢生活……

宰建伟表示："这些年，到袁家村来考察、调研和学习的人很多，大家都在谈'袁家村模式'，但实际上，更多人看到的是人气满满、生意火爆的小吃街、挣得盆满钵满的村民和商户，却鲜少有人探求和深思其表象背后的原因和逻辑。也许你无意中抬头看见墙上随处可见的'合作社'名单，这里面就藏着一篇大文章，包含了源于乡村和农民的大智慧。"

在宰建伟眼里，袁家村是持续不断上演的一部乡村生活连续剧，郭占武书记是该剧的总策划总导演，村干部是为全体村民、商户和游客服务的剧务组，全体村民、店主则是演员，他们本色出演，还原、恢复、再现自己的乡村生活形态，游客既是观众，也是剧中人。"来前想不到，走后忘不了，看似很简单，就是学不会"，袁家村以村民为主体的乡村旅游一举突破和改写了传统教科书的定义和范式。这是一个了不起的创举，其价值至今没有被充分挖掘和认识。

"袁家村为什么能够成功？郭占武葫芦里究竟卖的是什么药？很多人到今天仍然没有弄明白。我反复强调袁家村的卖点不是小吃美食，也不是传统建筑，从本质上来说，袁家村的卖点是乡村生活。袁家村最大的吸引力是它恢复了关中民俗，重建了乡村生活，其中的逻辑关系也很清晰，要'卖'乡村生活就必须以农民为主体，原居民、原村民都要参与进来，要以农民为主体就必须把农民组织起来。谁能把农民组织起来？这才是问题的关键。"宰建伟强调。

人民文旅：袁家村是我国乡村振兴的典型案例，"袁家村模式"也一度被争先模仿，那么袁家村到底是怎样炼成的？

宰建伟：这些年，到袁家村来考察、调研和学习的人很多，大家都在谈"袁家村模式"，但实际上，每个人对"袁家村模式"的理解可能都不一样，很多人把"袁家村模式"理解为"小吃街模式"，更有甚者认为在农村、在荒郊野地搞一条小吃街就能够把乡村旅游做起来，进而来带动农民致富和乡村发展，实现乡村振兴。我觉得这个理解是错误的。

"袁家村模式"的定义和本质是什么？只能从袁家村的发展过程和事实中找答案，而不能从结果和表象中去臆想和推测。更不能道听途说，人云亦云。

我们认为"袁家村模式"是袁家村党支部和村干部发动、组织和带领广大群众，自力更生，艰苦奋斗，因地制宜，创新解决"三农"问题，坚持"三产"融合发展、壮大集体经济和走共同富裕的道路，探索和践行乡村振兴的思路和经验总结。最主要的是以支部为核心，以村民为主体，发展富民乡村产业，实现共同富裕。特别是打造一个农民创业平台，把村民培养成创业主体、经营主体和受益主体，让村民成为自家生意的老板和合作社的股东，家家有生意，人人能挣钱。这才是袁家村的独门绝技和制胜法宝。

1. "袁家村模式"的核心价值是什么？

2. 你认为"袁家村模式"可以复制吗？为什么？

第一节　旅游目的地开发含义

"开发"在《高级汉语词典中》中的基本含义指通过研究或努力，开拓、发现、利用新的资源或新的领域，并对新资源、新领域加以利用的行为。在此，与开拓近似，多指以荒地、矿山、森林、水力等自然资源为对象进行劳动，以达到利用的目的。最早源自《汉书·孙宝传》："时帝舅红阳侯立使客因南郡太守李尚占垦草田数百顷，颇有民所假少府陂泽，略皆开发，上书愿以入县官。"之后，文献中"开发"的意思多与此相同。例如《金史·张开传》："及论淇门、安阳、黎阳皆作堰塞水，河运不通，乞开发水道，不报。"瞿秋白《饿乡纪程》九："地力的开发，还存着莫大的富源。"茅盾《子夜》三："我们汪先生就是竭力主张实现民主政治，真心要开发中国的工业。"开发概念的重点在于挖掘和实现资源的价值以及改变资源所处的状态。旅游目的地开发就是要实现蕴含在旅游资源中的各类价值。旅游目的地资源不会自动转化为效益，只有通过开发才能转化为产品，发挥其文化、社会、经济、生态等效应，旅游目的地开发是旅游地资源开发利用的一种重要方式。习近平总书记多次强调"旅游业是综合性产业，是拉动经济发展的重要动力""旅游是传播文明、交流文化、增进友谊的桥梁"。通过对旅游地资源进行广泛的研究和深层次的旅游目的地开发，才能不断满足旅游者的需要，从而发挥其应有的价值和功效。

旅游目的地开发有广狭义之分，狭义的旅游目的地开发指单纯的旅游资源利用技术；广义的旅游目的地开发是指，在旅游调查评价的基础上，以市场需求为导向，以发展旅游业为目的，有组织有计划地对旅游资源加以利用，发挥、改善和提高旅游资源对旅游者的吸引力的综合性技术经济工程。旅游目的地开发的实质，就是以旅游资源为"原材料"，通过一定形式的挖掘、加工，达到满足旅游者需求，实现经济、社会、生态、文化等价值的目的。旅游目的地开发是一项系统工程，通常包括多层含义：

一、旅游目的地开发以旅游调查评价为基础

旅游发展需要首先了解作为旅游发展基础的旅游要素的数量、类型、结构、质量特征、等级、赋存状况，以及旅游资源保护、利用和发展现状，并在此基础上确定旅游的总体开发方向。如果缺少旅游要素的统计资料，对旅游要素的状况不了解，就无法针对性地进行旅游目的地开发工作。因此，旅游目的地开发的基础即是对基本旅游要素的调查和评价。

二、旅游目的地开发的目的是发展旅游

发展旅游具有多种功能，诸如增加收入、富民强国(省、市、县、村镇等)、回笼货币、扩大就业、拉动内需、赚取外汇、调整产业结构、促进文化交流和提升文化软实力、提升美化环境等。旅游在促进地方经济、社会、文化、环境发展等方面的功效显著，因而旅游业备受关注与青睐。世界各国都对发展旅游表现出浓厚兴趣，我国也十分注重视通过旅游发展盘活各种旅游资源，产生经济、社会、生态等综合效益。2016年，我国甚至提出了国土资源旅游化的全域旅游发展战略，并分两批在全国公布了500个全域旅游示范创建单位，这些创建单位有省域例如海南国际旅游岛，市域例如锦州市，县域例如北镇市，旨在通过科学合理开发利用各种旅游地资源，发挥其旅游吸引功能，促进综合地域发展。

三、旅游目的地开发需要以市场需求为导向

在市场经济体制下，旅游目的地开发已经突破"有什么就干什么"的自然开发模式。各地都在认真研究旅游市场，根据市场需求的实际状况，开发利用市场需求大、广受市场欢迎的旅游产品，科学对待资源与产品、资源与市场的关系。以市场需求为导向，一方面充分研究旅游主体的需求意愿，为其提供适销对路的旅游产品；另一方面，尽量促使旅游资源转换成旅游吸引物，增强和提高旅游目的地的市场竞争力。

四、旅游目的地开发是一项综合性的系统工程

旅游目的地开发的内容多元，包括旅游资源的开发利用，旅游交通、城市基础设施和服务接待设施的规划建设，旅游管理机构的建立，经营体制，人力资源的开发等内容。就旅游目的地开发的效益而言，不能只考虑经济效益，还应该分析论证旅游目的地开发带来的社会效益和环境效益，三大效益要综合考虑、同时兼顾，这样才能实现旅游的可持续发展。

第二节　旅游目的地开发的原则

旅游目的地开发原则是指旅游目的地开发过程中遵循的指导思想和行为准则，由于旅游目的地开发的规模、开发范围、开发重点、旅游资源基础、旅游客源条件以及社会经济背景等不同，各地的旅游目的地开发不能遵照统一的模式进行。因此，旅游目的地开发只有遵循一定的原则，才能保证开发目标的实现，使经济效益、社会效益和环境效益同步提高，实现开发效益最大化。

一、特色性原则

特色是旅游吸引力的关键因素，是旅游发展之魂。旅游目的地开发的特色性原则要求在开发过程中，充分发现旅游个性鲜明的独特魅力，不仅要保护好旅游资源的特色，还要充分揭示、挖掘、整合展示好旅游资源独有的"人无我有、人有我优、人优我特"异质特性，形成特色独具的旅游主题形象，从而在旅游者心目中形成强烈的意象、产生强烈的吸引力。杜绝开发中不切实际的照抄照搬，没有特色就没有生命力，特色越鲜明旅游吸引力就越强。在旅游目的地开发过程中，要尽量保持自然或历史形成的原始风貌，尽量开发利用具有特色的旅游项目，尽力反映当地民族特色或地域特色的文化。

二、保护性原则

旅游发展必须以旅游资源为基础，自然旅游资源是大自然的造化，人文旅游资源是历史的遗存或现代艺术的结晶，不管是自然旅游资源还是人文旅游资源都具有自在性和脆弱性特征，一旦破坏就难以复原，所以保护旅游资源在旅游目的地开发中就显得极其重要。

保护主要表现在两方面：一是对旅游资源本身的保护，尽量减少资源的损耗、延缓衰减的自然过程，将人为损坏降到最低点，杜绝开发性破坏或破坏性开发。二是对旅游环境的保护，旅游目的地开发既要与自然环境相适应，有利于环境保护和生态平衡，控制污染；同时还要与社会环境相适应，遵守目的地的政策法规和发展规划，不危及当地居民的文化道德及社会生活，开发旅游要为当地居民提供就业机会，加快基础设施建设，促进文化交流，使旅游发展成为富民工程，能得到当地政府和社区的支持。遵照反规划的思路，在进行旅游目的地开发时，必须进行认真的可行性研究，制定切实可行的保护措施，防止资源和环境遭到破坏。

三、市场性原则

所谓市场性原则，是指旅游目的地开发必须根据旅游市场需求内容和变化规律，确定

开发主题、规模、层次和内容。这是市场经济体制最基本的原则。市场性原则要求旅游目的地开发必须进行市场调研和分析，准确把握市场需求状况和变化规律，结合旅游资源特色，寻求资源条件和市场需求之间的最佳结合点，确定开发主题、规模、层次和内容。市场性原则要求根据旅游者需求来开发旅游项目，但并不意味着凡是旅游者需求的都可以进行开发，对国家法律不允许的、对旅游者会有危险或有害于旅游者身心健康的旅游项目，就应当予以限制或禁止开发。

四、经济性原则

旅游目的地开发是一项经济活动，必须遵循经济效益原则。并不是所有的旅游资源都值得马上开发，如果开发旅游所投入的成本高于它所带来的收益，这种开发显然是不经济的，也不可行。因此，旅游目的地开发应当事先进行投入-产出分析，确保开发能带来丰厚的利润。在深入研究市场基础上，对旅游项目的可进入性、旅游者的吸引力、投资规模、投资效益、建设周期、资金回收期等方面，都必须进行详细的数据分析论证。同时，也必须根据开发的人力、物力、财力等开发实力，分阶段梯次推进旅游项目，先重点优先开发基础好的项目，之后再不断增加新项目和配套设施与服务，最终形成完善的旅游设施和服务体系。坚决杜绝不加选择地盲目开发，更不能不分先后地全面开发。

五、综合系统性原则

旅游目的地开发应注重提高旅游要素的使用价值和吸引功能，以尽可能少的投入获得尽可能多的综合收益。所谓的综合系统性原则包含两层含义：

（一）旅游目的地开发要做到经济效益、社会效益、环境效益及文化效益的协调统一

旅游目的地开发首先是一项经济活动，应该遵循经济效益原则。切忌在短期内把所有资源全部进行开发，通常要有储备旅游资源的理念。在进行旅游目的地开发能带来的经济、社会、生态、文化等效益进行认真论证后，科学地确定旅游目的地开发时序，一般是先易后难、先重点再一般，确保开发活动能带来最大综合效益。旅游目的地开发也必须注重社会文化效益，切实遵守旅游目的地的政策法规，切不可危及当地居民的文化和伦理、社会道德和生产生活，最终实现经济-环境-社会-文化的综合发展。

（二）旅游目的地开发是由多个子系统组成的系统工程

旅游目的地开发是一个综合系统工程，并不是对单一要素的开发，会涉及旅游者食、住、行、游、购、娱以及通信联络等多种类型的要素，不同类型的旅游要素只有通过综合开发、整合利用，才能使不同吸引力的吸引要素结合形成一个吸引群，使旅游者能从多方面发现并体验其价值，从而提高旅游目的地的品位、层次，增加其对旅游者的吸引力，提升其在市场中的知名度。

第三节　旅游目的地开发的内容

旅游目的地开发具有综合系统性特点，除对旅游资源进行调查、分析、评价，选择适合的开发主题外，还应该包括产品项目规划设计、开发思路、空间布局、交通等配套设施

建设、客源市场定位及拓展、人力资源开发及管理体制机制建设等内容。

一、旅游目的地开发思路确定

整体开发思路是旅游目的地开发中非常重要的任务，包括明确旅游资源开发利用的主题，按照旅游目的地开发主题确定开发旅游产品项目谱系及重点，制定旅游目的地开发的主要战略、开发建设目标、开发时序等。

二、旅游资源开发利用

旅游目的地开发就是将旅游资源吸引力显性化的过程，旅游资源是旅游目的地开发的基础，旅游目的地开发首先要对开发区域内的旅游资源进行调查梳理、分类，并进行分析评价，既要有定性评价，也要有定量评价，通过综合分析评价，找到旅游资源开发的合适方向、恰当主题，为旅游产品设计及项目遴选提供基础性资料，所以旅游目的地开发的基础就是旅游资源的开发利用。

三、旅游产品项目设计开发

旅游资源只有经过开发才能转变为旅游产品或项目，被旅游业利用，从而产生效益。旅游产品项目是旅游发展最核心的吸引物，其成败决定着旅游的吸引力大小，所以旅游目的地开发的重点就是旅游产品项目的设计开发。

旅游产品项目设计根据旅游资源的特点和市场需求变化，确定旅游产品项目主题，设计旅游产品项目谱系，在综合研究旅游发展要素基础上定位核心旅游产品项目。在旅游产品项目定位基础上，有针对性地打造重点旅游产品项目，展示呈现旅游主题，夯实旅游的核心竞争力。

四、旅游目的地开发空间布局谋划

旅游目的地开发空间布局主要是对旅游目的地开发的空间结构进行规划安排，在定位旅游资源特色和主题方向基础上，对旅游目的地开发区域在空间上按不同的功能进行布局，依据旅游目的地开发的资源分布、土地利用、产品项目设计等状况对开发空间进行系统谋划。

旅游目的地开发空间布局决定了旅游目的地开发区域的内部结构，对旅游目的地开发的各个要素都会产生深远影响。在研究旅游资源基础上以各种产品项目夯实旅游功能，通过分区设置突出旅游主题形象；在开发时采取集中功能单元的布局方式，防止布局散乱，取得集聚效应；注重空间结构的功能协调和平衡，对旅游中的各种活动进行相关性分析，确定各类活动之间的互补、相依或相斥关系，有效划分功能区，协调处理旅游功能分区与主要景观、周围环境、管理中心以及各功能分区之间的关系，使得各功能分区在位置选取、空间分布上保持互相协调；在旅游目的地开发功能分区时合理规划动线和视线，进行最为理想的空间布局。

五、旅游配套设施的规划建设

旅游活动是以旅游者的空间位移为前提的，因此合理规划安排旅游者从客源地到目的地的往返通道，以及旅游者在旅游地内部的流动通道，是旅游目的地开发的重要内容。旅游交通安排是在旅游目的地开发时首要考虑的内容，是对进出旅游地的交通条件和设施进行投入，对旅游地内部的交通环境进行改善与优化，旅游交通通道的设置必须适应旅游者在便利、快捷、安全、舒适等多方面的基本要求，在交通安排上不仅包括旅游交通线路的设计、旅游交通设施的配套建设、旅游交通工具的选择，还包括各种交通运营计划的设计和安排。

旅游目的地开发不仅需要交通规划建设，还需要规划建设其他各种配套设施，包括基础设施和专门设施。旅游基础设施是指旅游者在旅游地停留期间必须依赖和利用的设施，包括酒店宾馆等住宿设施、餐饮设施、娱乐设施、购物设施、银行、医院、通信设施、供水供电设施等，涉及内容和范围广泛，涵盖旅游吃、住、行、游、购、娱等多方面，这些设施的设计和安排要能够提升旅游者的感受，有助于提高旅游服务质量，并增强旅游吸引力，同时还要对当地社会的发展和人们生活质量的改善有助益。通过旅游目的地开发中各种辅助配套设施的统筹规划和建设，完善和提升旅游发展的硬环境。

六、旅游客源市场开拓

旅游目的地开发要取得预期的经济、社会、环境、文化等效益，就要在旅游供给侧开发建设的同时兼顾需求侧，密切关注旅游市场的需求及其变化，在进行旅游目的地开发时依据本地旅游资源的特色和优势确定开发的目标市场，进行旅游客源需求的准确定位，确定核心、基础和潜在旅游客源目标市场，锁定核心市场进行适销对路的开发建设和市场营销，不断开拓旅游市场。

七、旅游人力资源开发和管理体制机制筹划

旅游业是以提供服务为核心的活劳动密集型行业，人力资源是保障旅游业发展的核心要素，人力资源质量高低是影响旅游业健康发展的重要因素，旅游目的地开发的顺利实施，在很大程度上有赖于旅游人才的供给与开发，不断重视和强调人力资源的开发，持续拥有稳定、高质量的旅游从业人员，有效提升旅游吸引力和竞争力，持续推高区域旅游协调发展。旅游人力资源开发包括对从业人员需求预测，专业技术类人员、公关营销类人员、服务人员的选择，以及从业人员的招聘、选拔、培训、安排等工作。

旅游目的地开发的管理体制机制是旅游运营发展的重要手段，包括宏观的体制建设和微观的机制建设。在旅游目的地开发中根据具体情况借助市场机制和政府宏观调控机制的双向指引展开，在微观具体层面深入研究各类影响因素、协调各利益主体的利益，采取恰当的运营方式保证旅游目的地开发的成功。通常可以采用成立管委会、委托经营、拍卖经营权、股份制、所有权和经营权分离等方式，具体采用何种方式需要根据当地的经济发展、资源性质、政府政策、人力资源、社区居民等具体情况而定。

旅游目的地开发是全方位的开发，从资源层面看，旅游目的地开发是一个减少时空上浪费，充分高效利用资源的整合开发，包括物质层面和精神文化层面由浅入深的开发；从游客层面看，旅游目的地开发是进行多样化旅游产品与项目的过程；从经济层面看，旅游目的地开发是延长时间、增加旅游效率、提高人均就地消费水平，突破门票经济延长产业

链的系统工作；从技术层面看，旅游目的地开发是增加科技含量，用先进科技推动旅游业发展的工程。

第四节　旅游目的地开发的方式

根据旅游目的地开发的性质和目的，旅游目的地开发可以分为新建、再利用、修复重建、改造和挖掘提高等多种方式。

一、新建

新建就是凭借自身独特的旅游资源特点，建立新的旅游景区景点或主题公园，建设与主题相配套的旅游服务基础设施，来增强旅游地的吸引力，满足市场相应的旅游需求，推动当地旅游业发展和民众生活质量的提升。这种开发是完全的从无到有的新建，贵在创新，创造出"人无我有、人有我优、人优我特"的全新旅游业态。

二、再利用

这种开发是指依托原有的未被认识到的旅游吸引物，发掘其旅游价值，通过整合、组织、再开发，使其成为旅游吸引物的一种开发方式。随着社会的进步和人们生活水平的提高，旅游需求和消费行为特征不断呈现出多元化趋势。因此，根据旅游消费需求的新变化，开发利用以前未被认识到的旅游吸引物，促其成为新的旅游产品，产生旅游效益。

三、修复重建

因为自然或历史等原因而被损毁，但又具有极高艺术观赏价值、历史文化价值和科学考察价值的旅游资源，对其进行整修、修复或重建，使之重新成为可供人们参观游览体验的旅游区点或业态。

四、改造

对现有的利用率不高的旅游景观、旅游设施或非旅游设施，投入一定的人力、物力、财力进行局部或全部改造，使其符合旅游市场需求，成为受旅游者欢迎的旅游吸引物的一种开发方式。

五、挖掘提高

对已被利用但又不适应旅游发展新形势的旅游吸引物，借助深入挖掘资源特色，增加一些新的设施和提供新的服务，提高其整体质量，产生出新的旅游吸引力的一种开发方式。

以上五种旅游目的地开发方式之间并没有严格的界限，难以截然分开，常常需要结合现状与需要，根据具体的旅游要素状况，确定具体的开发方式及其组合。

第五节　旅游目的地开发的模式

从区域理论角度出发，旅游目的地开发模式是指依据区域旅游资源、旅游发展现状以及发展潜力，确定未来协调发展的组织体系。在旅游目的地开发时同类型且具有相同特征的旅游目的地开发思路和理念通常会有极大的相似性，而此种思路和理念即为旅游目的地开发模式。虽然，旅游资源种类繁多，因其所处的区位、自然环境和社会环境等条件的变化，同类旅游资源也会有极大的差异性，但对其开发思路和理念却具有相似性特点，即旅游目的地开发模式具有一定的普适性。对旅游目的地开发模式的研究有利于在文化遗产利用中探寻旅游发展的恰当路径。

由于旅游资源的性质、价值、区位条件、规模、结构和区域经济发展情况、文化背景、法律法规、社会制度、技术条件等方面因素会有不同，旅游目的地开发的深度和广度不尽相同，因此导致旅游目的地开发的模式也趋于多元化。依据影响因素和不同的划分标准，旅游目的地开发的模式可以归并为不同的类型。

一、按照旅游资源的类型划分的旅游目的地开发模式

（一）自然类旅游资源的原生态少扰动模式

自然类旅游资源是由地文、水文、生物、气候、气象、天象等自然地理要素构成的，具有美学观赏价值、历史文化价值和科学考察价值，能吸引人们前往进行旅游活动的自然景物。自然类旅游资源以天然赋存的原生景观和纯朴底色为吸引要素，对向往本真自然的旅游者群体有强烈的吸引力，能为旅游者提供观光游览、休闲度假、避暑避寒、运动健身、修养理疗、漂流探险、冲浪划船、滑沙滑草、野营自驾、研学科考、品茗垂钓等游憩活动。开发自然类旅游资源通常可以采用原生态少扰动模式，开发时尽量突出资源的本身底色，在保障人们游憩活动的配套设施的建设时，尽量减少和避免人为的干扰，在保护自然底色的同时保留本真、体现本真、融入本真。目前，自然类旅游目的地开发的模式具体为旅游区、风景名胜区、森林公园、自然保护区、地质公园、国家公园、水利风景区、植物园等类型。

（二）文物古迹类旅游资源的尊重历史展现文化开发模式

我国是拥有 5 000 多年文明历史的文化大国，文物古迹类旅游资源比比皆是，这些资源反映了人类在不同的历史时期的科技、生产力等社会活动和社会意识，这也是我国发展文化旅游的最大优势所在，造就了我国旅游的特色鲜明。文物古迹是社会历史发展过程中遗存的人类文化的瑰宝，是将理论形态的历史文化具体形象展示的重要载体，反映人类在历史时期的文化意识、社会活动和社会关系等，具有重要的历史文化价值、科学考察价值、艺术观赏价值、民族文化价值、稀缺价值等，开发重在展示特定历史时期的经济、政治、社会、文化、文学艺术、科学技术等发展水平和历史内涵。文物古迹类旅游资源通常可以进行寻古探源、历史文化教育、访古探秘、文化体验、研学科考等形式多样的游憩活动。旅游目的地开发重点在于历史文物古迹的整理挖掘、保护修缮，向旅游者复原展示其历史文化价值；文物古迹类旅游资源往往和历史文化名城相伴而生，因此开发文物古迹类旅游

资源需要与城市的总体规划相结合，既可以满足现代社会旅游需求，又可以保持地域的历史性和文化性。开发文物古迹类旅游资源，可以采用尊重历史、展现文化的开发模式，具体可以有博物馆、遗址公园、国家文化公园、文化廊道、文化园区、考古园区、文化演艺等类型。由于文物古迹是漫长历史演变过程中逐渐沉淀形成的，通常具有不可再生性，一旦被破坏，将永久消失，所以，在进行旅游目的地开发时必须坚持以保护为主的可持续开发利用，保护融于开发、开发促进保护的双向促动方式。

（三）社会风情类旅游资源的参与互动风情展现模式

我国有 56 个民族，每个民族都有魅力独具的民风民俗和社会风情，这些成为吸引旅游者的重要旅游资源。社会风情是以人为载体，通过群体的生产劳动、生活方式、社会交往等表现出来的人际活动，具有参与性、动态性、活动性、表演性、精神指向性、文化展示性、融合性等特征，在旅游目的地开发中可以发挥参与体验、文化交流、精神体验、观赏游乐等价值，给旅游者带来其他旅游资源不具备的体验功效，是最具开发潜力的活态旅游吸引物。此类旅游目的地开发更强调参与体验性和动态展示性，尽可能促使旅游者沉浸式融入旅游地社会活动或生活场景中，从而产生高质量的难忘旅游经历。所以，在旅游目的地开发过程中应尽量保持原汁原味，不应为了追求商业目的而改变当地的原味风土人情，最好的开发方式就是社区参与旅游，具体的开发方式有民俗村落、特色风情小镇、民俗主题乐园、文化大院、民族演艺综合体等方式。

（四）现代人工吸引物的特色化参与互动模式

现代人工旅游资源是随着社会经济的发展和旅游需求日渐增加而出现的一类新旅游吸引物，根据其功能可以分为观赏型和游乐体验型两大类别。人工吸引物的建造对于资源禀赋匮乏，而处于经济发展好、交通区位便利、人口较为密集、客源较丰富等外在开发条件好的区域，是一种极佳的旅游目的地开发模式。人工吸引物通常具有游赏体验、参与性娱乐、休闲游憩等功能，对区域的旅游开发可以发挥其娱乐性、大众性、参与性、深度体验性等特性，充分满足现代社会的多样化旅游需求。和其他旅游资源具备的自在性不同的是，人工吸引物是专门为旅游而人工打造的，由于人工吸引物建设的周期长、投资大，并且必须有良好的客源条件，所以开发建设要慎之又慎，对于其开发的地点选择、主题定位、产品项目定位、性质格调、规模档次、目标市场定位都必须进行充分调研，严格筛选。人工吸引物最适宜的开发模式为特色互动模式，具体表现为主题公园、城市游憩公园、城市历史街区、娱乐场、文化旅游园区等模式。

按照旅游资源类型，除了上述几种常用开发模式外，还有其他开发模式，在实际开发中需要因地制宜选择一种或多种适宜模式进行开发。

二、按照投资主体划分的旅游目的地开发模式

（一）政府主导型旅游目的地开发模式

由政府投资进行的开发有两种，即中央政府投资型和地方政府投资型。中央政府投资型模式通常适用于投资规模大、回收期长、投资风险大、跨区域、涉及利益主体复杂、宏观意义重大的公益性开发项目，例如跨区域交通通道、大型环保项目、机场码头车站、能源基地等的修建，地方和其他投资主体无力承担，往往由政府出资建设；地方政府投资主

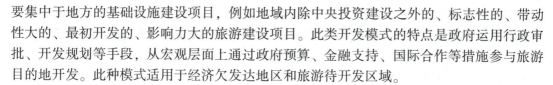

要集中于地方的基础设施建设项目，例如地域内除中央投资建设之外的、标志性的、带动性大的、最初开发的、影响力大的旅游建设项目。此类开发模式的特点是政府运用行政审批、开发规划等手段，从宏观层面上通过政府预算、金融支持、国际合作等措施参与旅游目的地开发。此种模式适用于经济欠发达地区和旅游待开发区域。

（二）企业主导型旅游目的地开发模式

企业主导型旅游目的地开发模式是指地方政府将辖区内的旅游资源开发和经营权采取出让的方式，吸引投资商进行开发和经营，政府退居宏观管理层面，只在规划、政策法规、宏观市场促销等方面对投资开发商进行宏观指引，不直接参与投资的开发模式。按照投资企业的不同可以分为不同的投资开发类型：国有企业投资型、集体企业投资型、非国有企业投资型、混合经济投资型等。此类开发模式的特点是政府在宏观层面管理旅游市场、审批旅游目的地开发规划、制定法律法规和发展战略，不直接参与投资，把旅游开发项目推入市场，引导企业开发经营旅游项目，主要按照市场经济体制机制规范约束企业旅游经营开发。针对具体景区景点的旅游资源开发而言，景区景点类旅游项目管理相对简单，经济效益明显，投入产出比值较高、投资回收期相对较短，由企业投资开发经营比较合适。此种开发模式对促进我国企业的实力壮大和国家政府职能转变、地方旅游发展大有助益。此模式也是我国优先支持和积极鼓励的旅游目的地开发模式，适用于所有类型的旅游目的地开发区域，今后将会是我国旅游目的地开发的主要模式。

（三）民间投资型旅游目的地开发模式

民间投资型旅游目的地开发模式的旅游投资主体是民营企业或个人，针对规模不大、能获取短期收益的中小型旅游项目进行投资开发，或创办餐饮、住宿、购物等配套旅游项目。开发模式中投资主体比较注重投资带来的短期收益和回报率，以个体独资或个体集资等方式承建旅游项目，投资规模不大，涉猎的范围较广，一些投资少、见效快的旅游目的地开发项目往往能吸引此类投资者。民间投资虽然只是单个和少数几个项目投资，但其对关联性的旅游企业来说，有着极其重要的意义。民间投资可以起到查漏补缺的作用，为当前快速发展的旅游目的地开发注入新鲜的活力，为旅游消费者提供更加多元的选择，是目前地方旅游发展中不可或缺的重要方式。按照"谁投资、谁受益；谁投资、谁管理"的旅游业发展原则，民间资本投资旅游业的积极性正在逐步提高，未来也是我国旅游目的地开发的重要力量。此类开发模式适用于旅游发展较为成熟，并且已取得较好开发效益的区域，或旅游业正在起步的旅游目的地。

（四）外商投资型旅游目的地开发模式

目前，外商投资开发旅游在我国集中在饭店、宾馆、旅行社和汽车租赁业等，投资以合资方式为主，例如建设-经营-转让，即 BOT（Build Operate Transfer）旅游目的地开发模式，通常先由政府将旅游项目的投资权赋予某外商投资主体，由其独资投资建设项目，项目建成后允许该投资主体独立经营，便于其在规定时间内收回投资并获得利润，待经营年限期满后，投资主体把该旅游项目的经营权交予当地政府。此开发模式的特点是投资规模通常很大，在投资开发过程中引进先进的管理理念、模式、经验等会对当地产生示范带动作用。为了进一步扩大旅游业发展利用外资的能力，今后将是我国旅游业吸引外资的重要方向，投资方式也会更加灵活。此开发模式通常适用于经济欠发达地域、开发资金量很大的旅游目的地或当地不可能进行开发的旅游项目等。

上述几类投资开发模式并非完全独立，随着旅游投资管理体制的逐步完善，几种开发模式共同完成旅游目的地开发。以政府为主导，以企业和外商投资为主体，民间和个人投资为补充，多种投资相结合会是我国旅游业发展的主要形式。

三、按照发展阶段划分的旅游目的地开发模式

(一)资源导向型旅游目的地开发模式

资源导向型旅游目的地开发模式是指旅游目的地开发是从旅游资源本身作为着眼点，通过详细调查分析评价本地旅游资源，并以此为依据，有什么旅游资源就发展什么旅游，依托资源本色进行旅游开发的模式。此开发模式的优点是开发实施相对简单，无须大量资金投入；缺点则是很难满足日新月异变化的旅游需求，旅游产品只能适应基本的观光旅游。这一模式对应着旅游目的地开发的初级阶段。

(二)市场导向型旅游目的地开发模式

市场导向型旅游目的地开发模式是根据市场需求来进行的旅游目的地开发模式。在旅游目的地开发之前首先进行旅游市场需求的调查研究，在准确掌握旅游需求和变化规律基础上，预测旅游需求变化并根据市场需求，结合旅游资源特色，确定旅游目的地开发主题、层次和规模，进行旅游目的地开发的模式。此开发模式的优点是在研究旅游市场需求基础上开发适销对路的旅游产品，可以很好地满足市场需求，具有很强的生命力；缺点则是要随着市场需求变化不断对应开发新产品，所以旅游目的地开发投入相对较高。这一模式在旅游市场得到重视后才相应出现，并且也是重视资源的。

(三)形象导向型旅游目的地开发模式

形象导向型旅游目的地开发模式是利用旅游地所形成的旅游形象来吸引旅游者的开发模式。这一开发模式是在整体认识旅游目的地开发基础上的长远开发思路，开发更重旅游地整体氛围营造、旅游地主题形象和旅游地品牌塑造，需要找准旅游资源的特色并进行恰当的主题定位。此开发模式的优点在于能够长远谋划旅游发展，对于旅游可持续发展大有助益；缺点在于开发的周期相对长，开发的费用成本较高。形象导向型旅游目的地开发模式既着眼形象进行旅游目的地开发，也研究旅游资源和旅游市场需求，是资源导向和市场导向基础上的升级开发模式。

(四)项目导向型旅游目的地开发模式

项目导向型旅游目的地开发模式是在创新创意基础上以项目打造吸引人们前来游憩体验的旅游目的地开发模式。这一开发模式是创意、高科技等支撑开发的旅游模式，是旅游目的地开发发展到一定阶段后形成的，考虑旅游资源特色和状况、旅游市场需求、旅游主题形象等传统旅游发展要素，同时又突破传统的供给跟随需求变化的开发思路，通过创意打造旅游供给，再去创设需求、引导需求的旅游目的地开发模式。这一开发模式优点是综合利用资源导向、市场导向、形象导向开发模式的优点，缺点是对开发的客源、投资、技术、规划设计等条件要求极高。

上述几种旅游目的地开发模式不是彼此孤立的关系，而是次第升级兼容并包的关系，随着旅游目的地开发的发展，目前处于项目导向阶段。

四、按照地域划分的旅游目的地开发模式

（一）东部发达地区的精品旅游目的地开发模式

发达地区精品旅游目的地开发模式是指社会经济发展水平高、市场客源条件佳、对外交往多、交通顺畅发达、高素质人才集中、旅游综合条件好的区域，在既有旅游发展基础上，着眼提升原有产品层次和开发水平，以精品旅游产品项目为旅游者提供全方位、高质量的产品服务，在旅游竞争中取胜。此开发模式在于深度挖掘旅游资源潜力，促使旅游业转向内涵效益型，旅游产品开发在观光旅游基础上重点开发休闲度假、参与性娱乐等专项旅游产品和项目，以此提高游客的逗留时间、回游率、购物比重，扩大旅游收入。例如我国东部沿海的长三角、珠三角、环渤海三个旅游发达地区，其旅游开发在原有基础上，重在提升旅游产品层次和旅游资源开发水平，围绕中心城市逐步扩展至周边等级较高的地区，以精品化开发促进整个区域旅游体验的整体提升。

（二）中部过渡地区的特品旅游目的地开发模式

过渡地区的特品旅游目的地开发模式是指社会经济发展水平一般的地区，利用处于中间过渡地带的地理区位，发挥承东启西优势，延承旅游业发展，转送旅游客源，把东部地区旅游业发达的优势及西部地区旅游资源丰富的优势相结合，以特色旅游打造自我优势。在旅游目的地开发时，改善自身旅游设施相对落后的现状，加大旅游基础设施建设，提升旅游发展条件；正视与发达地区在旅游产品竞争上的劣势，着眼于提高旅游服务质量，提高旅游资源开发与利用水平，努力打造特色独具的旅游产品项目，在发展观光旅游的同时开发能够体现地域特色和风采的专项游憩产品项目，和东西部旅游产品形成优势互补，吸引海外和发达地区的广大客源市场。

（三）西部欠发达地区的极品旅游目的地开发模式

欠发达地区极品旅游目的地开发模式是指旅游观念和意识相对滞后、社会经济发展水平不高、市场客源条件不充分、可进入性差，但旅游资源数量多、种类丰富，很多在国内外具有唯一性和垄断性，旅游资源优势十分突出，尚处于旅游待开发的区域，发挥旅游资源比较优势，开发极品旅游产品项目，以不可替代的垄断特色吸引旅游者的区域。我国西部地区有着丰富的待开发旅游资源，旅游目的地开发潜力巨大，但旅游基础设施落后、生态环境脆弱等成为制约旅游目的地开发突出因素，所以开发旅游的突出任务就是加快基础配套设施和生态环境建设、提升旅游服务水平，尤其是加快交通设施建设。

第六节　旅游目的地开发趋势

人类对美好生活的向往从未停止，对休闲游憩的需求也从未停歇，这始终是旅游发展的最终追求。大众旅游、全民休闲的新时代，层出不穷的新业态、日新月异的新需求等旅游市场的主体支撑和政府政策赋能引领等都是旅游业持续发展的动力。接下来，主客共享文化引领、文旅融合内容创造、科技赋能数字化转型、体制机制创新高质量发展、游憩产品体验性设计、旅游加多业态融合发展、多元主体协同共进等新动能，将会使旅游市场得

到更充分的释放，游憩发展将会迈入全新的时代。

一、文旅深度融合开发趋势

在主客共享美好生活的时代，旅游是一种生活方式、学习方式和成长方式，文化繁荣是社会经济活力的风向标。文旅融合是文化与旅游在价值、效能及路径上实现有机耦合的一种创新发展模式，需要在实践创新中不断探索前进。文化与旅游的融合需要经历从嵌入到融合的逻辑顺序，其融合分为资源挖掘与生态保护融合、技术与规划融合、产品与市场融合三大环节，融合模式通常有"文化+旅游""旅游+文化""文旅+其他"模式。文旅融合是提升国家文化软实力与文旅产业国际竞争力的重要途径，国家大力倡导文旅融合，2018年4月8日，我国文化和旅游部正式挂牌成立，提出"宜融则融、能融尽融，以文促旅，以旅彰文"的文旅发展方略，我国首次在国家层面正式拉开文旅融合的大幕。文旅发展目标一致，内在逻辑统一，文旅可以借助主体融合、产业融合与功能融合，实现资源、经济与社会综合效应。

目前，大多数旅游目的地开发仍是以传统的游览观光产品为主，旅游产品单调、体验性不足，缺乏文化特色与创意，致使目的地间同质化、低层次及重复性特点较为明显，因此，旅游目的地开发迫切需要加强与其他产业尤其是与文化产业的融合，挖掘特色资源的文化内涵，塑造具有影响力的文化旅游品牌，满足人们对个性化、多元化旅游产品和服务的需求，努力使旅游成为推动经济发展的重要引擎、坚定文化自信的生动课堂、展示中国形象的重要窗口。旅游与文化的耦合联动关系是文旅融合的逻辑基础，通过文化挖掘、旅游利用的方式，按照资源、产业、功能的融合路径，在要素增值、结构优化、功能提升的多重机制下助推文旅高质量发展。

在旅游目的地开发时，以文塑旅、以旅彰文、优势互补、相得益彰，让文化真正成为旅游的灵魂，文化自觉、自信成为经济发展的内在支撑，坚持以文塑旅、科技赋能，盘活存量丰富的文化资源，引入文化创意进行文化挖掘、品牌打造，让人们在旅游中看见文化之美、听见文化之声、悟到文化之韵，以文化塑造夯实旅游内涵、提升旅游品位；坚持以旅彰文，通过旅游在知名度、扩张度、效益度、富有度、美誉度等层面让经典文化活起来、优秀文化基因传下去、先进文化弘扬开来，以旅游促动文化传播、文化繁荣，以文旅深度融合来更好地满足人民对美好生活的向往，构建新发展格局。

以要素整合、技术创新、产业关联、价值增值等内在逻辑引导探索融合发展新路径，创造新产品、业态、消费和模式，为新发展格局注入新的活力。开发中文化与旅游结合，聚焦文旅资源的特色和优势，找准文旅契合处和联结点，借助题材延伸、功能延伸形成兼具文化和旅游特色的新产品、新服务、新业态，促进文旅产业延链、补链、强链，为文化和旅游高质量发展注入新动能。文旅深度融合必须重视优质资源整合开发不足、产品业态迭代升级不足、产业链条延伸拓展不足、体制机制有效保障不足等现实短板，加快构建文旅融合新模式，丰富文旅产品新供给，拓展文旅融合新业态，打造文旅融合新引擎，实现文旅融合健康可持续发展。

二、全域旅游发展趋势

2009年12月1日，国务院发布《关于加快发展旅游业的意见》，提出"把旅游业培育成国民经济的战略性支柱产业和人民群众更加满意的服务业"，把旅游业提升到了前所未有的战略高度，旅游被赋予国家战略支柱产业的地位，与生活、生态、社会、服务交融发展，承担起提升国民生活水平、推进文化复兴、提升软实力、推动产业融合等时代重任。传统的景区为主的旅游发展模式已很难适应新的发展形势，需要转向全要素驱动的全域旅游发展战略。2015 年，国家旅游局发文开启了我国全域旅游发展；2016 年，习近平总书记在宁夏视察时给予全域旅游发展模式高度肯定；2017 年，国务院政府工作报告指出要大力发展全域旅游，国家旅游局出台《全域旅游示范区创建工作导则》；2018 年，国务院政府工作报告提出要创建全域旅游示范区，当年，在全国"两会"期间，国务院颁布了《关于促进全域旅游发展的指导意见》；2019 年，国务院政府工作报告提出"发展全域旅游，壮大旅游产业"；2020 年，文化和旅游部关于修订印发《国家全域旅游示范区验收、认定和管理实施办法(试行)》和《国家全域旅游示范区验收标准(试行)》的通知，继续指导推进中国全域旅游示范区建设工作，全域旅游成为旅游发展的重要国家战略。全域旅游在中国经历了概念提出、地方试点探索、国家示范推进三大阶段。截至目前，我国共有两批 500 家国家全域旅游示范区创建单位，覆盖全国 31 个省、区、市和新疆生产建设兵团，总面积 180 万平方公里，约占全国国土面积的 19%，总人口 2.56 亿，约占全国人口的 20%。

　　全域旅游是指在一定行政区域内，以旅游业为优势主导产业，实现区域资源有机整合、产业深度融合发展和社会共同参与，通过旅游业带动、统领经济社会全面发展的一种新的区域旅游发展理念和模式。厉新建提出了从全要素、全行业、全过程、全方位、全时空、全社会、全部门、全游客等角度推进的全域旅游发展模式。张辉教授指出，全域旅游是从景区旅游向目的地旅游的转变，全域旅游不在"全"而在"域"。厉新建教授认为，全域旅游是我国旅游供给侧改革的着力点；王衍用教授认为，全域旅游需要创新思维，整合盘活旅游目的地发展潜力是旅游供给侧改革的重中之重。全域旅游是新时代旅游高质量发展的核心战略，和传统旅游相比发生了巨大转变，表现为产业域(以旅游为平台的复合产业结构，旅游由配角转向主角)、空间域(旅游由景区拓展至旅游目的地)、管理域(旅游管理以部门为核心转向社会管理体系)、要素域(旅游以资源为单向要素向旅游环境多维建设转型)多层面，旅游泛化发展，边界模糊，几乎涵盖所有行业。城乡统筹视域下，中国全域旅游范式可以借鉴"全产业链条的大城小镇嵌景区"开发范式。魏小安教授认为，全域旅游发展包含三要素，即吸引力要素、服务类要素及环境类要素。其中前两者称为吸引要素，基本涵盖旅游业发展的行、游、住、吃、购、娱等要素；后者称为发展要素，主要是支撑保障旅游的发展，包含文化、咨询、环境、科教、制度、综合等多要素。一地全域旅游发展有两大支点，一是各县、市、省、国家、洲等地域支点，二是旅游企业等产业支点，两大支点的结合共同促进全域旅游发展。全域旅游的创新发展有赖于三要素、两支点的合理谋划与安排。传统旅游发展倚重三要素中的吸引要素和两支点中产业支点，全域旅游发展侧重盘活三要素中的发展要素和两支点中的地域支点。为很好地盘活旅游供给侧潜力，在旅游目的地开发中最得力的措施就是借助"反规划"。俞孔坚教授认为，"反规划"是优先对旅游城市发展中不建设区域进行控制的规划方式。"反规划"跳出旅游进行旅游规划的途径，关注了旅游发展的外围环境与要素，这也正是全域旅游所倡导和侧重的，因此"反规划"使旅游发展得以拓展到空间"全域"、产业"全域"、要素"全域"、管理"全域"，是全域旅游的创新路径和亮点。

　　未来，旅游目的地开发需要通过体制机制创新，破除传统旅游的体制壁垒和管理樊篱，通过全要素资源、业态创新，促进旅游与多业的融合协调，形成综合新产能，实现从封闭的自循环向开放的"旅游+"多产业融合趋势转变，在主客共享理念指引下，通过主题鲜明地演绎拓展时空域边界，实现人民性、现代化、未来感突出的全域旅游高质量发展。

三、创新发展趋势

旅游是市场化程度高、经济属性强的现代服务业，主要为了满足人民对美好生活的新期待；创新作为促进经济可持续发展的动力、转变经济发展方式的推手，受到全球关注，近年来，我国持续贯彻落实创新发展战略。党的十八大报告明确定位实施创新驱动战略，《"十三五"旅游业发展规划》明确了我国坚持创新驱动发展原则，将创新作为我国旅游业发展的新动能。《"十四五"旅游业发展规划》明确了旅游业高质量发展的主题和供给侧结构性改革的清晰主线，坚持创新驱动发展战略。党的二十大报告更是指出，必须坚持"创新是第一动力"。当前，我国刚性出行的基础市场更加稳固，文化休闲、游憩度假、科技体验等新需求逐步得到释放，创新驱动、消费升级时代已到来。

旅游创新具体可以分为创新型、更新型、革新型和融合型等多种形式。创新型主要是指不同于现有的任何内容和方式，根据不断发展的需求重新组合资源和要素推出新产品、新方法、开辟新市场、形成新组织等的从无到有完全创造的新型模式；更新型是指通过增加新的内容、新的技术、新的方法、新的功能等因素实现更新换代，在原有的基础上，跨越一步，从旧到新的发展模式；革新型是指改变或提升原有模式或将原有模式的某一环节或某一项目独立出来做大做强，注重差别、突出特色、细化服务，从而创出从同到异的异质化模式；融合型是指两种或几种功能整合到一起，或者重新组合，形成一个从一到专、从单到丰的独立新模式。

旅游创新融合发展，可以推动文化产业和旅游业的双重发展，创新融合可以赋能旅游发展新创意、新价值和新品牌。目前，文旅市场主体的创新方兴未艾，文化创造和科技创新的动能加速积聚，通过理念创新、产品创新、业态创新、技术创新、主体创新等系列创新，构建我国旅游发展新模式、扩大旅游产品新供给、拓展旅游发展新领域、打造旅游发展新引擎、提高旅游发展新效能，科技创新、新旧动能转化、科技赋能正在助推旅游实现自我突破。

今后旅游目的地开发要盘活资源存量，激发发展潜能，创新旅游业态，不断丰富旅游产品项目供给，推动传统旅游产品转型升级，通过产业融合和业态丰富来满足多样化的旅游需求；要通过科技赋能、创新驱动、新旧动能转化，打造新体验场景、新产品业态、新服务流程和新商业模式，在供给侧不断推陈出新提升旅游服务水平和能力；要通过科技创新、科技赋能旅游目的地开发，培育壮大旅游市场主体，不断参与国际竞争，从而提升中国在国际旅游市场中的地位；要持续推进模式创新、技术创新、跨界融合、IP 赋能、互联网智能化，推进需求侧管理，以消费升级引领供给创新，供给侧结构性改革以供给创造消费新增长点，供给和需求齐发力，产业和消费双升级。

四、整合开发趋势

旅游资源在空间分布上的差异性和自然禀赋上的互补性决定了旅游目的地开发必须走资源共享的合作之路，在文旅融合战略、全域旅游战略、创新驱动战略下，整合是关键，通过整合放大资源的价值，实现最佳开发功效。所谓的整合是指旅游管理者和经营者根据区域旅游发展总体目标和旅游市场供求情况，借助法律、行政、经济和技术等手段，把各种相关资源要素组合成为统一功能的整体，从而实现区域旅游发展市场价值最大化和综合效益最大化的过程。旅游发展是一个由多环节组成的完整链条，传统的旅游目的地开发之路是先开发资源，再逐渐完善旅游产品，通过产品进入市场，构造品牌。但是现实中没有这样的典型路径，大都是滚动发展、逐步调整的先发地区摸索性模式，后发地区则没有必要再经历这样一个过程，而是要研究创新思路，加强对发展背景、项目运作、企业经营、旅游投资、旅游产业集聚区、旅游规划设计、旅游要素市场、旅游运作、旅游营销等所有产业链条的分析研究和完整构建，包括基础服务体系、产品业态体系、人才培养体系、安全管理体系，选择并购型整合、共享型整合、联合型整合、平台型整合、生态型整合、营销型整合等旅游杠杆作用跨界整合，用科技支撑、数字赋能、创意创新创造促进旅游与文化、健康、科技、农业、体育、工业、教育相互渗透和相互交叉，扩大优质文化产品与服务供给力度，形成创新产业。

今后，旅游目的地开发要在多个层面综合推进，包括复合型旅游资源的综合利用，多元化产品的体验开发，多层次空间的谋求扩大，具体体现在四个方面：第一是运营要素（吃、住、行、游、购、娱，文、深、慢、漫、精、境等）的整合；第二是发展要素（资源、资金、土地、人才、信息、科技、文化、管理、产权）的整合；第三是社会要素（城市乡村结构，国际国内市场结构，体验方旅游者、介入方旅游企业、社区居民、政府、协会、媒体、志愿团体、科研院所等旅游群体）的整合；第四是环境要素（政策法规、市场、人力资源、生态环境、基础设施与服务、危机管理等保障因素）的整合。整合开发通过全要素挖掘创新、全链条营销推广、全方位包装展示，在硬建设基础上整合优化加强软实力，凭借挖掘文化底蕴，培育地方特色产业，包括文化艺术、生活美学、服务设计、活化地方文化等，打造最具特色的旅游产品项目和品牌，用文化旅游讲产业创新故事，讲产业发展故事，推进文化复兴，提升软实力，推动产业融合。

旅游目的地开发在遵循上述开发趋势的基础上，还要遵循全球化趋势、市场化趋势、生态化趋势、系统化趋势、科技化趋势等，创新驱动跨区域文旅资源整合利用，共建全域旅游业态项目，打造文旅融合示范区，共塑文旅品牌，注重提升旅游的现代化发展水平，突出文旅发展的综合效应。

第七节　旅游目的地开发技术路线

文旅融合是旅游目的地开发的核心要求，全域发展是旅游目的地开发必由之路，创新是提升旅游目的地开发的充分条件，整合是旅游目的地开发的必然路径。谢彦君给出了如下的体验范式主导的技术路线：

一、力避大商业化、力求小商品化

旅游目的地开发作为一种经济技术活动，商业化是不可避免的，但是在开发寻求商业利益时力求做到保有商业利益赖以存在的基础。旅游尤其是文化旅游目的地开发一定是要商业化的，然而，颇为相悖的是文化旅游目的地开发秉持的原真性宗旨与商业化诉求是相互矛盾的，从体验的角度看，原真文化的商业化是旅游目的地开发的大忌，比如，将传统节日、仪式等文化当作商品出售，甚至当作批量生产的商品来卖，从而使此文化丧失其固有的原真性，就是此类问题。设想一下，原本一年一度的傣族泼水节，假如为了满足旅游者的体验要求，变成一月一次、一天一次，甚者一天多次，只要游客到来就可以泼，就是严重的商业化行为，此种开发操作其实是釜底抽薪地拔除了文化旅游体验赖以存在的基础，是必须避免的。

然而，旅游目的地开发的商业利益一定是每个企业的基本诉求，也是维持企业持续发展的前提条件，在这种情况下，应鼓励开发者在保护核心文化资源本真性的前提下，最大限度地对核心文化产品的上下游产品进行创意性开发，拓展核心产品的产业链条。换句话就是努力围绕核心旅游产品开发系列小商品，即深化、延展化、精致化、产业链化旅游目的地开发的有效路径。以蒙古族"马文化旅游"的小商品化开发为例，在旅游目的地进行相关的马博物馆、马节日、马活动、马艺术、马工艺、马日用品(锁钥、筷子、玻璃、瓷器等)等延展性深度开发，即一切相关的旅游产品尤其是旅游商品的"马化"开发，此种开发蕴含的真谛在于，文化要真、要纯，旅游才旺，旅游业才火。

二、力避无题化、力求符号化

旅游目的地开发作为一种经济技术活动，常常会出现主题缺乏、立意平庸的情况，这样的开发既不能满足游客的体验诉求，也不能回报开发者的商业利益。一般的消费领域，通常从产品、价格、促销和销售渠道等方面谋求创新，而旅游业界则必须打造品质独特的旅游产品，这是旅游的本质所决定的。任何一种旅游产品都要通过其鲜明、独特的主题获得其可以被感知的灵魂；没有主题、没有概念，就不可能有形象和感召力，此为旅游产品开发必须警觉的问题。旅游产品的使用价值不是以消耗物理性的实体来获得，而旅游消费的主要价值则依附于旅游产品之上的各种符号形式所传达的无形价值。符号是主题的表达形式。因此，抽象提炼各种文化旅游产品所依托的族群文化符号，是打造文化旅游独特形象的有效途径。对于旅游地、旅游产品来说，其VI(Visual Identity，视觉识别系统)的符号化系统设计就显得至关重要，通常旅游的符号化内涵具化为"深度解说系统的构建"。比如，蒙古族文化旅游符号，就包括蒙古包、苏鲁锭、敖包、勒勒车、草原、成吉思汗、马头琴、蒙古长调、呼麦等符号形式。

在旅游目的地开发中，深刻表现旅游文化世界的符号化战略就显得尤为重要，当今文旅融合的大背景下，这些符号不是简单地列举陈设，而是需要借助于全社会(尤其是建筑界、艺术界和设计界)的共同努力，用心设计、发掘、提炼、创新基于本土特色的符号体系，这对文化遗产旅游目的地开发有极大的参考价值。

三、力避浅游化、力求体验化

体验是旅游的本质内核，在旅游目的地开发中自当体现。现实当中存在大量的旅游目的地开发，由于是简单模仿其他示范区点，延续传统的观光旅游目的地开发套路，缺乏深度创意，不尊重文化本真性的旅游价值等，导致开发出的旅游项目可游性尤其是可体验性极差。由此，客观上造成旅游项目的肤浅性，不能满足体验时代游客的旅游需求。所以，旅游目的地开发中必须明确几点理论认识：

第一，旅游是体验，而且是异地的休闲体验，这是旅游的本质规定性，此规定性也成为旅游目的地开发的根本规律。

第二，旅游产品在功能上的体验化赋能，是活化一切乏味的旅游资源甚至使一些无聊的旅游产品化腐朽为神奇的有效途径。

第三，从管理的角度来说，体验是一种情绪化的运作和管理，因此，相关旅游企业的日常管理实践也会面临极大的挑战。

四、力避粗浅化、力求精致化

由于思想、创意、设计和资源条件限制而导致的旅游目的地开发，往往流于粗浅，其社会经济效益不尽如人意也就毫不让人意外了。其实，在旅游目的地开发的现实中不乏一些打造独特的文化旅游景观、追求精致化的实例，值得学习和借鉴。全民休闲时代，人们的需求层次大幅度提升，加之旅游产业的创新能力、资本运营以及工艺设计水平方面的快速发展，旅游产品的精致化程度明显有所改善，但是这些改善并未普及，依然存在大量粗制滥造的旅游目的地开发项目。在旅游目的地开发中有两点值得注意：

第一，在文化旅游的"小商品化"方面，精致化是未来努力的方向，也是竞争力的源泉，以延长产业链条为抓手的精致化旅游目的地开发，具有巨大的发展空间。

第二，旅游目的地开发过程中反对粗浅，并不意味着反对提供具有原初风貌、素朴品格的旅游产品。由于旅游的体验本质在于对差异性文化的向往，而此种差异往往指向时间的过往、未来以及空间的异地，从这个层面讲，简朴甚至某种意义的粗鄙，都可能成为打动游人的品质。因此，这里指的精致化并非指向奢侈与豪华，而是深层含义层面的精致。

本章小结

旅游目的地开发作为旅游目的地管理的重要内容，是一项系统工程。本章系统阐释了旅游目的地开发的原则；旅游目的地开发的内容；旅游目的地开发的方式；旅游目的地开发的模式；旅游目的地开发的趋势；旅游目的地开发的技术路线。

关键术语

旅游目的地开发

参考资料

[1]马勇，李玺．旅游规划与开发[M]．北京：高等教育出版社，2012：26．

[2]马耀峰，甘枝茂．旅游资源开发与管理[M]．天津：南开大学出版社，2013：225．

[3]王建芹，李刚．文旅融合：逻辑、模式、路径[J]．四川戏剧，2020，（10）：182-184，200．

[4]厉建梅．文旅融合下文化遗产与旅游品牌建设研究[D]．济南：山东大学，2017．

[5]侯天琛，杨兰桥．新发展格局下文旅融合的内在逻辑、现实困境与推进策略[J]．中州学刊，2021，（12）：20-25．

[6]厉新建．旅游经济发展研究——转型中的新思考[M]．北京：旅游教育出版社，2012．

[7]吕俊芳.辽宁沿海经济带"全域旅游"发展研究[J].经济研究参考,2013,65(5):52-57.

[8]厉新建,张凌云,崔莉.全域旅游:建设世界一流旅游目的地的理念创新[J].人文地理,2013,28(6):130-134.

[9]张辉,岳燕祥.全域旅游的理性思考[J].旅游学刊,2016,31(9):15-17.

[10]吕俊芳.城乡统筹视域下中国全域旅游发展范式研究[J].河南科学,2014,32(1):139-142.

[11]魏小安,魏诗华.全产业链视阈下的旅游发展[M].天津:南开大学出版社,2012.

[12]杨玲玲,魏小安.旅游新业态的"新"意探析[J].资源与产业,2009,11(6):135-138.

[13]周成.区域旅游创新研究[M].北京:光明日报出版社,2021.

[14]吕俊芳,李悦铮.辽宁旅游资源整合开发研究[J].辽宁师范大学学报(自然科学版),2014,37(1):123-128.

[15]谢彦君,于佳.体验范式主导的旅游目的地开发[C]//林壁属.旅游三十人论坛文集.北京:旅游教育出版社,2021:26-28.

[16]吕俊芳.走廊线性文化遗产文旅融合开发[M].北京:经济科学出版社,2023.

网络资源

1. 新华网旅游频道:http://www.news.cn/travel/lyjj.htm(查询旅游目的地发展的有关信息);

2. 中华人民共和国文化和旅游部网站:https://www.mct.gov.cn/(查询旅游发展的相关政策,动态);

3. 中国旅游新闻网:http://www.cntour2.com/(查询旅游收入的相关信息);

4. 中国旅游研究院:http://www.ctaweb.org/(查询旅游收入及分配的理论观点、政策信息)。

分析与思考

1. 什么是旅游目的地开发?其含义有哪些?
2. 旅游目的地开发的原则有哪些?
3. 旅游目的地开发的内容有哪些?
4. 旅游目的地开发的方式有哪些?
5. 旅游目的地开发的模式有哪些?
6. 旅游目的地开发的趋势有哪些?
7. 简述旅游目的地开发的技术路线。

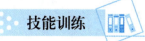 **技能训练**

1. 运用访谈法或查阅相关网站，获取你所在地的旅游目的地发展的情况，分析其未来的开发区趋势。

2. 查询中华人民共和国文化和旅游部网站（https：//www.mct.gov.cn/），为中国旅游发展提出合理化对策。

 案例分析

淄博烧烤，不要在"火热"中"失衡"

淄博烧烤成了大众的"消费圣殿"，但也需要考虑流量的资产化沉淀。

隔着屏幕都能感觉到淄博烧烤的一切都是为了让外来的"吃货们"最便利，让人不由自主地想奔赴而去，想掏钱刷卡消费。这简直就是"消费圣殿"（瑞泽尔）。

淄博烧烤已经不仅仅是刺激消费满足需求的问题，而是一个大众的狂欢（当然也包括流量的狂欢）。人们想参与的不仅是去淄博吃烧烤，而是参与到这个以烧烤为媒介的狂欢仪式中，一起去感受气氛组搞出的气氛，也去一起成为气氛组的一员，也算是感受自己在历史之中见证历史吧！当然，"美淄淄""香博博"也很有创意，让人们在越来越卷的社会中感受一下其实被"卷"也是一种难得的开心。

随着时间的推进，被卷入这次狂欢之中的内容越来越丰富。尽管有时候有些魔幻，但从仪式的角度看，淄博烧烤甚至可以整成一个像西双版纳泼水节一样的年度性节庆活动，让全网流量沉淀出一个可以持续的产品。不一定叫现在的这个"淄博烧烤节"，而是更猛一点，就叫"淄博狂欢节"，作为中国人的狂欢节，就当作全国人民"齐"欢乐的中国人自己的狂欢节吧（"齐""国"狂欢节），算是走出三年疫情的一个标志性纪念。

淄博烧烤是城市治理改革的样板，但也需要冷静观察其可持续性

在城市更新和现代化进程中，涌现出很多典型的案例，而成功的案例中多数都属于大型或超大型城市，它们多数都有着强大的内在消费市场作为支撑，但围绕着外来流动人口推动一个城市社会治理变革的例子却并不多见，或许淄博就是这样一个以"开放"促"改革"的新的典型例子。

207家党政机关事业单位向社会免费开放停车场和厕所，划定女士优先停车位，外地人路边违停车电话提醒而不轻易贴罚单搞"罚没式"增收等，都值得其他城市借鉴。

其实，很多事不是不可为，而是不愿为，是因为"多一事不如少一事、因循旧例不惹事"的心理在作怪。淄博在推动烧烤发展的过程中，既有雷厉风行的严格监管、铁腕治理，更有贴心暖心的公交专线、志愿服务，如此等等。这是淄博作为全国城市治理样本的最大价值。

淄博烧烤能够红火不容易，这里面有地方政府的长期推动，有大学生群体的感恩推动，有广大市民的暖心推动，有各地游客"进淄赶烤"的实实在在的推动，是多方力量共同努力的结果，需要大家共同呵护。大家也都希望淄博能够借着烧烤长红、常红，但赞誉不断的时候更需要一些冷静思考。

比如，淄博的财政收入增速由负转正不假，数百万"吃货"源源不断涌入淄博更是有目共睹，但非要说这两者有必然联系或许就有些牵强。毕竟烧烤主要还是商户经营为主，在富民和富财政上恐怕还有所差异。虽然旅游具有很强的综合带动作用，但对于一个上百万人口的城市而言，其财政的真正改善不太可能依赖旅游业，更不可能依赖烧烤。

比如，要看到现在几乎全市资源都聚焦到服务于烧烤，包括市民给食客送衣服之类的行为的不可持续性。毕竟淄博的产业发展不可能依赖烧烤行业的发展，影响市民长期行为的不是政策文件的号召而是实实在在的获益。现在淄博的市民表现都超赞，具有很强的荣誉感，对外来游客都超友好，但如果不能兼顾游客和市民的利益诉求，或长期让市民热情付出，就容易在"火热"中"失衡"，在一派繁荣中很可能就已经埋下衰败的种子。

再比如，为了满足极速增长的烧烤需求而出现的一夜之间修好八大局的路、20天时间建成一座烧烤城，这体现了城市效率，但也要考虑这些设施获得持续需求支撑的可能性以及背后的财政投入的资金效益问题。动辄"以全市之力"做的事多数都会面临可持续问题。如果没有"常红"的流量持续支撑这些为高峰需求配置的供给，这些设施就很容易成为城市运营的负担。

淄博烧烤是激活消费的鲜活案例，但也需要注意持续红火的挑战

淄博烧烤成功出圈给当下激活消费、扩大内需提供了很好的样本，值得充分肯定。除了网络上已经广泛谈论的当地政府所采取的各种持之以恒的鼓励性、支持性政策和配套性服务保障外，关键因素主要有以下几个方面：

第一，"民以食为天"，吃是最容易激发共同消费欲望的最佳切入口。在消费不振、需求萎缩的大背景下尤其如此。再加上淄博烧烤在烤炉、卷饼等方面还具有很强的独特性，对市场尤其是"草根市场"的消费具有不错的吸引力。当然，我们也必须正视一点，那就是我们不应该只是"吃货"。

第二，淄博烧烤跟别的餐饮有一个很大的差别是其中的过程参与性和通感体验性，这显著增强了其脱颖而出的可能性。淄博烧烤是消费者需要积极参与其中的一个餐饮消费，需要自己动手烤，而且在烧烤的过程中不仅有视觉、嗅觉、味觉的参与，更有烧烤过程中发出的声音带来的听觉体验，以及周围环境乃至后来发展出来的跟演唱有关的听觉体验。多方位的感官体验也增强了淄博烧烤的吸引力。

第三，与社交媒体的积极推动、持续强化具有很大关系。实际上在2021年就有媒体关注到淄博烧烤这个IP并进行了相应的报道，但只有在这次社交媒体抓住"乙类乙管"政策实施后带来的消费反弹时机，通过广泛介入并聚焦特定消费人群、特定消费场景并进行有效扩散之后，淄博烧烤才迎来了全网爆火。尤其是通过烧烤专列、长时排队等现场画面，以及各种解密、各种"故事"的渲染叙事，持续不断推高了市场热情。就这样，气氛搞起来了，事情就好做了，出圈爆火就水到渠成了。

当然，淄博烧烤乃至淄博未来整体发展的根本还是品质，包括烧烤本身的品质与服务品质、环境品质。同时还要看有没有建立良性协同的产业生态，吃一顿就返回的远程消费毕竟有限；要看当下为烧烤出圈的投入的可持续性，如果不能高效转化烧烤客流增加整体效益的话，投入产出就会不匹配；而且投入产出不对称的情况还会因处于绑定状态而深陷"泥塘"，无论是政府的政策和财政投入、商家的资金投入，还是当地居民的热情投入；要看到烧烤城等新增供给出现之后烧烤品质保障状况，以及供给迅速增加后导致热闹氛围消解所带来的正向关注度的下降；要看到"成也流量、败也流量"，要看社交媒体催动的"消费狂热"在理性认知中降温带来的影响，要看火出圈初期出现的"被动卷入"消费热潮消退的速度，要看烧烤之后能不能出现持续轮动的现象级单品。

　　淄博烧烤很火，但需要研究和解决的问题也很多。解决好了，持续红火；解决不好，就容易很快熄火。

（资料来源：厉新建个人公众号）

思考问题：

1. 结合本案例分析旅游目的地开发的成功要素有哪些。

2. 结合本案例和旅游相关实际，说明应如何以旅游发展为突破口，实现文旅的持续繁荣。

第八章　旅游目的地市场营销管理

学习目标

通过本章的学习，你应该能够：
1. 掌握旅游目的地市场营销的含义和特征；
2. 掌握旅游旅游目的地的市场细分、目标市场选择和市场定位；
3. 熟悉旅游目的地的营销组合战略与策略。

素养目标

1. 运用旅游相关营销知识，转化为旅游目的地营销策划的能力；
2. 整合营销要素，养成旅游目的地营销的创新素养；
3. 树立系统的旅游发展观，提升旅游目的地营销的全局意识；
4. 整体建构旅游目的地营销体系，培养主动探索的职业素养。

导入案例

万豪的创新实验室

万豪国际集团由 J. 威拉德·马里奥特和爱丽丝·马里奥特创办，90 多年来都由马里奥特家族领导人执掌运营，自 1927 年以来，万豪集团一直是全球酒店的领导者。如今，公司旗下 6 000 多家酒店遍布全球 122 个国家和地区，集团有包括 J.W·万豪酒店、万丽酒店、万豪酒店、万怡酒店、喜来登酒店、威斯汀酒店等 30 个品牌，2016 财年获得收入逾 170 亿美元。

支撑万豪酒店集团不断发展并成为全球首屈一指的酒店集团的是万豪的核心价值观，即以人为本、追求卓越、勇于创新、诚实正直及感恩回报。万豪国际酒店在卓越客户服务方面的卓著声誉可追溯至 J. 威拉德为万豪业务制定的最初目标：精致美食、卓越服务、

168

合理价格。万豪酒店集团将追求卓越体现为所做的每一件事都高度专注于客户。而创新一直以来都是万豪酒店发展历史中不可分割的一部分。万豪始终通过新的品牌、新的全球地点以及新的宾客体验来不断挑战现状，并准确预测变化迅速的客户需求。

2017年2月13日，万豪国际集团于洛杉矶市中心启动首个"快闪"酒店创新实验室，打造一家模型酒店，提供互动体验，实时收集公众反馈意见，进一步完善万豪国际所构想的未来酒店概念。此次推出的实验室将让业内人士、酒店住客、员工及广大公众能够亲身全方位"体验未来"。万豪国际为旗下的"创新孵化器"雅乐轩酒店和倡导环保理念的长时住宿品牌源宿酒店构想了令人振奋的升级举措，任何造访万豪国际"快闪"酒店创新实验室的人都能看到、摸到、尝到、听到未来酒店的感觉。这包括以下一些内容：

在旅途中，商务与休闲旅客都倾向于寻找更独特的空间。因此，源宿酒店正在测试一种大胆的客房新设计：四间客房的中心设立一个公共房间，客人们可以共用其中的厨房、餐厅和休息区。对于团体客人而言，这样的房间布局满足了他们对社交环境以及私密空间的需求。雅乐轩将为其餐饮计划注入全新的活力，更注重提供新鲜、健康的食材，如菠菜、藜麦和牛油果等。客人可以根据自身的喜好，定制专属的彩色"pot"美食随行杯——其中的食材反映当地特色，健康营养又极其便携。客人可以在数字一体机上订购这样的美食随行杯并付款，美食随行杯上会有时间戳，还有厨师的表情符号。打造以技术为核心的饮品服务新概念，例如源宿的轻便酒车，客人用自己的房卡激活酒车后，它便会自动为客人斟上一杯美酒。

万豪国际特色精选品牌北美首席发展官艾瑞克·雅各布（Eric Jacobs）表示："我们很高兴能够推出万豪国际第一个针对雅乐轩和源宿的'快闪'创新实验室。这两个特色鲜明的酒店品牌随着宾客的变化、生活潮流动态和技术的变革而不断发展。我们还渴望收集业主反馈的意见并加以利用，他们对这两个品牌都抱有巨大的热情。"

万豪国际一直都十分重视酒店业主、特许经营商和忠诚会员所反馈的意见。因此，每个路过"快闪"创新实验室的人都有机会通过Surveys实时调查反馈技术向他们传达心声。雅乐轩与源宿的这些品牌新举措已于2017年秋季开始落实，通过实验室收集的反馈意见届时就会体现出来。"创新是万豪价值观的一大根基，"万豪国际副总裁、特色精选品牌全球领导人托尼·斯括克尔（Toni Stoeckl）说，"我们一直致力于创造能够提升、创新和改进客户体验的方法，由此加强客户的忠诚度，并让我们业主的投资产生最大的价值。这让我们得以在当下和未来始终赢得宾客的青睐，同时为我们的合作伙伴带去有实际意义的竞争优势。"

这已非万豪国际首次邀请公众参与改造传统酒店体验的过程。2016年10月份，万豪国际在夏洛特市中心推出了首家万豪品牌旗舰酒店——MBeta Hotel，它是全球第一家功能齐全的"现场测试"酒店。从抵达时的无钥匙入住体验，到数字化的健身房，酒店的每个角落都可以快速进行"原型设计"，客人可以测试不同的体验并实时反馈，最终合力塑造出未来的酒店体验。

（资料来源：http：//www.traveldaily.cn/article/112107 和 http：//www.Marriott.com）

1. 你认为案例中的万豪酒店集团为什么能够成为全球酒店的引领者？

2. 案例中的万豪酒店集团体现出怎样的营销理念？

3. 万豪酒店集团与顾客是一种怎样的关系？这种做法其他的旅游企业能否借鉴？

目前我国已进入大众旅游阶段，旅游越来越成为人们日常生活中不可或缺的需求。随着旅游信息获取更加便捷，旅游产品供给更加多样化，游客经验更加丰富，旅游目的地间的竞争愈加激烈。科学有效的市场营销管理是旅游目的地在激烈的市场竞争中获得优势和成功的有力武器。

第一节　旅游目的地市场营销管理概述

旅游目的地想要成功地进行市场营销管理，首先就要了解什么是旅游市场，什么是旅游市场营销。在明确旅游市场和旅游市场营销的基础上，才能进一步探讨和研究如何开展科学有效的市场营销管理工作。

一、旅游市场的概念与特征

(一)什么是市场

1. 传统意义的市场

市场是社会生产力发展到一定历史阶段的产物，是随着社会分工的产生、商品生产与交换的发展而出现的。市场的概念起源于在商品经济尚不发达的早期人们对于固定地点进行交易的场所的称呼，人们认为市场就是卖主与买主聚集在一起进行商品交换的地点和场所，即市场是商品交换的场所，这是传统意义的市场概念。

2. 经济学意义的市场

在经济学的研究领域中，认为市场是商品交换过程中所反映的各种经济关系的总和。在商品交换的过程中，直接或间接参与这种交换活动的各类主体间会形成复杂多样的经济关系，包括买卖双方之间的关系、买方之间的关系、卖方之间的关系以及买方和卖方在商品交换与流通过程中和参与其中的，发挥着促进、辅助、规范和管理作用的一切组织或个人之间的关系，这些不同关系的总和就是经济学意义上市场的内涵。

3. 市场营销学意义的市场

现代市场营销学认为，市场是指对某种或某类商品有购买欲望和购买能力，并希望通过交易进行商品交换的人或组织。我们看到，现代市场营销学所定义和研究的市场不再指商品交换的场所，也不是指在商品交换过程中各种复杂的经济关系，而是指对商品有购买欲望和购买能力的人或组织。一般说来，市场由三个要素构成，即对某种或某类商品有需求的人或组织、购买能力和购买欲望。用公式表示为：市场＝人口＋购买力＋购买欲望。对于一个企业来说，构成市场的三个要素缺一不可，只有同时具备这三个要素才能构成一个现实有效的市场。

(二)什么是旅游市场

旅游市场是社会经济发展到一定程度，旅游活动商品化、社会化的产物。旅游市场有广义和狭义之分。广义的旅游市场，是指在旅游产品交换过程中所反映出来的旅游者与旅游经营者之间各种经济行为和经济关系的总和，这是经济学意义上旅游市场的概念。广义的旅游市场强调：一是必须有旅游市场的交换主体，即旅游者和旅游经营者，他们相互依存、相互对立，通过旅游市场的纽带而紧密地联系在一起。二是必须有供旅游市场交换的对象，即旅游产品，这种旅游产品必须能够满足旅游者的需求，并且是为了旅游市场交换而提供的旅游产品。三是必须具备有助于旅游产品交换的手段和媒介，如货币、广告、信息媒体、场所等，这是旅游产品交换和旅游市场存在的条件。旅游者和旅游经营者之间通过旅游市场的交换活动而连接起来，并由此形成交换双方之间的经济行为和经济关系。随着现代旅游经济的发展和旅游市场规模的不断扩大，旅游者和旅游经营者之间的交换行为和交换关系也日益密切和复杂。

狭义的旅游市场，是指对旅游目的地提供的旅游产品具有购买欲望和购买能力的现实或潜在的消费者群体。其中，那些对旅游产品有购买欲望并具有购买能力的人或组织构成了现实的旅游市场。而那些对旅游产品尚无购买欲望或暂不具有购买能力，但将来有了购买欲望或购买能力时就有可能进行购买的人或组织，构成了潜在的旅游市场。

旅游市场的构成同样要具备三个要素，即人口、购买欲望和购买能力。

1. 人口

人口是构成旅游市场的最基本要素。一个国家和地区的人口数量决定了现实和潜在的旅游者数量，而旅游者数量的多少，决定着旅游市场的规模和潜力的大小。在通常情况下，一个国家人口数量越多，产生的具有旅游需求的旅游者就越多，相应的旅游市场规模和潜力就越大。反之，如果一个国家或地区人口数量少，产生的具有旅游需求的旅游者就少，相应的旅游市场规模和潜力就越小。而且人口的构成及其变化也影响着旅游市场需求的结构和特征。因此说，人口是旅游市场三要素中最基本的要素。

2. 购买欲望

购买欲望是指消费者购买旅游产品的动机和愿望，是由消费者的心理需要和生理需要所引发的心理状态。当人们趋向某些特定目标以获得满足时，需要就变成了欲望。产生购买欲望是消费者将潜在购买力转化为现实购买力，将潜在的旅游市场转化为现实的旅游市场的必要条件。如果一个国家和地区的人们没有进行旅游活动的需要，没有购买旅游产品的欲望，即便是有再多的人口、再高的经济收入，也不可能形成现实的旅游市场。

3. 购买能力

购买能力是指消费者通过支付货币以购买旅游产品的能力，是构成现实旅游市场的物质基础。旅游市场是否存在、规模的大小不仅仅取决于一个国家和地区的人口数量以及是否有旅游需求和欲望，还取决于人们旅游产品购买能力的大小。旅游产品的交换必须是以旅游者具有购买能力为前提的，如果没有这种购买能力，那么旅游活动只能停留在个人的需要和意愿上，转化不成旅游需求和欲望，也就形成不了现实有效的旅游市场。购买能力的大小通常由消费者的收入水平决定。旅游是文化性、享受性的高层次消费产品，只有当消费者及其家庭解决了温饱问题，家庭收入达到一定水平，才有可能进行旅游消费。决定旅游购买能力大小的主要因素有两个：一是个人可自由支配收入。个人可自由支配收入是指居民个人在一定时期内的全部收入，在扣除社会花费(个人所得税、健康和人寿保险、老年退休金的预支、失业补贴的预支等)和日常生活必需消费(衣、食、住、行等)以及预防意外开支的储蓄(突发事故所需费用)之后剩下的收入部分。个人可自由支配收入越高意味着其旅游购买能力就越强。二是闲暇时间。人们购买旅游产品不但花费金钱，还需要消费时间。没有闲暇时间，即便有了购买欲望，也形成不了真正的旅游市场。

（三）旅游市场的特征

旅游市场具有一般性市场的大部分特征，但也具有一些自身所固有的特征。旅游市场的这些固有特征主要体现在五个方面：

1. 旅游市场具有全球性

现代旅游市场上的旅游者在空间分布上具有明显的全球性。第二次世界大战结束以来，随着经济全球化和国际旅游业的发展，旅游市场越来越凸显出无国界性、全球性的发展趋势。人们越来越渴望走出国门去了解、观赏和体验其他国家和地区的自然风光和文化习俗。旅游客源地可能分布于世界各个国家和地区，一个旅游目的地可以接待来自世界各地的旅游者，这也表现出旅游市场的国际开放性。

2. 旅游市场具有异地性

与其他市场最重要的区别就是旅游市场体现出其特有的异地性。其他产业市场主要表现为商品由原产地流向客源地，而旅游产业则由于其与生俱来的旅游资源不可转移性，餐饮、住宿、服务等辅助设施和条件相对固定性，导致旅游产业与其他产业相比呈反方向流动，即旅游消费者从客源地流向目的地。所以旅游目的地和旅游企业的市场客源来自异地，而非当地社区居民。

3. 旅游市场具有多样性

影响旅游者的旅游需求和消费行为因素的复杂性决定了旅游市场的多样性。影响旅游需求和旅游行为的因素非常多，比如，旅游者来自不同国家和地区、城市还是农村，客源地与目的地距离的远近，旅游者不同的性别年龄、教育程度、职业背景、收入水平、民族种族、家庭状况，旅游者不同的需要动机、兴趣爱好、个性和生活方式以及旅游消费的购买方式、时机频率、追求的利益、忠诚度情况的差异化等因素都会将整体旅游市场细分为差异明显、数量众多的子市场，进而导致了旅游市场的丰富性和多样性。

4. 旅游市场具有波动性

旅游消费属于非生活必需品消费，旅游需求是人们的一种高层次需求。在现实生活中，影响旅游需求和消费行为的因素又是多种多样的，如宏观经济发展状况、居民经济收入情况、旅游产品价格水平、国家政局稳定性、国际关系变化、突发自然灾害、公共卫生事件甚至旅游者身心状态变化，等等，其中任何一个因素发生变化都会引起旅游市场的变动，从而使旅游市场具有较强的波动性。

5. 旅游市场具有季节性

旅游市场之所以呈现出季节性的特征有两个重要影响因素。其一是旅游吸引物的季节性和时间性。一方面，作为旅游资源的重要组成部分的自然景观吸引物，在不同的季节将体现出不同的观赏价值，在适宜的季节，这些资源的吸引力越大，客流量也就越大。另一方面，以传统民俗为主题的节事活动作为旅游吸引物也具有确定的时间性，节事活动举办期间将会造成旅游目的地的拥挤甚至旅游超载。由于目的地的旅游吸引物的季节性和时间性，形成了明显的旅游旺季和淡季。其二是旅游者的闲暇时间。旅游是一项休闲活动，旅游者要想出游就必须有充足的闲暇时间，这就是大多数旅游者纷纷利用相对固定的节假日外出旅游的主要原因，而旅游者的闲暇时间分布情况也决定了旅游市场的季节性。因此，

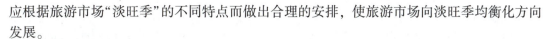

应根据旅游市场"淡旺季"的不同特点而做出合理的安排，使旅游市场向淡旺季均衡化方向发展。

6. 旅游市场具有竞争性

有市场就有竞争，旅游市场也不例外。从总体来看，当今世界的旅游市场是一个供大于求、激烈竞争的买方市场。在买方市场上，旅游产品供给充足并且不是每个消费者的生活必需品，消费者对旅游目的地和旅游产品具有很大的选择余地，一般情况下在旅游市场上都占主导地位。此外，旅游资源的范围和分布具有广泛性，各地区都有自己独特的旅游资源，都可以开发出具有吸引力的旅游产品，成为旅游者需求的对象。所以，没有哪一个目的地的旅游产品能够居于垄断地位，只是占有的市场份额不同。在非垄断的情况下，旅游市场的竞争将持续进行。为了吸引更多的旅游者前来，旅游市场出现了多方面的竞争，包括目标客源市场竞争、目的地之间的竞争、旅游产品特色竞争、旅游产品价格和质量竞争、旅游市场占有率竞争、旅游中间商竞争、国家旅游政策和管理措施竞争等。

二、旅游市场营销及其管理

（一）市场营销的定义

1960 年美国市场营销协会给市场营销下的定义是："市场营销是为了引导商品和服务从生产者到达消费者手中而实施的企业活动。"1985 年，该组织将市场营销定义又修改为："市场营销是关于构思货物和服务的设计、定价、促销和分销的规划与实施过程，目的是创造能实现个人和组织目标的交换。"

英国特许营销学会认为，市场营销是通过适当的交流，将合适的商品以合适的价格、在合适的时机和地点交付给合适的目标人群，并且在整个过程能产生利润的活动。

美国著名营销大师菲利普·科特勒教授强调营销的价值导向，他给市场营销下的定义是："市场营销是个人和集体通过创造并向他人交换产品和价值以满足需求和欲望的一种社会和管理过程。"我们采用了菲利普·科特勒的市场营销定义，这一定义可以从三个方面理解市场营销这一概念：

（1）市场营销的最终目标是"满足需求和欲望"。

（2）交换是市场营销的核心，交换过程是一个主动积极寻找机会，满足双方需求和欲望的社会过程和管理过程。

（3）交换过程能否顺利进行，取决于营销者创造的产品和价值满足顾客需求的程度和交换过程管理的水平。

（二）旅游市场营销的定义与特征

1. 旅游市场营销的定义

旅游市场营销是市场营销理念、理论、方法在旅游经营管理活动中的应用。由于旅游行业的特殊性，又使旅游市场营销与一般意义上的市场营销存在着很多区别。因此，我们认为，所谓旅游市场营销，是指鉴于旅游产品的产地消费性，旅游目的地及旅游企业在旅游产品开发完成后，需要结合产品本身、市场需求及市场竞争等状况，通过适当的价格、销售渠道，并借助广告、公共关系、人员推销、销售促进、网络营销等促销手段，将旅游产品传递给目标市场并满足其旅游需求的活动过程。

2. 旅游市场营销的特征

（1）提供的产品主要是一种服务。旅游产品具有不可感知性，也称无形性，即它不是实际存在的物体，而是一种旅游经历的切身感受，游客难以感知和判断其质量和效果，所以游客更多的是根据服务设施来衡量。旅游产品的消费不发生所有权的转移，旅游者只拥有暂时的使用权。

（2）旅游者可参与到旅游产品的生产过程。在旅游市场营销中，旅游者也是旅游产品生产过程中必不可少的元素之一。因此，对旅游市场营销人员来说，要生产出符合旅游者需要的旅游产品，不仅要对从业人员进行一定的管理，而且对旅游者也同样需要进行某种管理，以便于实现旅游者与旅游产品生产人员之间的沟通，提高对旅游产品的满意度。由于旅游者直接参与生产过程，所以如何使服务工作有效地进行便成为市场营销管理的一个重要内容。服务的过程是游客和服务人员广泛接触的过程，服务绩效的好坏不仅取决于服务人员的素质，也与旅游者的行为密切相关。

（3）旅游产品质量难以标准化。旅游服务是一种过程、一种行为，而非有形实物。因此，旅游服务很难做到标准化，产品质量也难以控制。旅游产品的好坏是以旅游者的切身体验标准加以衡量的，然而每个人的旅游体验都不会一样。在旅游业强调个性化服务的今天，制定一套统一的服务标准更是不可能的。因此，尽管旅游目的地和旅游企业制定了详细的管理制度和服务标准，但实际操作起来也很难确保旅游企业员工按质量标准将服务传递给旅游者；即使旅游企业员工都能按质量标准提供服务，也会由于旅游者的个人特质不同、感受不同，使得满意程度也不同。

（4）时间因素十分重要。时间不仅是指旅游目的地和旅游企业为旅游者服务时的迅速快捷，体现出高效率的特征，而且还指在对待旅游者投诉的处理及回复的及时性上。只有如此旅游者才会感觉受到被重视，旅游目的地的信誉度才能逐渐建立起来。另一方面，旅游产品不可贮存性的特点，也要求旅游企业重视时间因素的要求。如何使波动的旅游需求同旅游企业的生产能力相匹配，服务及时、快捷，缩短旅游者的等候时间就成为旅游营销中的重要工作。

（5）旅游产品的分销渠道与有形产品不同。有形产品一般是通过物流渠道送到消费者手中，而旅游产品的分销是通过旅游企业与旅游者签订合同，然后旅游者自己前来旅游目的地参与旅游产品的生产和销售。

（三）旅游目的地市场营销管理

1. 旅游目的地市场营销管理的概念

旅游目的地的市场营销管理是指旅游目的地相关主体为实现旅游产业的经营和发展目标，对建立、发展、完善与目标市场的交换关系的营销方案进行分析、设计、实施与控制的管理过程。旅游目的地市场营销管理是旅游目的地管理的重要组成部分，是旅游目的地与旅游市场交换关系的管理，是旅游目的地各类管理主体通过市场营销的战略、策略与方法实现自身经营和发展目标的活动过程。

2. 旅游目的地市场营销管理的作用

（1）旅游市场营销管理是寻找新的市场机会的重要途径。旅游市场的特殊性，旅游消费者及其购买行为的复杂性决定了在旅游目的地经营管理中，发现和挖掘新的市场机会存在着诸多困难。旅游市场的全球性、消费者需求的多样性都要求旅游目的地的管理者和经营者要善于发现和挖掘市场机会。市场营销管理基本任务的重点就是要在动态变化的市场环境中、广阔的旅游市场中、复杂多样的消费需求中寻找到新的市场机会。而那些只专注于旅游产品的生产和推销而不注重市场营销管理的旅游目的地和旅游企业是无法真正持久地把握市场机会的。

（2）旅游市场营销管理是实现经营管理目的根本保证。市场营销管理要求旅游目的地要树立"顾客为中心"的经营理念，强调满足消费者的旅游需求为根本任务和出发点，把旅游目的地经营目标的实现建立在满足和实现旅游者需求之上。只有如此，旅游目的地和旅游企业才能自觉地开发旅游资源和创新旅游产品，综合运用各种营销手段和方法来满足和适应旅游者不断变化的新需求。市场营销管理的根本原则就是市场需要什么，旅游者需要什么，旅游目的地就提供什么样的旅游产品和服务。

（3）旅游市场营销管理是合理调节旅游市场供求关系的主要手段。市场营销管理的工作重心就是研究和发现市场需求，深入分析旅游者的各种需求状况，使旅游目的地在供给与需求关系上保持相对最佳的经营状态。旅游产品具有不可贮存性、不可移动性、季节性、无形性等特点，而旅游市场具有异地性、季节性、敏感性、波动性等特征，往往会造成供求关系发生失调。旅游目的地可以通过市场营销管理及时发现供求关系的变化，主动采取有效的营销手段和措施，合理调节供求关系，这是搞好经营获得最佳效益的关键。

第二节　旅游目的地的目标市场营销战略

满足旅游者的消费需求是旅游目的地市场营销成功的关键。但是，一个旅游目的地所面对的是一个复杂而庞大的整体市场，在这个整体市场上存在着不同的地理位置、人文背景、生理特征、消费心理、购买行为的旅游消费者，而任何一个旅游目的地，无论其旅游资源多么雄厚，旅游产品多么丰富，旅游营销能力多么强大，都难以满足所有旅游消费者的需求。因此，旅游目的地必须进行科学有效的市场细分，并在细分后的若干子市场中选择一个或几个子市场作为旅游目的地有能力为之服务的目标市场，此后再将自身的旅游产品定位在目标市场需求偏好上，借助适当的营销手段向目标市场传达这种定位信息，使其注意并感知到此供给是他们所需的旅游产品。因此，旅游目的地的目标市场营销战略包括三个环节，即市场细分、目标市场选择和市场定位。

一、旅游市场细分

（一）旅游市场细分的概念

市场细分的概念是由美国营销专家温德尔·史密斯于 1956 年率先提出的。美国营销大师菲利普·科特勒将市场细分定义为：市场细分就是把某一产品的整体市场根据购买者的需要、性格特征、行为特点等因素划分成不同的顾客群，以便用不同的产品和营销组合来满足这些不同的顾客群。

我们认为，所谓旅游市场细分，是指旅游目的地或旅游企业根据旅游者特点及其需求的差异性，以影响旅游需求的某些因素或标准为依据，将一个整体市场划分为两个或两个以上具有相类似需求特点的旅游者群体的活动过程。其中，每一个需求和行为特征相类似的旅游者群就构成一个细分市场(子市场)。市场细分不仅是分析旅游者消费需求的一种手段，还是衡量旅游目的地是否能真正树立了"以顾客需求为中心"的市场营销观念的根本标志。实践证明，科学合理地市场细分，对旅游目的地开展有效的市场营销活动、实现经营和发展的战略目标均具有重要意义。

(二)旅游市场细分的作用

通过旅游市场细分，对旅游者的需求和消费行为的分析和把握，这直接影响了旅游目的地市场机会的发掘、营销战略的选择、营销策略的制定和市场竞争能力的确立，决定着旅游目的地营销管理的成败。概括地说，旅游市场细分的作用具体体现在以下几个方面：

第一，市场细分有助于旅游目的地发掘最佳的市场机会。通过市场细分，旅游目的地可以了解到整体市场上存在哪些旅游需求尚未得到满足或尚未充分满足的细分市场，这些市场为旅游目的地提供了新的极好的市场开拓机会，从而抓住市场机会，使旅游目的地赢得市场竞争的主动权。在激烈的市场竞争中，谁能准确把握并尽力满足旅游者的需求，谁就能在竞争中求得发展。

第二，市场细分有助于旅游目的地合理利用资源和增强竞争力。通过市场细分，旅游目的地可以选择那些最适合自己的细分市场作为目标市场，然后结合自身的旅游资源特色和优势，集中使用人力、物力、财力等资源服务目标市场，更容易形成竞争优势、增强竞争能力。

第三，市场细分有助于旅游目的地有效地制定和优化营销组合策略。通过市场细分，旅游目的地可以准确地确定目标市场以及需求特点，然后有针对性地制定、优化产品策略、价格策略、渠道策略以及促销策略的营销策略组合，更好更有效地满足旅游消费者的需求。

(三)旅游市场的细分标准

旅游市场细分的关键是找到科学的细分标准(也称细分依据、细分变量)，细分标准的选择直接决定了整体市场细分后的各个子市场是否具有显著的差异性，进而决定了旅游目的地能否在细分后的子市场找到适合自己的有吸引力的目标市场。影响旅游市场的需求和消费行为的因素有很多，我们把这些因素归纳为四大方面：地理因素、人口因素、心理因素和行为因素。依据这些因素作为细分标准的细分方法分别称为地理细分、人口细分、心理细分和行为细分。

1. 地理因素

旅游活动本身是以旅游者空间位移为典型特征的，同一旅游目的地，对于来自不同的地理区域和地理环境的旅游者间形成的旅游吸引力存在着很大的差异性。因此，依据地理因素对旅游市场进行细分有着非常重要的意义。常用地理细分标准包括地区、国家、城市、农村、地理位置、空间距离以及气候条件、地形地貌、人口密度，等等。

(1)国际市场和国内市场。在旅游业中，根据旅游者的来源地域对旅游市场进行划分是一种最常见的做法。按照旅游者所在的区域和国家不同，可以将旅游市场细分为国际市场和国内市场。世界旅游组织(WTO)根据地区间在自然、经济、文化以及旅游者流向等方面的联系，将国际旅游市场细分为六大旅游市场区域：欧洲市场、美洲市场、东亚及太平洋市场、南亚市场、中东市场以及非洲市场。欧洲市场是最为繁荣的旅游市场，其次是美洲市场，这两个市场旅游者的旅游需求和欲望强烈，喜欢去世界各地进行旅游消费。东亚及太平洋市场是近些年来发展最快的旅游市场，尤其是我国的旅游者的境外旅游人数逐年增加。此外，各区域内的每个国家又构成了旅游目的地的客源国市场。以上这些细分市场就构成了国际市场。与国际市场相对的就是国内市场，即一国或地区内的旅游者构成的细分市场。

（2）城市市场和农村市场。按照旅游者所处的生活环境是城市还是农村，可以将旅游市场细分为城市市场和农村市场。城市和农村由于各自经济发展状况、居民的收入水平、受教育程度、工作生活环境等方面存在着显著差异，因此，来自城市和农村的旅游者的旅游需求、动机、偏好以及对旅游目的地和旅游产品的选择有着十分明显的差异。例如，城市居民由于环境比较拥挤、工作压力大、生活节奏快、长期处于喧嚣烦闹的情境下，更多的人利用节假日外出选择相对安逸、舒服的旅游目的地进行旅游。

（3）远程市场与近程市场。按照旅游客源地和目的地之间的空间距离的远近，可以将旅游市场细分为远程市场和近程市场。由于旅游客源地和目的地之间空间距离的远近决定了旅游者旅游成本的大小，包括时间成本、货币成本、体力成本和精力成本等，因此会影响到旅游市场中的不同空间距离内旅游者的目的地选择。一般说来，远程市场的旅游者消费成本较高，体现在旅游耗费时间长、消费高、体力和精力付出大。这类远程旅游者通常是经济上较为富裕、时间上十分充裕，能够在目的地停留更多时间，消费支出更多，能够给旅游目的地带来更多旅游收入的消费者群体。而近程旅游者通常是旅游时间较为短暂，消费支出较少，常常是那些目的地周边地区的闲暇时间较少的旅游者。

此外，旅游客源地与目的地在地形地貌、气候条件、水体、生物构成等自然旅游资源异质性越大，对旅游者的吸引力就越大，越容易形成差异化明显的细分市场。

2. 人口因素

一般而言，按照人口因素细分市场主要是依据人口统计变量，如年龄、性别、职业、收入水平、教育背景、国籍、民族、种族宗教、家庭规模、家庭生命周期阶段、社会阶层等因素。人口因素是旅游市场细分最为常用的细分标准之一，因为人口统计的这些变量与旅游市场的消费需求、偏好以及旅游产品和旅游目的地选择有着密切的关系，可以依据这些因素将旅游市场细分为多种不同的细分市场。

（1）老年旅游市场、中年旅游市场、青年旅游市场和儿童旅游市场。消费者的需求和欲望会随着年龄的增长而发生变化，不同年龄段的旅游者对旅游产品的需求程度、动机水平、消费方式存在着明显的差异。儿童市场中的消费者活泼好动、求知欲旺盛、求新求奇动机强，对趣味性、知识性、娱乐性、新奇性的旅游产品和旅游目的地比较青睐。青年市场中消费者精力旺盛、富有热情和进取心、乐于冒险，对于能提供刺激性、冒险性、参与性强的旅游产品的目的地更是心驰神往。中年市场中的消费者收入较高、消费支出多、注重享受，对能够提供高品质的观光旅游、商务旅游、会议旅游的目的地情有独钟。老年市场的消费者一般经济稳定、注重健康和安全、时间充裕、业余生活丰富，对于能够提供安全舒适的康养休闲产品和设施完善的旅游目的地更为热衷。

（2）男性旅游市场和女性旅游市场。性别对旅游消费行为也有着显著的影响。男性和女性对于旅游计划、目的地选择、住宿饮食服务需求、活动项目偏好都体现出差异。根据有关研究表明，男性在安排旅游计划的时间花费上明显多于女性，而一旦计划落实好，女性则会花更多时间去做准备。男性往往更倾向选择徒步、骑行、滑雪、冲浪、探险以及宗教历史文化色彩浓郁的旅游活动和旅游产品。女性则更青睐选择浪漫、文艺、温馨、舒适、不同寻常的、体验感强的旅游产品和旅游目的地。

（3）高端旅游市场、标准旅游市场和经济旅游市场。在现实生活中，旅游市场中消费者的收入水平、职业背景、受教育程度、所处的社会阶层不同，直接影响着旅游消费水平、旅游消费构成以及旅游目的地的选择。因此，按照旅游者的消费水平，一般可以将旅游市场划分为高端旅游市场、标准旅游市场和经济旅游市场。高端旅游市场中的旅游者通常是社会阶层中高层级的群体，他们有着丰厚的经济收入，旅游产品价格通常不是他们考虑的主要因素，而是更希望旅游活动能够反映出他们的社会地位，能够更多地满足他们高品质的旅游需求。标准旅游市场的主体是大量的中产阶层，他们既关注旅游产品价格，又注重旅游活动的内容和质量。经济旅游市场的主体是那些收入水平相对较低或者没有稳定收入来源的旅游者，相比旅游活动的内容和质量，他们则更多地关注旅游产品的价格。

此外，家庭因素中的家庭结构、家庭规模、家庭生命周期阶段等往往也会与年龄等因素结合在一起影响着旅游者的消费需求和目的地选择。按照家庭结构和规模可以细分为单身家庭、丁克家庭、三口之家、三代之家、四代同堂等。按照家庭生命周期不同阶段可以划分为形成期、扩展期、稳定期、收缩期、空巢期与解体期六个阶段。不同的家庭结构和规模、处于不同家庭周期阶段的家庭人员对旅游产品的兴趣和偏好会有较大的差别。

3. 心理因素

旅游者的需要、动机、兴趣、价值观、个性以及生活方式等心理因素也是旅游市场细分的重要标准。其中旅游者的需要、动机、价值观、生活方式等对旅游市场细分影响更为深远。

（1）根据旅游需要进行市场细分。旅游需要是人的一般性需要在旅游活动过程中的特殊表现，是旅游者或潜在的旅游者对旅游活动及其要素的愿望和要求。旅游市场中消费者的旅游需要是多样化的，因此可以将其细分为不同的子市场。旅游需要具体可以分为旅游的自然性需要、社会性需要和精神性需要。旅游的自然性需要包括生理需要和安全需要，例如旅游者选择便于避寒、避暑、康养的旅游产品和目的地就是为了满足生理需要。而选择基础设施成熟完善的、服务接待设施完备的、旅游活动安全的旅游产品和目的地则更多地体现了旅游者的安全需要。旅游的社会性需要包括交往需要和尊重与自尊需要。例如，旅游者选择目的地考虑的是方便探亲访友、建立新的人际关系，就是为了满足交往需要。当旅游者习惯选择高端的旅游目的地或高消费支出的旅游产品的时候，也往往体现出旅游者的尊重与自尊的需要。旅游的精神性需要包括追新猎奇需要和求知求美需要，例如，旅游者对异国文化、异域风情、异族习俗以及新奇罕见的旅游产品尤为偏好，就体现了旅游者的追新猎奇需要。当旅游者为了增长见闻、获取知识、饱览美景、欣赏艺术而选择目的地更多是为了满足求知求美需要。

（2）根据旅游动机进行市场细分。旅游动机是推动人们进行旅游活动，并使人处于积极状态以达到一定目标、满足旅游需要的内在驱动力，是个体发动和维持其旅游行为的一种能动的心理现象。旅游学者们依据不同的标准将旅游动机分为不同的类型。如美国学者麦金托什将旅游动机分为身体健康动机、文化动机、交际动机、地位与声望动机。日本学者田中喜一将旅游动机分为心情的动机(如思乡之情、交际之心、信仰之念等)、身体的动机(如治疗、保健、运动等)、精神的动机(丰富知识、增长见闻、寻求欢乐等)、经济的动机(购物消费、商务活动等)。中国学者保继刚、陈钢化、黄松山等人把背包客的旅游动机分为社会互动的动机、自我实现的动机、目的地体验的动机、逃离与放松的动机。旅游市场中消费者的旅游动机不同,其选择的旅游产品和目的地也就必然存在显著的差异。

(3)根据旅游者的价值观进行市场细分。价值观是指个人对客观事物(包括人、事、物等)及对自己的行为结果的意义、作用、效果和重要性的总体评价,是对什么是好的、什么是对的、什么是应该的总看法,它反映出人对客观事物的是非判断和重要性评价。价值观是推动并指引一个人采取决定和行动的原则和标准,是个性心理结构的核心因素之一。德国哲学家、心理学家斯普兰格根据人们对六个基本社会生活领域的特殊兴趣将价值观分为理论型价值观、经济型价值观、审美型价值观、社会型价值观、政治型价值观和宗教型价值观六个基本类型。理论型价值观的人以探索事物本质为其最大价值,遵循客观性、规则性和真理普遍性。经济型价值观的人关注生活的实际方面,遵循实用和有用原则,根据效用、收益和耗费等标准来做出价值评判,致力于经济上的自我保存和保障。审美型价值观的人以感受事物之美为其人生最高价值,他们不像理论型价值观的人那样关注事物的真理,也不像经济型价值观的人那样关注事物的效用,而是主要关注事物的和谐、魅力、优雅和多样。社会型价值观的人友好、和善、体贴、慈悲、关心他人、乐于交往、重视社会价值并有志于从事社会公益事业。政治型价值观的人关注影响统治的政治工具和方法,渴望通过权力控制他人,具有强烈的权力意识和权力支配欲,以掌握权力为最高价值。宗教型价值观的人把信仰宗教作为生活的最高价值,他们是寻求人与宇宙之间和谐统一的神秘主义者,相信超自然的力量并且坚信生命永存。当然,在现实生活中没有哪个旅游者绝对具有某种典型的价值观,绝大多数个体通常具有一种主要类型的特点,同时兼具其他类型的特点。而这些不同的价值观深刻影响着人们对旅游产品的消费和目的地的选择。

(4)根据旅游者的生活方式进行市场细分。旅游者的消费行为在很大程度上还受到生活方式的影响,而且他们所消费的旅游产品也能体现出他们的生活方式。生活方式是指人们长期受一定社会文化、经济状况、宗教信仰、民族习惯、地方风俗以及家庭环境等影响而形成的生活习惯和活动方式。生活方式的分类方法有很多,我们从心理特征、价值取向、交往关系以及个人与社会的关系等角度可将个人生活方式分为:内向型生活方式和外向型生活方式、奋发型生活方式和颓废型生活方式、自立型生活方式和依附型生活方式、进步的生活方式和守旧的生活方式、健康的生活方式和不健康的生活方式。而这些不同生活方式的人在选择旅游产品和旅游目的地的时候也一定存在着十分明显的区别。

4. 行为因素

旅游市场的行为细分,就是依据旅游者选择目的地或旅游产品的时机、追求的利益、使用者情况、旅游者对旅游产品或目的地的忠诚度等行为变量来细分旅游市场。一般可以具体分为以下几种细分方法:

(1)时机细分。这是根据旅游者进行旅游消费的时机不同进行的市场细分。例如,南方的旅游目的地到了每年的冬季就会迎来大量北方的游客,相反每年的夏季,北方的旅游目的地的南方游客会大量汇集而来。有些旅游目的地每年的一、二月份和七、八月份就会有很多学生游客到访。

（2）利益细分。这是根据旅游者旅游消费的利益不同进行的市场细分，可以将旅游市场细分为观光型市场、休闲度假型市场、商务型市场、专项型市场。

（3）使用者细分。这是根据旅游者进入旅游市场程度进行的市场细分，可以将旅游市场细分为未使用者、潜在使用者、初次使用者、曾经使用者、经常使用者。

（4）忠诚度细分。这是根据旅游者对某个旅游目的地或某项旅游产品的偏好程度进行细分，可以分为绝对忠诚者、多元忠诚者、变换忠诚者、非忠诚者四类。

（四）旅游市场有效细分的原则

旅游目的地可以依据一个细分标准进行市场细分，也可以依据多个细分标准进行市场细分，选择的细分标准越多，划分出来的细分市场就越多。但是整体旅游市场容量总是相对固定的，细分标准选择过多就会造成每一个细分市场的容量非常小，旅游目的地无法取得满意的经济效益和社会效益，更谈不上长远的发展。如何寻找和利用合适的细分标准对市场进行有效的细分，在旅游目的地营销实践当中绝非易事。一般情况下，旅游市场细分应当遵循以下几条原则：

1. 可衡量性原则

可衡量性是指市场细分后的各细分市场的需求、购买行为特征等有明显的差异性。各细分市场的规模和购买力大小等能被具体测量到，从质和量两个方面为制定营销策略提供依据。要做到这一点，就要保证所选择的细分标准能够反映旅游者或某些旅游购买行为的差异性，同时该标准必须清楚明确，能被定量地测定。只有这样才能使各细分市场的界限明确、范围清晰、特征明显。

2. 可赢利性原则

可赢利性是指细分市场的需求量足以保证旅游目的地和旅游企业取得良好的经济效益。细分市场的需求量既涉及旅游者的数量，又涉及旅游者的购买力大小。旅游细分市场要有足够的规模，就要求细分市场要有足够的旅游者，或者在人数较少的情况下有足够的购买力。对于"足够"的一个判定标准就是，旅游目的地和旅游企业在细分市场上的收入要高于开发该细分市场的全部投入。同时，可赢利性原则还要求该细分市场应具有一定潜力，不仅在短期内可以获利，而且通过努力扩大该市场，使旅游企业能够获得长久利益。

3. 可进入性原则

可进入性是指通过某种细分标准进行市场细分后的部分子市场是旅游目的地通过营销努力能够使旅游产品有条件进入并占有一定的市场份额的市场。首先，该细分市场应未被竞争对手控制或未完全控制，也就是说该细分市场的需求未被竞争对手完全满足；其次，旅游目的地和旅游企业要有能力提供相应的旅游产品，开展相应的市场营销活动去满足细分市场的需要。如果该细分市场竞争十分激烈，或竞争不太激烈但本企业不具备占领该细分市场的能力和条件，则该细分市场也是不可进入的。

二、旅游目的地的目标市场选择

旅游目标市场是旅游目的地决定要进入的并为之提供旅游产品和服务满足其旅游需求的一个或几个细分市场。任何一个旅游目的地由于主客观条件的制约都无法满足所有游客

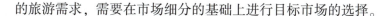

的旅游需求，需要在市场细分的基础上进行目标市场的选择。

（一）目标市场的评估标准

1. 现实的市场规模

一个理想的目标市场首先要有一定的现实市场规模，也就是作为目标市场的细分市场必须要有足够的、尚未满足的、稳定的旅游需求。现实的市场规模既涉及旅游需求者的数量，又涉及旅游者要具有购买意愿和购买能力，只有具备了一定的现实的市场规模，旅游目的地才能在该细分市场上有利可图。

2. 潜在的发展前途

从长远看，某个细分市场能否作为目标市场还要从该细分市场的旅游需求能否能够长期地持续存在下去，以及该市场需求规模是否具有成长性。

3. 具备结构性吸引力

结构性吸引力主要是指细分市场竞争状况给旅游目的地留下的市场空间的大小。作为目标市场的吸引力大小取决于旅游市场上五种竞争性力量的威胁状况，即现有竞争者的威胁、潜在竞争者的威胁、替代品的威胁、购买者的威胁、供应商的威胁。这五种力量威胁性越小，市场结构性吸引力就越大，威胁性越大，市场结构性吸引力就越小。

4. 匹配的旅游资源

旅游目的地要有可以开发利用的旅游资源以及相应的人力、物力和财力等资源作为支撑条件，通过对旅游资源的开发和利用形成各种旅游产品、旅游设施和旅游服务来满足细分市场的旅游需求。如果旅游目的地没有可供开发利用的旅游资源或者自身资金短缺、人才匮乏，就算面对极具吸引力的细分市场，也不得不放弃。

（二）旅游目标市场选择的基本模式

旅游目标市场选择的基本模式是指旅游目的地选择的细分市场数量多少和范围大小的方式和方法。不同的选择模式要求采用不同的目标市场策略。旅游目标市场选择通常有五种基本模式。

1. 市场集中化模式

市场集中化是指旅游目的地只选择一个细分市场，集中力量生产和提供一种旅游产品。由于目标市场单一和集中性服务，旅游目的地对细分市场有比较深刻而全面的认识，比较容易采用合适的营销策略组合，从而获得较有利的市场地位、良好的声誉和经济效益。但是，由于市场集中化模式回旋余地很小，一旦该目标市场的需求情况发生变化，要冒很大的风险；而且旅游活动本身就是综合性很强的活动，这种模式难以满足旅游者需求日渐多样化的发展趋势。所以，这种市场集中化模式在现实营销活动中并不常用。

2. 选择专业化模式

选择专业化是指旅游目的地有选择地确定少数几个目标市场，并为之生产和提供不同类型的旅游产品。旅游资源和产品种类丰富的旅游目的地一般采用这种模式。例如，五星级酒店就可以将会议客、商务客、观光客、休闲度假客等旅游者视为目标市场，分别为他们生产和提供其所需要的旅游产品。

3. 产品专业化模式

产品专业化是指旅游目的地选择较多甚至所有细分市场，集中力量生产提供某一种旅游产品。拥有独特旅游资源的目的地往往采用这种模式，如黄山、长城、千岛湖等。但是，产品专业化并不排斥旅游辅助产品有所不同。如旅行工具、住宿标准等，因为旅游者群体的需求不可能完全一样。

4. 市场专业化模式

市场专业化是指旅游目的地选择一个细分市场作为目标市场，向该市场提供其需要的各种旅游产品。例如，旅行社专门将老年人作为服务对象和目标市场，向他们提供度假、观光、康养、购物、娱乐等旅游产品。

5. 市场全面化模式

市场全面化是指旅游目的地将整个旅游市场作为目标市场，生产和提供各种旅游产品来满足所有旅游者群体的需求和欲望的目标市场选择模式。这种模式通常为旅游资源丰富、资金实力雄厚的大型旅游集团所采取。

一般来说，在选择模式的时候，旅游目的地总是首先选择最有吸引力的细分市场作为目标市场，然后再根据目的地和市场发展情况进行相应的调整，包括扩大目标市场范围或者转移目标市场。

(三)旅游目标市场选择策略

目标市场选择策略是在目标市场选择的基础上，进一步决策在目标市场上如何开展营销活动，从而达到营销目标的措施和方法。目标市场选择策略被分为三种类型：无差异市场策略、差异性市场策略和集中性市场策略。

1. 无差异市场策略

无差异市场策略是指旅游目的地不进行市场细分，而把整体旅游市场作为目标市场的一种营销策略。无差异营销是一种只注重市场需求的共性，不考虑各细分市场需求的差异性，向整体市场提供单一的、标准化的旅游产品，采取单一的营销组合策略，力求在一定程度上满足尽可能多的旅游者需求的策略。无差异市场策略的理论基础是成本的经济性。生产单一旅游产品，可以减少和节约开发和生产成本。同时，无差异的广告宣传和其他促销活动可以节省促销费用，减少相关营销方面投入，且容易形成垄断性品牌，提高旅游目的地和旅游产品的声誉和地位。我国大部分风景名胜地主要依靠该市场策略创名牌，如西安的兵马俑、四川的峨眉山等。这种市场策略对于需求广泛、市场同质性高且具有垄断性特征的旅游产品和旅游目的地比较适用。

2. 差异性市场策略

差异性市场策略是指面对已经细分的市场，旅游目的地选择两个或者两个以上的细分市场作为目标市场，采取多种营销组合策略，对每个细分市场分别提供有针对性的旅游产品和服务。差异化市场策略具有很多优点：一是旅游产品生产的小批量、多品种，开发和管理机动灵活、针对性强，可使消费者的需求得到更好的满足。二是由于差异化市场策略是在充分细分市场基础上进行经营，一定程度上可以减少经营风险。三是一旦旅游产品在某个细分市场上获得成功，可迅速提高旅游目的地的形象及市场占有率。当然，差异化市场策略也有不足：一是增加了营销成本。由于旅游产品品种多，开发和管理成本将增加。由于必须针对不同的细分市场发展独立营销计划，会增加在市场调研、促销和渠道管理等方面的营销成本。二是可能使旅游目的地的资源配置不能有效集中，顾此失彼，甚至在目的地内部出现彼此争夺资源的现象，难以形成竞争优势。

3. 集中性市场策略

集中性市场策略是指旅游目的地不是面向整体旅游市场，也不是把资源和力量分散使用于若干个细分市场，而只选择一个或少数几个细分市场作为目标市场并制定一套有针对性的营销方案的策略。实施市场集中策略的优势：一是可以使旅游目的地充分运用有限资源，"集中优势兵力打歼灭战"，使资源发挥尽可能大的作用。二是可避实就虚、扬长避短，充分发挥自己的优势。正是具有这样明显的优点，该市场策略使许多新的旅游目的地战胜了传统的旅游目的地。但是，集中性市场策略也具有风险较大的弱点：由于目标市场比较单一和狭小，一旦市场出现不利的情况，旅游目的地就可能会立即陷入困境。例如，某国际旅行社以欧洲旅游市场为经营重点，由于受到经济危机的影响，选择出境旅游的人数大幅度减少，该旅行社立刻陷入困境。

每一种目标市场选择策略都有其优势也有其不足之处，旅游目的地还要充分考虑和有效结合自身的旅游资源状况、旅游产品的性质、旅游市场的特性、旅游目的地与旅游产品的生命周期以及竞争对手的目标市场策略灵活地选择适合自己的市场策略。

三、旅游目的地的市场定位

旅游目的地在选定目标市场之后，还必须决定在市场上突出自己什么样的特色和占据什么样的位置。不同的市场定位决定了接下来采用怎样的营销组合策略，它关系到旅游目的地及其旅游产品能否突出自己的特色，以及能否在激烈的旅游市场竞争中占有一席之地进而谋求进一步发展壮大的战略性问题。

(一)旅游市场定位的概念与核心内容

1. 旅游市场定位的概念

1972 年，美国广告专家杰克·特劳特和阿尔·里斯在《广告时代》杂志上发表文章，提出了营销史上具有划时代意义的市场定位观念，他认为市场营销不再是产品时代，而是定位时代。他们指出："定位起始于一种产品、一种商品、一项服务、一家公司、一个机构或者甚至一个人。然而，定位行为的对象不是产品本身，而是今后有可能成为该产品的消费者的心理。换言之，定位行为就是公司给产品在可能的顾客心目中确定一个恰当的位置。"该概念对定位客体和定位的实质进行了明确界定，成为后来众多定位理论的基础。

所谓旅游市场定位，就是指针对潜在旅游消费者心理进行营销设计，树立旅游产品、旅游品牌以及目的地在目标消费者心目中的某种形象或凸显某种个性特征，并保留深刻印象和独特位置，从而取得竞争优势的一种营销活动过程。成功的市场定位对于旅游目的地营销目标的实现有着重要的影响和作用：一是有效的市场定位有助于树立旅游目的地的鲜明特色和独特个性；二是有助于旅游目的地更好地满足旅游者的需求偏好；三是有助于旅游目的地取得目标市场上的竞争优势。

2. 旅游市场定位的核心内容

旅游市场定位的核心内容是努力实现旅游产品差异化和市场形象差异化，以引导、培育旅游者的需求偏好甚至品牌忠诚，强化和巩固旅游目的地与旅游企业在旅游者心目中的地位。

（1）旅游产品差异化。旅游市场定位的出发点和根本要素在于确定旅游目的地或旅游企业的旅游产品的特色，即旅游目的地或旅游企业必须在进行市场调研、了解竞争对手旅游市场定位的基础上充分挖掘和创造自身的特色，避免与竞争对手定位的雷同。旅游产品的差异化主要体现在旅游产品设计中的属性、价格、分销渠道、促销或其组合等方面，以突出旅游目的地和旅游企业提供的旅游产品能为旅游者带来的特殊效用与利益。

（2）旅游形象差异化。旅游市场形象分为功能性形象和象征性形象。旅游市场的功能性形象是指由价格、服务内容与服务效果等方面所反映的旅游产品的交际功效形象；而旅游市场的象征形象是指旅游目的地和企业塑造的旅游产品的人格化形象，如友好的形象、贵族化的形象等。旅游产品从整体产品上应重视象征性形象的塑造，在单项产品上则应重视功能性形象的显示。

（二）旅游市场定位的模式

不同旅游目的地和旅游企业的市场定位策略千差万别，但从市场竞争的角度分析，基本模式有三种：

1. 对抗性市场定位

对抗性市场定位，也称竞争性定位，是指旅游目的地或旅游企业选择靠近最强的竞争对手产品或与其重合的市场位置，与其采用大体相同的营销策略，与其争夺同一个市场。这种定位方式要求旅游目的地或旅游企业必须具备与强大的竞争对手不相上下的竞争力量，通过竞争实现与其平分天下或被旅游者广为知晓。

2. 差异化市场定位

旅游目的地或旅游企业采用避实击虚的方法与竞争对手适当拉开差距，在产品、服务、人员等方面富有特色而实现与竞争对手有显著的差异。例如，A 旅行社专长于老年旅游市场，B 旅行社专长于研学旅游市场，而 C 旅行社专长于度假旅游市场，或者虽然提供同样的旅游产品，但因各具特色而拥有不同的消费群体。这就避免了恶性竞争，为企业赢得了更大的生存与发展空间。

3. 补缺性市场定位

旅游目的地或企业力图回避与目标市场上现有的实力最强或较强的竞争者直接对抗，即避开强者，将自己的旅游产品定位于市场上某些空白领域或缝隙之处。成功实施这种市场定位要考虑两个关键因素：一是该空白市场要有足够大的市场容量和利润发展空间；二是企业进入后应迅速占领该市场，建立品牌知名度和美誉度。这种定位方式一般风险较小，成功率较高。

（三）旅游市场定位的步骤

美国学者阿拉斯塔·莫里森把有效的市场定位步骤归纳为"5D"：记录利益（Documenting）、决定形象（Deciding）、辨别优势（Differentating）、传递设计（Designing）和落实承诺（Delivering）。据此，我们将旅游目的地的市场定位分为以下五个步骤：

1. 确定市场定位的客体

旅游目的地市场定位的客体是多元化、系统化的，包括旅游产品、旅游品牌、旅游企

业、旅游目的地以及它们的不同组合，这些因素都可以是市场定位的客体。

2. 识别重要属性，明确定位因素

重要属性是目标市场上的旅游者最为关心的因素，也是决定其旅游决策的重要因素。重要属性既可以是旅游产品或旅游目的地必须具有的某种属性，也可以是目标市场上旅游者的某些重要特征。

3. 分析竞争状况，确定定位位置

从重要属性(定位因素)入手，分析目标市场上的竞争者的产品属性、市场地位、市场满足程度等情况，选择和确定目的地自己的定位位置。

4. 选择定位模式

一般说来，旅游目的地根据自身市场定位的位置可以选择的市场定位有三种基本模式，即对抗性定位模式、差异化定位模式和补缺性定位模式。定位模式的选择必须以自己的优势、劣势为基础，结合竞争者的状况，以旅游者的认识和看法为中心来进行。而且，某种定位模式只代表了市场定位的大致方向、要真正实现定位，还必须采取相应的定位策略。

5. 执行定位

旅游目的地或旅游企业一旦决定了自己的定位，就要制定相应的市场营销组合策略。从产品、价格、渠道、促销等方面将定位付诸实施。重点是向旅游者传达目的地的特色和优点，突出与同类竞争者的比较优势。

6. 重新定位

目标市场上旅游者的需求和消费行为以及竞争对手的情况是不断变化的，因此，旅游目的地的市场定位要随之进行相应调整，这就是重新定位。

(四)旅游市场定位的策略

旅游目的地的市场定位策略在本质上就是要不断地强调和强化自身的差别化，具体来说有以下几种定位策略可以使用：

1. 产品属性定位

旅游产品的属性既包括一般产品所包含的质量、功能、工艺等特性，也包括旅游产品本身的独一无二的自然和人文特色，后者更为容易形成旅游目的地及其旅游产品的特色和优势，是市场定位形成差别化的首选方式和重要策略。

2. 旅游者利益定位

旅游者的消费行为往往都是以追求某种需要和利益的满足为目的的，旅游目的地或旅游企业可以将自己的旅游产品属性与旅游者利益结合起来，着力发掘和传达产品能够带给旅游者的特定利益，以此来实现差别化。

3. 价格质量定位

旅游目的地或旅游企业可以通过优化旅游产品的质量价值比来进行市场定位，既可以选择质量和价格相一致的定位策略，让旅游者认为旅游产品的货真价实，也可以选择质量高而价格低的定位策略，让旅游者产生物超所值、物美价廉的认识，进而增加满意度。

4. 档次类别定位

旅游目的地或旅游企业可以根据自身资源状况和竞争对手的定位档次，选择不同档次的定位，如高档定位、中档定位和低档定位，不同档次定位各有利弊，旅游目的地需要根据实际情况加以选择和调整。

5. 使用者定位

根据旅游产品使用者的心理与行为特征及特定消费模式塑造出恰当形象来展示其产品的市场定位。例如，旅游目的地或旅游企业通过营销努力，特别是通过公关活动，同某一社会阶层或社会名流建立起较为经常的主顾关系，则会逐渐成为某些类型的旅游消费者所关注。

6. 借助竞争者定位

这种市场定位策略是通过将自己同市场声望较高的其他旅游目的地或旅游企业进行比较，借助竞争者的知名度来实现自己的形象定位。其通常做法是通过推出比较性广告，说明自己旅游产品与竞争者产品在某些方面的相同甚至优异之处，从而达到引起旅游消费者注意并在其心目中形成印象、树立形象的目的。

第三节　旅游目的地的营销组合策略

营销组合策略简称营销组合，它是现代市场营销理论中的一个重要概念，1964 年由美国哈佛大学鲍敦教授首先提出，此后受到学术界和企业界的普通重视和广泛运用。旅游目的地的营销组合策略是指目的地针对目标市场的需要，综合考虑外部环境、自身能力、竞争状况，对自己可控制的各种营销要素进行优化组合和综合运用，使之协调配合，扬长避短，发挥优势，以取得更好的经济效益和社会效益的策略组合。目的地的营销要素是指为了满足旅游者的需求、促进旅游消费、实现营销目的而运用的各种方法和手段。一般来说，旅游目的地和旅游企业最重要和最常用的营销要素有四类：产品、价格、渠道和促销，相应地旅游目的地可以采用的营销策略就有产品策略、价格策略、渠道策略、促销策略以及它们的优化组合和综合使用。

一、产品策略

旅游产品是目的地的旅游业发展的基础，没有旅游产品，旅游活动无从谈起，旅游业也就成了纸上谈兵。旅游业的发展不仅依靠旅游产品，而且需要有适合市场需求的旅游产品。这是因为旅游产品特色、品种、数量和质量及是否符合当前旅游需求和未来的发展趋势，关系到旅游业的兴衰。因此从这个意义上说，产品策略是旅游目的地整个营销组合策略的基石。旅游产品策略正确与否直接影响着旅游目的地营销管理的全局和成败。旅游产品策略主要包括产品组合策略、产品生命周期策略、新产品开发策略等。

(一)旅游产品组合策略

旅游目的地为了满足目标市场日益多样化的旅游需求，保持自己的产品在目标市场中的活力，分散经营风险，往往都不会只提供一种旅游产品，而是经营功能多样、种类不同

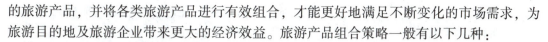

的旅游产品，并将各类旅游产品进行有效组合，才能更好地满足不断变化的市场需求，为旅游目的地及旅游企业带来更大的经济效益。旅游产品组合策略一般有以下几种：

1. 全线全面型产品组合策略

这种产品组合策略是指旅游目的地和旅游企业经营多条旅游产品线并将其推向多个不同的旅游市场的策略。这种策略可以满足不同旅游市场的需求，有利于扩大市场份额，但经营成本较高，适合于那些具备较强实力的旅游目的地和旅游企业。

2. 市场专业型产品组合策略

这种产品组合策略是指向某个特定旅游市场提供其所需要的各类旅游产品的策略。这种策略有利于集中力量、充分挖掘该旅游市场的各种旅游需求，并通过提供各种产品满足市场需求，便于旅游目的地和旅游企业发挥自身优势和提高盈利能力。

3. 有限产品线专业型产品组合策略

这种产品组合策略是指旅游目的地和旅游企业只经营一种类型的旅游产品而满足多个目标市场的同一种需求。这种策略由于产品组合单一，易于管理、经营成本低，有助于对单一类型的旅游产品深度加工和充分挖掘，使其发挥最大效益。

4. 特殊产品专业化型产品组合策略

这种产品组合策略是指旅游目的地和旅游企业凭借自身拥有的独特优势和特殊条件，提供能够满足旅游市场的特殊旅游产品的策略。这种策略有利于旅游目的地和旅游企业通过利用自身的独特优势和特殊旅游资源摆脱激烈的市场竞争，通过独具特色的旅游产品谋求较好的生存和发展机会。

5. 产品组合调整策略

这种产品组合策略是指旅游目的地和旅游企业根据旅游市场需求的变化，结合自身和市场竞争者的情况，有针对性地调整和改变原有的产品组合策略。这种调整策略主要包括扩大产品组合策略、缩减产品组合策略、延伸产品组合策略、改进产品组合策略等。

（二）旅游产品生命周期策略

旅游产品生命周期是指某种旅游产品从进入市场到被淘汰出市场的全部运动过程。一般来说，旅游产品典型的生命周期分为四个阶段：导入期、成长期、成熟期和衰退期。旅游产品处于不同的生命周期阶段，旅游目的地和旅游企业所应采取的营销策略也是不同的。

1. 产品导入期的策略

旅游产品的导入期是指一种旅游产品被正式推向市场，具体表现为新的旅游景点、娱乐设施建成，新的旅游路线开通，新的旅游项目、旅游服务的推出，等等。旅游产品导入期的营销任务是培育产品的认知、引导产品的使用和在市场中有效传播产品的市场定位。根据对旅游产品的价格和促销投入的组合，可以采取四个策略：快速撇脂策略、快速渗透策略、缓慢撇脂策略和缓慢渗透策略。

2. 产品成长期的策略

旅游产品的成长期又称发展期，这一时期市场对该旅游产品已经熟悉，越来越多的旅游者开始消费这种旅游产品。旅游产品成长期的营销任务一方面是要巩固已有的营销成果，另一方面要进一步扩大市场占有率。因此旅游目的地和旅游企业要采取的营销策略是：一是改进旅游产品，提高产品质量；二是加强市场促销，树立产品形象；三是开拓新市场、寻找新机会。

3. 产品成熟期的策略

进入成熟期后，旅游产品定位已经明确、销量比较稳定、市场需求也已经饱和。与此同时，提供同类旅游产品的旅游目的地和旅游企业不断增加，新旅游产品开始出现，使市场竞争开始日趋激烈。根据产品成熟期的这些市场情况，旅游目的地和旅游企业应采取多种营销策略，具体包括市场改革策略、产品改进策略、营销组合改进策略和新产品研究和开发策略。

4. 产品衰退期的策略

当旅游产品失去了原有的吸引力，产品价格开始下降，市场销售量和利润不断减少的时候，产品就进入了衰退期。当旅游产品处于衰退期时，各种促销手段都会不同程度地出现失灵，这时很多旅游目的地和旅游会采取三种营销策略：一是维持策略；二是收缩策略；三是撤退策略。

（三）旅游产品品牌策略

旅游产品的品牌不仅是旅游产品的重要组成部分，而且是一种有效的竞争手段，正确地运用品牌策略可以取得出奇制胜的效果。旅游企业常用的品牌策略有品牌延伸策略、多品牌策略和改变品牌策略。

1. 品牌延伸策略

旅游产品的品牌延伸策略指旅游企业利用已成功的产品品牌来带动旅游新产品品牌或改良产品品牌。旅游酒店企业中知名的国际性酒店用品牌延伸策略扩大经营规模的案例很多。采用这种策略，由于知名品牌的市场影响力，既可以为新产品节省促销费用，又节省了品牌设计的费用。

2. 多品牌策略

旅游产品的多品牌是指旅游企业对各类旅游产品分别使用两个或两个以上的品牌。旅游企业针对不同的目标市场采用不同的品牌，有助于提高市场吸引力，还可以避免延伸品牌"一损俱损"的风险。

3. 改变品牌策略

改变品牌是因为旅游产品的品牌在特定的目标市场上不为旅游者所欢迎，主要原因可能是原有的旅游产品有质量问题，旅游者不认同该品牌或品牌认知被扭曲；或者是由于竞争者大量进入和产品生命周期的变化，原有品牌已不能适应市场新形势。

（四）旅游新产品策略

由于产品构成的复杂性，旅游新产品与一般生产领域中的新产品在含义上有所不同。旅游新产品是指旅游生产者初次设计生产的或者原来生产过，但又做了重大改进，在内容、结构、服务方式、设备性能上更为科学、合理，更能体现旅游经营意图，与原有旅游产品存在显著差异的产品。旅游新产品的出现能明显影响人们的消费习惯，形成种新的消费潮流。具体来说，旅游新产品策略主要是围绕着开发和利用以下几类新产品来开展的：

1. 改进型新产品

改进型新产品是指对原有产品不进行重大改革，只对它进行局部、形式上改进的产品。旅游企业通过对原有产品进行局部的改进，增加其功能或用途，或者是产品构造不变，但产品外观或提供产品的形式改变，都属于改进型新产品。例如，三峡旅游初期只有两艘豪华游轮，为适应市场需求，在游船的规模、等级、路线的安排上做了改进，加进了巫山的大宁河小三峡、马渡河小小三峡，以此延长游客的停留时间，促进当地旅游经济的发展。

2. 换代型新产品

换代型新产品是指在现有产品基础上进行较大改革后生成的产品。这种新产品的技术含量较高，是在原有产品基础上的新发展，是旅游企业进行新产品开发、提高竞争力的主要方式。例如，旅游饭店的客房经过装修改造后，通过增加无线网络、增配电脑、传真等商务设备后变为商务客房。这种客房产品就是换代新产品。我国在初级的观光型旅游产品的基础上把旅游城市西安、兰州、张掖、敦煌、哈密、乌鲁木齐、喀什等连接起来推出大型观光旅游产品——丝绸之路游，这也是一种换代产品。

3. 创新型新产品

创新型新产品是指旅游企业运用现代科学技术手段创造出来的具有新原理、新技术、新内容等特征的旅游产品。例如，旅行社开发新的旅游线路、各旅游目的地开发新的旅游景点、新建成的旅游饭店等。换代型新产品是局部质的变化，创新型新产品则是在长期量变的基础上产生的质的飞跃。其设计生产难度较大，会受到旅游目的地和旅游企业的研发能力、技术水平、资金等诸多方面的限制，故对旅游企业而言，更多的是开发相对的新产品，即在原有基础上进行改进、更新换代或仿制。

4. 仿制型新产品

仿制型新产品是指旅游企业对旅游市场上已经存在的畅销旅游产品进行模仿而生产出来的新产品。仿制是一种重要的竞争策略，不失为开发新产品的一种快捷途径。与创新型旅游产品相比，仿制型新产品开发的风险较小，既能借助其他企业的新产品研发成果，又能在仿制时根据消费者的需求改进其他企业产品的不足。由于大多数旅游产品的非专利性，因此，许多旅游企业往往不愿意承担风险而率先推出新产品，而是采用"坐享其成"的方式，当某一旅游产品在市场上销量看好时，迅速仿制并推向市场。

二、价格策略

旅游产品的价格是旅游产品的价值体现，是由旅游产品的内在价值和消费者对产品附着的心理价值两方面构成。价格始终是营销组合中最活跃、最敏感的因素，也是决定营销活动成败的关键因素。价格是影响旅游需求和购买行为的主要决定因素。合理地确定产品价格是促进产品销售、提高市场份额、增加利润水平的重要手段和关键策略。旅游产品价格策略常用的主要有新产品价格策略、折扣价格策略、差别价格策略、价格调整策略。

(一)新产品价格策略

当向市场推出一项新产品，旅游目的地和旅游企业往往由于不同的营销目标而采取不同的新产品价格策略。

1. 撇脂价格策略

撇脂价格策略就是在新产品投入市场之初，采取高价策略，营销目标是在短期内迅速地收回投资成本，赚取最大利润，就像在牛奶中撇去奶油一样，等到营销目标实现后再逐渐降低产品价格。这种定价策略的优点：一是利用旅游消费者求新求异的心理，用较高价格刺激消费者，同时还可以创造高价、优质的品牌形象；二是由于价格较高可在短期内获得较大利润，回收资金也较快，使旅游企业有充裕的资金开拓市场；三是当竞争对手大量进入市场时，便于旅游企业主动降价，增强竞争能力。这种定价策略的缺点：一是新产品刚刚面世，就以高价投入市场，不利于市场开拓和增加销量；二是不利于稳定和占领市场，容易导致新产品开发策略的失败；三是价格高，销售量可能达不到预期值，反而使利润更少；四是高价带来可能的高额利润容易引来竞争对手的进入，加速行业竞争；四是价格远远高于价值，在某种程度上损害了旅游消费者的利益，容易招致公众的反对或消费者的抵制。

2. 渗透价格策略

渗透价格策略与撇脂价格策略恰恰相反，营销目标是通过制定一个较低的产品价格来使新推出的旅游产品能够较快地进入目标市场，并迅速占领较大的市场份额，并通过规模经济来降低生产成本，等到营销目标实现后再逐渐提高产品价格。这种低价进入市场的渗透策略必须具备一定的条件。首先，市场对旅游新产品价格的变化非常灵敏，潜在需求市场规模大。因为潜在需求具有弹性，市场才可能以一个较低的价格迅速扩张，这是实施低价竞争的前提。其次，旅游新产品生产和分销成本必须随着销量的增长而下降。最后，低价要能够阻止竞争，采用渗透定价策略的旅游企业必须保持低价的优越地位，否则低价只能是昙花一现、难以为继。渗透定价策略的不足之处：一是渗透意味着大批量生产、低价格销售，当遇到旅游市场需求萎靡、产能过剩、存货过多时，旅游企业必然会遭受巨额损失；二是渗透定价策略是以低价的面目进入旅游市场的，往往会形成"低价值—低品牌"错觉的后果，进而给企业提升品牌形象带来巨大阻碍；三是实行渗透定价策略的终极目标也是为了盈利。如果旅游企业把价格定得过低，甚至低于产品成本，表面上看来游客络绎不绝、生意兴隆，实际上只赚吆喝不赚钱，这是旅游目的地的经营者应该避免的。

3. 温和价格策略

温和价格策略又称满意价格策略，是指对新进入市场的旅游产品制定不高不低的价格，取行业的中等价格水平。对于旅游企业来说，适中的价格能对旅游者产生一定的吸引力，又能使旅游企业有一定的盈利。满意价格策略的优点在于能避免高价策略带来的风险，又能防止低价策略给生产经营者带来的麻烦。但该策略实际运用效果却不如撇脂定价策略和渗透定价策略。其主要原因是：随着生产技术的不断创新与提高，生产规模不断扩大，在生产规模达到经济规模效益之前，单位产品成本随时间的推移不断降低，价格也在不断变化。因此，中价水平不易保持长期稳定。而新产品首次出现在市场上时没有可以进行比较的价格。对于旅游企业而言，将旅游产品消极地推向市场，属于安逸价格策略。如果旅游产品没有突出的特色，往往使旅游企业不能灵活地应对瞬息万变的市场状况，结果可能会既失去潜在市场，又失去高额利润。

（二）折扣价格策略

折扣价格策略是指以原定的基本价格为标准，根据消费者的具体情况和购买条件，以

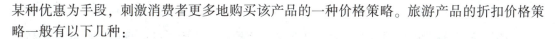

某种优惠为手段，刺激消费者更多地购买该产品的一种价格策略。旅游产品的折扣价格策略一般有以下几种：

1. 现金折扣策略

现金折扣策略是指对在规定时间内提前付款的游客给予一种现金上的折扣。现金折扣是企业对顾客迅速付清货款的一种优惠。其目的是使顾客尽早付款、加速资金周转，降低销售费用，减少财务风险。现金折扣一般根据约定的时间界限来确定不同的折扣比例。采用现金折扣一般要考虑三个因素：折扣比例的大小、给予折扣的时间限制和付清全部购买款的期限。

2. 数量折扣策略

数量折扣策略是指按照游客购买产品数量的多少，分别给予不同的价格折扣。购买产品的数量越大折扣就越高。目的是刺激游客大量购买产品，使旅游目的地和旅游企业获得规模经济效益。数量折扣又分为累计数量折扣和非累计数量折扣两种形式。累计数量折扣即在一定时期内，按购买者购买的总量或总金额给予不同的价格折扣；非累计数量折扣又称一次性数量折扣，一次性购买旅游产品数量或金额达到相应折扣标准时，则给予相应折扣。

3. 季节折扣策略

季节折扣策略是指根据不同旅游季节和时间段给予游客的一种价格折扣，这是旅游产品最常用的价格策略。季节折扣旨在吸引旅游者在销售淡季进行消费和购买。旅游的季节性较强，存在明显的淡旺季。在旅游淡季，为了引导消费，旅游企业使用淡季价格，给予旅游消费者一定数量的折扣优惠。不过，在淡季折扣的优惠幅度也不宜低于旅游产品的成本。

(三)心理价格策略

心理价格策略是指根据和利用游客的心理因素或心理障碍，有意识地将产品价格定得高些或低些，以扩大市场销售的策略。心理价格策略一般有以下几种：

1. 整数价格策略

整数价格策略是指将旅游产品定位一个整数，不带尾数。现在的旅游产品种类很多，服务又十分丰富，旅游者有时只能利用价格来辨别产品的质量，这种价格策略可以使游客感觉到产品档次较高，能显示自己的社会地位和购买能力，提高购买的可能性。这种策略的缺点表现为会给一部分精明的旅游者以为价格的核算不够精准、有水分的感觉。这种策略主要适用于旅游产品需求弹性适中、旅游者不太在意价格高低的情况。

2. 尾数价格策略

尾数价格策略是指旅游企业在给旅游产品定价时有意识地留有尾数的定价方法。这种策略利用游客以为零数价格比整数价格便宜的消费心理而采取一种价格策略，这种价格策略能够激发具有求廉心理的游客的购买热情。这种策略还能使游客对产品价格产生真实感、信任感和便宜感，认为企业定价认真负责，十分精确。此外，这种策略还会迎合部分游客对不同数字喜欢的心理，把游客认为吉利的数字作为产品价格的尾数，由此产生购买动机，进而增加销售。

3. 声望价格策略

声望价格策略是指利用游客仰慕高知名度、高档次旅游产品的心理而采取的一种高定价的价格策略。高价格一般代表着产品的高声望，有较多高声望的高价产品会提升旅游目的地和旅游企业的形象。游客信任并愿意购买该产品，由此满足显示或提高身份和地位的心理需求。声望价格策略实际上是一种高价策略应用于声望高的旅游企业，如品牌星级饭店、独家经营的特色旅游产品等。

4. 招徕价格策略

招徕价格策略是指利用游客的求廉心理，将少数几种旅游产品的价格定得很低，用来招揽游客购买的一种策略。经营者往往会把几项产品价格定很特别低，甚至大大低于成本以吸引游客购买，从提高整体销售中获取利润，所得往往大大超过"特价"所失。这种策略有助于在吸引游客消费低价旅游产品的同时，促其选择正常价格的旅游产品。招徕价格策略适用于图小便宜的游客和连带性较强的旅游产品定价。

三、渠道策略

在现实生活中，绝大多数的生产商并不将产品直接销售给最终消费者，而是通过分销渠道来实现产品的交换和转移的。分销渠道（又称营销渠道）是产品从生产商转移到消费者手中所经历的组织和个人所构成的通道和路径。简单地说，分销渠道是促使产品或服务更为顺利地被使用或消费、连接生产商和消费者的路径。一般产品可以通过分销渠道转移到消费者手中进行消费，但旅游产品具有特殊性，则需要游客前往旅游目的地进行消费，因此旅游产品的分销渠道有着明显的特殊性。

旅游产品的分销渠道设计和策略选择要受到很多因素的影响和制约，主要包括客源市场的情况、旅游产品的特点、中间商的状态以及旅游企业的状况。综合这些影响和制约因素，旅游目的地和旅游企业在实际营销活动中的分销渠道策略主要有以下几种类型：

（一）直接分销渠道策略与间接分销渠道策略

按照有无中间商环节，可以将旅游产品分销渠道策略分为直接分销渠道策略和间接分销渠道策略。

1. 直接分销渠道策略

直接分销渠道策略是指旅游产品向旅游消费者转移过程中没有任何中间商加入，而由旅游产品的生产者直接提供给旅游消费者的策略。直接分销渠道的优点是：一是旅游产品生产者可以直接获得旅游者的相关信息，有助于改善旅游产品的质量和强化旅游企业的形象；二是在旅游产品直接销售量大和旅游者购买力较稳定的情况下，旅游产品生产者可以省去中间商的分销费用，以降低成本，提高效益。直接分销渠道的缺点是：旅游企业直接承担分销功能会增加营销费用，分散自身的精力，以及不利于市场的扩大。旅游企业的直接分销渠道可以划分为三种形式：旅游企业在生产经营场所销售旅游产品、旅游企业在消费者工作和生活的场所销售旅游产品和旅游企业通过自己所拥有的销售网点来分销旅游产品。

2. 间接分销渠道策略

间接分销渠道策略是指旅游产品向旅游消费者转移的过程中，由旅游中间商居间向旅

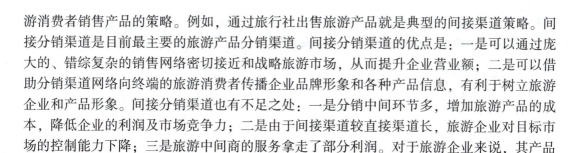

游消费者销售产品的策略。例如，通过旅行社出售旅游产品就是典型的间接渠道策略。间接分销渠道是目前最主要的旅游产品分销渠道。间接分销渠道的优点是：一是可以通过庞大的、错综复杂的销售网络密切接近和战略旅游市场，从而提升企业营业额；二是可以借助分销渠道网络向终端的旅游消费者传播企业品牌形象和各种产品信息，有利于树立旅游企业和产品形象。间接分销渠道也有不足之处：一是分销中间环节多，增加旅游产品的成本，降低企业的利润及市场竞争力；二是由于间接渠道较直接渠道长，旅游企业对目标市场的控制能力下降；三是旅游中间商的服务拿走了部分利润。对于旅游企业来说，其产品究竟是采用直接分销渠道还是间接分销渠道，应全面分析产品、市场和企业自身各方面的条件，综合加以考虑和选择。

（二）长渠道策略与短渠道策略

1. 长渠道策略

长渠道策略是指旅游产品在向旅游消费者转移的过程中经过三个或三个以上层级的中间商的渠道策略。一般情况下，如果旅游客源地市场的地理位置较远或者中间商规模小、分销能力弱，旅游企业需要考虑长渠道策略。长渠道策略的优点是：容易实现较广的市场覆盖面，扩大旅游产品和服务的销售量，并能分散一定的营销风险。长渠道策略的缺点是：分销渠道过长不利于信息的快速传递，增加渠道管理的成本，以及不利于旅游企业对渠道成员的有效控制。

2. 短渠道策略

短渠道策略是指旅游产品向旅游消费者转移的过程中经过两个以下层级的中间商的渠道策略。在一般情况下，如果旅游客源地市场的地理位置较近或中间商规模大、分销能力强，旅游企业通常选择短渠道策略。这种短渠道策略的优点是：渠道层级和环节少，信息传递快、对中间商的管理控制较为容易。短渠道策略的缺点是：旅游企业需要匹配到足够的资源和费用，来承担大部分或全部渠道功能。同时，由于渠道层级少和自身资源的有限性，往往市场的覆盖面有限。

（三）密集型分销策略、独家型分销策略与选择型分销策略

1. 密集型分销策略

密集型分销策略是指在某个特定区域中选择尽可能多的中间商，保证旅游产品与旅游目标市场有最大接触可能的一种策略。密集型分销的最大优点在于可以极大地提高旅游产品在特定市场中的展露程度，提高消费者对旅游产品的知晓度，便于消费者的购买。

2. 独家型分销策略

独家型分销策略是指企业在某个特定市场区域内仅选择一家最适合的中间商销售其产品。独家型分销能够鼓励中间商的积极性，能够充分降低渠道管理的难度和费用，并且能够对中间商的资格条件进行严格的审查和挑选。

3. 选择型分销策略

选择型分销策略是指企业在特定区域中只选择那些具有较强支付能力、丰富推销经验以及较高服务品质和品牌形象的旅游中间商来推销和销售自己的产品。它是介于密集型分销和独家型分销之间的渠道形态。选择型分销在保证所需的展露频率和市场覆盖范围的同时，

具有相对比较低的分销成本，以及相对较强的可控性。这种类型的分销渠道适合于一些具有一定品牌形象的产品，也适合一些新旅游产品的生产企业。

四、促销策略

促销即促进销售。旅游促销是指旅游目的地和旅游企业将有关自身及产品的信息，以各种促销方式传递给旅游消费者，促使其了解、信赖并购买旅游产品的活动。对于旅游目的地和旅游企业来说，适时开展有效的旅游促销活动，对整体的旅游营销工作有着重要的作用：一是建立交互渠道，传递旅游信息；二是引导旅游需求，刺激旅游消费；三是突出产品特点，提升竞争优势；四是塑造品牌形象，拓宽市场份额。

旅游目的地和旅游企业可供选择的有人员推销、广告、营业推广和公共关系四种主要的促销方式。

人员推销是指通过旅游企业销售人员直接与旅游者见面的形式，向旅游者推销相关的产品和服务，以便增加销售和预订的营销方式。销售人员通过这种与旅游者面对面的促销方式，向顾客传递产品和服务信息，尽最大可能唤起旅游者的消费兴趣，促成购买行为。

旅游广告是指由旅游目的地的旅游组织或旅游企业以付费的方式通过非人员媒介传播旅游产品及自身的有关信息，以扩大产品影响力和知名度，树立自身形象，最终达到促进产品销售的一种宣传形式。旅游广告已成为普遍的、高度大众化的旅游信息传播方式。

营业推广又称为销售促进，它是一种短期内刺激旅游销售的活动。它是旅游企业在某一特定时期与空间范围内，运用各种短期诱因以鼓励旅游者积极参与各类旅游产品和服务的促销活动。如旅游展销会、旅游优惠券等。

公共关系是指旅游目的地或旅游企业为了取得广大旅游者的信任和支持，在现有的内外部环境条件下，所采取的一系列决策和行动，以期为自身发展创造最佳的社会关系环境。这是一种通过树立自身的良好形象，来促进与公众良好关系的促销方式，如赞助、新闻报道、公益活动等。

以上这四种促销方式的综合运用形成了两种基本类型旅游促销策略，即推式策略和拉式策略。

1. 推式策略

推式策略是以人员推销、公共关系和营业推广为主，企业借助批发商和其他中间商的力量将产品推荐给消费者的促销策略称为"推"的策略。在旅游市场上，是指旅游企业主要以旅游人员推销为主，辅之以旅游营业推广和旅游公共关系的促销组合，把旅游产品推向市场。推式策略的目的在于说服旅游中间商，使他们接受旅游企业的产品，从而使旅游产品进入销售渠道，最终抵达旅游者。

2. 拉式策略

拉式策略以广告促销为主，如果企业首先在传播媒介上宣传产品，激发消费者的购买欲望，零售商为满足消费者的要求，向批发商订购产品，批发商再向生产商订购产品，这种策略称为"拉"的策略。在旅游市场上，是指旅游企业主要以旅游广告和旅游营业推广为主，辅之以旅游公共关系的促销组合，把旅游者吸引到旅游企业的特定产品上来。这种策略首先设法引起旅游者对旅游产品的兴趣和欲望，使旅游者向旅游中间商预订这种产品，最后促使旅游中间商向旅游企业认购旅游产品。

推式策略与拉式策略都包含了旅游企业与旅游者双方的能动作用，但推式策略强调的是旅游企业的能动性，表明旅游者的需求是可以通过旅游企业的积极促销而激发和创造的；拉式策略强调的是旅游者的能动性，表明旅游者的需求是决定旅游产品生产的基本原因，旅游企业在旅游市场营销的过程中应综合运用这两种基本的旅游促销策略。一般来说，对需求比较集中、销售量大的旅游产品，宜采用推式策略；对需求分散、销售量小的旅游产品，宜采用拉式策略。

本章小结

旅游目的地市场是指对旅游目的地的旅游产品具有需购买欲望，且具有购买支付能力的潜在的或现实的消费者的集合。旅游目的地市场的构成同样要具备三个要素：人口、购买欲望和购买能力。旅游市场营销是市场营销理论、观念、方法手段在旅游行业经营管理中的应用，是指鉴于旅游产品的产地消费性，旅游目的地在旅游产品开发完成后，需要结合产品本身、市场需求及市场竞争等状况，通过适当的价格、销售渠道，并借助广告、公共关系、人员推销、销售促进、网络营销等促销手段，将旅游产品传递给目标市场并满足其旅游需求的活动过程。

旅游目的地市场营销管理是指旅游目的地相关主体为实现旅游产业的经营目标，对建立、发展、完善与目标市场的交换关系的营销方案进行分析、设计、实施与控制的管理过程。旅游目的地的市场营销管理是旅游产业活动经营管理的重要组成部分，是企业与市场交换关系的管理，是企业在市场中，通过营销手段实现自身经营目标的过程。

旅游市场细分是指根据旅游者特点及其需求的差异性，以影响旅游需求的某些因素或标准为依据，将一个整体市场划分为两个或两个以上具有相类似需求特点的旅游者群体的活动过程。其中，每一个需求和行为特征相类似的旅游者群就构成一个细分市场（子市场）。旅游市场细分的关键找到科学的细分标准，我们把细分标准归纳为四大因素：地理因素、人口因素、心理因素和行为因素。同时，科学有效的旅游市场细分应当遵循可衡量性原则、足量性原则、差异性原则、可进入性原则。

目标市场是旅游目的地决定要进入的并为之提供旅游产品和服务满足其旅游需求的一个或几个子市场。旅游目标市场的评估标准主要有：现实的市场规模、潜在的发展前途、具备结构性吸引力、匹配的旅游资源。此外，旅游目标市场选择有市场集中化、选择专业化、产品专业化、市场专业化、市场全面化五种基本模式。目标市场的营销策略是在目标市场选择的基础上，进一步选择在这个市场上如何开展营销活动，从而达到营销目标的措施和方法。目标市场的营销策略被分为三种类型：无差异营销、差异性营销和集中性营销。

旅游市场定位就是指针对潜在旅游消费者心理进行营销设计，树立旅游产品、旅游品牌以及旅游目的地在目标消费者心目中的某种形象或突现某种个性特征，并保留深刻的印象和独特的位置，从而取得竞争优势的一种营销策略。旅游目的地的市场定位策略在本质上就是要不断地强调和强化自身的差别化，具体来说有以下几种定位策略可以使用：产品属性定位、旅游者利益定位、价格质量定位、档次类别定位、使用者定位、借助竞争者定位等。

　　旅游目的地的营销组合是指目的地针对目标市场的需要，综合考虑外部环境、自身能力、竞争状况，对自己可控制的各种营销要素进行优化组合和综合运用，使之协调配合，扬长避短，发挥优势，以取得更好的经济效益和社会效益。旅游目的地可以采用的营销策略就有产品策略、价格策略、渠道策略、促销策略以及它们的优化组合和综合使用。

 关键术语

　　旅游市场；旅游市场营销；旅游目的地目标市场营销战略；旅游目的地营销组合策略

 参考资料

　　[1]艾·里斯，杰克·特劳特.定位[M].重译版.北京：机械工业出版社，2017.

　　[2]德尔·I.霍金斯.消费者行为学[M].12版.符国群，译.北京：机械工业出版社，2014.

　　[3]菲利普·科特勒，约翰·T.鲍文，詹姆斯·C.麦肯斯.旅游市场营销[M].6版.北京：清华大学出版社，2017.

　　[4]霍洛韦.旅游营销学[M].4版.北京：旅游教育出版社，2006.

　　[5]鲁峰.旅游市场营销：理论与案例[M].上海：上海财经大学出版社，2015.

　　[6]赫尔曼·西蒙.定价制胜：大师的定价经验与实践之路[M].北京：机械工业出版社，2017.

　　[7]郝康理.旅游新论——互联网时代旅游业创新与实践[M].北京：科学出版社，2016.

　　[8]林巧，王元浩.旅游市场营销：理论与中国新实践[M].杭州：浙江大学出版社，2018.

　　[9]邹统纤.旅游目的地管理[M].2版.北京：高等教育出版社，2019.

　　[10]黄安民.旅游目的地管理[M].武汉：华中科技大学出版社，2019.

　　[11]董倩，张荣娟.旅游市场营销实务[M].北京：北京理工大学出版社，2018.

　　[12]邹统纤，陈芸.旅游目的地营销[M].2版.北京：经济管理出版社2017.

 网络资源

　　1. 中国旅游网：http：//www.cntour.cn/（中国旅游景点大全，可以获取丰富的旅游景点信息）；

　　2. 中国旅游研究院：http：//www.ctaweb.org/（查询旅游经济研究的理论观点、政策信息和旅游业的重点、难点问题）；

　　3. 第一旅游网：http：//www.toptour.cn/（中国旅游报电子网络平台，可以获得中国旅游经济的最新资讯）；

　　4. 中华人民共和国文化和旅游部官方网站：http：//www.mct.gov.cn/（查询国家旅游政策、旅游动态信息、旅游统计数据等）。

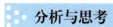

分析与思考

1. 什么是旅游市场和旅游市场营销？
2. 什么是旅游目的地营销管理，包括哪些具体步骤？
3. 旅游目的地的目标市场营销战略包括哪些内容？
4. 旅游目的地的影响组合策略包括哪些内容？

技能训练

1. 查询世界旅游与旅行理事会网站（www. wttc. org）或中华人民共和国文化和旅游部网站（www.mct.gov.cn），阅读相关旅游目的地信息，概括我国旅游总体发展情况。
2. 调查你所在地域旅游目的地的发展概况，讨论分析旅游目的地的影响因素。
3. 利用网络资源和学校的图书期刊资源，了解国内外旅游目的地研究动态，并进行评述。

案例分析

亲子游产品：OTA 的新大陆

2017 年的"十一"假期即将来临，作为一个 10 岁孩子的妈妈，于红开始在驴妈妈和途牛等网站上搜寻适合带孩子去玩的旅游产品。途牛网相关负责人表示，"'十一'长假带有亲子设施的酒店和带有亲子活动的线路十分受欢迎"。而对于刚刚过去的暑期，多家旅游企业表示，亲子游已经成为增长最快的业务市场。

经过几年的发展，旅游企业对于亲子游市场的认知越来越清晰，而这种认知的进步也体现在对旅游产品开发上。"亲子游产品应当更加重视细分人群的需求，注重寓教于乐的亲子互动及体验，针对不同年龄段、不同兴趣爱好的儿童及青少年，设计体验性、互动性、社交性更强的产品。此外，高品质的亲子游产品可以考虑专属领队的培养，他们应当更了解孩子和父母的需求，在行程中起到更细致的服务保障和互动引导作用。"众信旅游直客营销中心总监王振玥表示，众信旅游自 2015 年起就开始推出亲子细分产品，将亲子产品拆分为 0~3 岁低幼人群、3~6 岁学龄前儿童、6~12 岁低龄学生群体及 12~18 岁初、高中学生等，也分别针对各年龄层孩子的成长阶段定制不同的旅游体验。

中青旅遨游网游学部产品总监李航认为，一个优秀的亲子游产品应具有以下特点：首先，具有鲜明的特色，区分度高，与市场其他产品形成显著差异，在产品的设计上有独特的价值和辨识度，能精准切中预设用户的需求痛点，并非将孩子和家长一起带出去游玩一趟，就能称为一个亲子游产品。其次，在教育元素的赋予方面，能兼顾孩子和家长的真实需求，且满足不同年龄阶段的孩子和父母的不同需求。亲子游并不只是单纯对孩子具有教育价值，对父母亦然。亲子游的过程，是孩子和父母共同发掘自身内在的天赋和自我的美妙之旅，并在这一旅程中，体验人间最无私的情感——亲情的魅力。亲情是抽象的，但亲子游能将之具象化。如果能完美地体现这一点，将是一个优秀的亲子游产品。再者，相较常规旅游，亲子游对出行的安排应更贴心细致，在交通、住宿、饮食、安全预案、行程安排等方面安排周到，使家长和孩子双双获得完美的体验。

"遨游推出了众多有特色的亲子游产品，比如自然大师系列的观鸟之行。家长和孩子一同前往观鸟圣地，手牵手探索大自然的奇妙，探究人与自然的联系，并借助一系列精心设计的自然游戏、自然笔记、静视静听等课程引导孩子与家长沟通。"李航表示，未来，遨游游学将进一步捕捉亲子游用户真实的、多样化的需求痛点，在产品中赋予更多的附加价值，打造更符合人性规律的亲子游产品，也修炼更合理良性的商业模式。

在注重寓教于乐的环境下，途牛旗下的"瓜果亲子游"团队成员涵盖了产品规划师、教育顾问、亲子教练等在内的专业人士，在产品设计中融入教育、科技、动手、分享能力等更多元素。途牛相关负责人表示，"在亲子出游中，亲子教练成为增强用户体验的一个重要环节。为了提升亲子游用户出游体验，途牛持续开展面向全国招募亲子教练计划，预计未来亲子教练总数将超过 1 000 人"。

驴妈妈旅游网"驴悦亲子"负责人表示，"'亲子游'最不能背离的便是'亲子'和'游乐'两大原则。亲子游是家长与孩子度过互动时光的最好方式，同时也应该是充满童趣与快乐的。在亲子游产品研发过程中，我们既要注重让家长和孩子享受玩乐，又不能忽视其附加的教育价值"。在 2017 年母亲节期间，驴妈妈打造了一场母亲节主题亲子活动，首次让妈妈成为亲子活动的主角，通过"角色互换"等活动，让孩子和爸爸们体验到妈妈们平时的辛苦，了解家务的繁重，懂得感恩。

国家放开二胎限制、经济水平的提升激发的消费升级以及现代人对育儿和教育的日益重视等多项因素，形成了亲子游市场的巨大潜力，再加上亲子游高频、高覆盖、高增长的特点，令这一市场具有广阔的发展空间。李航表示，目前中国的亲子游产品开发还处于摸索阶段，多数消费者无法清晰地表达自己的特定需求，对产品核心价值的提炼有待深化。

众信旅游直客营销中心总经理王振玥表示，目前市场上很多所谓的亲子游产品只是在原有传统观光游产品的基础上增加一两个动物园、儿童乐园等景点，亲子主题元素匮乏，父母与孩子缺少在旅途中的互动性和体验性。其次，亲子游产品的精细化程度较低。亲子游家庭消费者在消费决策中很难根据孩子的年龄、兴趣等特点方便直接地找到适合自己的产品。市场急需更加专注满足亲子家庭细分需求的产品出现。

"随着国家《研学旅行服务规范》的实施，更多有创意、有情怀的商家进入这一市场，相信会有更多更好的亲子游产品推向市场，这将促使行业结构升级。"李航表示。

（资料来源：《旅游市场营销：理论与中国新实践》，林巧、王元浩主编. 浙江大学出版社，2018.12）

思考问题：

1. 亲子游产品面向的旅游细分市场有什么特点？
2. 亲子游产品和普通的观光旅游产品相比有何区别？
3. 一个旅游企业如何才能开发一个成功的亲子游产品？

第九章 旅游目的地节事活动管理

学习目标

通过本章的学习，你应该能够：
1. 掌握节事活动的概念和特征；
2. 掌握节事活动与旅游目的地的关系；
3. 熟悉旅游目的地节事管理的运作模式与策划管理。

素养目标

1. 运用节事活动相关基础知识转化为提高旅游目的地管理水平的能力；
2. 反思旅游目的地节事发展实践，形成旅游目的地节事活动的创新思维；
3. 树立整体旅游发展观，提升旅游目的地管理的社会担当；
4. 系统理解旅游目的地节事发展，培养旅游目的地管理职业情怀和道德素养。

导入案例

极具民族特色的查干湖冬捕

查干湖冬季冰雪捕鱼(或称渔猎)，是吉林省松原市前郭尔罗斯蒙古族自治县一种传统的渔业生产方式(习俗)。早在辽金时期，查干湖冬捕就享有盛名。祭湖、醒网、凿冰、撒网，数万斤鲜鱼脱冰而出，极富民族特色。虽然岁月更迭，查干湖冬捕的神奇、神秘与神圣依旧。

为传承这一古老的捕鱼方式，拉动旅游经济发展，查干湖旅游开发区每年都在12月举办冰雪渔猎文化旅游节，至今已经成功举办了十三届。2004年，中国城市研究会依据《亚太人文生态价值评价体系》，把查干湖冬捕列入"中华百大美景奇观"并载入《亚太国际卓具保留价值的生态历史财富》蓝皮书目录。

2006 年，查干湖冰雪捕鱼旅游节还被中国旅游产业年会评为中国十大生态类节庆。2008 年，查干湖冬捕又被国务院批准确定为国家级非物质文化遗产，查干湖旅游区也被文化部确定为国家级非物质文化园区。

查干湖第二十届冰雪渔猎文化旅游节即将拉开帷幕，查干湖整装待发，将以最好的状态迎接八方来客。据悉，查干湖第二十届冰雪渔猎文化旅游节将于 2021 年 12 月 28 日至 2022 年 2 月 28 日在查干湖北景区举行，是松原市为深入贯彻落实"绿水青山就是金山银山、冰天雪地也是金山银山"、"保护生态和发展生态旅游相得益彰"、擦亮查干湖这块"金字招牌"和"三亿人参与冰雪运动"的指示精神，营造"冬奥在北京、体验在吉林"氛围，全面实施"白雪换白银"重要战略，充分发挥查干湖独特的冰雪资源优势，助力冰雪产业向冰雪经济跃升发展而举办的。

据了解，旅游节由"冰湖渔猎季""冰雪嘉年华""文旅商贸汇"三大主题板块系列活动构成，包括祭祀十三敖包传统仪式、开幕式暨"祭湖·醒网"仪式、观鱼赏雪民俗体验、冰湖渔猎好运盲盒体验游、查干湖千顶帐篷冬钓季、中国大学生越野滑雪锦标赛、首届冰上越野滑雪挑战赛、捺钵冰雪欢乐园、查干湖汽车冰雪嘉年华、"年年有鱼年年有余"查干湖书画展、"助力奥运，欢乐冰雪"冬令营活动、查干湖冰上龙舟赛、查干湖生态小镇冰雪嘉年华、查干湖冬捕新电商直播节暨"网红品松原"活动、查干湖冰雪渔猎文化旅游节企业家专场、《盛世契丹春捺钵》情景剧、查干湖生态小镇开幕盛典等 18 项系列活动。特别是查干湖生态小镇经过一年多建设，一期项目部分业态将正式投入运营。

（资料来源：https：//baike.baidu.com/item/1056353）

1. 通过案例思考作为一种地方民族特色的节事活动对当地经济发展产生了哪些影响。
2. 通过案例分析节事活动除了促进旅游目的地经济发展外还具有哪些积极作用。

节事活动在我国具有悠久的历史，是一种承载着信息交流、休闲娱乐、情感表达的社会文化现象。节事活动作为一种特殊的旅游产品和旅游形式，在旅游目的地发展过程中逐渐成为一种增强旅游吸引力、宣传旅游产品、塑造旅游形象的重要手段。节事通过强调旅游者的参与性，以生动活泼、融入亲和的特点，极大地满足了旅游者对异地文化的感受体验。同时，通过节事活动向旅游者集中展现了旅游目的地的政治、经济、社会、文化的独特面貌，对节事举办地的各个方面都产生着深远的影响。

第一节　节事活动概述

一、节事活动与节事旅游

(一)节事活动

1. 节事的内涵

节事作为一种社会活动现象不仅历史久远，而且在生活中无处不在。从远古祭祀、帝王登基到春节、元宵节、端午节、中秋节等各类民俗节庆，到与个人有关的生日聚会、婚礼庆典，再到与国家和社会相联系的国庆节、劳动节等都属于节事的范畴。

节事是一个外来组合概念，包含了节日（Festival）和特殊事件（Special Event）两部分内容。节，即节日，是指生活中值得纪念和欢庆的重要日子。有的节日源于民间原始信仰，如中国的春节、中秋节、重阳节等。有的节日源于宗教文化，如基督教国家的圣诞节、伊斯兰国家的古尔邦节、佛教的浴佛节、道教的清明节等。有的节日源于对某个人或某件事件的纪念，比如护士节、端午节、国庆节等。还有一些是国家或国际组织提倡的运动所指定的节日，如妇女节、青年节、劳动节等。随着时间的推移，节日的内涵和种类也在不断发生着变化。事，即事情、事件，尤其是指特殊事件。特殊事件通常是指经过有目的地精心策划、组织和举办的庆典仪式、重大的市民活动、独特的文化演出、重要的体育比赛、民间的社团活动以及各类商业性会展等等。特殊事件由于发生在人们日常生活体验或日常选择范围之外，经过了事先精心组织和策划，往往能够激发起人们强烈庆贺的热情和积极参与的期待。

一般说来，节事有狭义和广义之分。狭义的节事即节庆，指的是各种节日和庆典，尤其是指在固定或不固定的日期内，以特定主题活动方式，约定俗成、世代相传的节庆活动。广义的节事不仅是指节庆，还包括一些有目的地策划、组织和举办的特殊事件。

2. 节事活动的概念

在现实生活中，节事活动类型各种各样，内容丰富多彩、数量也非常之多。据不完全统计，我国各地每年举办的大大小小节事活动达 1 万多个。我们主要是从旅游学的研究和旅游经济发展的角度研究和定义节事活动的。因此，我们认为，节事活动是指借助当地历史、文化、经济或者自然资源而策划和组织的一次性活动或者重复举办的，主要目的在于吸引更多旅游者、塑造举办地良好形象、实现经济效益和社会效益的活动。

我们可以从三个方面来理解旅游学研究和旅游经济发展视角下的节事活动：第一，从形式上看，这些节事活动的名称通常都要冠以"旅游节"的字样，如北京国际旅游文化节、上海旅游节等；第二，从内容上看，有些节事活动虽然不以"旅游节"冠名，但节事活动的内容、主题都是围绕和依托举办地的旅游资源、旅游景点、旅游产品等展开的，是以节事活动作为旅游吸引物的，如北京香山红叶节、张家界国际森林节等；第三，从目的上看，这些节事活动都是具有鲜明的目的性，经过精心策划、组织和举办的，其目的是吸引更多旅游者、提高举办地知名度和美誉度、塑造目的地良好旅游形象，推动地区旅游经济发展，实现经济效益和社会效益。

（二）节事旅游

节事旅游是一种将节事活动作为旅游吸引物而形成的旅游活动和旅游形式。节事旅游通过内容丰富、形式多样的各种参与性节事活动，吸引大量外来旅游者与本地居民，以节事活动带动一系列旅游消费和吸引国内外投资，进而来促进和带动旅游目的地的经济社会发展。

在现代旅游业和地区经济发展进程中，节事活动和旅游相结合形成的节事旅游已经成为一大热点、亮点和地区经济增长点。因此，世界各国纷纷将节事活动作为发展旅游业和振兴旅游经济的重要方式和主要手段。与常规旅游活动相比，节事旅游具有更加显著的社会经济效益。因此，旅游目的地都需要把节事活动作为旅游营销的有力手段，把节事活动作为提高国家、地区或城市知名度、保护传统文化、发展旅游产业的重要途径。

一个旅游目的地如果想通过开展节事旅游来推动旅游业发展和振兴旅游经济，则必须注意以下几个问题：

1. 独特并富有吸引力的节事活动是节事旅游的资源载体

旅游业作为资源依托型产业，其活动的开展必须依托相应的自然旅游资源或人文旅游资源。而作为节事旅游能够吸引旅游者产生旅游行为的资源载体就是节事活动。那些具有鲜明的地方特色和浓郁的文化内涵的节事活动，可以让旅游者充分体验节事活动现代活力下的传统韵味，从而满足他们悦志、悦神的精神追求。加拿大学者里奇就曾指出，节事活动要想获得成功主要依赖其独特性地位、具有创造公众兴趣并吸引人们注意的时代意义。

2. 旅游者内心对节事情怀的追求是推动节事旅游发展的根本原因

旅游者对旅游类型的选择受制于其性格特征和心理追求。而节事活动作为历史的产物和社区凝聚力的体现，就成为一部分旅游者心理追求的内容。他们希望通过对节事活动的追求来缓解内心的空虚，满足内心的节事情怀。因此，节事旅游根源于旅游者对节事活动的需要。

3. 开展节事旅游需要旅游目的地基础设施和旅游服务的支持

节事活动在空间上对旅游目的地的基础设施和旅游服务水平有很大的依赖性。而大型节事活动由于举办的时间相对集中，其间有大量游客参与，这对目的地的基础设施和旅游服务设施如交通、水电等提出了较高要求。为满足这种需求，开展节事旅游和举办节事活动，目的地就必须完善基础设施和提高旅游服务水平。

4. 节事旅游应注重经济、社会和环境的协调发展

节事旅游不仅要通过举办节事活动推动地方旅游经济的快速发展，挖掘和弘扬旅游目的地的传统文化，促进国内外文化交流与合作，而且发展节事旅游也要注意环境保护问题，保护当地生态环境和文化遗产。在开展节事活动时，需要注意节能减排和垃圾分类等方面的问题。如果能够有效地加强环保意识，同时提供优质服务，那么节事旅游一定能够为旅游市场注入新鲜血液。

二、节事活动的分类

目前，对我国节事活动类型的划分尚无统一的分类方法。在现实中，不同规模、不同主题、不同内容的节事活动数不胜数，不同学者采用不同的分类方法和依据不同的标准将节事活动分为不同的类型，具有代表性的分类方法有以下几种：

(一)根据节事活动的规模和影响力进行分类

1. 标志性节事活动

标志性节事活动具有规模大、档次高、影响力大的特点，这类节事活动往往以世界各国为客源市场。标志型节事往往因其具有深厚的历史传承和文化积淀、深入人心的形象和无可比拟的高知名度而对世人产生强大的吸引力，也因而提升了举办地的知名度和竞争力。我们熟知的标志性节事活动有奥运会、足球世界杯、世博会、巴西圣保罗狂欢节、奥地利维也纳艺术节、法国戛纳国际电影节、西班牙潘普洛纳奔牛节等。

2. 大型节事活动

大型节事活动一般是指规模比较大，以高档、中档为主，兼顾低档次的节事活动。大

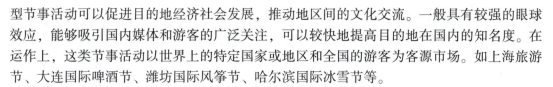

型节事活动可以促进目的地经济社会发展，推动地区间的文化交流。一般具有较强的眼球效应，能够吸引国内媒体和游客的广泛关注，可以较快地提高目的地在国内的知名度。在运作上，这类节事活动以世界上的特定国家或地区和全国的游客为客源市场。如上海旅游节、大连国际啤酒节、潍坊国际风筝节、哈尔滨国际冰雪节等。

3. 小型节事活动

这类节事活动规模比较小，以中低档次节事活动为主。小型节事活动主要目的是丰富当地居民的生活、拓展目的地的旅游产品内容。其客源市场是当地居民和附近地区的游客。如北京香山红叶节、圆明园荷花节、本溪枫叶节、大连槐花节等。

（二）根据节事活动的吸引物进行分类

1. 自然景观型节事活动

这类节事活动是以举办地独特的自然景观为吸引物而策划、组织和举办的活动。如北京香山红叶节、哈尔滨国际冰雪节、内蒙古草原文化节、张家界国际森林节、盘锦国际湿地旅游节、吉林市雾凇冰雪节等。

2. 历史文化型节事活动

这类节事活动是依托举办地悠久的历史文化、独特的地方与民族文化而策划、组织和举办的活动。如杭州运河文化节、曲阜国际孔子文化节、天水伏羲文化节、沈阳清文化国际旅游节等。

3. 民俗风情型节事活动

这类节事活动是以举办地独特的地方风情、民族习俗和生活方式等为主题的活动。如西双版纳的傣族泼水节、凉山的彝族火把节、南宁国际民歌节、潍坊国际风筝节、海城高跷秧歌节等。

4. 物产餐饮型节事活动

这类节事活动是以举办地的地方特产、特色商品、独特的饮食文化为主题，辅以其他的参观、表演等而开展的活动。如七彩云南物产节、大连国际服装节、洛阳牡丹文化节、青岛国际啤酒节、山东淄博烧烤节等。

5. 博览会展型节事活动

这类节事活动是依托举办地优越的经济环境和地理位置，以博览会、展销会、交易会等为形式而开展的活动。如中国（广州）进出口商品交易会、中国（上海）国际进口博览会、全国（成都）糖酒商品交易会、中国（义乌）国际电子商务博览会等。

6. 运动休闲型节事活动

这类节事活动是以举办各种大型的体育赛事、竞技活动为主要形式，辅以其他参观、游玩、购物等而开展的活动。如奥运会、足球世界杯、乒乓球世锦赛、天津国际马拉松赛、银川国际摩托车旅游节等。

7. 娱乐休憩型节事活动

这类节事活动是举办地以娱乐文化、休闲游憩为主题，辅以其他内容而开展的活动。如上海环球嘉年华、广东欢乐节、大连国际沙滩文化节等。

8. 综合型节事活动

这类节事活动是举办地以融合多种主题、依托各种资源、采取多样化形式而举办的活动，一般情况下，综合型节事活动规模较大、持续时间较长、投入较多、效益较好。如北京国际旅游文化节、上海旅游节、中国昆明国际旅游节、沈阳国际旅游节等。

(三)根据节事活动的组织者分类

1. 政府举办型节事活动

这类节事活动是由政府及其主管部门直接出面组织、策划和举办的。一般规模和影响力比较大、投入比较多的大型节事活动，如奥运会、世博会、广交会、国际展览会、大型旅游节等。

2. 民间举办型节事活动

这类节事活动是由民间团体组织和举办的。如一些具有民族和地方特色的各类节事活动，如我国彝族的火把节、傣族的泼水节，巴西的狂欢节，加拿大渥太华的郁金香节等。

3. 企业举办型节事活动

这类节事活动是由营利性企业组织和举办的商业性节事活动。例如，上海迪士尼在一年中举办的"点亮新一年"、"唤醒春日"运动季、夏日狂欢节、梦幻节、冰雪奇缘欢唱盛会、圣诞季、冬日奇幻冰雪节等一系列的节事活动，不同年龄层的游客将有机会与亲朋好友一同在乐园重温心中珍藏的迪士尼回忆，或收获全新的暖心故事和奇妙体验。

三、节事活动的主要特征

(一)文化性

节事活动本质上是一种文化活动。文化是节事活动的核心和灵魂，是举办地人文历史和民俗传统的高度概括和体现。具有独特地方文化、民族文化和历史文化的节事活动不仅为当地居民提供了丰富多彩的休闲娱乐生活，同时还能作为特殊的旅游吸引物对世界各地旅游者形成强大的吸引力。缺乏文化内核的节事活动对内没有内聚力，对外没有吸引力。一个成功的节事活动都具有深刻的文化内涵。如安康汉江龙舟节蕴含着悠久的历史和地方文化。汉江龙舟竞渡活动最早记录见于东汉，唐代形成风俗，明清走向兴盛，以其蓬勃的生命力经久不衰。到2023年安康市已成功举办了23届"中国·安康汉江龙舟节"，安康汉江龙舟节入选"中国十大魅力节庆"，安康龙舟习俗被列为中国体育类非物质文化遗产保护与推广项目。安康汉江龙舟节已成为地方繁荣文化、发展经济、扩大开放的重要文化品牌活动，成为人们高度关注、积极参与的年度盛会。

(二)经济性

推动区域旅游产业发展、增加地方旅游经济收入、取得良好经济效益的目的地策划和举办节事活动的基本目标，也是各地政府大力发展现代节事活动的重要原因之一。以奥运会为例，1984年，美国洛杉矶奥运会组委会依靠自己的有效经营一举扭转了奥运会长期亏损的局面，第一次实现了盈利，为加利福尼亚地区带来了39.2亿美元的收入；1992年，西班牙巴塞罗那奥运会为加泰罗尼亚地区创收260.48亿美元；1996年，美国亚特兰大奥运会为乔治亚州获得了51亿美元的经济效益；2000年，澳大利亚悉尼奥运会给新南威尔士州带去了 63 亿美元的利润；2008 年的北京奥运会直接收入高达 213 亿美元。除了奥运会，足球世界杯的吸金能力也超强。因此，节事活动给举办地带来的经济效益可见一斑。

（三）地方性

节事活动都要依托举办地独特的自然旅游资源和人文旅游资源，往往都带有浓郁的地方气息和特性。随着旅游业的日益发展，有些节事活动已经成为反映旅游目的地形象的指代物。如中国进出口商品交易会是广州市在国际市场推广城市形象的重要节事活动。而每年一度与中国传统佳节——春节相连的广州花会，则体现了"花城"广州的地方特色。还比如一年一度的青岛啤酒节是其在国际上推广城市品牌的重要活动，而帆船节更是展现了青岛作为海滨城市的热情与大气，是充分体现城市形象的地方性节事活动。

（四）独特性

旅游目的地举办节事活动都有一个特定的明确的目标，有些节事活动可能是为了打造知名度，有些是为了吸引更多的游客。这种特定的节事活动目标通常在项目初期设计出来，并在节事活动中一步一步地实现，让节事活动的参与者能够明显感受到不同节事活动的特色。即使是常规举办的节事活动，如奥运会，由于举办国家和城市的变化，不同的组织者所拥有的资源不同，在不同年份举办，其运作、管理和效果也不尽相同。不同的节事活动，由于地域文化的差异，其独特性就更加突出。这也是节事活动的魅力所在，可以给游客不同的体验。

（五）整体性

节事活动是为了实现一定的目标而展开的任务集合。它不是一项项孤立的活动，而是一系列活动的有机组合，从而形成一个完整的过程。强调节事活动的整体性，也就是强调节事活动的过程性和系统性。节事活动的顺利举办有赖于对节事活动整体性的管理过程。如青岛国际啤酒节在举办期间，在啤酒城内"安营扎寨"的就有来自美国、德国、丹麦、法国、韩国等 10 余个国家和地区的啤酒品牌，同时围绕啤酒主题曾先后举办了啤酒饮料博览会、啤酒生产设备技术交易会、品酒饮酒会等。在举办国际啤酒饮料及酿造技术博览会的同时还引进了原汁原味的德国、韩国啤酒及与酒文化相关的艺术表演活动。此外，借啤酒节的人气，还开展了侏罗纪公园恐龙展、"情系奥运"少儿绘画展、国际美术邀请展、汽车文化推广活动等，而每一项活动还可以分解为更小的子活动。正是各个活动，包括子活动的顺利举办，保证了青岛国际啤酒节的成功。

（六）参与性

节事活动不同于其他旅游产品最重要的特征之一就是极强的参与性。几乎所有的节事活动主办者都在致力于拉近节事活动与参与者之间的距离。节事活动的参与性主要体现在两个方面：一方面，旅游者者可以通过参与节事活动充分接触自然和人文旅游资源，亲身体验旅游目的地的独特魅力和不同文化的迷人气质。通过参与各种节事活动能使观众获得前所未有的、与众不同的经历与尝试，这更表明了参与节事活动的重要性和必要性。另一方面，节事活动的举办依赖于举办地政府、相关企业、民间组织、新闻媒体和当地居民的广泛参与。通过多方参与，节事活动的决策更科学民主，运行更高效顺畅，也更能最大化地激发当地居民的热情，更好地促进举办地的经济和社会的发展。

（七）多样性

节事活动的主题、内容、形式表现出多样性的特点。节事活动有音乐舞蹈、服装展示、体育竞技、书画艺术品展览、土特产展销、杂技表演、狂欢踩街等多种多样的主题、内容和形式，涉及政治、经济、文化、艺术、娱乐、体育、商业贸易等多方面。以第十四届杭州西湖博览会为例，博览会项目的安排围绕"住在杭州""游在杭州""学在杭州""创业在杭州"的城市品牌和全球化、新经济的要求，打造了一系列专业性展览、会议和活动，涵盖了商贸营销、休闲旅游、文化艺术、体育狂欢、科技医疗、庆典活动等板块，100 多项活动有机结合成的一个综合性博览会。节事活动的多样性确保了参与者可以各取所需。

四、世界著名的节事活动

（一）体育赛事类节事活动

全球体育赛事繁多，各有特色，其中一些大型体育赛事无疑是其中的璀璨明珠。这些赛事不仅规模宏大，而且吸引了全球数以亿计的观众关注，更是有众多的游客前往举办地观看，成为国际性的体育盛事。这些大型体育赛事对举办地的旅游产业、旅游形象有着深远的影响。

1. 世界杯足球赛

每四年一届的世界杯足球赛无疑是最受全球瞩目的体育赛事之一。自 1930 年首届世界杯以来，这项赛事已经举办了 20 多届，吸引了来自全球各地的参赛队伍和球迷。

2. 奥林匹克运动会

作为世界上历史最悠久的综合性体育赛事，奥运会每四年一届，已经举办了 32 届。来自全球各地的运动员在这个平台上展示他们的技能，争夺荣誉。

3. 欧洲冠军联赛

作为欧洲顶级的足球俱乐部赛事，欧洲冠军联赛已经举办了 60 多年。这个赛事汇集了欧洲最强大的俱乐部球队，为球迷们呈现了一场场精彩绝伦的比赛。

4. 网球公开赛四大赛事

每年一度的澳大利亚网球公开赛、法国网球公开赛、温布尔登网球锦标赛和美国网球公开赛是全球顶级的四大网球赛事。这些赛事吸引了大批观众和选手，为网球运动的发展贡献了巨大力量。

5. F1 世界一级方程式锦标赛

作为世界最高水平的赛车运动赛事，F1 已经举办了 70 多年。这个赛事汇集了全球最优秀的车手和车队，为观众呈现了一场场速度与激情的盛宴。

（二）狂欢节类节事活动

狂欢节是西方传统节日，在不少西方国家都有举办，以化装舞会、彩车游行、宴会为特色，目前已经成为受到全世界人民喜爱的抒发自由与幸福的重要节日。

1. 柏林文化狂欢节

柏林文化狂欢节始于 1996 年，每年在德国柏林举行，是全球最负盛名的 10 大狂欢节

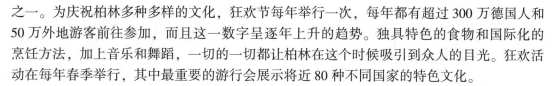

之一。为庆祝柏林多种多样的文化，狂欢节每年举行一次，每年都有超过 300 万德国人和 50 万外地游客前往参加，而且这一数字呈逐年上升的趋势。独具特色的食物和国际化的烹饪方法，加上音乐和舞蹈，一切的一切都让柏林在这个时候吸引到众人的目光。狂欢活动在每年春季举行，其中最重要的游行会展示将近 80 种不同国家的特色文化。

2. 巴西狂欢节

巴西狂欢节被称为世界上最大的狂欢节，有"地球上伟大的表演"之称，每年 2 月中旬或下旬举行 3 天，每年吸引国内外游客数百万人。在巴西的狂欢节中，里约热内卢狂欢节是最令人神往的盛会。在狂欢节的游行队伍里，不分贫穷和富有，不分尊贵或卑贱，从白天跳到黑夜，彼此传染快乐，不满得以宣泄。

3. 诺丁山狂欢节

诺丁山狂欢节起源于 1964 年，是欧洲规模最大的街头文化艺术节，仅次于巴西的里约热内卢狂欢节，每年 8 月底的最后一个周末在英国伦敦西区诺丁山地区举行，以非洲和加勒比地区文化为主题，是英国多元文化的象征之一。诺丁山因狂欢节享有盛名，也因为一部好莱坞的同名电影《诺丁山》而更加出名。参加狂欢活动的除了当地社区和居民组织的游行队伍，还有一些乐队来自其他国家，100 多万名狂欢者涌上伦敦西区的诺丁山街头，感受不同的文化氛围，庆祝这个欧洲规模最大的街头文化艺术盛会。

4. 尼斯狂欢节

法国尼斯狂欢节是世界著名的三大狂欢节之一，也是当今世界上历史最久、规模最大的狂欢节之一。尼斯狂欢节在每年的 2 月底至 3 月上旬举行，每年的冬去春来之际，人们自动聚集在一起，载歌载舞，欢庆新的一年的农事活动开始。为了既尊重传统又跟上时代，自 20 世纪 50 年代起，每届尼斯狂欢节都确定一个主题，如马戏、小丑、美食、欢笑、疯狂、爱情、20 世纪、新千年、欧洲等，为艺术家们提供了发挥想象力的舞台，每年都会吸引来自世界各地近 120 万名游客。

5. 科隆狂欢节

科隆狂欢节也被称为"第五季节"，是德国最盛大的狂欢节，每年于 11 月 11 日 11 时 11 分准时在科隆市的老广场开幕，其规模仅次于巴西狂欢节，每年有上百万游客盛装打扮来此参加全城大 party。主要参加的城市有科隆、杜塞尔多夫。科隆狂欢节的主角是小丑和狂人，节日期间到处都是奇装异服的人，大家沉浸在欢乐中，所有商店都会在这时关门停业。游行是节日的重头戏，每年都会有很多人在道路两旁观看游行队伍，并会得到队伍中撒出的糖果。

（三）文化艺术类节事活动

世界许多国家都具有悠久的历史和深厚的文化积淀，各类文化艺术节日众多。这些文化艺术节不仅给世界各国人民带来文化艺术的盛宴，推动世界各国间的文化交流，同时也成为举办地重要的旅游资源和经济支柱。

1. 英国爱丁堡国际艺术节

爱丁堡国际艺术节创立于 1947 年，每年 8 月中旬到 9 月初举行，是世界历史上最悠久、规模最大的艺术节之一，所邀请的参展对象包括音乐、舞蹈、戏剧各领域中的顶尖人士以及深具潜力的新秀，也被公认为世界上最具有活力和创新精神的艺术节之一，对推动全球剧场艺术蓬勃发展功不可没。

2. 奥地利维也纳艺术节

维也纳艺术节创立于 1951 年。每年 5、6 月是奥地利的音乐圣地维也纳最美的季节，在此期间，在欧洲文化界久负盛名的维也纳艺术节在当地各大剧院、场馆乃至街道广场展开。艺术节上的戏剧作品、文化活动、即兴表演、经典剧目让这座音乐之城更加迷人。

3. 德国柏林艺术节

1951 年，柏林艺术节和后来成为世界三大影展之一的柏林电影节同时创立，于每年的 9 月 1 日到 10 月 11 日举行，主要演出音乐、舞蹈和戏剧等各类作品，其中歌剧和交响乐是重头戏。

4. 希腊雅典艺术节

创立于 1955 年的雅典艺术节，每年 6 月到 9 月在希腊的雅典举行，演出地点以古希腊露天剧场为主，主要邀请戏剧、舞蹈、音乐等演出团体参演。

5. 美国林肯中心艺术节

位于美国纽约的林肯中心也日益成为世界知名的多元文化艺术表演场所。林肯中心艺术节是由民间经营的大型国际艺术节。每年夏天，林肯中心主办的林肯中心艺术节，都会吸引美国及世界各地表演艺术爱好者的目光。

（四）会议展览类节事活动

近年来，会展业与旅游业蓬勃发展，逐渐呈现出会展旅游化和旅游会展化的趋势，一个大型或知名展会的举行，对本地旅游业中的酒店、旅行社、景区、旅游交通、购物均会产生较大的促进带动作用。全球最著名的会展活动有以下几个：

1. 意大利米兰国际家具展

意大利米兰国际家具展是米兰一年一度的家具展览会，也是世界上最大的家具交易展览会，成立于 1961 年，通常在每年的 4 月份举行。该展览会展示了来自世界各地的最新家具设计，并被认定为国际领先的家具设计展示地。米兰国际家具展不仅成为意大利与世界各国进行家具进出口交易的平台，也是全世界家具业界人士每年都热切期待的盛会，被称为世界三大家具展览之一。

2. 英国百分百设计展

英国百分百设计展于 1995 年创办，是英国较大、深受全球瞩目的商业型设计展会，也是同类展会中由专家陪审团选出参展商的展会。展会以长于宣传和推广高质量的设计作品而获得全球声誉，成为引领世界设计风向的顶级盛会之一，吸引了各国设计专业公司参展。

3. 慕尼黑国际工程机械博览会

慕尼黑国际工程机械博览会，又称宝马展，创立于 1954 年，是世界上规模较大、国际影响力较强的工程机械、建材机械、矿山机械以及建筑和工程车辆及设备的专业展览会，每 3 年一次定期在德国慕尼黑举办。为了促进中国与德国及欧洲地区在工程机械领域的经贸合作和技术交流，进一步开拓、巩固欧洲市场，中国长期组织国内企业参加该展。

4. 德国汉诺威国际农业机械展览会

汉诺威国际农业机械展览会始办于 1986 年，每 2 年举办一次，集农业机械、设备和管理为一体，是全世界规模最大的国际农业机械展会，是经过国际展览联盟 UFI 认证的权威展会之一，已成为农机理念、技术和产品革新的风向标。汉诺威国际农机展作为全球领先、国际一流的农业机械与设备展会，每届都吸引了来自全球各国的展商与观众，为来自全球的供应商、经销代理商用户及行业专家提供了业务洽谈、项目投资、技术合作、学术讨论的理想平台。

5. 中国进出口商品交易会

中国进出口商品交易会，又称广交会，每年春秋两季在广州举办，由商务部和广东省人民政府联合主办，中国对外贸易中心承办，是中国目前历史长、规模大、商品全、采购商多且来源广、成交效果好、信誉佳的综合性国际贸易盛会，被誉为"中国第一展"，是中国外贸的晴雨表、风向标。作为中国重要的贸易促进平台，广交会直接连通国内国际两个市场，是国内国际双循环的重要节点，在构建新发展格局中具有独特地位。

（五）宗教活动类节事活动

宗教是人类社会发展到一定历史阶段出现的文化现象，当今世界主流的宗教有基督教、伊斯兰教、佛教等。随着宗教文化的传播和旅游业的发展，一些重要的宗教节日活动发展为旅游节事活动，并引发旅游消费行为，推动当地的旅游经济的发展。

1. 圣诞节活动

圣诞节是基督教重要的节日，为庆祝耶稣诞生，每年的 12 月 25 日为圣诞日。在圣诞夜，一般教堂都要举行庆祝耶稣降生的夜礼拜，教会组织一些圣诗班挨门挨户地在门口或窗下唱圣诞颂歌，叫作"报佳音"，意思是再现当年天使向伯利恒郊外的牧羊人报告耶稣降生的喜讯。这项活动往往要进行到天亮，人数越来越多，歌声越来越大，大街小巷满城尽是歌声。

2. 浴佛节活动

浴佛节，又称佛诞节、灌佛会、龙华会、华严会等，为每年的农历四月初八，是中国佛教徒纪念佛教创始人释迦牟尼佛诞辰的一个重要节日。信众会到寺院，参与浴佛、献花、献果、供僧、供舍利、演戏等节目。有些地方传统会将佛像请到街上游行，置于大象上或以花车乘载。寺院会开放让信徒进香、礼拜佛像、供养僧众。华人地区常会引入世俗庆祝的习惯，如舞龙舞狮、张灯挂彩，甚至燃放炮竹，四川省甘孜藏族自治州康定地区的人们汇聚到马山麓、折多河畔，举行拜佛节，祈祷神佛保佑人们五谷丰登。

3. 圣灵降临节活动

圣灵降临节亦称五旬节，是基督教重大节日之一。据《圣经新约全书》载：耶稣复活后第 50 天差遣圣灵降临，门徒领受圣灵后开始向世界各地传布福音，教会规定每年复活节后第 50 天为圣灵降临节。基督徒以讲道、宣教等方式庆祝。圣灵降临节原本是基督教的斋期，早先从 11 月 11 日起，一直到次年 1 月 6 日，除去星期六和星期天，总共有 40 天，这一传统可追溯到公元 7 世纪，直到西罗马帝国的教皇格里高将其缩减为四个圣灵降临节星期日为止。

4. 西藏萨噶达瓦节活动

萨噶达瓦节又称佛吉祥日，于每年藏历四月十五日举行，是藏传佛教的传统节日，对于佛教信众来讲是一极不平凡而又神圣的日子。它与佛陀一生中三件重要的大事联系在一起，即诞生、成道、涅槃，是个三期同庆的吉祥的日子，因此这个月会进行各种各样的活动加以纪念，各地藏族群众在这个月中都要朝佛念经，磕长头，禁止屠宰牲畜，积功德，藏历四月十五这天转经人数达到高峰，从凌晨2点直到晚上，人流如潮，川流不息。这一天，藏族男女老少身着节日盛装，转经念佛。

5. 排灯节活动

排灯节于每年10月或11月中举行，又称万灯节、印度灯节或者屠妖节，是印度教、锡克教和耆那教"以光明驱走黑暗，以善良战胜邪恶"的节日。由于排灯节象征人性光明打败黑暗，在印度教中属于最友爱、最愉快的庆典之一，也被视为财富女神拉希米的节日，会举行祭祀活动，仪式程序相当复杂，需要粮食、树叶、钱币、人偶等才可以完成。仪式进行中人们默念吠陀咒语，或者呼唤拉希米的名字，同时想象着她被两头大象守护沐浴在暴雨似的钱币中的场景，希望与天神通灵。

第二节　节事活动对旅游目的地的影响

近年来，节事活动发展非常迅速，给举办地带来巨大的经济效益和社会效益，节事活动对旅游目的地的影响与作用已经为越来越多的人所认可，成为经济发展和社会发展的催化剂和助推器。美国学者盖茨（Gatz）认为旅游节事对目的地的影响有四个方面：作为旅游吸引物，构成旅游产品体系的有机组成部分；作为旅游形象和地方形象的塑造者，提升城市和地方的声誉；促进旅游业和地方发展的动力，强化旅游和地方的意识，作为提升旅游吸引物和旅游目的地地位的催化剂，拉动地方的设施建设。节事活动的发展给旅游目的地的经济、社会、文化等多方面带来深刻的影响，有些影响是积极的，有些影响则是消极的，我们将节事活动对目的地产生的影响分为积极影响和消极影响两方面加以阐述。

一、节事活动对旅游目的地的积极影响

（一）节事活动能够吸引大量游客，增加目的地的旅游经济收入

节事活动最明显的效应是能够在短期内可以吸引大量的游客，这些来自国内外游客的各种消费直接以货币形式流入举办地，这是节事活动最直观和最直接的经济影响。游客除了参与节事活动的门票和商品方面直接消费外，还要在举办地进行餐饮、住宿、乘车、购物及其他旅游消费活动，这些都增加了目的地的旅游收入。2023年第33届青岛国际啤酒节在短短的24天时间里共吸引了617万名来自五湖四海的游客参与这场啤酒盛会，共消费啤酒2700吨。开幕式第一天共接待了近万人次，平时日均客流量也在5000人次左右，是人气最火爆的一年。据统计，啤酒节期间还带动了商超、文旅、住宿、餐饮等一系列消费。在啤酒节期间，西海岸新区同步举办"购物啤酒节""西有好物万市大集"等系列主题活动，通过联合促销、惠民购物、名品展销、特惠特卖等促销活动，全城联动共促消费。

15 家重点商超、10 家重点餐饮企业、万市大集累计实现营业额 6.5 亿元，同比增长 26%。

（二）节事活动能够增强知名度和美誉度，塑造良好的旅游目的地形象

节事活动的举办可以吸引大量媒体的注意和宣传，特别是举办规模大、影响力强的大型节事活动能够快速地获得世界各地人们对举办地的关注和了解。因为在举办期间高强度、多方位、大规模的宣传会引起广泛的关注，形成巨大的轰动效应，进而快速提升举办地的知名度。旅游目的地形象是一个综合的形象塑造系统，需要花费大量努力和进行很长时间的宣传，才能塑造成功。旅游目的地整体形象是通过对各种形象要素的整合实现的，其宣传工作难度很大。而节事活动的开展，往往能够对旅游目的地主题形象起到很重要的宣传功效。即使在举办节事活动的特定空间内，参加者亦可以通过节事活动的各项内容，全面了解目的地的自然景观、历史背景、人文景观、建设成就等内容，对目的地形象有感性认识，从而在短期内塑造目的地的良好形象，扩大其声誉，增加举办地的美誉度。

（三）化解旅游活动的季节性困境，促进旅游资源和产品结构调整

由于地理位置、气候条件、季节变化、假期等因素的影响，使得目的地的旅游活动具有明显的季节性。通过举办丰富多彩的节事活动，可以调整旅游资源结构和完善旅游产品结构，使旅游资源实现动、静的完美组合，旅游产品更加丰富，从而增强目的地的旅游吸引力，或者延长旅游高峰季节，或者在淡季推出新的旅游项目，从而使得"淡季不淡"。哈尔滨国际冰雪节与日本的札幌雪节、加拿大的魁北克冬季狂欢节和渥太华冬乐节齐名，是世界上少数几个内容最丰富、气氛最热烈的冬令盛典之一。自 1985 年第一次举办以来到 2023 年已经成功举办了 39 届。2023 冬季哈尔滨累计接待游客 8 743.8 万人次，实现旅游总收入 1 248.9 亿元，游客接待量与旅游总收入达到历史峰值。除此之外，哈尔滨凭借城市特色获得多项国际级和国家级的荣誉，如世界游客向往的中国城市、首批国家文化和旅游消费试点城市、"中国冬游名城"、"最具魅力特色目的地"等。

（四）带动其他产业发展，提升旅游目的地的整体经济水平

大型节事活动的举办往往涉及很多行业领域和产业部门，如建筑业、交通运输业、通信业、酒店餐饮业，几乎涵盖了整个第二、三产业的所有部门。这就是节事活动的经济乘数效应，旅游目的地会因产业间的关联而产生更大的经济影响、获得整体经济水平的提升。节事活动的举办往往涉及多个行业，能为其他行业提供大量的商机。如每一届的中国电子游戏展，都会迎来大量的海内外游戏产品生产商和销售商，其间各类表演、产品发布会、展览会、洽谈会等各种活动，能够大大激发上海本土游戏产业及相关行业的创造性，为其提供良好的商贸交流平台。同时，中国电子游戏展举办期间，当地的酒店入住率、公共交通乘坐率和餐饮收入也大幅度提升，酒店业和运输业从中获益良多。由于中国电子游戏展的举办，上海的游戏产品交易与投资与日俱增，创造了巨大的直接和间接的经济效益，带动了本地旅游业、会展业、商贸服务业、游戏娱乐业的发展。

（五）推动基础设施和服务设施的完善，加速旅游目的地的环境建设

目的地完善的基础设施和服务设施，良好的市政建设和环境建设是成功举办大型节事活动的依托和必不可少的条件。"一个活动改变了一座城市"，这句话正是对节事活动在改善目的地基础建设上所发挥的作用的最好诠释。节事活动的举办能够大大加快举办地的城建、交通、通信、绿化、水力电力、环境等基础设施及其配套设施建设的脚步。海南省的

博鳌以前是个落后破旧的小城镇，当中央政府决定将以国际政治、经济和文化为主要议题的高端论坛落户博鳌后，一切发生了改变。在短短的 4 年间，国家调拨巨额资金投入道路交通、生态改善、信息管理、场馆建造等方面，使博鳌的城市基础设施建设整整提前了 20 年，一下子变成了一个先进的、现代化的、生态和谐的城市。

(六) 挖掘和弘扬地方文化，促进国内外文化交流与合作

文化是节事活动的灵魂，没有文化的节事活动就没有生命力。因此，在节事活动的举办过程中，组织者会千方百计地挖掘地方历史、民俗、餐饮、物产等各类文化，使许多原来不受重视的地方文化和民族文化得以传承和发展。同时，节事活动能够很好地展示目的地的区域特色文化，有利于促进目的地的文化传播和国家间、地区间的文化交流与合作。节事活动对彰显传统文化的丰富内涵和个性，促进文化的传承、发展和经济社会全面进步，具有积极而深远的影响。如山东曲阜孔子文化节将当地已经沉睡了几千年的历史遗迹和文化再现，使传统文化焕发了活力。虽然很多的区域文化不能作为节事活动的主要内容和主题，但在节事活动中也是能增加游客对此类文化的感知的。

二、节事活动对旅游目的地的消极影响

(一) 节事活动可能会带来"挤出效应"

旅游目的地在举办节事活动期间会在短时间内涌入大量的外地游客，尤其是数量庞大的本地居民的热情参与，使得街道、景区、酒店、餐饮、娱乐、购物等场所都会出现人潮，对举办地来说，这种游客大量激增和过度拥挤的情况不但不能带来积极的影响，反而会产生相反的后果，并由此引发一系列的问题，进而影响到举办地的整体旅游形象和游客的旅游体验、增加举办地游客管理压力。与此同时，紧张的住宿、餐饮环境、拥挤不便的交通条件、暴涨的物价以及潜藏的安全隐患等因素都会让很多游客在节事举办期间刻意回避这些旅游目的地，甚至许多当地居民不堪其扰，在节事活动举办期间选择离开去外地旅行或居住。

(二) 节事活动带来文化传统"真实性"的丧失

节事活动如果过分强调经济上的盈利性目的，会造目的地传统文化的过度商品化、舞台化现象，对传统文化继承和发展造成不利影响。当节日和其他特殊事件被作为旅游吸引物进行有经济性目的的开发和促销时，往往会出现一种危险，那就是节事活动本身会被过度的商业化所破坏，娱乐或壮观的场面会取代节事活动的真实内涵。过分商业化和对当地文化的漠视，在短期可能会聚集一时的人气，但从长期看，可能会导致目的地文化传统"真实性"丧失，从而给旅游目的地带来无法弥补的损害。传统民族文化中的民间习俗和庆典活动都是在传统特定的时间、传统特定的地点，按照传统规定的内容、程式和方式举行的，但这些活动随着旅游业的开展逐渐被商品化，不再按照传统规定的时间和地点举行，为了接待旅游者，随时都会被搬上"舞台"，为了迎合旅游者的观看兴趣，活动的内容被改变或压缩，表演的节奏加快。这些活动虽然被保留下来，但在很大程度上已失去了其传统的意义和价值。

(三) 节事活动会给本地居民正常生活带来负面影响

旅游目的地举办节事活动期间大量游客会从四面八方涌入旅游目的地，在短期内会引

起很多社会问题：目的地的盗窃、抢劫、交通事故、意外事件处于高发期；游客的不文明行为和管理不善导致的交通混乱、废弃物乱扔、噪声污染、生活环境被破坏；大量外来游客的暂时性停留带来超出以往正常的生产、生活资料的消耗和能源的使用，也会造成目的地物价大幅度上涨，造成当地居民生活成本的上升和生活节奏的破坏。

第三节　旅游目的地节事活动管理

一、节事活动的管理运作模式

节事活动的成功举办对于旅游目的地的经济社会发展和旅游形象的塑造有着非常重要的影响。因此，选择一个科学合理的管理运作模式是节事活动有效管理的重中之重。所谓管理运作模式，是指节事活动的组织、策划、投资、宣传等活动的管理体制和机制。管理体制是否科学合理、运转高效、体系规范，直接决定着节事活动的质量和成效。在我国，节事活动的管理运作模式大致有：政府主办模式，职能部门主办模式，政府引导、社会参与、市场化运作相结合的模式以及市场化运作模式。

（一）政府主办模式

从国内节事活动的发展历程来看，政府主办模式是我国节事活动普遍采用的一种管理运作模式。我国一些大型节事活动、较大节事活动初期或者小城镇在举办节事活动中，多采用政府主办的运作模式。在这种管理运作模式下，作为主办方的某一级政府在节事活动管理中扮演者绝对主要角色。政府往往要身兼数职，决策、策划、投资、宣传等都由政府包揽。节事活动的主题、主要内容、活动场地、活动时间等都由政府决定，参加节事活动的各类单位也都由政府指派。这种模式的优点是政府主导能够调动各种资源，集中力量做大事。但是缺点也是非常明显的，如公共财政投入大，财政负担重；被指派赞助参与的企业负担重；社会参与积极性差。因此节事活动给城市、企业、当地民众带来的经济效益、社会效益也大打折扣。

（二）职能部门主办模式

这种管理运作模式也是我国节事活动普遍采用的模式。这种模式是由政府中某一个或几个相关职能部门主办、联办，是目前许多专题城市节事活动采用较多的模式。例如：上海旅游节是上海市文化和旅游局主办的，大连赏槐节是由大连市文化和旅游局主办的，沈阳国际医疗器械设备展览会是由辽宁省经济和信息化委员会主办的，鹤岗市梨花节是由市林业局和草原局、市文体广电和文化旅游局联合主办的。这种管理运作模式的优点是由主管部门直接推动，目标明确、责任清晰；缺点是由个别的部门主办，协调困难，活动一致性、连贯性和完整性受到影响，从而影响了节事活动的举办效果。

（三）政府引导、社会参与、市场化运作相结合的模式

政府引导、社会参与、市场化运作相结合是目前国内正在积极探索的一种组织模式。这种模式不仅可以节省大量的财政开支，而且可以扩大参与节事活动的企业单位的知名度，提高社会公众参与度，扩大社会影响，成效十分显著。这种模式的主要特点是政府仍

是重要的主导单位，发挥引导作用，主要体现在确定节事活动的主题及名称，并以政府名义召集相关部门、企业参与和对外宣传上。社会参与就是充分调动社会各方面的力量来办好节事活动，体现了广泛的民众性、参与性。社会力量主要作用体现在：一是民众在节事活动主题选择时献计献策；二是节事活动举办时积极参与，营造出节日气氛。市场运作是指节事活动的举办过程交给市场来运作。比如节事活动从项目策划、集资、广告、会务、展览、场地布置、纪念品制作等都由作为市场主体的相关企业来具体运作，一方面扩大了企业知名度，提升了企业的经济收益，另一方面节省了大量的政府财政开支。

(四)市场化运作模式

市场化运作模式就是在政府的主导下，大胆引入市场手段，把节事活动纳入市场经济的轨道，并作为一种品牌来经营管理。通过招商办会，吸引大企业、大财团以及媒体的参与，解决资金问题，形成"以节事养节事"的良性循环发展模式。市场化运作模式是节事活动走向市场化的终极模式。节事活动市场化运作模式优势很多：一是可以节约成本，二是可以做到收益最大化。这里的收益包括参加节事活动企业的收益，包括政府的形象收益和财政收益，也包括给当地带来的其他经济社会效益。

二、节事活动的策划管理

节事活动策划是指以一定的资源条件和目标市场为基础，对节事活动的主题、内容、举办形式进行事先分析，并做出谋划和决策的一个理性的思维过程。简言之，节事活动策划就是对节事活动整体战略与策略的运筹规划。节事活动并不是某个人或某些部门"灵机一动"就能产生的，只有事先经过精心策划的活动才能成功，也才能对旅游目的地产生理想的经济效益和社会效益。节事活动策划是一项系统性的工程，其主要任务是将各种现有资源，如文化、旅游、经济等，与潜在资源相结合并加以开发利用，用科学有序的方法，对节事活动进行分析整合和创意设计的过程，并最终完成符合既定目标、策略的行动方案。

(一)节事活动策划的必要性

总的来说，节事活动策划的必要性是由节事产品开发所依赖的资源特性决定的，具体体现在以下几个方面：

1. 节事活动资源具有潜在的特性，只有通过有目的的策划才能发挥价值

节事活动往往是一个地方的地方精神和文脉的最具象、最集中的体现，是一种依据文化资源而定的特殊产品，而这种文化资源在平时是处于潜在状态的，必须经过有目的的节事活动策划和开发，才能够由潜在状态转变为可以销售给节事活动利益相关者的产品状态。

2. 创新和独特是节事活动的灵魂，只有通过有效的策划才能体现新意

独具特色的节事活动必须在类似的社会、经济条件下，通过敏锐的分析和大胆的创意，才能够提炼出节事活动的独特卖点和新颖的组织运作模式。

3. 节事是一种社会文化的仪式化表达，只有通过正确的策划才能发挥积极效应

在现代商业社会，节事活动可能带来大量的经济、环境、社会效益，若策划运作不当，也可能引起较大的不良效应，需要因势利导扩大正面效应，消除负面效应。

4. 节事活动具有系统性，只有通过科学的策划才能保障成功举办

节事活动的筹办、策划、举办和运作是一个系统工程，前期需要经过周期的准备过程，来保证节事活动利益相关者的预期利益得到很好的满足，同时也保证节事活动举办得顺畅和安全。

（二）节事活动策划的原则

节事活动策划的原则是指能够反映节事活动策划过程的客观规律和要求，在节事活动策划活动中需要遵循的指导原则和行动准则。节事活动策划原则是节事活动策划客观规律的理性反映。无论是策划目标的确立、策划问题的评估，还是策划方案的设计制作和实施，都必须依据节事活动策划原则来进行。我国节事活动策划原则一般包括整体性原则、个性化原则、参与性原则、确定性和规范性原则、可行性原则、确定性和规范性原则、市场化原则、效益性原则等基本原则。

1. 整体性原则

坚持整体性原则，就是要把策划作为一个系统来考虑，在整体与部分之间相互依赖、相互制约的关系中进行整体综合分析；强调策划节事活动的系统性、全局性、效益性，对整体中的各个部分的策略做统筹安排，确定最优目标，以实现决策目标。

2. 个性化原则

独具匠心是节事活动策划的第一原则，创意独特、手法新颖、营销方式独特、个性鲜明，才能在激烈的市场竞争中出奇制胜。

3. 参与性原则

节事活动的策划要充分考虑群众的参与性，是因为要尊重参与者对解脱束缚、回归自然的心理需求，满足参与者对节事活动产品的购买需求，同时还可以营造节日庆典的氛围。

4. 可行性原则

节事活动要想举办成功，必须具有可行性，包括政治可行性、经济可行性、文化可行性、环境可行性以及技术可行性等。节事活动的策划要遵循可行性原则，一是为了避免节事活动决策和投资失误，造成经济上的巨大损失；二是为了选出最佳节事活动策划方案，以实现投资收益的最大化。一个无法有效实施的节事活动策划，是毫无价值的。

5. 确定性和规范性原则

节事活动虽然是一种动态的吸引物，但又必须在动态中寻求某种确定性和规范性，它们是招徕游客的先决条件，也是著名节事活动获得巨大效益的成功秘诀。

6. 市场化原则

在市场经济条件下，市场化原则是节事活动策划的第一原则。节事活动策划不仅要考虑文化上的传承性，主题突出，内容丰富；更要注重经济上的可行性，使得节事活动各利益相关者的利益预期在节事活动中都有很好的表达和满足。要做到这一点，对于节事活动来说就要从运作方式入手，进行彻底的改革。也就是要从节事活动策划之初就引入市场化原则，立足市场的需要，对以往的节事活动内容到节事活动举办流程进行改造。

7. 效益性原则

效益是每个人、每个团体、每个阶层乃至整个国家所追求的目标，它是整个人类社会前进的动力，所以人类的一切策划活动实质上就是寻求特定的效益。以往政府对节事活动大包大揽的举办方式存在效率低下、铺张浪费的弊病，与目前我国提倡建设节约型社会相违背。因此，在节事活动的策划设计中，要牢牢把握高效益原则，提高节事活动的举办效率并能够获得客观的经济效益、社会效益和环境效益，从设计上堵住浪费的黑洞。

三、节事活动管理的具体措施

（一）突出节事活动的主题特色，深挖节事活动的文化内涵

一方面，旅游的不断发展引发了人们对于旅游产品需求的多元化，鲜明的主题特色是节事活动成功的基础。游客普遍存在的猎奇心理和求新心理，对节事活动主题和内容有了更高的要求，而千篇一律主题的节事活动对于游客来讲已经不再具有吸引力。因此，要求节事活动举办者能够充分考虑人们的需求，突出节事活动的主题特色，满足不同层次、不同偏好的游客需要，使节事活动具有更强大的吸引力和更广阔的发展空间。另一方面，要想突出节事活动的主题特色必须深挖节事活动的文化内涵。独特的地方文化和民族文化是节事旅游活动得以系列化延续的保证和源泉。节事旅游活动的本质是人与人之间的文化交流。深挖节事活动深层次的文化内涵，可以充分体现节事活动的文化价值，能使目的地的节事旅游活动富有强大的生命力和独特的竞争优势。

（二）打造精品节事品牌，提高节事活动的知名度

节事活动品牌是指能使一个节事活动和其他节事活动相区别的某种特定的名称和标志，是举办者向参与者所展示的、用来帮助旅游者识别某一节事活动的商标、名称、设计等识别符号及其组合。节事活动品牌构成主要有两个层面：一是节事活动品牌的物质构成，包括节事活动的品牌名称、品牌标志及品牌商标；二是节事活动品牌精神构成，包括节事活动通过品牌表达出来的价值、个性和文化。旅游目的地要想将某一节事活动持续举办和发展，必须将其打造成为精品节事品牌，并进行品牌化运作。节事活动品牌化包括节事产品化、制度化和产业化。把节事旅游作为一个产品来进行包装和营销，采用一定的营销手段，精心设计和策划节事活动各项内容，使其各环节之间可以相互补充、相互融合，达到最佳的效果。节事活动的品牌要坚持做下去，还要形成产品序列和固定的模式，并要坚持创新。每次举办都要设计挖掘出新的市场卖点和吸引游客的亮点，出新出彩，提高游客的忠诚度，使节事活动形成真正的、在游客心中占有一席之地的精品节事品牌。节事品牌一旦建立就会和其举办地之间成很强的对应关系。如提到冰雪节就会想到哈尔滨，提到啤酒节就会想到青岛。这种对应关系会加强品牌效应，有利于实现目的地旅游经济的持续发展。

（三）做好整体规划和政策支持，政府主导与市场化运作并用

政府在节事活动运作中要依据节事活动的特点，因势利导地调整管理职能，做到真正意义上的"管理即服务"，而不是简单地"命令"和"指派"。政府可以通过明确节事活动方向、建立政府办节专项基金、加强基础设施建设、提供政策支持等手段，鼓励和调动各界参与节事活动的积极性，鼓励社区、民间艺术社团和文化企事业单位等以主人翁的姿态共

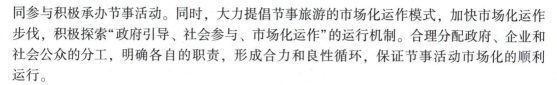

同参与积极承办节事活动。同时，大力提倡节事旅游的市场化运作模式，加快市场化运作步伐，积极探索"政府引导、社会参与、市场化运作"的运行机制。合理分配政府、企业和社会公众的分工，明确各自的职责，形成合力和良性循环，保证节事活动市场化的顺利运行。

（四）重视节事活动人才培养，积极扩展客源市场

提高节事活动的组织管理水平和整体服务质量，大力做好组织、宣传、策划工作，就迫切需要重视节事专业人才的培养。在节事宣传及营销策划中发挥专业人才的作用，将节事活动品牌推广出去，吸引更多游客的积极参与，扩展客源市场。节事宣传方式可以采取"点、线、面"相结合的手段，"点"就是在某一地点进行节事活动的宣传，但这个"点"不是一个，它可以是节事活动的举办地，也可以是其他客源充足的地方，最好做到多点开花。"线"就是通过旅行社从上到下、从内到外的渠道把节事活动的相关信息散布出去，让更多的人知晓。"面"就是全方位宣传，通过各种手段（如电视广告、文字广告、电视宣传片、互联网、新媒体等）在多个时段、多种媒介、多种形式进行多方宣传、全面开花，造出声势，引起大众的广泛关注和主动参与。

本章小结

节事活动是指借助当地历史、文化、经济或者自然资源组织的一次性或者重复举办的、主要目的在于加强外界对旅游目的地认同、增加其吸引力、实现经济效益和社会效益的活动。节事活动作为一种特殊的旅游形式具有文化性、地方性、短期性、参与性、多样性等特征。

根据不同的标准可以将节事活动分为不同类型。根据节事活动的主题和内容可以分为政治国家类、商业贸易类、文化艺术类、娱乐休闲类、体育竞技类、民俗宗教类、私人活动类等。根据节事活动的规模和影响力可以分为标志性节事活动、大型节事活动、小型节事活动。根据节事活动的吸引物的不同可以分为自然景观型、历史文化型、民俗风情型、物产餐饮型、博览会展型、运动休闲型、娱乐休憩型、综合型等。根据节事活动的组织者不同可以分为：政府型节事活动、民间型节事活动、企业型节事活动等。

节事活动发展给旅游目的地带来巨大的经济效益和社会效益，对旅游目的地具有多个方面的积极影响，具体有：在短期内能够吸引大量游客，增加旅游目的地的经济收入、带动其他产业发展，提升旅游目的地的整体经济水平；提高基础设施改善，提高旅游目的地的环境改善；挖掘和弘扬传统文化，促进国内外文化交流与合作；增加知名度和美誉度，塑造良好的旅游目的地形象；化解旅游活动季节性的困境，促进旅游资源结构调整等方面。与此同时，节事活动自身以及管理方面的原因对旅游目的地也会产生消极影响，主要有：节事活动可能会带来"挤出效应"，节事活动可能带来文化传统"真实性"的丧失，节事活动期间可能会给本地居民带来生活的不便等方面。

科学、合理的管理运作模式是节事活动有效管理的关键。我国的节事活动的管理运作模式大致有：政府主办模式，职能部门主办模式，政府引导、社会参与、市场化运作相结合的模式以及市场化运作模式。

节事活动只有经过精心策划才能产生理想的经济效益和社会效益。节事活动策划的必

要性是由节事产品开发所依赖的资源特性决定的，具体体现在以下几个方面：节事活动资源具有潜在的特性，只有通过策划和开发才能发挥价值；创新和独特是节事活动的灵魂，只有通过有效策划才能体现新意；节事是一种社会文化的仪式化表达，只有通过正确的策划才能发挥积极效应；节事活动具有系统性，只有通过科学的策划才能保障成功举办。

节事活动策划的原则是节事活动策划活动中遵循的指导原则和行动准则。我国节事活动策划原则一般包括整体性原则、个性化原则、参与性原则、确定性和规范性原则、可行性原则、市场化原则、效益性原则等方面基本原则。

节事活动管理的具体措施包括：突出节事活动的主题特色，深挖节事活动的文化内涵；打造精品节事品牌，提高节事活动的知名度；做好整体规划和政策支持，政府主导与市场化运作并用；重视节事人才培养，积极扩展客源市场。

关键术语

节事；节事活动；节事活动的管理运作模式；节事活动策划

参考资料

[1]傅广海.会展与节事旅游管理概论[M].2版.北京：北京大学出版社，2015.

[2]黄安民.旅游目的地管理[M].武汉：华中科技大学出版社，2019.

[3]张晓鸣，郑丹妮，林嘉怡.节事活动策划与管理[M].广州：中山大学出版社，2014.

[4]林越英.旅游影响导论[M].北京：旅游教育出版社，2016.

[5]闫红霞，李玉华.旅游文化学[M].北京：北京大学出版社，2014.

[6]邹统纤.旅游目的地管理[M].北京：高等教育出版社，2019.

[7]罗伊玲.节事活动策划与管理[M].武汉：华中科技大学出版社，2016.

[8]许忠伟.节事活动与旅游研究[M].北京：旅游教育出版社，2019.

[9]杨瑞.节事活动管理实务[M].北京：机械工业出版社，2013.

[10]许忠伟.节事活动案例研究[M].北京：旅游教育出版社，2015.

[11]沈祖祥.旅游文化学[M].福州：福建人民出版社，2020.

[12]温秀.旅游经济学[M].西安：西安交通大学出版社，2017.

[13]谢新丽.旅游节庆活动策划与管理[M].北京：中国旅游出版社，2016.

[14]戴光全，张骁鸣.节事旅游概论[M].北京：中国人民大学出版社，2011.

[15]蒋昕.节事活动运营管理[M].武汉：华中科技大学出版社，2016.

网络资源

1. 云南省文化与旅游厅：https：//dct. yn. gov. cn/html/jqhd/index. shtml（查询云南省节事活动信息、节事旅游统计数据信息等）；

2. 中国旅游网：http：//www. cntour. cn/（中国旅游景点大全，可以获取丰富的旅游景点信息）；

3. 中国旅游研究院：http：//www. ctaweb. org/（查询节事旅游经济研究的理论观点、政策信息和旅游业的重点、难点问题）；

4. 第一旅游网：http：//www. toptour. cn/（中国旅游报电子网络平台，可以获得中国旅游经济的最新资讯）；

5. 中华人民共和国文化和旅游部官方网站：http：//www. mct. gov. cn/（查询国家旅游政策、旅游动态信息、旅游统计数据等）。

 分析与思考

1. 什么是节事和节事活动？
2. 节事活动的主要特征有哪些？
3. 节事活动对旅游目的地有哪些影响。
4. 节事活动的管理运作模式有哪些？
5. 节事活动策划的有哪些需要遵循的基本原则？
6. 节事活动管理的具体措施有哪些？

 技能训练

1. 查询中国旅游网 http：//www. cntour. cn/，阅读相关旅游目的地节事活动的相关新闻信息，概括我国节事活动的发展情况。

2. 调查你所在地域旅游目的地节事活动举办的情况，分析节事活动对旅游目的地的影响。

3. 利用网络资源和学校的图书期刊资源，了解国内外节事活动管理的研究动态，并进行评述。

 案例分析

从传统走向现代　从节事走向产业

2009 年 3 月 27 日下午，宁波市节庆联合会成立大会暨第一次会员大会在宁海召开。宁波市节庆联合会的成立，预示着宁波市节庆活动发展进入一个新的阶段。近年来，宁波市的节庆活动发展迅猛，涌现出了一批较具知名度的品牌节庆。2008 年，全市共举办各类节庆活动 63 个，同比增加 31.3%。节庆活动呈现稳步快速发展态势，涉及主题有文化艺术类、民俗风情类、农事类、宗教类、体育休闲类、综合产业类等。其中，宁波国际服装节、中国梁祝爱情节、中国开渔节、中国徐霞客开游节等在国内外都具有较大的影响力。宁波国际服装节被国际节庆协会评为"中国十大节庆活动"和"中国十大最具国际影响力节庆活动"；宁波国际服装节、中国开渔节、中国徐霞客开游节、中国(奉化)雪窦山弥勒节被人民网选为改革开放 30 周年 30 个最受关注的节庆活动，宁波市也被评为中国十大节庆城市。

节庆是一种文化载体。这种方式既包含着人们的娱乐和休闲成分，又昭示着人们特有的生活方式和价值取向。宁波传统节庆丰富多彩，现代节庆也如雨后春笋般地不断出现。目前，宁波的节庆产业正从传统走向现代，从节庆走向产业。

宁波节庆形成了四大鲜明的特色

丰富多彩的宁波传统节庆已呈现出四大特色，即本土化特色、国际化特色、产业化特色和市场化特色。

1. 本土化特色。节庆作为一个民族或者一个区域集体文化记忆的符号和载体。通过节庆，人们可以交流、娱乐、消费、贸易，甚至求偶。宁波有着独特的民俗节庆文化。注重本土化是宁波节庆具有竞争力的核心。弥勒文化节、中国开渔节、梁祝爱情节等节庆活动，依托独特本土文化优势，具有地域风情特色，创造了属于自己的节庆文化。如：在第十一届中国（象山）开渔节祭海典礼的祭海仪式由公祭转向民祭，由渔民群众自己操办。青山碧海间，象山渔民以自己的方式庆祝这属于自己的盛会。船老大们抬着装有大黄鱼、蟹、虾等海产幼苗的水缸向大海冲去。在人们的呼喊声中，他们把缸中的海生物放入大海，祈求平安丰收，表达对恢复海洋生态的祈愿，具有浓郁的本土化特色。

2. 国际化特色。1997年，宁波市首届国际服装节正式举办。此后，每年一届的服装节成为宁波经济文化领域的大事件，至今宁波国际服装节已连续成功举办了12届，成为宁波服装产业国际化拓展的一个极好平台。宁波国际服装节的成功举办在宁波与全国以至与世界各国之间架起了一座桥梁。通过这座桥梁，宁波服装企业加快了走向全国和世界的步伐。中国宁波国际港口文化节依托宁波北仑深水良港的资源优势和文化特色，通过举办港口文化论坛等活动，推动了宁波与国际港口城市之间的交流合作，推动了宁波国际化的进程。

3. 产业化特色。产业化是指节庆活动结合产业，服务产业，形成产业。"文化搭台，经贸唱戏"是宁波许多节庆活动遵循的宗旨。如宁波国际服装节，依托宁波服装产业，为服装企业进行品牌形象宣传、国际贸易、发展品牌代理商等经贸活动搭建了良好的平台，提升了服装产业链。余姚裘皮节、宁波国际汽车产业文化节等节庆都有力地推动了当地产业的发展。

4. 市场化特色。市场化是指节庆活动坚持挖掘资源，利用资源、市场要素，发挥市场作用，在大型文艺活动的策划、操作上实行市场化运作。在节庆活动市场运作过程中，坚持市场化办节的思路，保证活动能够按计划有条不紊地实现。中国开渔节、中国徐霞客开游节在市场运作上都取得了宝贵的经验。如今的开渔节已成了一个既能招商引资，又扩大知名度的盛大庆典。通过提供注册商标、出售冠名权、媒体广告宣传、广告赞助等形式筹集了相当的资金。既节省了办节成本，又扩大了企业的影响力。

坚持"三不"原则 创意成就品牌

宁波的节庆产业在发展过程中坚持"三不"原则，就是不作秀、重作为；不炒作、重策划；不扰民、重利民。地方政府积极推动，百姓市民踊跃参与。节庆产业成为带动宁波市经济发展、丰富市民文化生活、扩大城市对外影响、构建和谐社会的有效载体。

传承是节庆的基础，创意是激活的关键，项目是价值的载体，品牌是成功的保障。只有把握了节庆的本质，善于进行产业化的开发，历史的遗产就会变成生生不息的财富。宁波在节庆产业的发展上，不断创新，不断激起当今人们参加节庆活动的兴趣和激情，较早地处理好传统与现代之间的关系，协调好政府与市场之间的矛盾。

为创导勤俭、务实办节，把国际服装节打造成人民的节日，从 2006 年起，宁波国际服装节不举办专场开幕式，每届宁波国际服装节开幕招待会专设了"市民桌"，让来自全市各条战线的普通市民代表与中外嘉宾一道成为服装节座上宾。中国开渔节一届比一届办得更靓、更富创意。在第九届开渔节上，象山人请来环球嘉丽小姐来中国选美助兴一起参加象山港环保志愿者活动，让象山的美景与全球美女一起美名远播。徐霞客开游节的一大创意就是串起"霞客之旅"黄金线——一条沿着当年徐霞客曾游历过的南线 9 省足迹串起的"霞客之旅"黄金旅游线。

创意成就了一批节庆品牌。如：宁波国际服装节、宁波旅游节、中国开渔节、中国（宁海）徐霞客开游节、中国宁波国际港口文化节、中国（奉化）雪窦山弥勒文化节、中国·余姚杨梅节、梁祝爱情节、宁波·江东美食节、"和谐鄞州"欢乐城乡游、宁波购物节、镇海区经贸文化月暨金秋旅游节、象山海鲜节、大桥国际经贸旅游节、外来务工者文化艺术节、宁波市第十届乡村青年文化节等一批节日已经成为宁波响当当的品牌节庆。

12 届国际服装节，举办形式和内容或许各有差异，但不变的是其促进宁波服装产业发展，丰富市民文化生活，加快"中国服装之都"建设，为宁波现代化国际港口城市建设全面推向新阶段的服务宗旨。在宁波，伴随着服装节的举办，新崛起且在国内形成一定影响的服饰品牌已不下 10 个。

如今，服装产业不仅是宁波的产业名片，还推动了宁波"品牌之都"的建设：宁波已拥有各类服装企业 3 000 多家，其中年销售收入上千万元的企业 80 多家，形成了以西服、衬衫、女装、休闲装、童装、内衣、工艺服装、皮草等为主的多系列服装，涵盖梭织、针织、家纺、羊毛、羊绒等多种纺织服装的产业集群，年产服装近 14 亿件，占全国 12%左右，拥有 20 多个中国名牌、20 多个中国驰名商标。宁波服装已成功地从工业品牌时代转向时尚品牌时代。

节庆活动的举办大大提升了宁波城市形象，推动了地方经济的发展，丰富了群众的文化生活，促进了宁波和谐社会的发展。宁波国际服装节、象山中国开渔节、宁海开游节、中国杨梅节、梁祝爱情节、中国（奉化）雪窦山弥勒文化节等吸引了大量的国内外游客，有力地促进了宁波旅游业的发展。

宁波的节庆活动对酒店业的发展也起到了极大的推进作用。随着宁波节庆活动的举办，宁波市酒店业得到了迅猛发展，促进了酒店客源多元化、设施多元化，提升了酒店形象。目前，全市合计星级饭店 205 家，其中五星级 7 家，四星级 16 家。杨梅节、欢乐城乡游、农民文化节以及枇杷节、桑果节、蛏子节等传统节庆丰富了群众文化娱乐生活，创造了群众娱乐发展的空间。

节庆活动的举办促进了宁波招商引资工作的开展。宁波国际服装节、中国开渔节、中国徐霞客开游节、港口文化节等活动都举办了不同范围的招商引资洽谈会，举办项目签约仪式，促进地方经济发展。

节庆活动的举办促进了宁波对外交流与合作的步伐。在第十届服装节举办的意大利服装服饰文化周上，大卫复制雕像落户宁波，成为中意文化交流的一个重要事件。宁波国际服装节促进了宁波与意大利佛罗伦萨的友好交流，扩大了宁波在意大利的知名度；梁祝爱情节通过梁祝雕像落户意大利维罗纳市，扩大了梁祝故事的影响，传播了东方文化，为进一步确立宁波梁祝故事发源地地位、申报世界非物质文化遗产打下了基础。

（资料来源：http：//daily. cnnb. com. cn/hzb/html/2009 - 03/27/content_75394. htm. 《宁波日报》，2009-03-27.）

思考问题：

1. 宁波市近些年来节事活动的举办在哪些方面促进了当地经济社会的发展？

2. 结合资料中的信息谈一谈旅游目的地开展节事活动应该遵循哪些原则。

第十章 旅游活动对目的地的影响

学习目标

通过本章的学习，你应该能够：

1. 了解旅游目的地旅游影响的研究背景；
2. 熟悉旅游影响的含义和基本内容；
3. 掌握旅游开发对旅游目的地的积极影响和消极影响。

素养目标

1. 运用旅游相关基础知识，能够解构旅游开发对旅游目的地发展的综合影响；
2. 批判性地运用多学科知识，全方位探研旅游开发对目的地发展影响的创新思维；
3. 树立可持续旅游发展观，提升旅游目的地开发的责任担当和人文情怀；
4. 准确理解旅游目的地开发，养成科学的旅游职业观念。

导入案例

广西："旅游+"为县域经济添动力

县城是城乡融合发展的关键支撑，发挥县城优势资源，培育发展特色经济和支柱产业的县域经济对打造富有活力、宜居宜业的现代化县城有着重要意义。在特色旅游与全域旅游的发展背景下，广西文旅部门依托独特的资源优势，通过发展重大文旅项目、打造文旅品牌、推动旅游基础设施建设、探索旅游产业融合发展新路径、发展乡村旅游等，成功打造了一批特色鲜明的旅游名县，"秀甲天下壮美广西"文化旅游品牌越做越强，文化旅游成为县域经济高质量发展的助推器。

特色旅游引得活水来

近年来，广西坚持把旅游作为县域经济发展的支柱性产业之一，持续推进特色旅游名县创建工作，全区共创建了 6 批 32 个特色旅游名县，并逐渐形成业态规模，开启了特色旅游发展之路。走进金秀瑶族自治县的瑶药一条街，带着瑶山土味儿的药草琳琅满目，淡淡的药材清香扑面而来。网络达人"龙行天下"体验了当地的瑶药足浴项目，并点赞这一特色体验项目。金秀瑶族自治县瑶医药协会副会长冯永明介绍，瑶药一条街上共有 46 个瑶药铺、6 家瑶药企业，每年吸引各地游客 8 万多人次来到这里。

瑶族药浴入选第二批国家级非遗项目，具有极高的文旅价值和推广潜力。被誉为"中国瑶医药之乡"的金秀瑶族自治县，是瑶族医药的重要发源地和传承地区之一。近年来，金秀县通过发挥瑶医药特色优势，围绕瑶医药全产业链，培植了一批瑶医药自主品牌企业，着力打造具有金秀特色的瑶医药品牌，走上了"瑶医药+文化旅游+健康养生"的产业融合发展之路。

"巴马是世界长寿之乡，康养旅游是巴马近年来积极发展的重点产业之一。"巴马瑶族自治县县委书记黄炳峰在今年广西"两会"期间接受采访时表示，将紧紧抓住战略机遇，推动巴马国际长寿养生旅游胜地成为广西特色鲜明的健康养生目的地。地处桂中的融水苗族自治县依托丰富多彩的民俗文化，发展"秀美融水·风情苗乡"文化品牌，大苗山的知名度不断提升。与越南芒街仅一河之隔的东兴市，则发挥边境旅游试验区的优势，积极建设中越边境游、北部湾滨海旅游等特色项目，边境旅游成为招牌。

补短板、扬特色，增强产业活力

在深挖特色资源的基础上，广西各县通过推动一批文旅重大项目，提升旅游基础建设，极大丰富特色旅游元素，使游客的出游品质感得到极大提升，进一步增强了县域经济发展的活力和动力。

为满足不同层次的消费需求，龙胜各族自治县龙脊梯田景区发展了布尼花海梯田、古壮寨彩色梯田、小岩底星空梯田等差异化旅游产品，推出张家苗寨插秧摸鱼、民合苗寨瓜果采摘等农耕体验活动，形成了梯田观光游、农耕体验游等独特品牌，还将苗族跳香节、瑶族晒衣节、侗族侗年节列为法定节假日。金竹壮寨等 23 个传统村落成为乡村旅游点，黄洛瑶寨等 8 个民族村寨常年开展民俗演出项目，旅游业态实现多元化发展。

针对"易进难出"、游客接待能力低等问题，三江侗族自治县加大对旅游公共服务设施项目的建设。县城旅游集散中心成立旅游车队，引进上汽通用五菱新能源共享汽车"E 车畅游三江"项目。80 余辆共享汽车进驻三江南站、大侗寨、月也侗寨等 17 个游客聚集地，开启侗乡旅游"自助"模式。

智慧旅游的发展同样便利了游客的出行。"我们在跨境旅游团的成员预审、批量导盘办证等方面推出一系列高效便捷举措，实现跨境旅游网上预约，进一步简化跨境旅游业务办理环节。"经过 6 年多的建设，中国首个跨境旅游合作区——中越德天-板约瀑布跨境旅游合作区已具备试运营条件。崇左市委副书记韦朝晖说，待疫情过后中越双方景区开放，游客只需办理简易通关手续，便可实现一日游两国。

"旅游+"融合实现全域联动

旅游业是一个联动强、辐射广的产业。在特色旅游建设过程中，各县深入树立全域旅游一盘棋的理念，将旅游与农业、文化、体育等产业资源有机结合，大力推动"旅游+"发展，以特色塑全域，以全域彰特色。

2021 年 10 月 29 日，容县沙田柚文化旅游节在中平村的"沙田柚王国"举行，活动为期 3 天，游客不仅可以免费品尝容县柚子，还可以到容州古城嗨翻天，参加都峤山彩虹欢乐跑和千姿容州侨乡自驾游等活动。据悉，容县以"柚中之王"沙田柚带动休闲农业与乡村旅游发展，围绕沙田柚打造了一批旅游产品，旅游业的产业效能得到进一步释放。2021 年 1 月至 9 月，容县累计接待游客 964.05 万人次，实现旅游总消费 107.98 亿元。

阳朔县以实施"旅游+"战略作为县域经济发展的"奇点"；以"旅游+商业"打造了益田西街、戏楼等特色商业街区，形成旅游购物集群；以"旅游+文化"推出《印象·刘三姐》《桂林千古情》等大型文旅演出，形成演艺集群。

以传承民俗文化、保护传统村落为内涵，兴安县深入推进"旅游+农业""旅游+城镇化""旅游+扶贫""旅游+美食"，打造"湘风漓韵"乡村生态旅游区。兴安县先后投入 8 亿余元建设了灵渠秦风、陡江古韵田园综合体、湘漓秦汉文化特色主题城镇、华江生态特色主题小镇等旅游项目，直接覆盖 56 个重点村，建成 20 多个乡村休闲旅游示范点、17 个星级农家乐，承载起 3 万多名村民的致富梦。如今，"看灵渠的水光潋滟、享小镇的春花夏雨"已经成为兴安旅游的亮丽名片。

"旅游+"战略的实施，促进了各县旅游产品不断丰富、产业不断完善、品牌效应不断提升、旅游业态不断更新，带动了全域旅游新发展，构筑了全域旅游新优势。

（资料来源：https：//m.gmw.cn/baijia/2022-06/15/35811289.html.光明网，2022-06-15.）

1. 通过案例思考旅游产业为旅游目的地带来哪些影响。

2. 通过案例思考如何有效利用旅游活动来推动地方经济社会文化的全面发展。

旅游是一个涉及经济、社会文化及自然环境的复杂的社会现象。第二次世界大战以后，随着旅游业的不断发展，人们逐渐地意识到旅游开发和旅游活动就像一把双刃剑，在促进旅游目的地经济社会发展的同时，可能在某种程度上又会产生现实的和潜在的诸多不利影响。因此，对旅游影响问题的关注和研究逐渐地成为旅游目的地管理和研究的重要内容之一。

第一节　旅游影响研究概述

一、旅游影响问题的由来

旅游影响作为一种社会现象是与人类的旅游活动相伴相生的，其历史与旅游活动同样久远，至少也有上千年的历史。人类的旅游活动究竟起源于何时，可能是旅游学中最难以确定的问题之一，但我们仍然可以达成这样的共识，即旅游活动是伴随着人类的成长而产生的。现代意义上的旅游活动是从人类的远古迁徙和古代旅行演化与发展而来的。现代旅游起始于第二次世界大战结束之后，更准确地说是 20 世纪 60 年代之后，大众旅游的兴起是其最为显著的标志。无论是古代的旅游活动，还是现代的大众旅游，从旅游活动产生的那一天起也就有了旅游影响的现象。人们发现旅游活动不再是某个人或某个群体的个别的、小范围的活动，而变成了一种人类历史上最大规模、最大范围的人口空间移动现象。旅游业也不再是某一个小驿站和某一类接待服务所构成的一个微不足道的行业，而变成一个规模巨大、形式多样、几乎涵盖了整个第三产业的庞大产业体系。毫不夸张地说，在今天，世界上没有任何一个国家、城市或乡村没有受到旅游业和旅游活动的某种程度的影响。

作为一种社会现象，旅游总是在特定的经济、社会文化、自然环境等因素所构成的条件影响下得以产生与形成；另一方面，旅游现象产生与形成之后，又会对与其有联系的经济、社会文化、自然环境等各种因素施加各种作用、产生各种结果、导致各种变化，随之就形成了所谓的旅游影响。

从旅游活动的产生和发展历史来看，旅游经历了一个从小众的、偶发的现象到大众的、经常的现象的发展过程。随着旅游开发和旅游业的发展，旅游影响也在不断地演化与发展：影响的规模由小到大，影响的范围由窄到宽，空间由某个旅游景点到某个旅游目的地直至一个国家乃至整个世界，影响的表现由隐性到显性，影响的内容由经济到社会文化、再到生态环境，影响的性质既有积极正面的影响，也有消极负面的影响，以及两类影响相互混杂与交融。

二、旅游影响的研究历史

与旅游影响作为现象的漫长历史相比，旅游影响作为一种社会问题引发关注至多也就只有半个多世纪的时间。第二次世界大战以后，随着旅游规模的不断扩大，旅游开发和旅游活动所产生的影响日益受到关注。系统的旅游影响研究是在 20 世纪 60 年代开始于英语国家，并逐渐成为旅游研究中一个范围广阔且意义深远的领域。旅游影响的研究基本上是围绕着旅游经济影响、旅游社会文化影响和旅游环境影响三个层面展开的。在半个多世纪的时间里，西方国家的研究者们取得了较为丰硕的研究成果。

（一）旅游经济影响的研究

长期以来，人们一直认为旅游是属于经济性质的一种社会现象，世界各国（地区）发展旅游业也主要着眼于它的经济效益，所以早期的旅游影响研究也都倾向于关注旅游的经济效应。1899 年，意大利国家统计局局长博迪奥发表了《关于在意大利的外国旅游者的流动及其花费》一文，揭开了现代旅游经济影响研究的序幕。此后，西方国家的专家、学者对旅游经济影响的理论和方法进行了全面深入的研究和探索，目前我国旅游界使用的旅游业对国民经济影响的理论和测度方法也都不同程度上借鉴了国外的研究成果。旅游活动对经济影响研究的深度和广度日益拓展，其中旅游区域经济影响评价的研究较为成熟。

起初，西方学者鉴于旅游业关联性强的特点，借鉴和改造了经济学家凯恩斯的"乘数理论"，形成了"旅游乘数理论"，用来分析旅游活动和旅游收入在区域内形成与流转的过程中对地区经济产生的"倍增"效应，即乘数效应。此后，为了全面评估旅游经济影响，西方学者利用了一种"投入-产出"分析模型的经济分析方法，借助计算机软件，建立了一系列复杂数学模型来分析旅游经济影响。近些年来，旅游卫星账户（Tourism Satellite Accounts，TSA）已经逐渐成为旅游区域经济影响评价研究的最重要工具。旅游卫星账户的概念最早是由法国于 20 世纪 70 年代提出来的，在西方发达国家和部分第三世界国家得到广泛应用。所谓旅游卫星账户，是指在国民账户之外，按照国际统一国民账户的概念和分类要求单独设立的一个虚拟账户，它通过将所有与旅游消费相关部门中由于旅游消费而引致的产出部分分离出来单列入这一虚拟账户，来准确地测度旅游业的经济影响。目前，已经建立了旅游卫星账户的国家有加拿大、新西兰、西班牙、澳大利亚、法国、波兰、美国、新加坡、挪威、多米尼加等国家。总体来说，西方国家的学者对旅游经济影响的研究

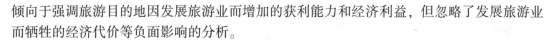

倾向于强调旅游目的地因发展旅游业而增加的获利能力和经济利益，但忽略了发展旅游业而牺牲的经济代价等负面影响的分析。

（二）旅游社会文化影响的研究

较之旅游经济影响研究，旅游的社会文化影响研究开展稍晚，但发展却较快。旅游的社会文化影响非常复杂，西方学者主要是从两方面入手来研究这一问题：一是通过分析旅游者的行为来研究这一问题，考虑的主要因素有旅游者的数量、旅游者逗留时间的长短、旅游者的个体特征、旅游者的经济特征以及旅游者在目的地的行为活动。二是通过分析旅游目的地居民对旅游业发展的态度来认识旅游的社会文化影响。

相对于发达国家而言，旅游对发展中国家或市场经济不发达国家的社会文化影响更大。因此，这些发展中国家成为旅游社会文化影响研究的重点区域。特纳和纳什（1975）的研究表明，不发达国家的旅游目的地被发达的工业强国当作"快乐边缘"，并依附和受制于后者。发达国家的游客则成为新的"殖民者"或"游牧部落"。他们带来的异样文化导致目的地的民族文化被严重同化和破坏甚至消失；冲击接待地传统的伦理道德观念，使其社会和家庭的凝聚力减弱。生态环境也遭到不同程度的破坏，这些都动摇着接待地社会的基础。所以，有的学者称旅游已经成为一种新的"帝国主义"或者成为受大都市支配与控制的"新殖民主义"。

（三）旅游环境影响的研究

在20世纪60年代西方学者就已经意识到，旅游在给目的地带来经济效益的同时，也会造成环境破坏与生态退化等问题。"旅游业不仅是一只会下金蛋的鹅，而且也会弄脏自己的巢"。经济合作与发展组织（OCED）1980年的报告指出：生态环境是旅游业的重要投入，因此，维护一个好的生态环境对旅游业的进一步发展是至关重要的。相反，生态环境的退化可能导致（在某些地方已经导致）旅游业的衰退。另一方面，许多地方旅游业的发展使当地的生态环境得到了改善。报告将旅游对生态环境的负效应归结为以下几类：①污染（大气、水、噪声、汽车尾气）；②自然景观的丧失，包括农田和牧场；③对动植物的破坏；④历史遗迹和纪念物的损伤；⑤旅游旺季时的拥挤不堪；⑥当地居民和外来游客的冲突；⑦竞争的压力等。

当然，旅游对生态环境的影响不完全是消极的。研究发现，积极的旅游环境影响主要体现在三个方面：一是开展旅游有助于保护和修复历史建筑等遗产；二是旅游开发有助于当地环境的改善；三是开展旅游有助于野生动物的保护。

20世纪80年代末，我国也开始了对旅游影响问题的研究，形成了一些有价值的研究成果。我国学者旅游影响研究总的特点是：针对某一类旅游影响问题的实证研究和案例分析较多，而对旅游影响整体深入的理论研究较少；对旅游的经济影响、生态环境影响研究较多，而对旅游的社会文化影响的研究相对较少；对旅游影响的某一方面或对旅游的单项影响的研究较多，而对旅游影响的全面、综合和系统的研究还有很多欠缺。

三、旅游影响研究的意义

自20世纪60年代以来，旅游影响研究成为西方旅游研究的热点问题，并逐渐形成了旅游经济影响、旅游生态环境影响、旅游社会文化影响三个重点研究领域。随着旅游开发和旅游业在全球范围内规模的不断扩大和迅猛发展，给旅游给目的地带来的积极影响和消极影响也日益突出。因此，加强旅游开发对目的地的影响研究具有十分重要的理论价值与现实意义。

(一)旅游影响研究对旅游目的地经济发展的意义

通过旅游影响的研究，一方面有助于了解旅游开发和旅游活动对旅游目的地经济究竟会产生怎样的影响，影响力又有多大，如何强化旅游目的地的经济影响力，提高旅游经济运行效率，以最少的成本消耗取得最优的经济效益。另一方面有助于促进旅游产业结构的优化和调整，实现经济发展方式的转变，推动旅游目的地经济、社会文化及生态环境的可持续发展。

(二)旅游影响研究对旅游目的地生态环境保护的意义

通过旅游影响的研究，一方面有助于加强对旅游目的地生态环境变化的长期监控，科学地评估旅游开发和旅游活动对生态环境的真实影响并做出相应的预测，提供解决相关问题的方法和改善生态环境的建议。另一方面有助于解决人类活动对自然环境影响的生态平衡问题，防止生态环境的恶化。

(三)旅游影响研究对旅游的社会文化发展的意义

通过旅游影响研究，一方面有助于全面了解旅游开发和旅游活动对于旅游目的地社会文化影响的途径及程度，运用宏观调控手段，发挥主观能动作用，最大限度地发挥其积极影响，抑制其消极影响，促使旅游目的地取得良好的社会文化效益。另一方面有助于分析旅游开发和旅游活动对旅游目的地社会文化的各种类型影响，认识旅游开发和旅游活动对社会文化的影响机制，以更好地传承、保护当地的优秀传统文化。

四、旅游影响的概念和基本内容

(一)旅游影响的概念

影响是指自然界或人类活动对各种物质(事物、人等)所产生的各种作用和造成的各种结果，或者是指自然界或人类活动所引发的各种利害结果。而这种作用或结果可能是正面的、积极的、有利的，即好的影响；也可能是负面的、消极的、不利的，即不良的影响。

我们认为，旅游影响是指由于旅游活动(主要包括旅游者和旅游产业的活动)引发的种种利害结果。从广义上讲，旅游影响就是旅游活动所带来的所有利害变化和结果；从狭义上讲，旅游影响是指旅游者和旅游产业的活动对旅游目的地的经济、社会文化和生态环境等方面带来的各种影响。

(二)旅游影响的基本内容

1. 旅游影响的三个基本方面：经济影响、环境影响和社会文化影响

作为旅游研究的一个重要组成部分，旅游活动对目的地的影响，就影响发生的领域可以将旅游影响分为旅游经济影响、旅游环境影响和旅游社会文化影响三个基本方面。旅游经济影响是指旅游活动给旅游目的地国民经济增长、产业结构变化、劳动就业情况、财政收入水平、外汇收入状况等方面所产生的影响。旅游环境影响主要是指旅游活动对生态环境、生物多样性以及自然资源消耗等方面所产生的影响。旅游社会文化影响主要是指旅游活动对目的地的传统文化、社会价值观、意识体系及社会生活方面所产生的影响和带来的变化。

2.旅游影响的两个价值方向：积极影响和消极影响

旅游的积极影响，即正面影响，是指旅游活动所产生的有价值、有利益的结果和变化。旅游的消极影响，即负面影响，通常是指旅游活动所产生的有害的结果和变化。一般来讲，旅游活动对旅游目的地的积极和消极这两种影响是相互交织在一起的，冲突中有融合、矛盾中有协调，两种影响在短期内有时很难明确地加以界定和区分。同时两者也是经常转化的。旅游活动超过了目的地承受能力所允许的"度"，积极的正面影响也会转化为消极的负面影响。旅游活动对旅游目的地的影响既有正面的积极影响，也有负面的消极影响，这是今天人们的基本共识，但是在早期人们普遍关注的是旅游活动和旅游产业带来的经济效益，而忽视了旅游活动所造成的各种负面的消极影响。

第二节　旅游活动对目的地的经济影响

旅游现象最早引起人们关注并进行研究的主要是旅游的经济影响，而且在过去很长时间里，旅游经济影响也是西方国家旅游研究的主流领域。旅游经济表现为典型的哑铃型经济，即一头为旅游客源地经济，另一头为旅游目的地经济。而旅游目的地的经济影响是旅游经济影响研究的重点内容。

一、旅游活动对目的地积极的经济影响

在我国，伴随着经济社会发展水平的跨越式提升和人们生活需要层次的变化，旅游已经成为生活水平提高的一个重要指标，成为小康社会生活的重要方式。随之，旅游业也快速发展起来，产业规模不断壮大，旅游产品质量在不断提升，旅游业已经成为我国国民经济的战略性支柱产业。旅游开发和旅游活动对推动旅游目的地经济发展具有显著的积极影响，这种积极的经济影响主要体现在以下几个方面：

（一）增加旅游目的地的经济收入

在我国，旅游收入近些年来已经是地区经济收入中的重要组成部分，一个地区旅游业的快速发展必然会为当地带来更高的经济收入。当旅游目的地游客数量的高速增长、数量庞大可以有效地扩大市场需求，游客的消费行为将有效刺激和直接推动当地的经济发展。据国家统计局发布的《中华人民共和国2023年国民经济和社会发展统计公报》显示，2023年国内游客48.9亿人次，比上年增长93.3%。其中城镇居民国内出游37.6亿人次，增长94.9%；农村居民国内出游11.3亿人次，增长88.5%。国内游客出游总花费49 133亿元，增长140.3%。其中，城镇居民出游花费41 781亿元，增长147.5%；农村居民出游花费7 353亿元，增长106.4%。入境游客8 203万人次，其中外国人1 378万人次，香港、澳门和台湾同胞6 824万人次。入境游客总花费530亿美元。这些数据非常直观地显示出旅游业和旅游活动对地区经济发展具有巨大的推动作用。

（二）带动旅游目的地相关产业发展

一方面，旅游业的发展有赖于目的地其他产业部门的支持与配合；另一方面，旅游业的发展也可以促进和带动很多其他关联性产业部门的发展。众所周知，旅游业是一个综合

性、关联性很强的产业。旅游业关联性是指由于旅游业自身的泛产业化、高依附度特征，与其上下游产业展现出极强的广泛、复杂、密切的经济技术联系。旅游业是非物质生产部门以及第三产业中的重要产业，旅游业发展不仅与众多国民经济相关产业密切联系，而且其发展也对其他相关产业具有明显的关联带动作用。旅游业的发展涉及交通、商业、电信、金融、工业、保险等领域的商业合作，整合和带动了食、住、行、游、购、娱六要素行业的经营活动。据世界旅游组织测算，一个旅游目的地的旅游收入每增加1元，带动相关行业增收4.3元。与此同时，旅游业还能直接或间接带动100多个相关产业，如种植业、畜牧业、渔业、林业、交通运输业、建筑业、机械制造业等。

（三）扩大旅游目的地的劳动就业

劳动就业是一个国家和地区的民生之本，它不仅关系到每个劳动者的生存和发展，而且还关系到整个社会的繁荣和稳定。旅游业是第三产业的重要组成部分，在提供就业机会和解决就业问题方面与其他产业相比具有相当大的优势：一方面，旅游业能提供大量的直接就业机会。旅游业本身属于劳动密集型的产业，加之旅游业就业门槛低、层次多、流动性强、灵活性强，更使其为社会提供大量类型丰富、层次多样、内容灵活的就业岗位。另一方面，旅游业也能给相关行业提供大量的就业机会。旅游业是一个具有关联带动性的产业，不仅自己可以直接提供就业机会，而且能够连带其他行业提供就业机会。根据世界旅游组织专家的测算，发达国家旅游业每增加3万美元的收入，将增加1个直接就业机会和2.5个间接就业机会。对于旅游资源丰富的发展中国家，旅游业每增加3万美元的收入，将增加2个直接就业机会和5个间接就业机会。而旅游业每年增加1个直接就业人数，就可增加5~7个与之相关联的间接就业机会。据有关部门统计，在我国2018年旅游业直接就业人数达2 820万人，占就业总人数的3.6%。旅游直接和间接就业7 991万人，占就业总人口的10.29%，高于10%的世界平均水平。

（四）增加旅游目的地政府的财政收入

税收是地方政府财政收入的主要来源，是地方政府公共服务和社会管理职能得以实现的物质保障，旅游业的增长对目的地政府的财政收入具有重要意义。旅游业直接和间接地产生了大量税收，从而提供了国家财政收入的稳定来源。目的地无论是接待国际游客还是发展国内旅游，对于政府来说都可以起到扩大税源和增加税收的作用。地方政府因旅游业的发展而实现的新增税收主要来自两个方面：一是来自旅游业各有关企业经营部门，即各旅游企业缴纳的营业税和所得税等；二是来自国内旅游者和入境旅游者直接贡献的各种税费。世界上很多国家和地区的实践表明，如果一个国家或地区的旅游业发达，旅游业直接和间接带来的税收能为该国或地区政府财政收入做出巨大的贡献。据世界旅游组织的统计资料表明：世界一些旅游业发达的国家和地区，如泰国、新加坡、马尔代夫、巴哈马、冰岛、我国的香港特别行政区等，其政府财政收入中的很大一部分都来自旅游业的税收。其中，马尔代夫和巴哈马政府财政收入中旅游业税收的比例更是达到相当高的40%和50%。

二、旅游活动对目的地消极的经济影响

虽然旅游业的发展对旅游目的地的经济发展有很大的促进作用，在产生积极的经济影响的同时，也会带来一些消极的经济影响，旅游对目的地经济可能产生的消极影响主要表现在以下几个方面：

（一）破坏旅游目的地的产业结构和经济平衡

旅游业通常被认为是一种投资少、见效快、回报高的行业，于是国内很多旅游目的地为了发展地区经济而优先发展旅游业。然而，这种片面的旅游发展有时并没有带来当地经济的增长反而留下了很多不良后果。如一些原先以农业为主的地区发展旅游业后，需要大批劳动力投入旅游服务和旅游接待活动中，于是很多人放弃了农业生产从事旅游接待业，造成了农副产品生产能力的下降，致使当地原有产业结构发生变化，农业经济萎缩。旅游业的综合性决定了旅游业的发展必须与国民经济发展水平相适应，只有在与旅游业相关的产业可以承受的范围内，旅游业才能正常运行，而违背了这一发展规律将造成一系列严重后果。与此同时，为了进行旅游开发和大力发展旅游产业，地方政府往往在资金、政策、税收、土地、交通、人才等各方面给予优惠和倾斜，对旅游产业给予太多的支持可能会忽视其他产业的均衡发展或对其他产业支持的力度不够，从而导致产业间发展出现不协调，进而破坏了地方经济发展的平衡。

（二）增加旅游目的地经济发展的不稳定性

旅游业是一个季节性、敏感性和不稳定性极强的产业。与其他产业相比，旅游业更容易受到内外部复杂环境因素的影响。如果目的地将旅游业作为经济发展的唯一方式，过分依赖旅游业，这样就给旅游业带来巨大压力，使其承受巨大的经济风险，造成经济发展的不稳定性。首先，旅游业的季节性特征显著。旅游业的季节性波动加大了供需之间的矛盾，在旅游淡季时，不可避免地出现劳动力失业、旅游设施大量闲置、旅游企业和当地居民收入减少等现象，从而给目的地带来较为严重的经济问题和社会问题。其次，旅游业受制于市场需求的变化。旅游市场需求在很大程度上取决于客源地居民的收入水平、闲暇时间和旅游偏好，依附于客源市场的状况，而这些都是目的地所不能控制的因素。如果客源地出现经济不景气、旅游兴趣发生转移、旅游需求下降的情况，目的地的旅游业也将陷入困境。最后，旅游是一个敏感脆弱的产业。旅游业在发展过程中，由于它的敏感性和脆弱敏性，往往会受到各种政治、经济、社会乃至某些自然因素的制约和影响，如政治局势动荡、社会治安状况恶化、经济发展停滞、突发公共卫生事件、自然灾害的发生，等等。这些情况一旦发生，目的地的旅游产业和整个经济运行都会受到不同程度的影响。

（三）引起物价持续上涨，损害旅游目的地居民生活质量

旅游业是通过向旅游者销售旅游产品获取经济收益的行业。当旅游产业一旦获得良好的发展机会，各种商业利益都会出现，当地人为了获取更多的利益，会在游客爆满的地方抬高各类商品的物价。大量旅游者的进入会打破旅游目的地消费品的供需平衡，包括一些日常消费品在内的商品在市场供求机制的作用下引起价格上涨。同时，由于外来旅游者的收入水平通常较高，且在旅游时的消费更是远远高出日常花销，其消费能力要明显高于旅游目的地的居民，有能力购买各种高价格的商品，这也就不可避免地引起旅游目的地的物价上涨，进而损害当地居民的经济利益。特别是衣、食、住、行等生活必需品的价格上涨，无形中降低了当地居民的生活质量。事实上，这一因发展旅游业而增加本地居民生活成本的现象在我国也是普遍存在的，往往一个地方因为旅游业爆红，物价、房价也随之上涨，使当地人民难以生存。长此以往，人们的生活压力是很大的。这种现象能够解释为什么很多三亚本地居民纷纷离开三亚，另找更适合居住和生活的地方。

第三节　旅游活动对旅游目的地的环境影响

一、旅游环境影响概述

(一)旅游环境影响的研究

旅游业是当今发展最快的产业之一，在促进经济增长、社会进步等方面的积极作用日益凸显。与其他产业相比，早期的旅游业规模小，对环境造成的污染和破坏也小，因而经常被忽视，曾一度被誉为"无烟工业"或"清洁行业"。随着旅游开发的深入和旅游产业规模的扩大，旅游业带来的环境污染、生态破坏、社会文化冲突等负面影响越来越大。世界各国的旅游目的地都存在因旅游开发或旅游者大量涌入而产生的水体和大气污染、交通拥堵、建设性和经营性破坏等问题。旅游者大量涌入不仅造成旅游环境超载，使旅游目的地的生态资源环境遭受损坏，也影响旅游者的体验质量。而旅游环境弱载则又导致旅游设施大量闲置和旅游资源严重浪费，使旅游经济效益难以为继。由于对环境依存度较高，旅游业快速发展不可避免地带来一系列环境问题，引起人们对旅游开发和旅游活动对旅游环境影响研究的关注。

国外有关旅游环境影响的研究可以追溯到 20 世纪 20 年代，但严格意义上的旅游环境影响研究直到 20 世纪 60 年代才产生，70 年代进入研究活跃期。一般研究认为，旅游环境影响研究始于美国和英国，其研究水平也以北美和欧洲最为先进。20 世纪 80 年代，随着旅游业的发展和旅游环境影响问题的日渐突出，其他一些发达国家的研究者也开始关注并做了不少的工作。20 世纪 90 年代，随着旅游在世界范围内的迅速发展，包括中国在内的亚洲及非洲一些发展中国家也开展了这方面的研究工作，旅游环境影响研究已在全球展开。

国内旅游环境影响研究大约始于 20 世纪 80 年代初期，由于国内旅游的迅速发展，旅游环境影响问题日渐突出，引起了旅游和环境等相关学科研究者的关注。20 世纪 90 年代中前期，我国旅游环境影响研究稳步发展，除继续对一些旅游目的地环境质量进行调查分析外，更加重视旅游引起的环境问题研究。20 世纪 90 年代中后期以来，旅游影响研究发展迅速，自 2000 年至 2005 年大约 6 年的时间内，相关研究成果已超过前期 20 年的总和。这一时期旅游对环境影响的研究内容更加丰富、更加深入，研究区域范围扩大，研究方法不断改进，研究方向发生转变。

(二)旅游环境承载力与旅游环境容量

1. 旅游环境承载力的内涵

世界旅游组织 1992 年将旅游环境承载力定义为：在满足游客高水平体验以及没有对旅游地资源产生影响的情况下的旅游活动水平。旅游环境承载力是评估和刻画旅游目的地对环境影响的承受度的基本概念，也是判断旅游可持续发展的基本依据。

虽然目前国内外学者对其理论内涵的界定仍没有统一的范式，但在保护自然系统不受破坏、测度目的地承载力阈值、实现经济社会发展、关注旅游者行为及感知等方面已达成共识。总体而言，旅游环境承载力是旅游地自然、经济和社会环境系统能够承受的旅游活动强度阈值，本质上是对旅游环境系统组成与结构特征的综合反映。20 世纪 80 年代初，世界旅游组织开始关注旅游环境承载力问题，此后相关研究成果不断涌现。进入 21 世纪后，在旅游环境系统复杂性和旅游活动多样性的交叉影响下，旅游环境可持续承载问题日益凸显，旅游环境承载力研究也不断细化和深入。

2. 旅游环境容量的内涵

旅游环境容量是指旅游目的地开发在不影响后代对旅游资源永续利用的前提下，旅游目的地的生态环境、经济能力、旅游目的地居民和旅游者心理等方面所能承受的最大旅游活动量。旅游环境容量和旅游环境承载力两个概念之间有很大的相似性，环境承载力侧重强调的是旅游目的地克服和消化旅游活动影响的能力；而环境容量侧重强调的是旅游目的地所能承受的最大旅游活动量。在很多情况下这两个概念是通用的，都是考察旅游活动对旅游目的地环境影响的重要概念和判断依据。

旅游环境容量这个概念体系包括旅游生态环境容量、旅游心理容量（感知容量）、旅游社会环境容量和旅游经济容量四个方面。

(1)旅游生态环境容量。旅游生态环境容量是指在一定时间内，旅游目的地范围内的自然生态系统不会因旅游活动而导致退化，或者生态环境遭受旅游活动破坏后很快恢复原状的前提下，该旅游目的地所能容纳的最大旅游活动量。

(2)旅游心理容量。旅游心理容量又称旅游感知容量，旅游目的地的旅游心理容量分为当地居民旅游心理容量和旅游者旅游心理容量两个方面。就旅游目的地居民而言，是指当地居民普遍不因交通拥挤、物价上涨、生活环境恶化而对旅游活动产生不满情绪时，该旅游目的地所能容纳的旅游活动最大量。就旅游者而言，是指不降低旅游活动质量即保持最佳可游性的状态下，该旅游目的地所能容纳的旅游活动最大量。

(3)旅游社会环境容量。旅游社会环境容量是指旅游目的地在社会价值观、道德习俗、宗教信仰、文化传统和生活方式等社会规范所能容纳的旅游活动最大量。

(4)旅游经济环境容量。旅游经济环境容量是指在一段时间内和一定区域内的基础设施和旅游接待设施水平、经济发展水平、旅游投资水平、人力资源等要素所决定的旅游活动最大量。

二、旅游开发对旅游目的地积极的环境影响

广义的旅游环境影响不仅涉及旅游开发对自然生态环境的影响，也涉及对人文社会环境、经济环境、政治环境等方面的影响。狭义的旅游环境影响只涉及旅游开发对自然生态环境的影响。而这种影响既包括对生态环境的积极影响，也包括对生态环境的消极影响。旅游开发对旅游目的地环境的积极影响主要体现在以下几个方面：

(一)旅游业本身是一种资源节约型和环境友好型产业

旅游业是一种典型的资源节约型、环境友好型产业。旅游业是生态环境建设中最有条件、最有优势的产业之一，也是旅游目的地将绿水青山化作金山银山的重要实现形式。旅游业在本质上具有生态环境效益、经济效益和社会效益的内在统一。发展旅游业，自然资源消耗少、生态环境成本低，科学地旅游开发和管理就不会对自然资源和生态环境产生直接的硬消耗，有利于实现自然资源和生态环境的永续利用，在实现经济高质量发展的同时

也可以实现经济、社会、生态环境可持续发展的目标。

（二）建立自然保护区和国家公园，保护了自然资源和生态环境

自然资源和野生动植物是自然环境的组成部分，也是重要的旅游吸引物。在人类越来越渴望回归自然、越来越重视自然资源和野生动植物的情况下，旅游特别是生态旅游的发展，促进了自然保护区和国家公园的建立，扩大了自然资源保护的范围，确实起到了保护自然环境和野生动植物的作用。许多国家开发国家公园以吸引众多的国际旅游者，目前全球 100 多个国家建立了 5 600 多个国家公园，面积超过 400 万平方公里。每个国家赋予国家公园的定位都不相同，但基本认同国家公园都是为了保护大尺度的生态过程，以及相关的物种和生态系统特征而设置的特别保护区域。

（三）旅游业的发展推动旅游目的地环境的改善

良好的生态环境是旅游业建立和发展的前提和基础，旅游目的地能否开发和发展旅游业取决于是不是拥有一个旅游者所需要的优美的自然生态环境和良好的社会人文环境。因此，旅游目的地为了开展旅游活动、发展旅游业就会持续地建设、完善、保护和可持续利用经济环境、社会环境和生态环境。为了保证给旅游者提供满意的旅游体验，也因为开发旅游和获取经济收入的刺激，旅游目的地必须采取行政和法律等控制手段，环境卫生因而得到重视和保持。在旅游目的地，提高对空气污染、水污染、噪声污染、植被破坏和垃圾等问题的处理和控制，强化绿化、美化和净化工作，营造良好的旅游氛围或意境，以促使整体生态环境的改善。例如，在塞浦路斯，旅游开发和旅游业发展促进了污水设备的安装和使用，回收、处理工业和生活废水之后再用于农业灌溉。

（四）提高旅游目的地整体的生态环境保护意识

对生态环境及其保护的关切，以及经济利益的诱导等，可以促使地方政府、社会公众提高对自然资源价值的认识和环境保护的意识，提升人们的生态文明程度，从而减少对环境的污染和破坏。比如，国际自然与自然资源保护联合会认为，旅游对南极生态环境的积极影响，使游客大大增强了对南极在全球环境中重要性的理解，认识到加强南极保护的必要性。在旅游景区开展的生态旅游是对旅游者进行环境保护教育的重要途径，而且可以让旅游景区周边的居民广泛地参与到生态旅游的开发建设中来，解决当地居民生存发展与环境保护之间的矛盾，实现当地的经济、社会和生态环境的可持续发展。

（五）发展旅游业为自然生态环境保护提供了必要资金支持

旅游目的地为了实现可持续发展的目标，将旅游收入中一部分用于生态环境的保护和治理。健康的旅游业发展都需要有良好的生态环境、社会环境和经济环境作为基础，尤其是与旅游业密切相关的自然旅游资源。因此，在保护旅游资源、治理生态环境、防治环境污染的方面，各国政府都加大了财政投入，在一定程度上缓解旅游业发展、生态环境保护之间的矛盾，让旅游业发展更加健康、可持续。比如，作为生态旅游重要项目的观鲸旅游有了长足的发展。早在 2009 年，世界范围内的观鲸旅游收入达到 25 亿美元，直接就业人数达到 1.9 万人。观鲸旅游的开展一方面有助于缓解因捕猎、栖息地破坏和其他人类活动而带给海洋生物的侵害；另一方面，政府和有关组织将观鲸旅游的一部分收入用于对濒危的鲸鱼种类及其栖息地的保护。

三、旅游开发对目的地消极的环境影响

旅游对自然生态环境的消极影响，可以概括为旅游环境污染、旅游环境破坏、旅游资源损耗、旅游环境灾害、旅游环境干扰和旅游环境衰退等方面。

（一）旅游环境污染

旅游目的地的环境污染一般有两种含义：一种是指旅游的自然污染或物质污染，即对自然生态环境的污染；另一种是指旅游的社会污染或精神污染，即对社会文化的污染。我们这里所讲的旅游环境污染是指对生态环境的污染。当来自旅游和其他方面的有害物质和废弃物质等被排放到自然环境中，这些物质的数量剧增或累积到一定程度，超过了自然界本身的自净能力，造成环境质量下降或环境状况恶化，使自然生态系统的平衡和旅游的自然环境条件遭到损害，就会出现旅游环境的污染和旅游环境质量的下降。

（二）旅游环境破坏

如果不是因为旅游产生的有害物质和废弃物质等对环境造成的消极影响、不良影响，一般习惯上称其为旅游环境破坏。比如，过量砍伐森林、造成水土流失；炸山采石，乱建接待服务设施；文物古迹遭受侵蚀、坍塌、盗窃和损毁之害；珍贵的野生动植物被乱捕滥杀、随意采摘和濒临灭绝等。旅游环境污染与旅游环境破坏的含义极为相似，是两个既略有区别又联系紧密的概念。自然旅游环境被破坏，就会损害生态环境资源，减弱生态环境的自净能力，从而加剧自然生态旅游环境的污染。在很多情况下，旅游的环境污染与旅游的环境破坏基本上是同一个意思。

（三）旅游资源损耗

旅游的资源损耗特指不当的旅游活动对自然资源的损害和耗费。比如旅游者在缺水地区对水资源的过度使用，大量挖掘海沙使潮汐发生改变，制作手工艺品和露营取火对植被资源的滥用，开发主题公园和高尔夫球场等占用大片土地，导致农田、耕地面积减少，等等。

（四）旅游环境灾害

旅游环境灾害与旅游环境问题这两个概念极为相似。旅游环境灾害就是由于旅游活动的开展而导致的对环境和各类旅游资源的致灾过程和结果。从旅游灾害的原因上看，一方面，它是旅游活动本身带来的；另一方面，它是旅游者和旅游经营者不合理的行为造成的，因而旅游灾害属于人为灾害。旅游灾害伴随着旅游活动的产生而产生，并贯穿于整个旅游活动之中，其主要表现有：对自然环境的污染和破坏、对人文景观的污染和破坏，以及对社会环境的污染和破坏等。

（五）旅游环境干扰

与旅游环境影响问题相近的另一个环境影响问题是旅游干扰。旅游干扰是众多人为干扰中的一种类型。人为干扰是指与其性质和原因无关，却能够立即引起种群反应的敏感变化，并在景观水平上突然改变资源量的因素。它强调干扰与干扰对象的结构状态及动态变化密切相关，因此干扰是能够改变景观组分或生态系统结构、功能的重要生物因素，并且是促进种群、群落、生态系统乃至整个景观动态变化的驱动力。按照产生的来源，干扰可

以分为自然干扰和人为干扰。旅游干扰属于人为干扰，是指主要由旅游者的活动或旅游业的活动所产生的环境和生态方面的影响。

（六）旅游环境衰退

旅游环境消极影响问题还可以用旅游环境衰退或旅游环境质量衰退来表达。旅游环境衰退特指那些热点旅游目的地，由于其旅游吸引物丰富多样，品质较好，知名度较高，开发历史较早，具有较强的市场吸引力，前来进行游览和消费的旅游者越多，当地的旅游环境质量也就越容易造成衰退。这种旅游环境衰退主要表现在景物损耗、意境减退、环境污染和生态破坏等方面。

第四节　旅游活动对旅游目的地的社会文化影响

一、旅游目的地社会文化影响的内涵

旅游目的地社会文化的内容十分宽泛，既包括旅游地的建筑民居、服饰饮食、生活器物等物质文化，又包括礼仪风俗、节庆活动、生活方式等行为文化，还包括旅游地居民的思维方式、价值观念、审美趣味、道德情操、宗教信仰等精神文化、心态文化或观念文化等。

旅游的社会文化影响有广义和狭义之分。从广义来看，旅游的社会文化影响不仅是对旅游目的地社会文化方面的影响，还包括对旅游者的社会文化影响及其背景社会文化的影响。狭义的旅游社会文化影响仅指旅游活动对旅游目的地的社会结构、价值观念、道德标准、生活方式、民风习俗和文化特征等方面的影响。我们这里所讲的是狭义的旅游社会文化影响，即旅游对旅游目的地的社会文化影响。

二、旅游活动对旅游目的地积极的社会文化影响

旅游开发和旅游活动对旅游目的地的社会文化影响不仅范围和内容十分广泛和丰富，而且影响的性质也分为积极影响和消极影响两个方面。一般来说，对旅游目的地社会文化的积极影响包括以下几个方面：

（一）促进旅游目的地传统文化的保护、传承和复兴

文化资源是旅游业发展的核心和基础，由于旅游开发可以带来一定的经济效益，旅游目的地就会挖掘具有市场价值的传统文化资源，如传统工艺、服装饰品、饮食文化、生活习俗、节事活动乃至建筑风格，有意识地进行保留、维护并展示给旅游者，满足旅游者了解和体验异域社会文化的期望。这一过程不仅满足了市场需求，促进了当地旅游发展，也激活了目的地的传统文化。旅游目的地有意识地保留、复兴本地的传统文化，使许多将要衰退和消亡的传统文化得到拯救、复苏、重构与新生，使优秀的传统文化得到发掘、光大、传承和保护。

（二）增强旅游目的地居民的文化自信

旅游业促进了旅游目的地的经济发展，改善了当地居民的生活条件，当地居民在享受

旅游所带来的好处和利益的同时，也逐渐发现自己传统文化的不可替代性，发现自身所拥有的文化能够作为一种资源，被开发成旅游项目和旅游产品，并带来可以量化的经济效益，从而消除了过去面对主流文化时的文化自卑感。外来的旅游者对旅游目的地传统文化的欣赏和认同，促使当地居民重新审视自身的传统文化及其环境，由内心产生了维护传统文化的责任心和使命感，在旅游活动中则更加积极、自信地向外界和游客宣传和展示自己的文化，对自己的传统文化产生了强烈的自信心和自豪感。

（三）推动旅游目的地对外文化交流

旅游活动不仅为目的地带来巨大的经济利益，也为其提供了文化传播和文化交流的平台，促进了当地对外文化交流，使目的地社会文化能够在更高层次上实现更快速度的发展。一方面，目的地的社会文化会伴随着旅游者的旅游活动传播到各个角落，旅游目的地也可以通过来自不同国家、不同地区和不同民族旅游者的言行、举止、装束，感受到他们带来的异域文化，结合本地区本民族文化的特色进行有益的借鉴和吸收，从而促进当地社会文化的发展和创新。另一方面，旅游者与旅游目的地居民的不断接触和交流，能够更深入地了解目的地社会文化的独特魅力，更有效地宣传旅游目的地现象，能够让更多的人了解和接受旅游目的地的社会文化。

（四）获取旅游目的地社会文化发展的资源

旅游开发和旅游业发展的经济效益使得旅游目的地能够获得大量的资金，去进一步完善旅游吸引物和旅游环境。一些传统文化遗产得到保护和恢复，旅游目的地居民获得更多的接受教育、文化交流和丰富精神生活的机会。同时，大量基础设施和公共文化设施的建设，使得旅游目的地居民有机会和游客共享这些新的资源。旅游目的地居民获得了更多现代知识和先进思想，妇女和儿童也在这一过程中获得更多发展机会。因此，旅游开发和旅游活动开展促进了旅游目的地社会文化的发展。

三、旅游活动对旅游目的地消极的社会文化影响

旅游活动和旅游业的不断发展，既能够给旅游目的地的社会文化带来多方面的积极有益的影响，也不可避免带来很多消极有害的影响。

（一）社会文化的趋同和独特性的丧失

文化的趋同和独特性丧失，是指不同的地域文化、民族文化在接触交流交往中彼此渗透和融合，舍弃各自原有不适应的因素和特性，形成统一的新文化，或强势的地域文化或民族文化冲击弱势的地域文化或民族文化而使弱势文化逐渐消亡的过程。来自不同国家、地区和民族的旅游者带来的外来文化在与旅游目的地社会文化的接触、交流过程中，双方会发生文化的假借过程，相互之间的模仿、学习、借鉴使得彼此社会文化之间的差异逐渐缩小，相对处于弱势的旅游目的地社会文化往往变得和强势的外来文化相似和趋同，原有的一些文化特性逐渐丧失。文化的独特性与地理环境的封闭性紧密相连，而旅游开发和旅游活动的开展使得旅游目的地的地理环境封闭性被打破，旅游地文化的独特性也必然会受到冲击。"旅游一开发到哪里，哪里的传统面貌便会发生急剧的改变，从衣着、建筑到生活方式都迅速地与外来者趋同"，这是对当地社会文化的一种侵蚀，长此以往，旅游目的地的独特文化将被同化，文化的神秘性逐渐减弱，对旅游者的吸引力也就随之下降。

(二)传统文化的商品化、舞台化与真实性遭到破坏

旅游目的地为了迎合旅游者的需求，往往将自己的传统文化要素，如传统服饰、生活习俗、宗教活动、节事活动等商品化、舞台化。尽管在一定程度上满足了旅游者的需求和偏好，但也产生了不良后果，一方面挫伤了旅游目的地的文化自信和民族自尊心，另一方面也使得当地的传统文化的真实性遭到破坏。例如，传统的民间习俗和庆典活动都是在特定的时间和特定的地点，按照传统习俗的特有方式和程序举行的，有其独特的内容和意义。但是，随着旅游业的开发，很多民间习俗或庆典活动逐渐被商品化和舞台化。为了迎合与取悦旅游者，随时都被搬上"舞台"。为了满足旅游者的观看兴趣和视觉效果，改变时间、地点、程序、方式、内容和场景。更有甚者，为了迎合旅游者的需要，以获取最大的经济利益，旅游经营者干脆以假乱真，精心打造各种内容和形式都完全脱离传统文化的"伪民俗文化"，使传统文化在很大程度上失去了传统意义和价值。这些民间习俗或庆典活动虽然被保留下来，但在很大程度上已失去了其传统的意义和价值。除此之外，为了满足旅游者对纪念品的需要，当地工艺品大批量生产，很多粗制滥造的产品充斥市场。这些产品实际上已不能反映真实的地方传统文化，表现传统风格和制造工艺，使得当地文化的形象和价值受到损害和贬低。

(三)不良的示范效应导致目的地社会文化受到冲击

在旅游活动中，旅游者不可避免地会将自己社会文化背景下的思想观念、生活方式等带到旅游目的地。旅游者在与旅游目的地居民接触和交流中往往处于强势地位，他们在很大程度上能够影响和改变目的地居民的思想和行为，特别是在国际旅游方面，旅游者来自世界各地，他们身上表现的不同的意识形态、价值标准、道德观念和生活方式会在旅游目的地无形地传播和渗透，对旅游目的地产生较强的示范效应。一些旅游目的地居民通过对来访者的观察，逐步在思想和行为上发生消极的变化，他们羡慕旅游者的服饰、打扮和优越的生活，开始对原有生活方式和本地文化传统感到不满。尤其是一些外来旅游者错误的、不良的思想观念和行为方式会对旅游目的地的社会文化造成长远、深刻的冲击和负面影响。

(四)违法犯罪现象的增多与社会风气的破坏

研究数据表明，旅游者和经营者的大量到来，给旅游目的地的社会治安形成了很大的压力，外来流动人口的增加使得社会治安管理变得愈加困难。游客在旅游目的地的旅游过程中，往往要比在本地日常生活中显得更加随意、放纵和不受约束，由此会导致违法犯罪现象的增多。目的地的旅游经营者为了获得更多的经济利益而采取不适当经营方式等方面的原因导致违法犯罪行为也时有发生。比如有些寺庙与导游沆瀣一气，宣传所谓的发财香、智慧香、长寿香、烧头香等，把原本单纯的焚香行为复杂化、功利化，诱导人们成套购香、重复购香、高价购香，以此牟取暴利，致使目的地寺院里的欺诈行为泛滥。这样不仅扭曲了宗教行为的本色，还败坏了旅游目的地的风气。

(五)不当行为致使文化景观遭受破坏和威胁

旅游开发和旅游活动对目的地社会文化的负面消极影响还有一个可以被人直接看到的严重问题，就是文化景观及其环境被破坏。除了来自地震、洪水、风沙、火山喷发等自然界的原因外，更多的是来自旅游活动中人为的原因，包括旅游管理者的开发和保护不当造

成的破坏、旅游开发商的建设性破坏、旅游企业的经营性破坏，还有旅游者"有意无意"的破坏。尤其是旅游者的对文化景观及其环境的破坏行为更为普遍。一方面，旅游者在旅游过程中，由于特有的好奇心和虚荣心，不断上演"乾隆遗风"，有些旅游者在旅游景区的石头、墙壁、林木等上面刻上"××到此一游"。甚至个别旅游者在参观文物古迹时不讲公德，肆意进行破坏。另一方面，旅游者的超量涌入也会对文物古迹造成危害。随着众多旅游者带入的大量热气、二氧化碳以及其他化学物质等，都会直接损害文物古迹。而由于所谓对文化艺术的敬仰和对宗教的虔诚，旅游者更愿意去触摸佛像、洞窟壁画、摩崖石刻和文物展品等，会对文物古迹和文化景观造成潜在的危害和威胁。

本章小结

旅游影响作为一种社会现象是与人类的旅游活动相伴相生的，其历史与旅游活动同样久远。在今天，世界上没有任何一个国家、城市或乡村没有受到旅游业和旅游活动的某种程度的影响。因此，加强旅游开发对目的地的影响研究具有十分重要的理论价值与现实意义。

旅游影响是指由于旅游活动（主要包括旅游者和旅游产业的活动）所引发的种种利害结果。从广义上讲，旅游影响就是旅游活动所带来的所有利害变化和结果；从狭义上讲，旅游影响是指旅游者和旅游产业的活动对旅游目的地的经济、社会文化和生态环境等方面带来的各种影响。

充分认识旅游活动对旅游地的影响，有利于地方政府及相关部门制定相关的旅游政策、法规及进行科学的旅游规划提供参考依据，有意识地扩大旅游开发对旅游目的地的积极影响，防止和减少旅游对旅游地的消极影响，促进旅游业和社会经济健康发展，促进社会进步和文明。

旅游活动对旅游目的地的影响从内容上可以将旅游影响分为经济影响、环境影响和社会文化影响三个基本方面。从影响的价值上可分为积极影响和消极影响，即正面影响和负面影响。

旅游业已经成为我国国民经济的战略性支柱产业。旅游活动对旅游目的地的经济发展有着十分显著的影响。旅游活动对旅游目的地经济影响从两个方面进行考察。积极的经济影响主要体现在：增加目的地的经济收入、带动目的地相关产业发展、扩大目的地就业机会、增加政府的财政税收等方面。消极的经济影响主要体现在：破坏旅游目的地的产业结构和经济平衡；增加旅游目的地经济发展的不稳定性；引起物价持续上涨，损害旅游目的地居民生活质量等方面。

旅游活动对目的地环境的积极影响主要体现在：旅游业本身是一种资源节约型和环境友好型产业；建立自然保护区和国家公园，保护了自然资源和生态环境；提高了旅游目的地整体的生态环境保护意识；旅游业的发展推动旅游目的地环境的改善；发展旅游业为资源和环境保护提供了必要资金支持等方面。旅游活动对目的地环境的消极影响主要体现在：对旅游目的地的旅游污染、旅游破坏、旅游损耗、旅游灾害、旅游环境干扰、旅游环境衰退等方面。

旅游社会文化影响指旅游活动对旅游目的地的社会结构、价值观念、道德标准、生活方式、民风习俗和文化特征等方面的影响。旅游活动对旅游目的地社会文化的积极影响主要体现在：促进旅游目的地传统文化的复兴、传承和保护，增强旅游目的地居民的文化自信，推动旅游目的地对外文化交流，获取旅游目的地社会文化发展的资源等方面。旅游活动对旅游目的地社会文化的积极影响主要体现在：社会文化的趋同和特性的丧失，社会文化的商品化、舞台化和真实性遭到破坏，不良的示范效应导致目的地社会文化受到冲击，违法犯罪现象的增多与社会风气的破坏和不当行为致使文化景观遭受破坏和威胁等方面。

关键术语

旅游影响；旅游经济影响；旅游环境影响；旅游社会文化影响

参考资料

[1]谢彦君．基础旅游学[M]．北京：中国旅游出版社，2011．

[2]吕宛青，李聪媛．旅游经济学[M]．3版．大连：东北财经大学出版社，2021．

[3]林越英．旅游影响导论[M]．北京：旅游教育出版社，2016．

[4]邹统纤．旅游目的地管理[M]．2版．北京：高等教育出版社，2019．

[5]郝康理．旅游新论——互联网时代旅游业创新与实践[M]．北京：科学出版社，2016．

[6]菲利普·科特勒，约翰·T. 鲍文，詹姆斯·C. 麦肯斯．旅游市场营销(第6版)[M]．北京：清华大学出版社，2017．

[7]王宁，刘丹萍，马技，等．旅游社会学[M]．天津：南开大学出版社，2008．

[8]鲁勇．广义旅游学[M]．北京：社会科学文献出版社，2013．

[9]黄安民．旅游目的地管理[M]．武汉：华中科技大学出版社，2019．

[10]张文．旅游影响——理论与实践[M]．北京：社会科学文献出版社，2007．

网络资源

1. 世界旅游联合会官网：https：//cn. wtcf. org. cn/(查询世界旅游目的地的旅游信息、旅游资源和景区和旅游业的重点、难点问题)；

2. 中华人民共和国文化和旅游部官方网站：http：//www. mct. gov. cn/(查询国家旅游政策、旅游动态信息、旅游统计数据等)；

3. 中华文化旅游网：https：//www. cbic. org. cn/(查询旅游文化资源、旅游社会文化影响和旅游业的重点、难点问题)；

4. 中国旅游研究院：http：//www. ctaweb. org/(查询旅游经济研究的理论观点、政策信息和旅游业的重点、难点问题)；

5. 第一旅游网：http：//www. toptour. cn/(中国旅游报电子网络平台，可以获得中国旅游经济的最新资讯)。

分析与思考

1. 什么是旅游影响？
2. 旅游影响包括哪些内容？
3. 什么是旅游环境承载力和旅游环境容量？
4. 旅游开发对旅游目的地的经济发展有什么影响？
5. 旅游活动对旅游目的地生态环境的积极影响有哪些？
6. 旅游开发对旅游目的地的社会文化的积极和消极影响有哪些？

 技能训练

1. 查询海角旅游网站（https：//www. haijiao. cn），了解并学习旅游目的地旅游容量的计算和管理。
2. 调查你熟悉的旅游目的地的经济影响的基本情况以及政府采取的政策措施。
3. 利用网络资源和书刊资源，了解国内外旅游目的社会文化影响的研究现状，并进行系统的综述。

 案例分析

中国改革开放40年旅游发展影响

旅游业作为中国改革开放的破冰产业，40年来取得了巨大的成就。从全球看，中国从改革开放初期世界旅游市场中的跟随者，到今天成长为世界第一大出境旅游国、第一大国内旅游国、第三大入境旅游接待国，成为全球旅游业增长的引擎。从国内看，旅游从外交事业发展到今天成为满足人民美好生活向往的幸福产业，旅游产业定位不断提升，旅游市场的活力不断释放。旅游业发展给中国社会带来巨大影响，在部分地区旅游业成为优化地区经济结构、促进社会文化繁荣、推进生态环境改善、助推社会秩序稳定的重要因素。

一、产业地位提升，旅游业成为国民经济增长的生力军

旅游产业规模不断壮大。改革开放40年来，中国旅游业经历初创、成长、拓展、全面发展四个阶段，形成了国内旅游、入境旅游、出境旅游三大市场共同发展的格局，旅游的综合性产业特征不断凸显。截至2018年，国内旅游人次达55.39亿，相对于1980年增长了约88倍；入境旅游人次达14 120万，相对于1978年增长了约77倍。

旅游产业融合持续深化。在"旅游+"和"+旅游"发展战略指引下，旅游产业与其他产业的融合步伐不断加快、内涵不断深化，尤其是2018年开启了文化与旅游融合的新时代，推动着旅游产业融合加速升级。在"互联网+"背景下，线上线下的资源整合不断加速，借助线上渠道来进行营销与市场推广更为适应现代旅游业发展。

旅游产业地位不断提升。中国旅游业经过40年的快速发展，从外交事业到经济产业，从经济产业到综合性产业，旅游业已发展成为国民经济战略性支柱产业。2018年旅游业对国民经济的综合贡献值达9.94万亿元，占GDP总量的11.04%，高于10.4%的世界平均水平，旅游业战略性支柱地位进一步巩固。

二、大众旅游时代，旅游成为衡量社会生活水平的标准

旅游成为人们幸福生活的源泉。随着中国经济与国民收入的增长，旅游不再只是特定阶层和少数人的享受，逐步成为国民大众日常生活常态，是大众追求美好生活、提升幸福指数的重要途径。从出游人次来看，1984 年中国人均国民出游只有 0.2 次，而到 2015 年则首度超过 3 次，2018 年人均国民出游达到 4 次。

旅游业成为社会就业的主渠道。旅游业本身属于劳动密集型产业，再加上产业关联度大、涉及面广，具有充分吸纳多层次就业和弱势群体就业的优势。2018 年中国旅游业直接就业人数达 2 820 万人，占就业总人数的 3.6%，旅游直接和间接就业 7 991 万人。占就业总人口的 10.29%，高于 10% 的世界平均水平。

旅游业成为乡村脱贫致富新路径。通过开发贫困地区丰富的旅游资源，兴办旅游经济实体，吸引城市居民赴乡村旅游，不仅实现了贫困地区居民脱贫还增强了城乡居民的互动与交流。对于中国西部经济落后地区，传统产业发展潜力有限，但拥有的旅游资源却较为丰富，如怒江州、迪庆州、凉山州等地区，采取旅游扶贫途径是长期有效精准扶贫的重要方式，也是实现乡村振兴的重要途径。

三、文化交流碰撞，旅游业成为文化复兴的助推器

旅游促进地方文化保护。旅游作为经济手段，为文化保护提供了广阔的市场空间，文化保护催生旅游发展，旅游发展则反哺文化保护。2018 年国家设立文化生态保护区。对历史文化积淀丰厚、具有重要价值和鲜明特色的文化形态进行区域性整体保护，这也是中国独具特色的非遗保护制度。

旅游推进文化传承弘扬。旅游作为一种满足人们精神需求的高级消费方式，旅游业发展能有效地推动传统文化传承。一些已经濒临消逝的传统文化，在旅游带来的商业滋养下呈现出新的价值与活力，如婺源的晒秋、布依族的八音坐唱、丽江的纳西古乐。旅游业实现了文化传承从家庭走向社会、从社区走向市场的转化。

旅游需求催生文化创意。旅游发展将独特的历史文化、特色景观、节庆活动等要素融入文创产品的制作过程中，极大地增强了文创产品的生命力。北京故宫文创产品则是旅游与文创相结合的典型代表，依托其强大的文旅 IP，2013 年故宫系列文创产品收入 6 亿元，到 2017 年达到 15 亿元。

四、建设美丽中国，旅游业成为绿色发展助推生态文明的路径

资源保护地建设不断规范。大多数旅游景区都依托资源保护地，保护地通常承担着保护生态和提供游憩的双重任务。自从 1956 年中国第一个保护地——广东鼎湖山国家自然保护区成立以来，各类保护地纷纷建立。据国家林业局统计，截至 2018 年中国各类自然保护地已达 1.18 万处，占国土面积 18% 以上，其中国家公园体制试点 10 个，国家级自然保护区 474 处，国家级风景名胜区 244 处，世界自然遗产 13 项，自然和文化双遗产 4 项。

人们环保意识不断提高。旅游业发展促使地方政府、社会公众提高对自然资源价值的认识和环境保护的意识，旅游的环境教育功能也在实践发展中越来越突出。以北京八达岭国家森林公园为例，其设立的自然学校以中小学生和学龄前儿童为主要参与者，通过开展森林体验等自然教育活动来培养青少年的环境意识。

生态旅游者旅游需求旺盛。在经济发展新常态下，在物质财富和精神财富极大丰富的同时，人们对环境保护、生态安全等方面的需求也日益提升。在旅游景区开展生态旅游是

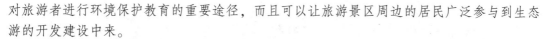

对旅游者进行环境保护教育的重要途径，而且可以让旅游景区周边的居民广泛参与到生态游的开发建设中来。

五、对外开放扩大，旅游业成为和平崛起的重要途径

国际旅游合作不断深化。旅游合作是国家关系中共识最多、分歧最少、见效最快的领域，有互利共赢的典型特点，开展"一带一路"国际旅游合作就是推进旅游对外交流合作的具体表现。中国出境到"一带一路"共建国家的旅游人次由 2013 年 1 549 万增长到 2017 年 2 741 万，5 年间增长了约 77%；"一带一路"共建国家赴华的旅游人次稳步增长，从 2013 年的 903 万人次增长到 2017 年 1 064 万人次，5 年间增长了约 18%。

旅游走向国家外交前沿。中国旅游业国际地位和影响力近年来大幅提升，旅游外交也从边缘走向前沿，在中国外交舞台上扮演着举足轻重的角色。旅游外交既要走出去，也要迎进来，中国先后召开了首届世界旅游发展大会、"一带一路"旅游部长会议、中日韩旅游部长会议、中国−中东欧旅游高级别会议，并成功举办了联合国世界旅游组织第 22 届全体大会等系列会议，推进旅游对外交流合作。

总之，中国旅游业经过 40 年的高速发展，旅游产业地位不断提高，旅游产业体系逐渐完善，旅游社会经济效益更加凸显，旅游国际竞争力稳步提升，中国正在由旅游大国向世界旅游强国的目标迈进。

（资料来源：唐夕汐、刘亮根据夏杰长、徐金海发表于《经济与管理研究》2018 年第 6 期文章《中国旅游业改革开放 40 年的回顾与展望》编写；数据来源于中国旅游业统计公报）

思考问题：

1. 改革开放 40 年来，旅游业的发展给我国经济社会发展带来哪些影响？

2. 旅游业的发展除了积极影响之外还带来哪些消极影响？

第十一章 旅游目的地危机管理

通过本章的学习，你应该能够：
1. 掌握旅游危机的概念和特征；
2. 掌握旅游危机管理的构成体系和基本原则；
3. 熟悉旅游危机影响的内容和路径；
4. 掌握旅游危机管理的基本过程。

素养目标

1. 把危机管理相关基础知识，转化为旅游目的地危机管理的能力；
2. 反思旅游危机实践，养成主动探研危机发生规律的思维；
3. 加强旅游发展的忧患意识，提升旅游目的地危机管理的责任担当；
4. 系统理解旅游目的地发展，培养主动作为的旅游管理职业道德。

导入案例

欧美地区酒店收益锐减，今明两年本土旅游将成"主战场"

随着新冠疫情在全球尤其是欧洲和北美地区蔓延，酒店行业面临着有史以来最大的危机，单打独斗的单体酒店在疫情期间则显得更为脆弱。璞富腾酒店及度假村总裁兼首席执行官琳赛·尤伯罗斯(Lindsey Ueberroth)认为，在疫情严重的国家和地区，单体酒店失去营收能力的同时，还要承担巨额运营费用，很难维持稳定的现金流。

作为全球最大单体酒店品牌之一，璞富腾酒店及度假村在欧洲和北美地区的会员酒店达500多家，琳赛·尤伯罗斯建议，现阶段酒店应该保持适当曝光度，同时推出灵活政策，维持平稳的客房价格，今明两年应以国内和本地市场作为主要业务来源。

全球酒店行业面临危机，掌握单体酒店营收情况是难点

新京报：此次疫情给全球酒店行业带来什么样的影响？

琳赛·尤伯罗斯：毫无疑问，新冠疫情是酒店行业有史以来面对的最大危机之一。疫情对全球酒店行业的影响迅速而具毁灭性，各地市场的入住率和每间可用客房收入均大幅下滑。旅游需求在短期内消失殆尽，酒店收益锐减甚至停滞，导致整个行业从业人员的大量失业。我们坚信酒店行业的复苏一定会到来，但时间与形式尚不确定，唯有一点可以确信，未来酒店行业的市场份额和消费者需求将发生改变。

新京报：与集团酒店相比，欧美单体酒店目前面临的危机是什么？

琳赛·尤伯罗斯：欧美酒店业目前最大的困难就是现金流和特殊时期的创收能力。但是，对单体酒店来说，实现这两点非常难，甚至可以说是不可能。疫情严重的国家，单体酒店失去营收能力的同时，还要承担巨额运营费用；即使在情况好转的中国和政策较为宽松的亚洲其他国家，酒店也要考虑疫情期间的推广费用。同时，酒店业主还要支付高额的品牌管理费。目前，无论是单体酒店还是国际连锁品牌酒店，最需要的就是"冬眠储存能量"：减少支出，增加营收，稳定现金流，保住酒店员工的工作，以备"春天"来临时复苏。

新京报：针对旗下大量单体酒店，璞富腾目前的困难和主要工作是什么，是否会裁员？

琳赛·尤伯罗斯：特殊时期，璞富腾酒店和度假村有两个首要任务，一是确保每个员工的安全以及工作的稳定和福利；二是支持会员酒店的需求，提供必要资源，使其尽可能保持在正轨上，并为疫情过后迅速复苏做好充足准备。

然而，鉴于成员酒店的数量、地理位置以及因其独立性而带来的各种管理特质，迅速准确地监控每家酒店的情况，目前仍是我们面临的重大挑战。由于疫情在欧美地区蔓延迅速，而大多数会员酒店都位于这两个地区，当务之急就是收集调研每家酒店的营收情况，第一时间给出有效咨询。此外，团队还要根据成员酒店及各方合作伙伴的财务运营状况，重新制定未来三个季度的财务及运营方案。

新京报：会给予旗下会员酒店什么样的建议和帮助？

琳赛·尤伯罗斯：在过去的三周里，我们举办了一系列线上全球市场情报专题分享会，即时向会员酒店分享全球各个市场最新的企业和集团销售计划、全球客户需求和预测，并建议会员酒店采取哪些行动。我们还在专属酒店分享网站创建了新冠疫情特定页面，提供行业专家见解和"恢复路线图"文档，概述我们的销售、营销、收入管理以及分销技巧、工具和最佳案例。

疫情之中谁能活下来？ 渠道多元化的酒店更具战斗力

新京报：疫情中哪类酒店的生存能力更强，会有大量的单体酒店因此倒闭吗？

琳赛·尤伯罗斯：此次疫情让所有类型的酒店都面临危机，能否生存下来取决于多方面因素，包括地理位置、市场定位、客户忠诚度、品牌关系等。目前，很难判断哪种类型酒店更易走出困境，但那些生意构成相对复杂(包括客房、餐饮、宴会、娱乐等)、渠道更加多元化[包括OTA(Online Travel Agency，在线旅游)、旅行社、企业销售、酒店官方预订渠道如官网、会员计划等]、客源分布平均化(包括本土客源和国际客源、商务客源和家庭休闲客源)的酒店，无疑会具有更强大的战斗力。这方面做得好的酒店——无论是单体酒店还是连锁品牌酒店，在做好成本控制的前提下，相信都可以渡过难关；反之将面临不

可逆转的危机——最近频频有连锁品牌酒店摘牌，也说明了这些问题。因此，我们希望能够为单体酒店在渠道多元化、客源分布、全球资源及软品牌等方面提供良好服务，同时以较低的管理成本，最大程度帮助酒店渡过难关。

新京报：针对全球酒店市场的复苏，酒店应该做出哪些准备和改变？

琳赛·尤伯罗斯：目前谈复苏为时尚早，欧美地区酒店还处于危机中，消费者对未来市场的反应也处于模糊且不易判断的时期。

就酒店自身而言，建议做好以下几件事情：第一，酒店不能完全消失，必须在市场和消费者中维持曝光度和知名度。第二，酒店应推出宽松政策，灵活应对客人的"预订取消"，从而留住客人、最大程度上减少损失，将收益转移到未来。第三，维持稳定的客房价格，有助于在复苏阶段刺激更多的直接预订。我认为大幅度降价并不利于制造有效需求，而应通过推出丰富、多元化且价格结构合理的套餐，来增加售卖产品的附加价值。另外，今明两年酒店都应以国内和本地市场作为主要业务来源，同时利用现有的忠诚度计划吸引各细分市场的业务，有针对性地对目标客户群进行精准营销。

新京报：此次疫情会给全球酒店市场带来什么变化，未来哪些酒店更受欢迎？

琳赛·尤伯罗斯：我认为，未来会有很多酒店品牌挣扎在崩塌的边缘，国际酒店连锁集团会精简旗下品牌，比如淘汰某些业绩不佳的品牌，从而重点扶植其他业绩更好的同类型品牌。

而可持续性发展旅行和主题性旅行，将会是疫情之后旅游业的两大趋势。人们希望花更多时间陪伴亲人和朋友，并希望在旅行中有所收获。人们也会更关心环保、可持续发展，因此那些将入住体验与地球、人文、社区回报相结合的酒店，将是未来酒店的新趋势。同时，与国际长途旅行相比，疫情后人们会更倾向于国内游或者短线游。除此之外，疫情也会为酒店行业带来一些新鲜血液，例如更多人工智能产品的介入以及酒店外卖服务的加强等。

中国国内旅游市场将是下半年酒店必争之地

新京报：目前中国疫情防控形势持续向好，你对旗下酒店有哪些建议？

琳赛·尤伯罗斯：乐观地判断，中国酒店市场会在5月迎来初步的反弹，但反弹期也可能会推迟到7月或8月。我认为，短时间内中国市场循序渐进地恢复可能性更大。因此，今年下半年将是酒店行业的全面恢复期——中国国内旅游市场将是疫情过后酒店复苏的首针强心剂，也是下半年的酒店行业必争之地。因此，现阶段除了做好防疫工作之外，酒店行业应该为下半年争取国内市场做好充分准备。

中国酒店目前要稳定军心，稳定员工情绪；尽最大努力做好当前的疫情防控和保障，确保酒店员工以及客人的健康安全；要砥砺前行，找出适合当前疫情市场的产品；从价格策略、营销分销渠道和策略、宣传推广等各个方面做出全面的恢复方案，这些也是璞富腾目前针对中国市场的工作重点。

新京报：2020年的全球战略及中国市场的发展部署是否会有调整？

琳赛·尤伯罗斯：此次疫情涉及范围之广、对酒店行业打击之大，远远超出了我们的预期，2020年一系列的计划也相应有所调整。疫情期间，控制开支、缩减出行、取消会议及展会，既是当下的应对之策，也是全球疫情防控的需要。随着中国疫情防控形势向好，中国市场将率先进入市场恢复的策划和执行。我们仍然在积极拓展中国市场，疫情带来危机的同时也是机遇：酒店业主蒙受巨大损失，他们也在寻找新的解决方案和发展之路。相较于继续单打独斗、单纯依赖 OTA 和斥巨资委托酒店管理集团，他们会发现单体酒店管理平台更具优势，可以通过提供收益管理、全球预订平台、分销渠道、全球销售、市场公关推广以及会员系统等软品牌支持，在合作同时学习培养自身核心管理团队，为可持续性发展打开全新局面。

（资料来源：http：//k. sina. com. cn/article_1644114654_61ff32de02000yf26. html.《新京报》，2020-04-14.）

1. 席卷全球的新冠疫情危机给世界各国旅游目的地的旅游企业带来哪些机遇和挑战？
2. 我国的旅游企业如何在危机后开展有效的恢复策略？

改革开放以来，我国的旅游业作为一个新兴产业快速地繁荣发展起来，在推动国民经济发展、缓解就业压力、提高国民收入、改善人民生活质量、增强地区和国际间文化交流等方面都发挥着越来越重要的作用，给国家和地区带来了巨大的经济效益、社会效益和生态环境效益。但是，旅游业本身是一个综合性、依赖性、异地性、关联性都很强的产业，这些特征决定了旅游业高度的敏感性和脆弱性，一旦发生政治、经济、社会、自然等各类突发危机事件时，旅游业又是整个国民经济系统中最易受到冲击的行业。因此，加强旅游危机管理的研究和危机管理机制的构建成为旅游目的地的管理者面临的重要课题。

第一节　旅游危机概述

随着全球化进程的推进和信息化社会的快速发展，加上政治、社会、文化等诸方面因素的共同作用，人类社会所面临的风险因素在数量和类型上都不断增加，由突发事件而引发的旅游危机现象日益呈现出频发之势，对旅游目的地的社会经济发展产生巨大的影响和威胁。

一、突发事件与危机

（一）突发事件

突发事件通常是指人们对突然发生的、出乎意料的一些事件的总称。2007 年 11 月 1 日起我国施行的《中华人民共和国突发事件应对法》总则的第三条，将突发事件定义为"突然发生造成或者可能造成严重社会危害，需要采取应急处置措施予以应对的自然灾害、事故灾难、公共卫生事件和社会安全事件"。现实社会中，人们会遭遇到各种各样的突发事件，它们的类型和性质各不相同，即使是相似的事件，在不同的时间和社会背景条件下，造成的影响和需要采取的应对措施都是不同的。但是，普遍的共识是：突发事件发生后需要在很短的时间内做出有效应对，否则，突发事件通常会给人们的社会生活带来严重的危害和损失。

一般来说，突发事件具有四个特征：一是爆发的突然性。突发事件往往爆发速度异常迅猛，人们毫无思想准备，突发事件的发生和人们的意识反应之间形成一段空白，也来不及对事件做出任何判断。二是难以预料性。突发事件爆发的时间、地点、起因、过程、结果都是人们难以预测和判断的，正是突发事件的难以预料性才会造成了事件发生时人们的心理恐慌和行为混乱。三是具有破坏性。突发事件对社会带来的破坏性往往都是巨大的，如台风、地震、洪涝、传染性疾病、安全生产事故、群体踩踏事件、恐怖袭击、战争等，无论是自然的因素，还是人为的因素引发的突发事件，都有可能带来人类生命或财产的巨大损失。四是需要紧急干预和管理。突发事件发生后，需要政府和其他相关主体迅速展开科学有效的行动，减少事件带来的破坏后果，并遏止突发事件引发的"放大效应"。当突发事件处理时间不及时、干预不适当、管理不得力时就会导致对该事件失去控制，使之无序发展，形成了影响范围更大、后果更加严重的危机。

（二）危机

从词源上考察，危机（Crisis）一词来源于希腊语 krinein，其原始意义是筛选、分离等。危机一词最早应用于医学领域，意指人处于濒临死亡、游离于生死之间的状态。后来危机一词逐渐被使用到社会科学领域，其含义也不断扩展。我国的多部汉语工具词典都对危机一词做了注释，如《辞源》将危机解释为潜藏的祸端或危险。《现代汉语词典》对"危机"的解释为：一是"危险的祸根，如危机四伏"；二是"严重困难的关头，如经济危机"。外文词典也对危机一词做了解释，如《朗曼当代高级英语词典》对"危机"的解释：一是指严重疾病突然恶化的转折点；二是指事物发生过程中的一个转折点、不确定的时间或者状态、非常危险或者困难的时刻。

国外学者从不同的研究领域和角度对危机进行了界定。学者尤里埃尔·罗森塔尔等人认为，危机就是对一个社会系统的基本价值和行为准则架构产生严重威胁，并且在时间压力和不确定性极高的情况下，必须对其做出关键决策的事件。斯蒂芬·巴顿认为，"危机是一个会引起潜在负面影响的具有不确定性的大事件，这种事件及其后果可能对组织及其人员、产品、服务、资产和声誉造成巨大的损害"。西泽认为，危机是"一种能够带来高度不确定性和高度威胁的、特殊的、不可预测的、非常规的事件或一系列事件"。

我国学者薛澜教授等人认为，危机通常是决策者的核心价值观念受到严重威胁或挑战，有关信息很不充分，事态发展具有高度不确定性和需要迅捷决策等不利情境的汇聚。张成福教授认为，所谓危机，它是这样一种紧急事件或者紧急状态，它的出现和爆发严重影响社会的正常运作，对生命、财产、环境等造成威胁、损害，超出了政府和社会常态的管理能力，要求政府和社会采取特殊的措施加以应对。胡百精博士认为，危机是一种状态而不是事件——危机是由组织外部环境变化或内部管理不善造成的可能破坏正常秩序、规范和目标，要求组织在短时间内做出决策，调动各种资源，加强沟通管理的一种威胁性形势或状态。

从上述关于危机的各种解释和定义中，我们发现不同学者有两种比较明显的认识角度：一种角度是将危机定义为一种突发性、不确定性和具有破坏性的突发性事件；另一个角度是将危机理解为一种危急情景和紧张状态。实际上，这两种对危机的理解和界定角度是相互包容的，都有其合理性。因为危机总是由一定的突发事件引发并形成的，同时也是通过突发性的事件来表现的，突发事件与危机存在着十分密切的联系。因此，我们将危机定义为：危机是指具有高度不确定性、威胁性和破坏性，必须快速对其做出决策和应对的突发事件及其引发的危机情景和紧张状态。

（三）突发事件和危机的异同

通过以上对突发事件和危机概念的了解和分析，可以看出两者之间既有区别，又有联系。

1. 突发事件与危机的共同点

其一，两者都是负面事件，即都会给社会、组织或个人带来一定程度的损失、损害或负面影响。其二，两者都需要紧急处理，如果不紧急处理的话，其损失、损害将会更大，其负面影响更为恶劣。其三，两者都具有不确定性，即两者造成的损失、损害不确定，所持续的时间不确定，发展态势不确定。

2. 突发事件与危机的区别

其一，突发事件虽然对社会的影响不是转瞬即逝的，但突发事件所涵盖的时间外延相对较窄；而危机的形成往往会有一个或长或短的过程。其二，虽然突发事件与危机都是具有负面影响的事件，但突发事件的负面影响是显性的、现实的，人们可以感觉到的；而危机的负面影响可以是显性的、现实的，也可以是隐性的、潜在的，人们可能一时还无法感觉得到。其三，从时间上来看，危机一般以某一事件为契机或导火线，即通过偶然的、独特的突发事件的形式表现出来；突发事件往往会成为危机的前兆和前奏，或充当危机爆发的原因。在逻辑上可以说，危机必定是突发事件或者由其引发的，然而突发事件未必就会形成危机。事实证明，许多突发事件本身就是危机的一部分，并且是很关键的一部分。当突发事件因处理不当而导致对其失去控制，使之朝无序的方向发展时，危机形成并开始扩大化。在这种情况下，突发事件就等同于危机。如果某些突发事件处理及时、得当，就有可能把它们遏制在萌芽状态，从而就不会演变为危机。

二、旅游危机的定义与特征

(一)旅游危机的定义

高度的综合性、依赖性、异地性、关联性等产业特征使得旅游业对外界环境的变化表现出异常的敏感和脆弱，任何相关危机事件都会使旅游业处于风雨飘摇的险境，即便是一些微小的突发事件也可能对旅游业造成巨大的影响。

早期对于"旅游危机"这一概念的研究主要是对引起旅游者安全问题进行研究时所提出来的，旅游危机的范围也主要围绕着针对旅游者的恐怖袭击、暴力犯罪、航空灾难等安全问题。这一时期的旅游危机内涵较窄、含义不明，没有形成独立的学术规范名词。随着旅游危机研究对象的广泛和深入，旅游危机概念的内涵和外延已基本廓清，逐步形成独立的概念。

许多学者和国际组织从不同的角度对旅游危机进行了定义，比较具有代表性的主要有以下几种：

森梅兹、巴克曼和艾伦从旅游危机影响机理的角度将旅游危机定义为："任何对旅游业及其相关业务的正常经营构成威胁的事件，由于它负面地影响了游客对目的地的认知，进而对旅游目的地的有关安全、吸引力和舒适度的声誉造成危害结果；由于旅游者数量及其旅游支出的减少，使当地旅行和旅游经济出现衰退，中断了当地旅行与旅游产业活动的持续经营。"

世界旅游组织从对旅游者和旅游业影响的角度将旅游危机定义为：旅游危机是指"影响旅游者信心并会危及该地旅游业持续正常运转的任何非预期的事件。这类事件可能以无限多样的形式在许多年中不断发生"。

亚太旅游协会从旅游危机的类型角度下了更为简单的定义，该组织认为旅游危机是一种"能够完全破坏旅游业潜能的自然或人为的灾难"。其中包括那些对目的地形象的影响远甚于对基础设施影响的诸如洪水、飓风、火灾、火山爆发等事件，也包括将对旅游目的地的旅游吸引力产生影响的国内动荡、意外事故、恐怖袭击、犯罪、疾病等事件，甚至也包括诸如汇率剧烈变动等经济因素。

我国学者邹统钎从旅游危机产生的影响和成因将旅游危机定义为：旅游危机是指那些对旅游者和旅游目的地信心产生消极影响、给旅游业正常运转带来冲击的各种非预期事件。

本书采取世界旅游组织对旅游危机的定义，即旅游危机是指影响旅游者信心并会危及该地旅游业持续正常运转的任何非预期的事件。

（二）旅游危机的特征

随着社会生产方式、科技水平和人们生活方式的变迁，在全球化、信息化、市场化等一系列因素的影响下，旅游危机也在不断地显露出新的特点和发展趋势。根据现有的国内外研究文献可以归纳出旅游危机的特征有以下几个方面：

1. 突发性

作为一种非预期事件，旅游危机是一种打破常规的突发性事件，会给旅游业及其相关行业与企业带来巨大的冲击并造成混乱。旅游业是一种高敏感性的产业，政治、自然、经济、社会等环境出现的"非常状态"都可能成为引发旅游危机的诱因。很多危机并非由旅游业自身造成，而是来自各种外部环境，因此更具有不可控性。旅游危机往往是在人们意想不到、没有做好充分准备的情况下突然爆发的。相对于常态的发展状况而言，旅游业危机是一种超出常规的突发性事件。表现为在短时间内给旅游业及相关行业造成措手不及的一系列的、连锁性的破坏，甚至使人们和社会陷入极度恐慌和混乱状态。

2. 紧迫性

旅游危机爆发后，会以十分惊人的速度以及出人意料的方式发展和演变，并会引发一系列的后续问题，如游客的救助与转移、旅游服务设施的毁损、旅游企业经营环境的恶化、虚假信息的广泛传播等，再加上各种媒体的推波助澜，常常会导致受到冲击的旅游危机管理主体因为反应时间的有限性而面临极大的决策压力。在此情境下，决策者如果无法在尽可能短的时间内根据危机局势做出正确的决策的话，就会使旅游危机的消极影响迅速扩，丧失解决危机的最佳机会，而且将导致一系列短时间内难以根除的消极影响。所以旅游危机要求在第一时间迅速应对和化解。

3. 危害性

旅游危机的危害性主要指危机发生后会在短时间内对旅游业造成致命的打击。而且危机涉及面广、后续影响持续时间长，由于旅游产业关联性很高，涉及吃、住、行、游、购、娱等多个行业，因此旅游危机往往会对社会经济带来诸多影响。旅游业危机场常会引发其他不同类型、不同领域的危机。导致危机的危害性被进一步放大和蔓延。对旅游者来说，最严重的问题就是对危机发生地的安全开始持怀疑态度。由于旅游产品消费具有异地性和生产与消费同时性的特征，如果游客对目的地安全失去了信心，就不会再轻易地做出

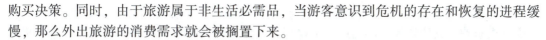

购买决策。同时，由于旅游属于非生活必需品，当游客意识到危机的存在和恢复的进程缓慢，那么外出旅游的消费需求就会被搁置下来。

4. 双重性

旅游危机作为危险与机遇的综合体，在危机之中隐含转机。危机除给相关产业、行业与企业等主体带来破坏性的影响与危害之外，还会带来一定的契机，正所谓"危中有机"。因此，当旅游危机爆发时，除了要看到不利的方面，更应高瞻远瞩，充分发掘和认识到这种危险局势之中所蕴含着的发展机遇，把握机会，在逆境中取得突破，在危险中求得生机。比如，很多国家在地震后发展的"灾害旅游"，就是利用了旅游危机的双重性的特征。

5. 周期性与阶段性

周期性意味着旅游危机在一定时期内可能会再次爆发，因此在一次危机过后需要及时总结该类型危机的引发原因、发生特点、演化规律、影响路径等，以期为该类型旅游危机的再次爆发准备好预防与应对措施。旅游危机阶段性则表现为一次危机在演化过程中往往将经历潜伏期、爆发期、发展期、缓解期与消亡/复苏期五个阶段，且在不同的阶段其危害程度与影响范围也不尽相同。

三、旅游危机的分类

近年来，随着旅游业内涵和外延的不断丰富和扩展，引发危机的风险因素也在不断增加，危机表现形式也日益多样化。因此，旅游危机的分类方法也呈现出多样化的趋势。但总的来看，旅游危机的划分主要是从目的地的角度出发，按照危机的产生原因、危机的影响范围、危机的时间间隔特征、危机的发生机理、危机的演化速度以及旅游行业的特点等依据进行划分。

(一)根据危机产生的原因划分旅游危机

根据危机产生的原因将旅游危机分为不同的类型是最常见的划分方法。一般可以分为自然危机、社会危机和旅游管理危机。一是自然危机。自然危机即"天灾"引发的危机，是指旅游业以外的自然因素等不可抗力所导致的危机，如山洪、海啸、地震、泥石流、火山爆发、台风、暴风雪和冻雨等突发性自然灾害。自然危机难以控制、危害性大，对人类社会造成的灾难性危害往往触目惊心。如2004年12月发生的印度洋海啸造成了29.2万人死亡，直接和间接经济财产损失更是无法估量，海啸波及国家的旅游业都遭到了前所未有的重创。二是社会危机。社会危机是社会发展过程中，由于政治、经济、文化、卫生、宗教、民族等问题或其他人为因素所引发的旅游危机。如由于人口的大规模流动所造成的传染性疾病蔓延所引发的公共疫情危机等。三是旅游管理危机。旅游管理危机是指旅游目的地或旅游企业对有些问题重视不够、管理能力不足或者管理技术落后所造成的危机。如旅游规划和开发不当造成的对旅游资源的毁坏，旅游市场管理的不到位造成的目的地形象受损，旅游企业和人员的不当行为导致与游客的冲突等，这些都有可能会是形成旅游危机的诱因。

(二)根据危机影响的范围划分旅游危机

根据危机影响的空间领域范围角度，可以将旅游危机划分为目的地旅游危机、区域旅游危机、国家旅游危机、国际旅游危机等类型。根据危机影响的社会领域范围角度，可以将旅游危机分为政治危机、经济危机、社会危机、公共卫生危机、公共安全危机等类型。根据危机影响的具体领域范围角度，可以将旅游危机分为旅游企业危机、旅游行业危机和整个社会危机。

（三）根据危机的时间间隔特征划分旅游危机

根据危机在时间上的特点，可以将旅游危机划分为一次性危机、反复性危机和持续性危机。一次性危机是指某一危机事件发生后不再出现的危机。如 2003 年 SARS 病毒引发的公共卫生危机。一次性危机并非具有绝对性，只是在人类预期时间内再次发生的概率很小而已。反复性危机是指某一类型的危机事件结束后间隔一段时间后又反复出现的危机。如地震、海啸、台风、火山喷发等引发的旅游危机一般会在不特定的情况下再次发生。持续性危机是指某一类型危机事件发生后将持续较长一段时间才可能结束的危机。如政治危机、经济危机、军事危机、宗教冲突危机等引发的旅游危机一般都会产生相当长的影响。

（四）根据危机发生机理划分旅游危机

根据旅游危机的发生机理可以将旅游危机划分为三种类型：一是外生型危机。外生型危机是指由于旅游业外部环境变化给旅游业带来的危机。如国际关系变化、恐怖袭击事件、民族种族冲突、公共卫生事件以及自然灾害现象等。二是内生型危机。由于旅游业内部管理不善所引发的危机。如由于开发规划管理不善造成的旅游资源永久性破坏，生产安全管理不善造成特大游客伤亡事故等。三是关联性型危机。关联型危机是指内外危机相互波及、相互影响所造成的具有危害性事件或状态。所有危机总存在一定的关联性，内生危机可能引发外生危机，外生危机也可能引发内生危机，内外危机相互作用，会加强危机的危害性振幅，增加了危机的应对难度。同时也可能更进一步衍生新的危机。在不少情况下，旅游业之所以陷入危机，往往是外部环境变化和旅游业内部管理不善交互作用的结果。外部环境某一方面的突然变化是危机爆发的导火索，内部管理不善使危机爆发的可能性不断增大。内外因素交互作用导致了旅游危机的发生，此时的危机就具有关联型危机的性质。

（五）根据危机演化的速度划分旅游危机

学者里希特根据危机的发生后演化速度将旅游危机分为四种类型：一是龙卷风型危机。这类危机来得快，去得也快。如旅游交通中的游轮失事、飞机空难等。二是腹泻型危机。危机逐渐发展酝酿，但爆发后很快结束。如 2022 年 10 月 29 日韩国首尔市梨泰院万圣节派对活动的踩踏事件，由于参加活动的人群超过平时人流量的 10 倍之多，危机从当天早些时候就开始酝酿，到深夜突然爆发，造成了 154 人遇难。三是长投影型危机。这类危机突然爆发，其后续影响深远，长时间不能平息。如 2022 年 2 月突然爆发的俄乌军事冲突造成的危机就属于长投影型危机。四是文火型危机。这类危机开始缓慢，逐步升级，甚至没有爆发的过程，但是结束也很缓慢。如作为文明古国之一的印度，长期以来国内一直存在着宗教冲突、种姓制度和较高的犯罪率，使得印度的旅游业长期受到影响。

（六）根据旅游行业的特点划分旅游危机

根据旅游业的行业特点将旅游危机主要分为自然灾害、事故灾难、突发公共卫生事件、突发社会安全事件、旅游重大活动危机事件五类。自然灾害主要包括旅游景区暴雨、洪水、暴雪、冰雹、台风、地震、山体崩塌、滑坡、泥石流、森林火灾等重大灾害。事故灾难主要包括公路、水运、铁路、民航等旅游交通事故，影响或中断城市正常供水、供电、供油、供气等城市事故，通信、信息网络、特种设备等安全事故，以及重大环境污染和生态破坏事故等。突发公共卫生事件主要包括突然发生造成或可能造成游客健康严重损害的重大传染病(如鼠疫、霍乱、肺炭疽、传染性肺炎等)、群体性不明原因疾病、重大群体食物中毒、重大动物疫情，以及其他严重影响游客健康的事件。突发社会安全事件主要包括恐怖袭击事件、经济安全事件、影响较大的针对性破坏事件以及规模较大的群体性事件等。旅游重大活动危机事件包括旅游目的地政府或政府旅游部门主办的大型旅游节庆、会展、赛事等相关重大活动发生的危机事件。

四、旅游危机的生命周期

任何危机都有其产生的原因，但也不会永续存在、不可消亡。危机从产生到消亡的过程就是危机的生命周期。旅游危机作为危机种类中的一种行业危机，其发展和演化过程同样也有自己的生命周期规律。一般来讲，旅游危机发展演化的生命周期也可以大致划分五个阶段，即潜伏生成期、显现爆发期、持续演进期、减缓消解期、解除消失期。旅游危机从其生成到最后的消除也就是完成一个生命周期。在不同阶段，旅游危机对目的地旅游系统的影响方式、影响程度和表现特征都是不同的，那么也就要求在旅游危机管理的过程中，要根据危机所处的阶段，采取有针对性的预防和治理措施。

(一)旅游危机的潜伏生成期

旅游危机的潜伏生成期是旅游危机的酝酿与形成时期，即从危机第一个征兆出现到开始造成可感知的损失这一阶段。在这一过程中，与旅游危机诱因相关的各种要素相互作用，它们之间的矛盾、冲突在不断地形成和演化，并逐步积累，直到旅游危机的爆发，这是一个从量变到质变的发展过程。在其量变过程中，旅游危机并不是不产生危害，只是这种危害处于较低的程度水平，往往由于危害程度太小而没有引起人们的关注和重视。因此，旅游危机在潜伏生成期有一定的隐蔽性，不容易被人们察觉。旅游危机虽然在潜伏生成期具有一定的隐蔽性，但总会或多或少地表现出一定的征兆，如果能及时监测和发现危机征兆并及时采取适当的行动，就能有效地避免或抑制旅游危机的发生或有效地控制旅游危机造成的损失。因为在这一阶段危机还没有真正发生，相应的危机管理成本低、难度小。

(二)旅游危机的显现爆发期

危机潜伏到一定的阶段，当其危害性累积到一定程度便会引起危机显现和爆发，所积聚的破坏能量就会得到释放。旅游危机的显现爆发是旅游危机由隐性转为显性并快速扩散的时期，即开始对目的地旅游系统造成明显危害的时期。由于前一阶段旅游危机的各种征兆没有及时监测到和得到应有的重视，当旅游组织明显感受到危机发生时，旅游危机已经生成并且爆发，危害程度急剧上升，在极短的时间内给旅游企业和游客带来大规模的损害，并且这种损害还会迅速加深、积累和扩散，以至于给旅游目的地整个社会系统造成冲击与破坏，使社会生产和生活偏离正常轨道，使人们产生恐慌。

(三)旅游危机的持续演进期

旅游危机的持续演进期是旅游危机仍在发展或危害仍在持续，但演进的速度已经有所放慢并逐渐达到危害程度的顶峰时期。这一阶段与显现爆发期相比，旅游危机的危害程度继续加深，危害范围不断扩大，对旅游组织的生存能力造成直接威胁，对旅游系统形成全面打击。最为直接的表现是游客流入急剧下降甚至停止，旅游景区(点)几乎无人光顾，旅游企业基本都停止营业。

(四)旅游危机的减缓消解期

旅游危机的减缓消解期是旅游危机的危害程度从顶峰转而下降，引发危机的事件矛盾和冲突不断减弱，危机形势逐渐趋缓的时期。这一时期旅游危机已经得到了有效控制，旅游系统开始全面恢复，但要从破坏中恢复到危机发生前的状态仍需假以时日。

(五)旅游危机的解除消失期

旅游危机的解除消失期是引起旅游危机的因素已经解除，目的地旅游系统开始恢复原有或正常状态的时期，一次旅游危机的生命周期到此结束。

从严格意义上讲，旅游危机的生命周期最后还存在危机转化期。危机转化期是使目的地旅游业恢复到危机前的状态或得到进一步的提升以及完善危机管理相关机制的时期，从根本上增强旅游目的地未来的安全性，促进旅游目的地旅游业的可持续发展。

五、旅游危机的影响

旅游危机的影响是指旅游危机事件对旅游目的地的各类旅游利益相关者所造成的各种后果。旅游危机对于不同旅游目的地产生的影响是存在差异的。一般说来，旅游业处于刚刚起步的初级发展阶段时，在突发而来的危机面前就会表现得十分敏感、抵抗能力很弱，预防和化解危机的手段措施也极为有限。当旅游业发展处于相对成熟阶段时，对危机的抵抗能力逐渐增强，有效预防和积极应对危机的经验也比较丰富。旅游业的发展阶段和对危机的抵抗力呈正相关关系。旅游危机对目的地的影响力大小是受多种因素决定的。有些因素是可控的，有些因素是不可控的；有的因素是主观因素，有些因素是客观因素。从旅游者的角度看，对性质不同的危机，其风险感知是不同的，而风险感知的大小决定了危机影响力的大小。一般来说，旅游者通常认为自然危机的影响力较小，而社会危机的影响力较大。

(一)旅游危机影响的分类

旅游危机的影响表现为不同的形式，有经济影响、文化影响、社会影响和环境影响等，通常在多数情况下是几种影响共同存在，对于旅游目的地来说，最主要的影响还是经济影响。旅游危机的有些影响是即时的、直接的，危机发生之后所产生的影响在不同层面上表现出来。有些影响是滞后的、间接的，需要等待一段时间后才显现出来。一般情况下，即时影响比较容易恢复，而滞后影响恢复起来比较困难。我们根据危机影响的作用方式把旅游危机影响分为直接冲击影响和扩散冲击影响两个方面。

1. 旅游危机的直接冲击影响

所谓旅游危机的直接冲击影响是指危机事件的发生对旅游环境场所中人的生命健康和物质资源的直接冲击和损害，主要表现在以下几个方面：

(1)旅游资源遭受破坏。自然危机是旅游危机类型中比较常见的一种危机，发生频率高、破坏性强。具体表现形式是使旅游目的地的旅游资源或者旅游设施受到破坏，致使旅游目的地暂时不具备旅游接待条件，或者旅游资源遭到了重大破坏，使旅游资源的游览价值降低或者不再具有游览价值。最为典型的案例就是2004年12月发生在印度尼西亚苏门答腊岛西部沿海的9级地震所引发的海啸，袭击了南亚和非洲一些国家的海岸，使得多处旅游资源和旅游设施遭受重创。还有我国在2008年年初，发生在南方一些省份的低温雨雪冰冻灾害，使一些自然景区内的动植物资源受到巨大损害。旅游资源是旅游业发展的基础，旅游设施是保证旅游者完成旅游活动的保障，当这些条件不再具备的时候，旅游地就不再具有吸引力，旅游业发展也就没有了依托。

（2）旅游交通受到影响。极端环境灾害可能对旅游交通产生一定的破坏性影响。一方面可能对交通基础设施产生一定的影响，另一方面可能出现航空、航海、铁路和公路等交通事故。旅游活动具有异地性特点，旅游产品的消费是通过旅游者位置的移动来完成的。旅游交通是连接旅游客源地和旅游目的地的物理通道，是旅游者位置移动的条件。当旅游通道受到危机事件的破坏或影响，旅游者的位移活动受到阻滞时，旅游活动也就无法完成。

（3）旅游者、旅游从业者和旅游社区居民的身心和财产安全受到的影响。一方面，旅游危机的直接影响就是危机导致旅游者身心和财产安全受到侵袭。同时，旅游危机中不确定因素也会对潜在旅游者的旅游预期产生影响。按照马斯洛的需要层次理论，安全的需要是旅游者的基本层次需求，安全问题会直接影响游客旅游动机的产生和旅游决策的形成，以及游后对旅游目的地的评价。比如，当前一些恐怖分子和暴力犯罪分子针对旅游目的地游客的绑架袭击或者旅游犯罪，使得客源市场上旅游者的出游心理受到巨大触动，这直接影响了旅游者对这些地区的选择。发生在东南亚国家的针对中国游客的抢劫犯罪呈高发态势，这就直接影响了我国公民去东南亚国家旅游的心理定势。另一方面，旅游危机不仅对旅游者产生影响，也对旅游社区居民和旅游从业者产生一定的影响。目的地的社区居民和旅游从业者在危机发生时直接处于危机场景之中，受到危机侵害的可能性更大、受害程度也可能更深。

2. 旅游危机的扩散冲击影响

所谓旅游危机的扩散冲击影响，是指旅游危机事件的直接影响通过产业链条之间的传播和危机信息传播后所带来的综合影响或滞后影响，其影响范围更大、影响程度更深、影响时间更长。

（1）旅游目的地形象受到的影响。目的地良好的旅游形象会激发旅游者产生旅游动机，进而前往旅游目的地进行旅游活动。良好的旅游形象对目的地旅游业的发展具有强有力的推动作用并能带来巨大的利益，是旅游业发展的基础。旅游目的地形象是旅游者对旅游目的地的总体认识和评价，是对目的地旅游资源、旅游产品与相关要素、旅游业发展情况、自身旅游经历以及当地政治、经济、社会、文化等各方面的认识和观念的综合，是旅游目的地在旅游者头脑中的总体印象。旅游目的地形象包括原生形象、引致形象和复合形象。原生形象是指人们在未决定旅游之前，无意识地、被动地接收到的关于目的地相关信息而形成的一种模糊的、非具体的主观印象。引致形象又称诱导形象，是指受到旅游目的地有目的、有意识的旅游广告、促销宣传的影响而产生的形象。复合形象是指旅游者到目的地实地旅行后，通过亲身经历，结合以往的知识所形成的更加综合的目的地形象。无论是原生形象、引致形象还是复合形象对决定旅游者目的地选择和评价方面都起到了十分重要的作用。所以，当旅游目的地发生旅游危机或危机处理不当时，旅游期望可能转移。按照旅游者对危机的认知规律可知，危机使得旅游者对旅游目的地的安全性和旅游体验价值产生了怀疑和负面评价，触动了人们安全需要这根最敏感的神经，影响到他们对旅游目的地的环境感知，使计划旅游者、潜在旅游者形成旅游目的地"不安全"的印象，进而影响到旅游者风险决策的结果，即绝大部分旅游者取消或改变他们的旅游计划，由此而引发该目的地游客量的陡降。

（2）旅游目的地的经济受到的影响。旅游危机主要是对旅游经济产生严重的影响，可以从两个方面考察：从客源地的角度出发，旅游危机可能改变当地的经济发展水平和游客的可自由支配收入状况，从而导致游客的旅游消费能力和旅游需求和愿望的下降。从目的地的角度出发，旅游危机的发生一定程度上对当地的旅游收入和劳动力就业产生影响。由于旅游业的综合性和关联性，与旅游相关的其他行业和产业部门都会连锁性地受到危机的影响，将导致旅游目的地的旅游产业经济发生震荡波动，表现为"旅游流减弱——资金流减少——旅游经济动力不足"。严重的话可能导致旅游业的产业链条断裂，从而使当地经济发展速度放慢，甚至陷入瘫痪。

（二）旅游危机对目的地的影响路径

旅游危机往往通过三条途径对旅游目的地的发展施加影响：一是直接作用于旅游目的地。一方面由于危机的破坏作用使旅游资源受到破坏，游览价值降低或不再具有游览价值；也可能使旅游接待服务设施受到损害，目的地不再具备旅游接待能力。另一方面是通过损害目的地的旅游吸引物及在旅游者心目中的感知形象，破坏旅游供给市场，导致旅游需求的波动。二是作用于旅游客源地。通过影响客源地旅游者的经济能力、行为模式和心理预期，直接破坏旅游需求市场。三是影响旅游交通及可达性，影响游客旅游活动的进行和旅游活动的实施完成。

旅游危机的影响机制是从减少客流开始，按照"客流—物流—资金流"的相继减少顺序削弱旅游经济活动的频率。随着游客量的减少，物流、资金流相应减少甚至停滞，目的地的旅游产业链断裂，旅游经济陷入困境。

第二节　旅游危机管理

一、旅游危机管理的概念

美国学者罗伯特·希斯认为，危机管理包含对危机事前、事中和事后所有方面的管理。有效的危机管理需要做到如下方面：转移或缩减危机的来源、范围和影响；提高危机初始管理的地位；改进对危机冲击的反应管理；完善修复管理，以便能迅速有效地减轻危机造成的损害。日本学者藤井定美认为，所谓危机管理就是针对那些事先无法预想何时发生，然而一旦发生却对组织正常运作造成极端危险的各种突发事件的事前事后管理。国内学者苏伟伦认为，危机管理就是组织或者个人通过危机监测、危机预控、危机决策和危机处理，达到避免、减少危机产生的危害，甚至将危机转化为机会的目的。

尽管上述定义的表述各不相同，大都着眼于企业危机管理而言，但都强调了以下两点：第一，危机管理是一个时间序列，既包括危机爆发前的准备管理，也包括危机爆发过程中的应急管理和危机爆发后的恢复和评估管理；第二，危机管理的目的在于控制、减少乃至消除危机可能带来的危害。

随着影响范围超过单一组织的危机性事件的不断发生，社会对政府应承担起危机事件管理责任的要求在不断提高，因此，公共危机管理的概念应运而生。从公共管理的角度而言，危机管理是指以政府为主导的危机管理主体，以公共危机为目标，通过预防、预警、预控来防止公共危机发生，或者通过危机控制、应急管理、危机评估、恢复补偿等措施，来减少危机损失，避免危机扩大和升级、使社会恢复正常秩序的一套管理体系。

旅游危机管理是危机管理理论与方法在旅游行业中的具体应用，目的是保持和恢复正常的旅游秩序，保障旅游者的正常旅游活动和利益，促使旅游目的地的社会经济和谐健康发展。因此，我们认为，旅游危机管理是指旅游目的地在旅游开发和经营过程中针对旅游危机的发生而进行预测、防控、应对和处理以及危机发生后旅游业恢复和旅游形象重塑的管理过程。

二、旅游危机管理体系

旅游危机管理体系是指包括政府及旅游主管部门、旅游企业、旅游从业人员、社会公众和旅游者等多个行为主体对危机进行有效管理所构成的活动体系。

(一) 政府危机管理

政府是旅游危机管理的核心主体。政府危机管理是指政府为预测和识别可能发生的危机，采取防备措施，阻止危机发生，并尽量使危机的不利影响最小化的系统管理过程。具体说来，政府危机管理包括以下几个阶段和主要任务：一是在危机前兆阶段，致力于从根本上防止危机的形成和爆发或将其及早制止于萌芽状态。在这一阶段，要求政府旅游主管部门和相关政府部门注重收集各种危机资讯，对危机进行中、长期的预测分析；通过模拟危机情势，不断完善危机发生的预警与监控系统；建立危机管理的计划系统，制定危机战略和对策。二是在危机紧急期和持久期，致力于危机的及时救治。在这一阶段，要求政府充分发挥危机监测系统的作用，探寻危机根源并对危机的变化做出分析判断；成立危机管理的行动系统，解决危机；及时进行基于诚实和透明的信息沟通，正确处理解决危机与旅游业发展以及各种行为主体的利益关系。三是在危机解决阶段，及时地进行危机总结。要求政府和旅游管理部门根据旅游者的消费心理和消费行为的改变，进行旅游促销，培育旅游消费信心和恢复旅游市场；加强危机学习，提升反危机能力。

(二) 旅游企业危机管理

实践表明，旅游企业成功的一个重要因素就是较强的危机管理能力。旅游企业的危机管理包括以下几个方面：一是成立企业危机管理的领导机构，建立企业危机管理制度，在危机中积极进行自救；二是建立企业危机管理的预警系统和危机应对处理系统，提高科学预测危机和有效处理危机的能力；三是培养和强化企业管理人员与员工的危机意识，树立"防患于未然"的危机观念；四是及时评价企业应对危机的计划、决策，建立完善的危机学习机制；五是建立与媒体、公众的良好、高效的信息沟通系统，通过媒体及时向社会公众和有关部门通报危机管理工作开展的情况。

（三）旅游从业人员危机管理

旅游从业人员不仅要具有扎实的专业基础知识，还需要协调、组织、统筹及管理能力，这样才能在面对各类游客和处理各种危机事件时有能力应对。旅游目的地的游客来自四面八方，各地游客有各自的风俗习惯，甚至是思维习惯，旅游从业人员必须在进行专业服务的同时，处理各种问题，这就需要具有较高的综合素质。只有拥有了一支高素质的从业人员队伍，员工才能具备敏锐的观察能力，才能具有危机意识，及时发现问题。在处理危机时良好的个人素质和团队能力都是使旅游危机得到控制的保障。

（四）社会公众和旅游者危机管理

危机事件不仅是对政府能力的挑战，更是对社会整体能力的综合考验。在通常情况下，社会公众和旅游者是危机事件直接威胁的对象。因此，社会公众和旅游者也应该成为危机管理系统当中的积极参与者，这样才能最大可能地吸纳各种社会力量，调动各种社会资源共同应对危机，形成社会整体的危机应对网络。在旅游业危机管理中，社会公众和旅游者危机管理包括提高个人应对危机的能力、培养良好的危机心理素质和调整个人行为模式等。

三、旅游危机管理的原则

旅游目的地在应对危机和实施危机管理的过程中，管理者必须头脑清醒镇定，遵循一定的管理程序和管理原则，妥善及时地处理危机。根据危机管理的目的和特点，旅游危机管理应遵循以下几项基本原则：

（一）重在预防原则

有效地预防旅游危机的爆发或者最大限度地减少危机造成的危害无疑是成本最低、代价最小的管理措施。旅游危机产生的原因和表现形式各不相同，但是每一种危机的发生总有内在或外在的诱发因素，危机发生前也总会表现出或弱或强的先兆迹象，因此通过对诱发因素和先兆迹象进行及时有效的监控就可以在很大程度上实现预防危机的发生或减少危机造成的影响和损失。旅游危机管理的预防性原则除了要求危机管理主体树立预防旅游危机的理念以外，还要建立起旅游危机预防的管理体制和一套完整的旅游危机预警系统，才能有效地做好旅游危机的预防工作。

（二）快速反应原则

危机事件一旦发生，只有快速反应，才能及时地遏制旅游危机影响范围的进一步扩大，才能使旅游危机造成的损失降到最低。危机事件具有突然爆发、状态紧急的特征，如果管理行动越及时越快速，越有利于危机影响的控制。危机的危害性不仅会造成生命和财产的损失，还会影响到旅游目的地社会系统的正常运转，如果不及时控制，必将给旅游目的地带来极大的危害。同时，危机时刻也是考验危机管理主体的整体素质和综合能力的关键时刻。因此，旅游危机爆发后，相关管理主体必须快速做出反应，以最快的速度设立危机管理机构，启动应急管理预案，迅速调动人力、财力和物力来开展危机管理行动。

（三）综合开放原则

旅游危机管理要坚持综合开放原则是与旅游业自身的综合性和开放性分不开的。一方面，旅游业是由吃、住、行、游、购、娱等六大要素构成的关联极其紧密的综合性产业，旅游危机一旦产生就会对所有相关产业部门形成连锁性的影响和危害，因此就决定了旅游危机管理具有综合性的特点和综合管理的要求，必须有一个综合协调危机管理的机构，并由该机构协调相关部门的关系，统一领导和指挥危机管理的应急处理工作。另一方面，旅游业是一个开放的系统，是整个社会系统中的一个子系统，旅游危机既可能是其他社会领域中危机事件引发的，也可能自身的危机影响和波及整个社会领域，因此当旅游危机发生时必须要与其他社会领域中的组织和公众相互配合，共同应对危机。

（四）不确定性原则

旅游危机管理的不确定性意味着不存在固定不变的危机管理模式，对于不同的危机事件的管理主体构成、方法手段的选择、应对措施的运用都是不确定的，要根据具体情况具体分析、灵活应对。旅游危机管理之所以要坚持不确定原则主要是由于危机管理对象的危机事件的不确定性。尽管危机事件的爆发有一定的规律性可循，但是何时何地发生、采取何种方式爆发、达到何种规模、造成何种影响是有其偶然性的，也都是难以预测的。即便是能够预测危机事件的发生，但由于危机事件的复杂性，也难以对即将发生的危机事件采取确定的管理措施，因此不能墨守成规，照搬过去的危机管理思路和方法。

（五）透明公开原则

当旅游危机发生后，危机管理工作一定要做到透明公开，对内对外都要坦诚相待，不能封锁消息、故意瞒报。旅游危机爆发后，游客和社会公众最不能忍受的事情并非危机本身，而是危机的管理机构故意隐瞒事实真相或谎报虚报灾情，这不仅仅会招致游客和社会公众的愤怒、反感，而且会出现种种猜疑误解，甚至会出现虚假消息泛滥的局面，造成社会陷入巨大的恐慌，使危机管理工作陷入更加复杂、更加困难的境地。所以，在旅游危机发生后，应及时与游客和社会公众沟通并讲明事实真相，以取得他们的理解和配合。坚持透明公开原则会使危机管理工作处于更主动的地位，更容易开展。

第三节　旅游危机的管理过程

根据国内外有关危机管理阶段研究的总结，我们认为旅游危机的管理过程一般分为三个阶段：危机前的预警、危机中的应对和危机后的恢复。因此，目的地旅游危机管理就是要求在旅游危机爆发前建立完整的旅游危机预警系统，在旅游危机中果断采取各种措施进行积极应对，在旅游危机后采取切实有效的恢复措施。

一、建立旅游危机预警系统

任何旅游危机事件都会有征兆，只不过有的危机征兆较为明显，有的危机征兆不明显；有的征兆需要通过仪器设备才能监测出来，而有的征兆则需要人们及时监视和科学预测才能够被发现。因此就需要旅游目的地管理部门建立一套完整的旅游危机预警系统，该系统的主要功能和职责就是收集外部信息、分析判别、发现危机后迅速传递危机信息和在重大危机发生时启用应急管理预案，尽量减少危机对目的地旅游业和社会系统的冲击。具体旅游危机预警系统一般由五个子系统构成，即信息收集子系统、信息加工子系统、决策子系统、报警子系统和咨询子系统。

（一）信息收集子系统

信息收集子系统的任务是对有关旅游危机风险源和危机征兆的信息进行收集。设计时要保证信息收集的全面性，危机预警系统要确定信息收集的范围，这取决于旅游危机风险源存在的范围。因而，在建立危机预警系统时，要分析危机风险源的分布状况，不能有所遗漏，否则一开始就无法保证危机预警系统对危机的预警功能。

（二）信息加工子系统

信息加工子系统具有信息的整理、信息识别以及信息转化三大功能。信息收集子系统收集到信息之后一般需要对信息进行整理和归类，尤其是在指标性旅游危机预警系统中，信息与危机之间缺乏显而易见的联系，因此，信息的整理和归类就显得尤为重要，信息的整理使原本杂乱无章的信息清晰化和条理化。信息收集和传递过程中由于人为的因素或沟通过程存在的噪声和沟通障碍，导致信息的部分或全部内容丧失真实性，形成错误信息和虚假信息。信息的识别过程能有效排除那些可能存在的错误信息和虚假信息。信息经过整理、识别后形成的有价值信息可能会数量较大、关系复杂，管理者很难在繁杂的信息中获取最直接、最关键的内容，因此还需要进一步的信息转化。信息的转化能够使信息转化为简单、直观的信号或指标，能直接供危机管理决策所用。

（三）决策子系统

决策子系统的功能是根据信息加工子系统的结果决定是否发出危机警报和危机警报的级别，并向报警子系统发出指令。在制定决策依据时，要决定危机预警各个级别的临界点以及这些临界点需要指标达到何种水平。如果信号或指标无法直接显示危机是否发生，而只是表明危机发生有多大的可能性，那么也可以根据危机发生的可能性大小确定不同危机预警级别的临界点。在具体的决策中，系统根据信号或指标水平判断是否达到了危机警报的临界点，达到了哪一个临界点，从而决定是否发出危机警报和危机警报的级别。

（四）报警子系统

报警子系统的主要任务是根据决策子系统的判断，及时明确地向旅游目的地的相关组织发出警报信号。警报信号应能引起旅游业管理部门、旅游企业和其他相关旅游组织充分的注意，并刺激其迅速做出反应。首先，报警子系统要根据旅游危机管理小组成员和危机潜在受害者的特点选择合适的警报，要求能被旅游危机管理小组成员和危机潜在受害者迅速、清楚地得知。其次，对旅游危机管理小组成员和危机潜在受害者进行教育或培训，使他们理解警报的内容。

（五）咨询子系统

在建立旅游危机预警系统过程中，要充分发挥专家咨询的作用，保证危机管理决策的科学化。这是由旅游危机预警所涉及领域的复杂性、广泛性和专业性决定的。在很多情况下，旅游专家、地震专家、气象专家、水利专家、管理专家、医学专家和法律专家等的作用，是其他人不能替代的。所以，预警系统建设过程中，要不断加强专家队伍建设、畅通信息沟通联络渠道、健全专家咨询机制，使旅游危机管理决策得到更多的智力支持和技术支持。咨询子系统主要承担的功能是：定期信息沟通，提供与危机有关的研究报告，提供

科学预案，提出危机处置的建议和意见，等等。

二、旅游危机中的应对措施

旅游危机已经爆发至旅游危机破坏性的显性特征基本消失的这一阶段，旅游危机处于发展的过程中。旅游危机具有"蝴蝶效应"，即对危机初始情况的极端敏感性，使得旅游危机因初期的措施不当或者拖延而导致灾难性后果。反之也会因及时正确的初始措施而有效减轻或控制危机带来的危害和影响。旅游危机中应该采取的应对措施主要包括：

（一）启动危机应急预案，迅速开展危机的应急行动

当旅游危机爆发后，旅游目的地管理部门和旅游企业必须快速开展危机处理工作，主要措施包括：一是启动危机应急预案，针对危机做出准确、迅速的反应，将不利的影响最小化；二是危机管理小组实施处理措施，确保危机管理小组做出的决策与应急预案相一致，并得到严格执行；三是危机管理小组、旅游企业和政府危机管理部门要建立一个有效的沟通体系，确保信息传递及时、沟通有效，积极与相关部门和组织相互合作、相互协调，共同抵御和化解危机的危害和影响。

（二）积极开展危机隔离和救援工作，极力维护社会公众和旅游者的利益

旅游危机的应对必须积极维护社会公众和旅游者的权益，这是旅游目的地和旅游企业必须勇于承担的社会责任。由于危机具有不确定性并且演变迅速，所以首先必须对危机进行隔离，这样就可以保持社会公共生活的正常运转，避免可能造成更大范围内的公众伤害。其次，由于旅游者在危机情景中是弱势群体，常常处于孤立无援的状态，迫切需要得到外界的帮助。旅游目的地管理部门和旅游企业必须马上采取救援行动，对受到伤害的旅游者实施救助。参与救援的人员需要受过专业的训练，救援方案和救援所需器材必须事前有所准备。

（三）建立公开透明的信息披露、信息交流制度

首先，旅游危机爆发后，做到信息公开透明，根据危机涉及的范围和严重程度，由不同等级危机管理主体通过新闻媒体及时向公众公布危机的事态和发展进程，并加强与社会公众之间的互动，防止谣言的散布造成社会的不安定。其次，还要建立新闻发言人制度，通过该制度使信息发布和披露工作更加规范、客观、准确和透明。最后，旅游管理部门要实施危机公关，表现出对旅游危机的快速、果断的反应和认真负责的态度，维护旅游目的地的良好形象，赢得旅游者和社会公众的信任和支持。

（四）分类指导旅游企业的危机应对，坚定旅游企业的信心

在危机期间，政府旅游管理部门给旅游企业提供危机应对指导是自己的重要职责。目的地政府旅游管理部门和各旅游行业协会，通过现场指导、平台互动、专家交流等各种形式，为旅游景区、旅行社、旅游饭店、旅游车船公司等提供危机应对办法。每当旅游危机事件发生的时候，都会在相当程度上影响到旅游企业承受力和战胜危机的信心，不利于旅游企业获得政策扶持和其他各种帮助，最直接的是这种情况不利于旅游危机的有效治理。因此要通过宣传和指导鼓励旅游企业，使其坚信旅游业尽管具有敏感性的特点，但并不脆弱，而且我国旅游业抗风险能力和化解危机能力是日益增强的，使各类旅游企业在危机治理中保持积极乐观的状态。

三、旅游目的地危机后的应对措施

旅游目的地受到危机事件的冲击和破坏，常常会出现这样一种状况，旅游业低迷持续的时间往往比危机事件本身要长；危机影响存在滞后的现象，即在危机事件过后的一段时间中，危机造成的破坏还会在很长一段时间内持续影响着旅游企业和潜在旅游者，旅游业仍处于停滞状态，甚至可能比危机发生期间更加不景气。按照惯例，一般把旅游危机结束至旅游业完全复苏这段时期，称为"后危机"阶段。综合旅游危机管理实践经验，旅游恢复的主要领域是旅游目的地层面上的物质恢复、旅游市场上的信心恢复和与合作伙伴的关系恢复等三个方面。具体到旅游危机后的恢复措施上，其内容主要包括危机后评估、设施修复、心理干预、形象建设、改善管理、供需调整等。

（一）旅游危机后评估

危机后对旅游危机进行评估，是危机恢复政策的制定、危机恢复措施的选取、危机管理效率的确认和危机管理战略修正的依据。旅游危机后评估是危机后阶段恢复的基础性工作，是旅游危机恢复工作的起点。旅游危机后的评估主要包括旅游损失评估、旅游者心理影响评估（即旅游形象损失评估）、旅游危机管理战略和措施的科学性评估三个方面。

（二）重建基础设施

旅游危机的发生，特别是自然性的危机、骚乱性的危机或者恐怖主义引发的危机还伴随一个严重的后果，就是对旅游目的地基础设施造成一定的毁坏。旅游业的恢复发展离不开这些基础设施，因而旅游目的地危机恢复通常从基础设施入手。旅游目的地基础设施的重建不是简单地把建筑物重新建筑起来，或把道路交通设施、供水供电供气设施恢复起来，而是要根据对危机的评估结果，考虑再次爆发危机时，基础设施抵抗危机的能力。因而必须在遵循旅游者和当地社区居民活动规律的前提下，对基础设施的选址、布局、建筑用料、建筑方式等进行重新考虑，借此机会提高旅游设施的等级水平和使用的方便性。

（三）进行心理干预

对旅游者而言，旅游目的地发生的危机事件都是因为在相对稳定的状态中发生了非预期的紧急突变，这种突变导致人们对当前阶段的潜在旅游需要不能从危机发生地获得满足。旅游活动中的最基本的安全需求不能被满足，进而引发心理恐慌和对旅游安全的质疑。旅游危机后，有效的危机干预是指帮助人们获得心理上的安全感，提供给旅游者最基本的旅游安全信息，满足旅游者恢复心理平衡状态的内在需要，缓解乃至稳定由危机引发的强烈的恐惧、震惊或悲伤的情绪，并学习到规避和应对旅游危机的有效策略与合理健康的旅游行为，预防因旅游者的行为不当带来的灾难，增进旅游出行心理的健康。

（四）旅游目的地形象重建

对旅游目的地来说，危机所带来的最长久和最深层的问题是旅游目的地的形象损害。危机过后，即使危机中受损的物质资源得到了修复，但改变公众对旅游目的地的看法是一个漫长的过程。旅游目的地形象建设的主要途径：一是来自旅游者的亲身体验，二是依赖媒体的宣传。因此危机后的旅游目的地的恢复和发展也需要从这两个方面来着手。危机发生后，由于旅游者的稀少，旅游目的地的恢复信息主要是通过媒体的宣传和报道传播的，为此就要增加在沟通方面的资金预算和人力资源配备，加强与各种类型的媒体沟通。在宣传过程中需要对受影响的旅游市场调整宣传内容，着重强调旅游目的地是如何消除危机影响、确保危机不再发生。此外，可以在危机解除一段时间后，有组织、有目的地邀请国内外记者或旅游经销商(代理商)重新回到旅游目的地，亲眼见证危机的解除，以替代在危机中受到破坏的原有形象。同时，组织大型活动或会议以创造与旅游贸易伙伴和国际社会进行沟通的机会，通过举办系列的大型活动，吸引大众目光，展示充满活力和自信的旅游新形象。

(五)总结危机管理经验

先期的旅游危机管理措施在危机管理过程中发挥着重要的作用，但危机在发展过程中由于环境的变化而表现形式也是随机的，因此旅游危机管理措施中的部分策略可能不适应危机中出现的新情况。为了保证危机管理措施的适用性，因此有必要对危机管理措施依据危机形势的发展而进行修订，以提高旅游危机管理水平。任何旅游危机的应对战略和旅游恢复措施的有效性都是相对的，应根据其实施的效果和内外环境形势的变化定期对危机战略规划进行回顾和总结经验教训，对安全程序进行评估。同时关注新的信息和环境的变化，加强与其他受危机影响的旅游目的地的合作，相互借鉴在旅游危机管理方面的措施、方法、技术、经验和教训等相关内容，在此基础上，对战略规划进行持续的、实时的更新。旅游目的地的每次危机都会使旅游目的地及旅游者付出沉重代价，旅游目的地管理机构在应对这些危机过程中所收集起来的数据、所取得的经验和教训都值得认真反思和总结，这也为以后危机管理措施的调整提供了参考依据，使旅游目的地的危机管理措施在不断总结经验、吸取教训中日益走向成熟和完善。

(六)调整旅游市场供给和需求

通过对旅游危机影响机制的分析，可以认识到旅游危机的直接影响主要是通过干扰由旅游安全环境、经济社会环境以及物质环境构成的旅游活力要素组合，影响旅游目的地的旅游形象，进而导致旅游目的地旅游流的减弱，旅游供需市场发生失衡，从而影响旅游目的地旅游发展。因此，危机消解后要恢复旅游目的地的旅游业，也要通过对供需结构的调整与优化，重新激活旅游市场。一方面，要调整产品结构以优化旅游供给；另一方面，要调整市场结构以优化旅游需求。

本章小结

旅游危机是指影响旅游者信心并会危及该地旅游业持续正常运转的任何非预期的事件，具有突发性、紧迫性、危害性、双重性、周期性与阶段性等特征。旅游危机根据不同的标准分为很多种类型。旅游危机有着自身的发展和演化阶段，即危机潜伏期、危机爆发期、危机持续演进期、危机减缓消解期和危机解除消失期。

旅游危机按照危机的产生原因、危机的影响范围、危机的时间间隔特征、危机的发生机理、危机的演化速度以及旅游行业的特点等依据可以划分为不同的类型。

旅游危机影响是指旅游危机事件对旅游目的地的各类旅游利益相关者所造成的各种后果。根据危机影响的作用方式把旅游危机影响分为直接冲击影响和扩散冲击影响两个方面。旅游危机往往通过三条途径对旅游目的地的发展施加影响：一是直接作用于旅游目的地，二是作用于旅游客源地，三是影响旅游交通及可达性，影响游客旅游活动的进行和旅游活动的实施完成。

旅游危机管理是指旅游目的地在旅游开发和经营过程中针对旅游危机的发生而进行预测、防控、应对和处理以及危机发生后旅游业恢复和旅游形象重塑的管理过程。旅游危机管理是由政府及旅游主管部门、旅游企业、旅游从业人员、社会公众和旅游者等多个行为主体对危机进行有效管理的活动体系。旅游危机管理要遵循一些基本原则，包括重在预防原则、快速反应原则、综合开放原则、不确定性原则、透明公开原则。

科学有效的旅游危机管理过程一般分为三个阶段：危机前的预警、危机中的应对和危机后的恢复。相应的目的地旅游危机管理就是要求在旅游危机爆发前建立完整的旅游危机预警系统、在旅游危机中果断有效地进行应对、在旅游危机后采取切实有效的恢复措施。

旅游危机预警系统由信息收集子系统、信息加工子系统、决策子系统、报警子系统和咨询子系统共同构成。

旅游危机中应该采取的应对措施主要包括：启动危机应急预案，迅速开展危机的应急行动；积极开展危机隔离和救援工作，极力维护社会公众和旅游者的利益；建立公开透明的信息披露、信息交流制度；分类指导旅游企业的危机应对，坚定旅游企业的信心。

旅游危机后的恢复措施主要包括危机后评估、设施修复、心理干预、形象建设、改善管理、供需调整等。

关键术语

旅游危机；旅游危机影响；旅游危机管理；旅游危机管理过程

参考资料

[1]董观志，梁增贤. 旅游管理原理与方法[M]. 武汉：华中科技大学出版社，2020.

[2]田里. 旅游管理学[M]. 3版. 大连：东北财经大学出版社，2023.

[3]刘德艳. 旅游危机管理[M]. 上海：上海人民出版社，2010.

[4]肖鹏军. 社会危机管理[M]. 广州：华南理工大学出版社，2018.

[5]邹统钎. 旅游目的地管理[M]. 北京：高等教育出版社，2019.

[6]谷慧敏. 旅游危机管理研究[M]. 天津：南开大学出版社，2007.

[7]张跃西. 旅游危机管理[M]. 北京：中国旅游出版社，2017.

[8]邹统钎. 旅游危机管理[M]. 北京：北京大学出版社，2005.

[9]刘刚. 危机管理[M]. 2版. 北京：中国人民大学出版，2021.

[10]王宏伟. 公共危机管理[M]. 修订版. 北京：中国人民大学出版社，2019.

[11][美]罗伯特·希斯. 危机管理[M]. 北京：中信出版社，2001.

[12]董传仪. 危机管理学[M]. 北京：中国传媒大学出版社，2007.

[13]薛澜，张强，钟开斌. 危机管理：转型期中国面临的挑战[M]. 北京：清华大学

出版社，2003.

　　[14]胡百精．危机传播管理[M].北京：中国传媒大学出版社，2005.

　　[15]李锋．目的地旅游危机管理：机制、评估与控制[D].西安：陕西师范大学，2008.

　　[16]张成福．公共危机管理：全面整合的模式与战略[J].中国行政管理，2003(7).

　　[17]宋娟．国内旅游危机研究综述[J].河西学院学报，2016(3).

　　[18]罗美娟，郑向敏，沈慧娴．解读旅游危机的类型与特征[J].昆明大学学报，2008(2).

网络资源

　　1. 中华人民共和国文化和旅游部官方网站：http：//www.mct.gov.cn/（查询国家旅游政策、旅游动态信息、旅游统计数据等）；

　　2. 中华人民共和国应急管理部官方网站 https：//www.mem.gov.cn/（查询国家危机管理的政策、旅游危机动态信息等）；

　　3. 中国应急信息网：https：//www.emerinfo.cn/（查询突发事件与危机应急管理研究的理论观点、政策信息和旅游业危机管理的重点、难点问题）；

　　4. 中国旅游网：http：//www.cntour.cn/（中国旅游景点大全，可以获取丰富的旅游景点信息）；

　　5. 中国旅游研究院官方网站：http：//www.ctaweb.org/（查询旅游经济研究的理论观点、政策信息和旅游业的重点、难点问题）。

分析与思考

　　1. 什么是旅游危机？什么是旅游危机管理？

　　2. 旅游危机分为哪些类型？

　　3. 旅游危机影响的路径是什么？

　　4. 旅游危机管理的基本原则有哪些？

　　5. 旅游危机管理过程分为哪些阶段？

技能训练

　　1. 查询中华人民共和国文化和旅游部网站（www.mct.gov.cn），阅读相关旅游目的地信息，概括我国旅游危机管理的经验和教训。

　　2. 调查新冠疫情对你所在地域旅游目的地的影响，讨论分析旅游目的地的影响因素。

　　3. 利用网络资源和学校的图书期刊资源，了解国内外旅游目的地危机管理研究动态，并进行评述。

案例分析

疫情给国际旅游业造成哪些影响？游客骤减、航线停飞

新冠疫情给全球各国人民的生活造成了影响，同时也给2020年全球旅游业带来新的挑战和冲击。

据联合国世界旅游组织(UNWTO)5月7日消息，2020年第一季度各国入境游客总人次比去年同期下降22%，预计2020年全年国际游客数量将骤减60%~80%。世旅组织秘书长祖拉布·波洛利卡什维利指出："世界各地都在面临着前所未有的健康危机和经济危机。旅游业作为劳动密集程度较高的产业，已经遭受了重创，或将影响数百万个工作岗位。"

新冠疫情给全球旅游业造成了哪些影响？疫情之后，旅游业将出现哪些"新常态"？为推动旅游业"复苏"，各国和行业内部采取了哪些措施？

"1950年以来最严重的旅游业危机"

根据世旅组织发布的研究报告，2020年第一季度国际游客数量减少6 700万，意味着出口损失达到800亿美元(折合人民币约5 600亿元)。2020年3月单月的国际游客数量比去年同期减少57%，其中亚洲和欧洲的下降幅度最大。

上一次国际游客人数出现大幅下降还是在2009年，全球经济危机曾严重打击了旅游业的发展。目前，国际旅游业正在遭受1950年以来最严重的危机。

世旅组织认为，国际旅游业的境况何时得到改善取决于各国解除旅行限制的时间。如果各国从7月初逐渐解除旅行限制，那么2020年的国际游客数量将比去年同期减少58%；如果12月初各国才取消限制，那么全球游客数量将减少78%。

疫情导致旅游业遭受重创，航空业也因此受到影响。由于世界各国开始实施旅行限制，关闭了边界和机场，导致国际旅行航班大幅减少。

据《商业内幕》杂志报道，航空顾问机构CAPA曾发出警告，在没有政府和行业内部援助的情况下，世界上"大多数"航空公司都将在5月底破产。根据国际航空运输协会预计，新冠疫情将导致全球航空公司至少损失3 140亿美元(折合人民币约2.1万亿元)。截至目前，已有多家航空公司宣布破产，包括澳大利亚维珍航空公司和美国指南针航空公司等。

然而，疫情对于旅游业的影响还不止这些。根据世旅组织消息，全球将有1亿~1.2亿名旅游从业者面临失业的风险。据法新社报道，许多欧洲民众希望"复工"。目前，欧洲最大的经济体德国已经开始逐步放宽防疫限制；法国现行的"封锁"限制也将于5月11日解除。塞浦路斯海滩度假胜地阿依纳帕的餐厅老板表示，"没有游客我就无法生存"。

根据美国旅行协会网站消息，截至5月1日，美国共有800万旅游从业者失去了工作，目前这一数字还在持续增加。

疫情之下，入住酒店将有"新常态"

据美联社报道，2019年全球旅游业达到了创纪录的水平，然而现在，这种情况已经不复存在了。根据数据和咨询公司Tourism Economics预测，全球旅游业可能会在2023年之前恢复正常水平。当游客们再次旅行时，将面对一个新的世界。据CNN报道，在尚未研发出疫苗的阶段，旅行"新常态"将主要表现在酒店方面。

康奈尔大学酒店管理学院的教授克里斯托弗·安德森表示，未来一段时间，酒店将减

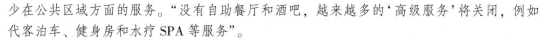

少在公共区域方面的服务。"没有自助餐厅和酒吧，越来越多的'高级服务'将关闭，例如代客泊车、健身房和水疗 SPA 等服务"。

安德森认为，在疫情尚未得到缓解之时，应保持社交距离，并减少与客人的接触，酒店需采取"无接触式"服务。"我们直接走进酒店，进入电梯然后回到房间，不必触摸任何东西或接触任何工作人员。"

保持酒店卫生也是"头等大事"。当地时间 5 月 4 日，美国酒店及住宿协会发布了全行业的《住宿安全标准》，规定各酒店需定期对酒店房间及公共区域进行消毒。知情人士指出，"清洁费也许会是一笔新的旅行开销"。

另外，酒店工作人员将佩戴口罩和手套，免洗消毒洗手液和消毒湿巾也将成为个人护理用品的"最新成员"。

全球旅游业将在 2020 年年底出现"复苏"迹象

为了"重启"旅游业，世界各国及不同行业皆采取了应对措施。根据欧洲议会网站，欧洲地区的游客占国际游客的一半，对于依赖旅游业的欧洲国家来说，疫情使得当地的情况更加复杂。为解决这一难题，欧盟开始采取措施。当地时间 4 月 21 日，欧盟内部市场专员蒂埃里·布雷顿在与欧洲议会委员会召开视频会议时表示，"在欧盟国家中，共有 2 700 万人从事与旅游业有关的工作，旅游业应成为最先得到援助的产业"。目前，欧盟已经为旅游业工作者提供援助，包括财政救济和放宽国家援助条件等举措。为保护旅客，欧盟更新了与旅客权益有关的疫情准则；此外，欧盟还通过民事保护机制，帮助了数万名滞留在海外的公民回家。

美国也出台了应对措施。当地时间 5 月 4 日，美国旅行协会推出"新常态指南"，旨在恢复消费者对旅游业的信心，推动经济复苏。根据"新常态指南"的规定，各企业应重新规划公共场所，工作人员需保持社交距离；在可行的情况下，为游客提供"非接触式"服务，减少病毒传播的机会；强化公共卫生服务体系，制订专门的防疫计划；实时掌握工作人员的身体状况；建立一套符合美国疾控中心规定的应对流程，若员工出现确诊患者，能够采取有效措施；遵循餐饮业的做法，保护员工和游客的健康。

据美联社报道，各行业纷纷开始制订"重启"旅游业的计划。民宿短租平台爱彼迎宣布，将在全球范围内加强清洁程序。位于美国佛罗里达州奥兰多市的环球影城主题乐园，工作人员正在研究如何在娱乐设施中为游客保留更多的社交距离。

根据世旅组织专家小组预测，2020 年第四季度全球旅游业将有"复苏"迹象，但主要恢复期将在 2021 年，各国国内旅游业的恢复程度将好于国际旅游业。

专家认为，非洲和中东地区的旅游业将恢复得更为"积极"，预计 2020 年将持续恢复；而美洲地区的情况不容乐观，2020 年"复苏"的可能性较小；亚洲和欧洲地区的前景则"喜忧参半"。

（资料来源：https：//baijiahao. baidu. com/s？ id＝1666129059207241294&wfr＝spider&for.《新京报》，2020-05-08.）

思考问题：

1. 什么是旅游危机？旅游危机都是由哪些原因引发的？

2. 旅游危机的影响分为哪些类型？

3. 结合新冠疫情谈一谈旅游危机后如何开展恢复工作。

第十二章 旅游目的地可持续发展

🎯 **学习目标**

通过本章的学习，你应该能够：
1. 理解旅游目的地可持续发展的含义与实质，了解旅游目的地可持续发展的目标；
2. 描述影响旅游目的地可持续发展的因素；
3. 阐释实现旅游目的地可持续发展的途径。

素养目标

1. 运用旅游目的地相关基础知识，转化为促进旅游目的地可持续发展的能力；
2. 反思旅游发展实践，主动探研旅游发展规律；
3. 树立可持续的旅游发展观，提升旅游目的地管理的社会责任；
4. 系统理解旅游目的地发展，培养旅游目的地管理的整体观。

导入案例

从 10 月 2 日开始，全国各大知名景点出现游客"井喷"现象，景区内人山人海。在庐山，上山的几十公里道路变成了停车场；在丽江，找不到宾馆的游客租了帐篷睡在大街上；在华山，近万人因为缆车运力有限深夜滞留山顶……

对于景区的运营者来讲，8 天长假加上高速免费，这是难得的创收机遇，从表面上看，大量游客在此时涌入，确实能够带来可观的经济收益。游客在路费、门票、餐饮、住宿等方面的开销，对于景点所在地的经济也有巨大的拉动作用。

算这笔经济账的时候，游客的感受往往是被忽视的。实际上，旅游是景区与游客双向互动的过程，在获得经济利益的同时，景区有义务给游客提供等值的旅游体验，而人山人海中的旅行，显然无法满足游客的需求。在经历一番痛苦和焦虑之后，游客们难免在临走时留下一句"再也不来了"的誓言。不加限制地将游客引入景区，在短期内确实增加了收入，但损了名声、砸了招牌，把旅游做成一锤子买卖长远来看得不偿失。

从资源开发的角度来看，每个景区都存在相应的承载能力，一旦过多的人涌入，超过了最佳接待量，旅游体验也会相对下降，既破坏游客心情，也可能带来安全隐患。各方面的负面影响，最终都会反馈到景区的发展上。景区"虐待"游客，游客"咒骂"景区，而这种游客现身说法的感受，通过网络等形式不断传播，很可能给某个景区带来致命的打击。

旅游资源转化为经济收益是个长期的过程，景区的管理者也要用长远眼光来面对，不妨根据实际的承载能力，制订相应的接待计划，通过减发门票、网上预约等形式将景区人数控制在合理的接待范围内，以便提供最高品质的旅游体验，把旅客的好评作为景区最好的宣传。

同时，针对近年来自驾游增多的情况，为了防止信息不对称造成的游客扎堆，旅游方面的政府管理部门，也可以利用自身的信息优势，提前发布综合性的旅游引导信息，促进游客向不同的景区合理分流，让人们有更充分的选择空间。

（来源：《从"双节"各地景点几何倍数客流，谈旅游景区不限额之不可持续发展》，发展论坛，2012-10-22）

景区的经济账到底该怎么算？

第一节　旅游目的地可持续发展的内涵

随着经济的增长、科学技术的发展和社会的进步，人们的生活水平在不断提高，但生活环境和生活质量却面临下降的威胁。一方面，旅游者对回归自然、欣赏自然美景、享受原生态文化的需求与日俱增；另一方面，许多旅游目的地不同程度地遭到污染和破坏，有些旅游目的地的环境污染、生态和旅游资源破坏十分严重，影响了旅游业的进一步发展。因此，寻求最佳的旅游方式和旅游发展模式，使旅游资源的开发和持续利用统一，旅游的发展和环境保护协调，实现旅游目的地的可持续发展，具有重大意义。

一、旅游目的地可持续发展的含义

目前关于可持续发展尚未形成统一的概念，大家普遍比较认可和接受的是《我们共同的未来》中提出的定义，即可持续发展是"既满足当代人的需求，又不对后代人满足其自身需求的能力构成危害的发展"。这个定义有三个要点：一是要满足当代人的需求，即无论富国、穷国，富人、穷人，都有生存权和发展权；二是要考虑后人的满足，即达到代际的公平；三是要考虑环境和资源的承受限度。换句话说，就是要达到天人之间关系的长远协调，而不能"吃祖宗饭、造子孙孽"。

1990年加拿大召开的国际大会阐述了旅游可持续发展理论的主要目标：①增进人们对旅游产生的环境效应和经济效应的理解，强化生态意识；②促进旅游的公平发展；③改善旅游接待地区的生活质量；④向旅游者提供高质量旅游经历；⑤保护未来旅游目的地开发赖以存在的环境质量。

综上所述，旅游目的地可持续发展是一个多层面的目标体系。旅游目的地可持续发展可以被定义为"在充分考虑旅游与自然资源、社会文化和生态环境相互作用和影响的前提下，把旅游目的地开发建立在生态环境承受能力之上，努力谋求旅游业与自然、文化和人类生存环境协调发展，并福及子孙后代的一种目的地旅游发展模式"。其目的在于为旅游者提供高质量的感受和体验，提高旅游目的地人民的生活质量，并切实维护旅游者和旅游地人民共同依赖的环境质量。

二、旅游目的地可持续发展的实质

旅游目的地可持续发展，追求旅游目的地开发的长期价值，以旅游目的地开发的组合效应评价为出发点，强调旅游目的地发展和自然生态以及社会承受力的综合统一，使旅游目的地的发展建立在长期支撑体系上。正如联合国教科文组织、环境规划署和世界旅游组织等通过的《可持续发展宪章》所说："旅游是一种世界现象，也是许多国家社会经济和政治发展的重要因素，是人类最高和最深层次的愿望。但旅游资源是有限的，因此必须改善环境质量。"

旅游目的地可持续发展关乎自然生态、人类社会、经济发展、社会制度和技术革新等多层面，并影响到人类今天与明天行为选择的发展目标。

(一)强调人与自然和谐共存、共同进化

1. 和谐共存

旅游目的地可持续发展强调人类应该与自然和谐共存，保护人类赖以生存的物质基础，要求旅游目的地发展不能超越生态承载力、心理承载力、社会承载力和经济承载力。旅游目的地的可持续发展涉及产业发展的经济、文化、环境以及旅游目的地内部各个要素，旅游目的地的发展应建立在经济增长方式的转变上，实现旅游经济由以数量和速度为主的特征向适度速度、精品质量和协调发展的方向转变，确保旅游资源的可持续利用，旅游目的地高效运转，旅游目的地经济的持续发展及社会、文化与伦理、道德的继承和发展。

2. 共同进化

旅游目的地可持续发展是一种公平发展思想、人类与自然界共同进化的思想。旅游目的地可持续发展是指以旅游资源为基础的综合旅游系统的持续良性运行和发展，以及旅游资源综合效益的持续产出。它涉及旅游经济可持续发展、旅游生态环境可持续发展和旅游社会可持续发展三项基本内容。其中旅游经济可持续发展是基础，旅游生态可持续发展是条件，旅游社会可持续发展是目标。它强调旅游资源的开发规模和旅游目的地的发展速度必须与现有自然资源和生态环境相适应，谋求区域社会、经济、生态三个方面的最佳综合效益，反对为了谋取短期、局部利益而掠夺式开发、破坏旅游资源，确保不可更新资源的消耗最小化和可更新资源的持续利用。

旅游目的地可持续发展作为一种全新的发展思想、发展模式和发展战略，其实质是要求旅游与自然、社会、文化和人类的生存环境成为一个整体，以协调和平衡彼此间的关系，实现旅游发展目标和社会发展目标的统一，造就一种旅游可持续发展能力，保证旅游具有长期的发展潜力。其本质是既要考虑当前旅游发展的需要，又要考虑未来旅游发展需要，不能以牺牲后代人的利益为代价来满足当代人的利益。其核心问题是人们的旅游目的地活动与旅游目的地发展不能超越区域旅游资源的潜在保障力、区域社会经济的潜在支持

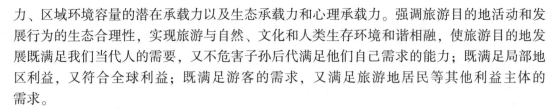

力、区域环境容量的潜在承载力以及生态承载力和心理承载力。强调旅游目的地活动和发展行为的生态合理性，实现旅游与自然、文化和人类生存环境和谐相融，使旅游目的地发展既满足我们当代人的需要，又不危害子孙后代满足他们自己需求的能力；既满足局部地区利益，又符合全球利益；既满足游客的需求，又满足旅游地居民等其他利益主体的需求。

（二）旅游目的地可持续发展强调公平性、持续性和共同性

1. 公平性

旅游目的地可持续发展强调公平性是旅游资源合理利用得以实现的根本目标，是社会可持续发展的保证。旅游目的地可持续发展的公平发展思想强调当代人公平，即通过旅游资源开发发展旅游业，满足各国各地区旅游者的需要，促进经济落后的国家或地区经济发展，逐步消除两极分化现象；也包含代际公平，即在开发旅游资源满足当代人旅游发展需求的同时，给后代人发展旅游业留下优越的条件；以及有限旅游资源分配使用的公平，即各国各地区享有按照本国（地区）环境与发展政策开发利用本国旅游资源的主权，并负有确保其管辖范围内或其控制下旅游活动，不致损害他国旅游环境的责任。要求人们树立"有序发展"或"适度发展"的旅游发展观，切实做到现时的发展不危及子孙后代的长期发展。现实的所有变化，必将影响未来的发展。当代人能为后代人留下什么样的基础，是当代人的崇高责任，是我们必须严肃对待的重大问题。现实的发展应该为未来的发展提供更具发展潜力和空间的基础。

2. 持续性

旅游目的地可持续发展强调持续性是旅游资源有效保护得以实现的重要措施，是生态可持续发展的保证。旅游资源和旅游环境是现代旅游活动的对象，是发展旅游业的基本条件，保护和优化旅游资源和旅游环境是旅游目的地可持续发展的基础。旅游目的地可持续发展的思想，强调旅游资源开发要与旅游资源保护相协调，旅游目的地发展速度要与发展质量相协调，旅游发展规模要与自然承载能力相协调，旅游经济效益要与生态效益相协调，实现"生态-经济-社会"三维复合系统整体的良性互动和可持续发展；旅游目的地的发展是一项复杂的系统工程。区域旅游发展与旅游资源、社会经济、环境容量的相互作用关系是衡量区域旅游目的地持续发展的关键。任何超越客观条件的超前发展和人为限制旅游目的地发展的滞后性做法，都会阻碍旅游目的地可持续发展的实现。

旅游发展与环境保护的关系，是种良性的互动关系。良好的生态环境是旅游可持续发展的物质基础。只有得到精心保护、处在良性循环状态的自然环境和人文景观，才能将人们的旅游愿望转化为现实的旅游需求。因此，环境保护为旅游目的地的可持续发展提供了基础，同时，旅游的健康发展，也可推动环境保护的发展，可以实现部分自然资源的永续利用，减少资源开发造成生态破坏。为此，既要提倡积极发展旅游业，在发展中提高发展质量，又要强调在资源开发中，坚持保护与开发并重，合理开发，优化利用。对多数旅游资源富集且具备发展条件的地区，应通过积极发展旅游促进资源保护；对少数生态环境脆弱、敏感的地区，实行封闭式的保护管理。旅游可持续发展要以保护自然旅游资源和旅游环境为基础，同旅游资源与旅游环境的承载力相协调。旅游可持续发展的思想实质是要求人们放弃传统的高消耗、高增长、高污染的旅游发展方式。旅游目的地可持续发展的核心

是人类的全面发展。

3. 共同性

旅游目的地可持续发展强调共同性是人类之间及人与自然之间和谐相处得以实现的基本要求，是旅游目的地可持续发展的保证。旅游目的地可持续发展的共同发展思想，强调旅游资源和自然美景是世界人民共同的财富，应供全球共同享受。发展旅游是全人类的共同利益和共同需求，保护旅游资源和美化自然环境是全人类的共同责任，应该采取国际统一行动。旅游目的地可持续发展的公平性和持续性原则，世界各国应该共同遵循，各国发展旅游必须坚持人类与自然界共同进化。

三、旅游目的地可持续发展的目标

旅游目的地可持续发展要增进人们对旅游所产生的环境效应与综合效应的理解，强化其生态意识、未来旅游需要意识、整体开发意识、文化内涵意识，促进旅游的公平发展，改善旅游接待地区居民的生活质量，向旅游者提供高质量的旅游经历，保护未来赖以开发的环境质量。区域旅游目的地可持续发展研究的着眼点，应该是旅游活动在时间和空间上有机联系的作用规律和发展机制。从时间维度方面，旅游目的地可持续发展强调旅游资源的世代公平分配、旅游过程的顺畅运行、旅游发展的稳定、健康，强调人类在旅游发展上的伦理道德与责任感。从空间维度方面，旅游目的地可持续发展强调产业结构的均衡协调，强调旅游管理的整体有序。旅游可持续发展是一个多层次的多元构成的目标体系，主要包括生态环境可持续性、社会可持续性和经济可持续性三个方面。

（一）生态环境可持续性

生态环境可持续性，是指在一定限度内维持生态系统的生产力和功能，维护资源和环境基础，保护其自我调节、正常循环能力，增加生态系统的完整性、稳定性和适应性。由于旅游发展过程中充满各种各样的矛盾，缩小旅游目的地开发者主观愿望与实际行动对环境造成的影响之间的差距，维持旅游生态系统的平衡以保证旅游资源的持续利用，是旅游目的地可持续发展的基本目标和准则。

（二）社会可持续性

社会可持续性，是指利用最小的资源成本和投资获得最大的社会效益，长期满足社会和人类的基本需要，保证资源和收益的公平分配。旅游目的地可持续发展在社会方面要达到的主要目标之一就是满足需要，包括旅游目的地社会（居民）需要和满足旅游者的旅游需要。旅游可持续发展的社会方面另一项主要目标就是体现社会公平，包括同代人的公平发展和公平分配以及代际间的公平发展和公平分配。

确保当代人和后代人都能享有优美的旅游环境、高效的旅游经济效益和充分满足的旅游需求；确保各国各地区旅游资源的合理分配和公平使用，鼓励各国各地区充分发挥各自的旅游资源优势，开发各具特色的旅游产品，增加资源类型和旅游产品互补概率，共同保护、美化旅游环境，共同为各国各地区旅游者提供高质量的旅游服务，共同享受全世界的自然美景和人类文明，并通过旅游活动，实现旅游资源互补和旅游消费更加多样化和高级化。同时，通过国际旅游增进友好往来，促进国际间经济、文化、科技交流，推动区域经济平衡发展和共同富裕，加强各国人民之间的相互了解，加深各国人民的友谊，实现人类

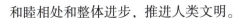

和睦相处和整体进步，推进人类文明。

(三)经济可持续性

经济可持续性，是指用最小的资源成本和投资获得最大的经济利益，同时保证经济利益的稳定增长，防止任何急功近利的短期行为。旅游目的地可持续发展的经济方面的目标就是对旅游业长远利益的关注，包含了对环境成本的考虑。旅游资源的开发利用必须服从当地经济利益发展的总体规划，并保证旅游目的地开发商、旅游经营者的可获利性。与此同时，充分考虑环境成本的效率，把环境污染费用和自然资源的耗费计算在生产成本之内，关注旅游业的长远利益。树立新的旅游资源观和旅游资源忧患意识，合理确定旅游客容量，适度控制旅游发展规模，切实保持旅游容量动态平衡，高效地利用旅游资源，不断地推出高品位旅游产品，高水平地进行经营管理，从而在不冲击环境生态效益和不损害下一代人利益的基础上，实现旅游经济的高效益以及旅游效益与生态效益的协调，保证旅游经济在有序的市场环境中运行和旅游地社会、文化与伦理、道德的继承发展。

旅游可持续发展三方面的目标，存在对立统一的关系。生态环境可持续性是经济利益性的基础，没有生态环境的可持续就没有经济的可持续性；没有经济的可持续性，生态环境的可持续性便失去了经济目的和动力；而经济的可持续性和生态环境的可持续性是为了满足社会的需要，社会可持续性的实现有赖于生态环境和经济可持续性的实现。

第二节　影响旅游目的地可持续发展实现的因素

一、决策者、投资者和经营者的思想意识偏差

人们对旅游经济特点的错误认识以及对"无烟产业"或"无污染产业"的片面理解，已深深地影响到其旅游决策。为求得高利润、高回报，投资及经营人员不顾资源吸引力大小和容量、潜在客源市场规模及依托地的条件而盲目开发与建设，政府部门也极力把快速发展旅游业当作政绩或招商引资的手段。过分强调数量、速度、经济利益，过度开发，超量接待，造成旅游资源高耗低效。而这种思想也在一定程度上促使游人只注重个人旅游经历的质量，而淡化了心理潜在的生态意识。人们对旅游经济特性的错误认识和片面理解，出现了许多决策失误。

(一)"低投入、高产出"论的偏差性

"低投入、高产出"论造成了旅游资源的严重破坏和生态环境的不断恶化。"低投入"出现的经费短缺，使旅游整体形象、旅游企业形象及旅游资源保护等方面的宣传严重滞后，影响了旅游业在国际上知名度的提高。同时在基础设施建设、资源开发利用方面的投入不足，使旅游企业规模难以扩大，质量难以提高，旅游业上档次、上水平缺乏后劲。利益驱动带来的短期行为严重地危及旅游资源生态的良性循环。

"高产出"激发了人们追逐高回报的冲动，旅游目的地的政府和企业为了本地和集体的利益，而不顾自然环境和社会经济文化环境的实际承受能力，采取了掠夺性的粗放型开发经营方式，贪婪地获取局部的、短期的利益。个别地方甚至把"发展旅游，带动地方经济"理解为可对风景区进行肆意开发、索取和掠夺性利用，并想方设法对国家风景名胜区实行

企业化经营，以使其变成自家的摇钱树。许多早已"超载"开发的景区、景点，为了牟利，继续成为破坏性的经济开发对象，有的把国家风景区和世界遗产地当作野外游乐场和"吃、喝、玩、乐综合体"进行开发，结果造成风景自然度、美感度和灵感度的下降，原貌严重受损，使这些传世数千年的名胜风景区遭到破坏。失控、过热的旅游目的地开发可能带来一定时期的旅游经济的高速增长和暂时的表面的繁荣，但伴生的往往是旅游资源严重浪费和破坏，对旅游经济可持续发展造成了致命的威胁。所以，转变观念，改变"低投入、高产出"的惯性思维，消除负面影响，促进旅游业的健康发展，是当务之急。

(二)"非耗竭性消费"论的错误导向

"非耗竭性消费"论误导了旅游资源的盲目开发。"非耗竭性消费"加重了资源供需的失衡、生态系统的破坏和整体环境的退化。"非耗竭性消费"论认为旅游资源主要是由可再生性资源构成的，而旅游消耗又基本上是精神消费的过程，因此旅游资源不存在耗竭的问题，可以不加限制地超规模开发利用。结果，面对数量庞大的旅游流，有限、脆弱的旅游生态环境承受了巨大的压力。其实，对于旅游资源来说，其原始性或自然环境状态才是根本属性。过度的旅游开发和旅游活动导致旅游资源被人为破坏，而各种重建的名胜古迹、人为开发的景点，其价值远远无法与原始状态的相提并论。可见，旅游资源并非绝对可再生资源，被无节制的旅游开发和旅游活动所消耗甚至破坏或毁灭的旅游资源和环境资源，无论如何也无法恢复到原来的价值。旅游资源的可再生性，必须建立在适度开发利用旅游资源和环境所允许的负荷内。那种"有资源就开发""靠山吃山、靠水吃水"的错误或片面思想，应该彻底纠正，真正把开发与建设思想统一到与社会和环境协调一致的可持续发展上来。

(三)"旅游业是无烟产业，不会对环境造成污染"论的误导

"旅游业是无烟产业，不会对环境造成污染"论误导了人们的思维，使人们在旅游目的地开发中忽视了资源、环境的保护和合理利用，旅游目的地人满为患。旅游目的地开发造成文物、资源破坏，环境污染，山河变色。旅游业产生的各种废物，对旅游目的地和社会环境构成了致命威胁。由于错误思想的指导，有些地区旅游业虽然有所发展，但蓦然回首，曾经锦绣的山川河流，如今还有几条澄澈的江河、几个碧波荡漾的湖泊？为了再造一个秀美的山川和家园，又要为之付出多少昂贵的代价？这些沉痛的教训，应该牢牢记住。

表面来看，旅游基本上没有物质生产活动，主要是再生性地利用自然及人文资源，和传统产业比，旅游应该是与环境保护、生态建设冲突最小的产业之一。自然环境作为旅游的重要资本，二者可以说是相辅相成，应该达到一种互惠互利的良性循环，实现环保与旅游发展的双赢。在旅游产品的生产过程中，似乎没有冒烟的烟囱，也没排放太多的废水、废气和废物。旅游过程中旅游者给景区带来的只是一些生活垃圾等废弃物，只要没有超过当地环境的承受力，环境是可以恢复正常的，旅游活动对自然环境的污染是有限的。然而，目前正是由于人们对旅游产品性质的误解，把旅游业简单地看成是无污染产业，根本没有认真采取有力的措施对环境加以保护，结果导致大量废弃物堆积，远远超越了自然环境的接纳消解能力，旅游活动的污染性质明显表露，旅游业已成为目的地环境恶化的污染者和破坏者。从广义上说，旅游对周围环境的污染，除了破坏当地自然资源，给当地自然环境带来恶性变化外，还会破坏当地的文化资源，给当地社会带来消极影响，甚至给当地社区带来难以平复的创伤。

（四）"旅游超前发展"理解的片面性

"旅游超前发展"的片面理解，造成旅游目的地的病态发展。旅游业的超前发展，是超越国民经济总体发展阶段，通过率先发展带动、促进相关行业的发展。但必须具备三个条件：一是拥有丰富的、吸引力强且可供利用的旅游资源；二是拥有充足的旅游客源及较高的旅游消费购买力；三是拥有较好的自然、社会、经济环境和足够的发展资金。建立在较弱经济基础之上的旅游业，要在短期内形成较强的产业体系，必须对其加大资金投入，而且追求的不能只是本行业内的经济效益，而是旅游经济的外部效益，特别是波及与连带效益。况且，旅游业发展必须经过规模积累、结构调整和水平提高三个发展阶段，需要各方面的整体配合和软硬环境的全面改善才能奏效。从旅游业自身效益分析，在国民经济基础较弱条件下，旅游产业的引入似乎是没有道理的。从短期效益分析，产业的投入与产出严重失衡，旅游业本身所具有的经济特性就难以充分体现。

由于对旅游超前发展没有正确的理解，在旅游业的高投入产出率的诱导下，有些地方政府不自觉地陷入旅游业"投资少、见效快"的幻觉中，也驱使趋利动机的企业和个人对旅游资源进行"一窝蜂式"盲目开发，旅游业逐渐笼罩在超常规发展或"虚拟增长"的阴影之中，以是否盈利为标准去开发利用旅游资源，使景区（点）肤浅化、庸俗化。这种以"尽快收回投资，实现盈利"为目的的不合理密集性开发，导致资源使用寿命大大缩短和旅游目的地的"媚俗现象"，造成旅游目的地氛围的严重破坏。

二、社会行为者的行为偏差

国民对旅游业的认识不足，致其行为偏差体现在宏观社会行为、微观人工行为和心理行为等方面。表现为：一是目的地旅游发展求数量、最大经济利益；旅游发展求快，无规律、无控制；纯经济目的，价格取向；数量化人员管理；放肆的促销手段；基础设施过度使用。二是旅游经营者的经济行为趋同，无特色、无限制地满足旅游需求；单一化经营和竞争；无计划的市场空间拓展；经营目标只求增长。三是旅游者对目的地知之甚少，只求表象感受；标准化的食宿和线路安排；讨厌异己；寻觅纪念品；体面炫耀。

目前问题的严重性在于，无论开发者或是旅游者，至少现阶段还缺乏开展科学生态旅游的观念和良好的环境意识，科学利用与保护措施在政府、企业及旅游者三个层面上明显脱节。

（一）国民环境意识淡薄，旅游相关人群环保意识不高

旅游经营者素质不高，低级粗糙的商业化景观泛滥，旅游资源受到严重破坏；饭店、餐馆经营不善，管理不严，污水、垃圾随处排放，环境受到严重污染；国民受教育的水平偏低，部分游客自觉的旅游环境保护观念远未形成，乱扔垃圾、乱写乱画、高声喧哗、践踏景物、破坏景观等不文明现象随时可见；许多生活在目的地内的居民由于缺乏环保意识，对自然资源掠夺性开采造成的破坏令人触目惊心。要扭转旅游资源破坏和旅游生态环境恶化趋势，必须增强公众环境意识，倡导科学旅游，营造文明旅游的社会环境氛围。

（二）旅游管理体制不顺，管理不力

在旅游目的地开发的过程中，管理体制和法规是旅游业可持续发展的重要保障。旅游目的地开发并不单单是旅游部门的事，应该包括生态环境管理部门、经济规划部门以及历

史文化管理部门。因此，旅游管理决策机构应该由环境管理、历史文物及文化娱乐管理等部门与旅游经营管理部门和社区居民代表组成，并在法律上赋予这个机构最终决策权，以保证旅游目的地开发和经营在可持续发展思想指导下得以协调、稳定、健康和持续发展。然而，目前中国旅游管理体制不顺，许多已开发或正在开发的景区都是由多家单位同时参与旅游经营，有利大家争，有问题互相推，与生态保护发生冲突的现象较为普遍。许多旅游目的地由主管旅游部门经办，利益为其所得，地方特别是保护区得益甚微，大大影响了地方的积极性，给旅游目的地的可持续发展带来不良影响。对许多自然保护区而言，往往是地方政府有规划，各级旅游部门有计划，各个旅游经营单位有打算，但它们之间缺少协调，相互冲突的现象极为普遍，在执行中随意变化大，缺乏严肃性和法律性，旅游业在宏观调控上基本处于一种失衡状态。而在微观上，各地旅游业又处于各自为政、恶性竞争中。自然保护区管理机构理应以自然保护为第一天职，充当旅游产业开发的监督者和管理者，却承担着开发功能，充当经营者。这种旅游宏观管理上的失控和微观管理上的失策，其根本原因就在于旅游管理体制的不合理和旅游法规的不健全或执行不力。

（三）整体管理水平和旅游科技水平低

旅游目的地的健康发展依赖于对生态环境状况的科学评估和科学管理，有赖于科技水平的提高。然而，中国许多旅游景区特别是自然保护区设施建设和管理水平不高，科学开展旅游的能力相当薄弱。对旅游资源没有科学的评估体系、评价标准和分类系统，对旅游资源缺乏系统全面了解，对旅游资源开发没有统一规划，对资源深层次研究不足、开发不够。导游不规范，导游讲解缺乏科学内涵。管理缺乏有效措施，对已经出现的环境问题往往只看到现象，不知道机理，更难以控制。所以，旅游资源盲目开发现象严重，简单模仿，低水平重复开发，产品无特色，文化品位不高，科技含量低，单一化经营和竞争，旅游市场拓展力度不够，既造成旅游资源浪费，又影响旅游产品的吸引力，对旅游目的地可持续发展构成威胁。

第三节　旅游目的地可持续发展的实现途径

一、树立旅游目的地可持续发展观

（一）树立可持续发展的理念

旅游目的地可持续发展是人类文明进步的必然呼唤，蕴含着深厚的哲理。实现旅游目的地可持续发展，必须树立可持续发展观念。这是因为旅游资源的合理开发受供需因素影响，市场供不应求就会刺激旅游资源的加速开发，供大于求则会抑制旅游资源的开发。而企业则更多地考虑经济效益和中短期利益，忽视社会效益、环境效益和整体长期利益。实际上，在市场经济条件下，政府也不具备在忽视供需规律和背离价值规律环境下，对旅游资源进行当代人与后代人及地区间开发与不开发的人为分配能力。实际上也没有哪种运行机制能真正解决好代际、地区之间旅游资源量的使用与分配问题。况且旅游资源需要不断更新，也是旅游资源开发必须遵循的永恒法则。只有人们牢固地树立旅游可持续发展观念，才能在不同的区域、不同发展阶段，自觉地把旅游目的地开发的经济效益、社会效益

和环境效益高度地统一起来，确保旅游目的地可持续发展战略的实施。

(二)树立发展旅游的产业观念

旅游作为一个产业，它在整个目的地中的支柱性、关联性、带动性和不可替代性地位，已经显而易见。中国旅游目的地要实现快速、可持续发展，需要有与产业特点和规律相适应的新观念来推动，树立包括新的旅游资源观、产品观、市场观、开发观、发展观和新的投入观等观念，按照旅游发展特点，遵循客观规律发展旅游。在旅游市场营销中要有大气魄，形成大格局、良性机制和依靠全社会办旅游的局面，推动旅游目的地可持续发展。

(三)树立系统协调的发展观

将所有优美景区(点)封存起来留给后人是对现代人的不公平，而超前消费完所有或大多数高质量景观则是对后代人的不公平。旅游目的地可持续发展思想，不仅仅是消极地不影响后代人的发展能力，而且要积极为后代人的发展创造更好的条件，即"造福当代，荫及子孙"，把青山、绿水、蓝天留给子孙后代，把凝结在旅游资源中的优秀传统文化传给子孙后代。有能力开发的，要好好开发；没能力开发的，要留给后人开发。所以，实现旅游目的地可持续发展，必须建立健全旅游可持续发展的政策体系、法规体系和综合决策机制、协调管理机制，规范旅游经营者和决策者的行为，处理好旅游目的地开发与环境保护的关系，遏制旅游资源的破坏性开发、旅游项目的低水平重复建设和旅游生态环境恶化的趋势，形成科学、文明旅游的社会环境氛围以及保持与其相适应的基础，实现旅游目的地的经济效益、社会效益和环境效益在可持续发展基础上的有机统一，推动经济繁荣、社会进步和生态和谐。同时，要依靠科技进步不断寻求新的可替代旅游消费品生产的资源，不断发展新的经济增长点，为后代人创造更好的生活环境和更有利的发展条件。为此，必须树立全社会(政府、企业、个人)共同参与的发展观、"全方位"多维合作(国内外、地区间多方位、多层次的交流与合作)的发展观和"立体型"系统协调(旅游、经济、社会和生态环境和谐发展)的发展观，确立旅游可持续发展的生态意识和行为意识，营造健康向上的凝聚力和明确的旅游理想与精神，促进政府行为、市场行为与公众行为在可持续发展思想指导下的统一。

(四)树立政府主导、区域合作、合理开发的发展观

旅游的产业综合性使其对宏观调控有较强依赖性，它的迅速发展离不开政府的支持和引导。旅游目的地可持续发展必须实施政府主导战略，发挥政府的主导地位和宏观调控职能(政府的作用主要体现在产业定位、资金支持、完善法规、依法治旅、政策引导、宣传活动、规范市场竞争和加强资源环境保护等方面)，才能对那些与旅游相关联的方面(如规划、建设、布局、价格、治安以及游、娱、购、吃、住、行等)进行全方位管理，规范其行为，使其协调发展。

旅游业的广阔特性要求打破景区(点)之间、部门之间、区域之间的壁垒，加强地域间协作，实施跨地区资源配置，把地方的旅游纳入全国旅游网，把本地的旅游线路延伸到周边省市区，实现各精品旅游景区(点)和黄金旅游线路的联网，确保各方面人、财、物以及各种旅游要素更有效的利用，提高旅游目的地(点)的吸引力，促进旅游业大发展。

实现旅游目的地可持续发展，要有持续发展的长远眼光和全新观念，要树立发展旅游

遵循生态、可持续发展思想，树立生态容量意识，把握住旅游景区和生态环境的承载力，必须遵循国际化标准，始终坚持保护第一原则，坚持严格保护、科学管理、合理开发、永续利用方针，加强对资源开发利用的宏观管理，实行严格有效的保护性开发利用，开发多样化的旅游产品，减缓旅游目的地承载力不足的矛盾。加强生态环境的管理与科学利用，科学有序地引导生态旅游。大力开展全社会"旅游可持续发展"的宣传与教育，增强"为了子孙后代和未来发展，自觉保护旅游资源"观念，逐步形成文明旅游、科学旅游、健康旅游的社会环境氛围。特别值得注意的是，那些目前可开发可不开发的旅游资源不要开发，要很好地保护起来；那些目前暂没有能力去开发的旅游资源，不要去搞破坏，等待后人去开发；目前有能力开发的旅游资源就要很好地开发出来。

二、科学制订旅游规划，完善旅游管理体系

(一)科学制订旅游规划

科学的旅游规划是实施可持续旅游的基本依据。可持续旅游过程是从规划到实施，从开发到管理，从经营到消费，反复进行理论与实践的结合过程，也是一项复杂的动态性系统工程，必须借助科学的规划才能实现。旅游目的地可持续发展规划的过程，本身就是论证目的地旅游资源开发利用和区域经济结构协调优化的过程，也是论证和挖掘区域旅游生产力持续发展的过程，所以不重视目的地旅游规划，或编制不出科学的旅游规划，就等于丧失了旅游可持续发展的科学依据。

目的地旅游规划是一个涉及多学科、多部门、多行业的综合性的系统规划，既包含宏观层面上的内容、又包含微观层面上的内容，既要从战略的高度来认识和思考，又要针对每一个具体项目和内容加以系统、周密的调查与研究，需要多学科、多部门、多行业协调配合才能完成。

现代旅游目的地发展规划除了要涉及传统型规划的基本内容外，还要侧重旅游产品开发、旅游形象策划、旅游客源市场开发、旅游文化建设、旅游网络组织、旅游环境与生态保护等内容。在各种主题旅游目的地的总体规划与设计上，必须重点考虑以下几个方面的问题：规划的基础条件、原则、要求和方法，区域内外交通布局，游览线路布局，环境容量确定，邮电、通信规划，水、电、能源供给，环境保护与绿化规划，宾馆、饭店、餐饮、文化、娱乐、购物等服务设施的布局等。

旅游规划的目标是依据有关基础条件和发展政策，对旅游发展的未来可能性所做的状态和位置抉择。旅游规划的指标是对该规划目标所确定的方位进一步量化所形成的一系列可度量的技术标准。旅游规划目标的制定与实施，通常须借助旅游规划指标这一工具，来实现对旅游发展实时状态或预测状态的度量。科学的旅游发展规划，是规范旅游业发展方向，实现旅游目的地可持续发展的关键。低水平规划的旅游目的地开发，会损害赖以吸引游客的自然和人文环境。只有高水平的规划才能把人们引入旅游可持续发展的轨道，指导一个区域旅游的健康发展。旅游目的地可持续发展规划，就是要用可持续发展理论准确评估旅游目的地发展现状，总结经验和寻求旅游持续发展目标间的差距，按照既要满足当代发展需要，又不损害后代发展的要求，制订能体现远近期规划有机结合、开发与保护并重思想的具有整体性和公平性的发展规划。旅游可持续发展规划必须按照营造大环境、着眼大区域、发展大旅游的思想，深入进行资源分析(资源评价与产品转化)、市场分析(旅游

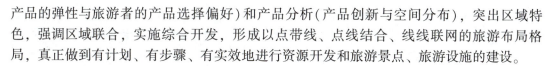

产品的弹性与旅游者的产品选择偏好)和产品分析(产品创新与空间分布),突出区域特色,强调区域联合,实施综合开发,形成以点带线、点线结合、线线联网的旅游布局格局,真正做到有计划、有步骤、有实效地进行资源开发和旅游景点、旅游设施的建设。

(二)完善旅游管理体系

完善的旅游管理体系是旅游可持续发展的重要保障。旅游的发展是一个十分复杂的系统工程,它与自然和社会有着密切的联系。推进旅游目的地的可持续发展,必须实施"政府主导型"战略,坚持"大旅游、大市场、大产业"的发展方向,充分考虑旅游目的地发展的区域性、空间性、时序性和约束性特点,着力解决和优化旅游的六要素,坚持对国家和地方旅游发展总体规划的指导。

政府部门应该根据本地旅游资源的特点和比较优势,精心选择旅游目的地发展战略,制定和实施有利于旅游目的地发展的产业政策和相关配套政策,加强旅游经济立法,培育旅游市场,健全市场体系,建立市场规则,完善市场秩序,维护公平竞争,扶持、培养有发展能力的旅游企业家和具有发展潜力的旅游企业,促进旅游目的地发展。

管理部门要在完善的管理条件下,通过统一化管理,从宏观、长远、全面的角度考虑项目,分析其经济效益和社会、生态效益,通过发挥行业管理职能,推动旅游目的地有序、高效、持续发展,促进旅游目的地在生态的持续性、经济的持续性和社会的持续性方面协调发展。从旅游目的地可持续发展的思想实质来看,旅游发展规划制订的前提是区域旅游发展在特定的时空尺度上的发展潜力,即区域单项和综合旅游资源的潜在保障力、区域社会经济的潜在支撑力、区域环境容量的潜在承载力。区域旅游持续发展着眼于区域旅游资源的合理利用和区域经济结构的协调优化,谋求区域社会、经济、生态三个方面的最佳综合效益。

制定长期、中期、短期旅游业可持续发展规划,要高度重视发展旅游业与保护生态环境的关系,坚持"全面规划、严格保护、合理开发、永续利用"的可持续发展原则,不仅要充分考虑生态环境对旅游业发展规模、档次的承载能力和旅游业与经济社会发展水平相协调,而且要综合分析旅游业自身各要素(如旅游资源的结构、等级、客源市场)和旅游相关产业的基本情况,使旅游业保持适度发展规模,促进旅游业协调、稳定发展。制定地方旅游目的地可持续发展规划,不但要有合理利用资源、正确安排项目、争取永续发展的考虑,而且要有通过搞好规划、执行规划,把各有关部门、有关方面的积极性进一步组织和调动起来,形成各有关方面齐心协力办旅游的深层次的考虑;不但要考虑本地区的利益,而且要考虑其他地区、全国的利益,从中国国情和本地旅游业发展实际出发,为旅游目的地崛起腾飞描绘蓝图。

旅游目的地可持续发展必须在宏观规划的基础上和健全的法制保障下进行。在旅游目的地开发的过程中,管理体系和法规是旅游可持续发展的重要保障。目前,旅游宏观管理上的失控,很大程度是因为管理体制不完善、法规不健全。当务之急,还必须建立可持续发展管理体系、法制体系和发展规划,并在法制上保证各项规划的落实,实现旅游企业制度现代化和旅游产品经营市场化。

现代旅游随着规模、数量、增长幅度和对社会、经济、文化各方面的影响,以及社会参与程度进一步扩大,"大旅游""大市场"要求实施"大管理",要求管理应是全面的(能覆盖全行业)、全方位的(能对多层次的市场充分发挥作用)和权威性的(能形成切实的调控作用），实现由单一部门管理旅游向相关部门共同管理旅游的方式转变。由于旅游的综合性和依托性导致其行业跨度大、行业界线模糊。旅游业的这一特性决定了旅游管理是一个社会系统工程，不仅要强调管理，更要建立起促进发展的机制。所以，理顺旅游管理体制，促进旅游产业发展，除了充分发挥旅游局行业管理职能外，还必须建立一种更为理想的管理方式（如旅游产业委员会、旅游管理委员会、旅游工作委员会等），统筹规划本地区旅游发展目标和任务，制定本地区旅游发展政策、措施、规定和办法，协调解决旅游目的地发展中的各种重大问题，监督、检查本地区旅游服务质量、市场秩序和安全问题，指导本地区旅游商品开发，切实做好旅游业与其他产业的协调，实现旅游经济与其他经济深度结合，协调好旅游业与其他各部门之间的关系，形成一个各方和谐、左右顺畅、内外衔接的旅游发展新格局，解决旅游市场管理中的重叠和"真空"，形成"通盘规划、整体协调、促进发展"的管理机制。

作为以调节、规范、指导、服务为主要工作职能的旅游行业管理来说，为了适应行业运行和发展的实际需要，在不同时期主要任务和工作目标是不同的。目前，随着入境旅游的进一步发展，出境旅游的快速兴起和国内旅游的迅猛发展，以及旅游消费者对旅游产品质量要求的提高，权益保护意识的增强和强烈的参与要求，加强对旅游市场的规范、监督和检查，优化旅游环境，提高服务质量，保护旅游者合法权益，就成为旅游行业管理的主要任务及其重要目标，所以完善管理制度，提高管理水平是当务之急。

三、增强公众环境意识，倡导科学文明旅游

（一）教育旅游者、旅游企业及从业人员和当地居民承担各自保护生态环境的责任

教育旅游者、旅游企业及从业人员和当地居民承担各自保护生态环境的责任，是促进旅游经济可持续发展的关键。旅游业的前景是令人振奋的，但美好前景的基础是确保旅游目的地的健康发展。而旅游目的地健康的、可持续的发展，必须重新塑造人类与地球的新型关系，培养人们对后代的责任感，努力使旅游与人类的自然、文化和生存形成一个和谐优美的整体。这是因为旅游业属于资源产业，是一个依靠自然禀赋和社会馈赠的产业，优良的自然资源和人文资源是旅游业赖以生存和发展的重要根基，保护生态环境是旅游业可持续发展的重要保障。人们的人文素质高低和环境意识的强弱直接影响到旅游环境，一个不文明的游客对旅游环境造成的不良影响，要超过10多个文明游客的承载量）。游人不文明行为是造成旅游环境污染与生态破坏的一个不可忽视的原因。必须加强对游人进行广泛的、有效的环保宣传教育与管理，规范游人的文明行为，提高旅游伦理水平，实现科学文明旅游。

旅游对环境的破坏是"人为"的破坏，要实现旅游目的地可持续发展必须进行"人为"的努力，强化旅游者对旅游业可持续发展问题的认识，全面实施高科技开发管理策略，全面提高旅游从业人员的服务水平，提高当地政府官员对旅游目的地可持续发展的支持，全面提高人们的旅游伦理水平。

（二）提高人们的旅游伦理水平，实现科学文明旅游

提高人们的旅游伦理水平，实现科学文明旅游，是促进旅游目的地可持续发展的基本保障。旅游伦理是人们在旅游活动中所应遵循的道德规范的总和。人们在旅游活动过程中，必须正确处理好人与自然、人与文物古迹和旅伴之间等系列复杂的关系，通过道德规

范给人们的旅游行为指示道德方向，并内化为人们旅游行为的习惯。

尊重爱护自然，实现人与自然的和谐，是旅游伦理的一个基本规范。旅游本是拉近人与自然距离的有效途径，人们通过对美好山水风光的欣赏，可以萌生对自然的热爱，从而更加尊重自然，爱护自然。然而，有部分游客在旅游中虽然身体融进了自然，心灵却没能与自然沟通，结果攀折花卉树木，偷猎保护动物，破坏旅游资源，到处乱写乱画，随地乱抛废弃秽物等与自然对立冲突的现象屡见不鲜。可见，人们要亲近自然、回归自然，则应当在旅游中尊重自然、保护自然，实现与自然的高度和谐。

尊重保护文物古迹，实现人与历史的和谐，是旅游伦理又一个基本规范。人们对未来生活的盼望是不能离开历史的轨迹的。每个人都承载着一定的历史文化。人们之所以喜欢游览名胜古迹，观赏历史文物，除被其古朴瑰丽的外形所吸引外，更重要的是为其深邃辉煌的历史文化所陶醉。为了创造更辉煌的明天，人们需要通过游览名胜古迹，观赏历史文物来感受历史，了解历史，以便更好、更从容地面对现实，迎接未来。要真切地感受历史，充分地了解历史，则应尊重和保护浓缩着历史精华的文物古迹。尊重保护文物古迹就是尊重保护历史。所以，那些破坏古迹、偷盗文物的行为，不仅要受到道德谴责，而且还要受到法律制裁。

相互尊重，相互关心，相互帮助，实现人际关系的和谐，是人们用来调节旅游活动中人与人关系的道德规范。旅游活动既是个体行为，也是群体行为，在旅游活动中人们都要面对和处理一系列的人际关系，处在高度紧张、竞争激烈、人情淡漠状态中的人们，在旅游活动中不仅要去亲近自然、回归自然，感受历史、了解历史，而且还要去追求人际关系的轻松、愉快和温馨。可见，提高人们的旅游伦理水平和道德素养，增强公众环保意识，实现科学文明旅游，是实现旅游目的地可持续发展的基本保障。

四、研究旅游发展趋势，实施旅游发展创新

（一）遵循旅游发展趋势，是旅游目的地可持续发展的重要保证

从新中国现代旅游发展的 70 多年历史来看，在旅游资源开发、旅游产品开发、旅游产业功能、旅游市场发育、旅游增长方式、旅游企业竞争等方面，都有了很大的发展。其特点表现如下：旅游资源开发已由普遍开发、重点开发，发展到创新开发；旅游产品开发已由资源依托性开发、资源深化开发，发展到市场导向开发；旅游产业功能已由经济功能、多种功能，发展到注重生活质量阶段；旅游市场发育经历了白领化、大众化旅游阶段，发展到细分化旅游阶段；旅游增长方式从自然性增长、竞争性增长阶段，发展到共赢性增长阶段；旅游企业竞争从价格竞争、质量竞争阶段，发展到了文化竞争阶段。今后，中国旅游发展要从旅游大国走向旅游强国，关键在于改善旅游目的地的国际形象。要通过新的经济增长点形成新的支柱产业，重点在于扩大产业规模，提高关联带动作用。为了实现这一目标，必须树立新的旅游资源观、产品观、开发观、市场观和发展观，实施旅游发展创新，夯实发展基础，扩大产业规模，突出特色，铸造精品（精品景区、精品线路、精品饭店、精品产品、精品网站），增强竞争能力，瞄准国内外市场。

我国旅游业面临融入全球经济一体化和中国经济格局的嬗变，新的挑战已迫在眉睫。纵然，我国旅游业从产品、服务、人才、技术促销的提高到景区开发、旅行社企业建设、饭店的规模控制等诸多方面都有待改进和提高，但最贴切的、也是最根本的还是"创新"二

字。随着经济的发展和民众生活水平的提高，人们对旅游中享乐、体验、情趣、舒适、温馨和求新求异的需求与期望越来越高，越来越多样化，也越来越讲究个性满足。创新就是要从这个基本出发点去构思新产品和新服务，来满足人们"喜新厌旧"的心理。创新，并非高不可攀，绝大多数的创新，并非无中生有。只要心中真正存有"顾客"，那么在产品和服务上改进、调整、完善或更新，都能博得相应客源市场的青睐。不过，作为创新的后盾却离不开技术、认真的市场调查和高水平的策划构思。

（二）旅游科技创新是实现旅游目的地可持续发展的根本

旅游科技创新将使大众获得更大的娱乐空间和行为自由度，刺激对各种旅游服务的要求，还将扩大对旅游业的整体投入规模，推动新型旅游消费产品市场的成长，从而促使旅游业规模加速扩展，产业竞争格局快速重组；变革旅游企业的运作方式，使旅游企业有机会和有条件根据游客的满意程度，有针对性地提供个性化服务，建立以游客满意度为中心的商务管理模式；还将创造新的旅游消费方式，变革政府的管理促销方式，提高旅游服务水平和运营管理效率。

生产力要素（旅游生产力要素包括行、游、食、住、购、娱等方面）的科技创新是旅游科技创新最基本和最重要的领域，主要应该进行旅游资源与产品的创新，饭店、餐饮业中的科技创新，旅游交通与运动探险类设备的科技创新，旅游商品、纪念品的科技创新，旅游娱乐休闲项目的科技创新，旅游服务与运营保障体系的科技创新，旅游促销和管理的科技创新等。旅游资源观念创新，就是要充分认识旅游资源是可以挖掘、创造的，先天不足，后天不懈。谁创造出好的资源，谁就把握了市场机遇。市场创新就是要以创新带动需求，以高品位文化引导旅游消费，依靠不断创新高品位旅游产品去保持旅游景区的吸引力，在动态中引领消费时尚，引导旅游需求。管理创新就是要建章立制，严格执法，强化服务，提高质量，通过管理出水平、出效益。旅游作为情感型经济，以人的服务为其精髓。在旅游业"六大要素"的产品链中，贯穿并渗透其间的人格化服务，堪称主体产品，因而加强管理，努力提高服务质量，对于以提供人的服务为天职的旅游产业来说，其决定性意义是显而易见的。尤其是在文明高度发展的今天，如何强调管理创新和服务质量也不为过。所以，围绕服务质量这一中心，强化管理、依法管理、规范管理、合同管理，保证服务质量在游客的实际旅游活动中得到落实，为旅游者提供便捷、有效、高质服务是旅游行业的当务之急。旅游市场的激烈竞争，加速了产品更新换代的周期，这就要求，一方面通过高科技、高投入的手段，开发出高起点、高品位的新产品投入市场，另一方面要依据自身的资源特点和市场需求指向，对现有的资源和产品进行深加工和文化"包装"，变单一的观光型产品为结构完善、内容丰富的多元化的产品，使旅游者获得参与、求知、精神享受和审美情趣方面的满足。

五、正确处理旅游资源开发与环境保护

旅游资源是人类共有的资产，从国家和人民的全局长远利益出发，保护它不至于遭受无可挽回的破坏，使之可持续开发利用，充分发挥其整体效益，是各国政府和每一位公民的共同责任。

（一）旅游资源开发与环境保护同步规划、同步实施

旅游业可持续发展涉及旅游经济可持续发展、旅游生态环境可持续发展和旅游社会可

持续发展三个方面的协调统一。强调旅游资源的开发规模和旅游业的发展速度，必须与现存自然资源和生态环境相适应，谋求区域社会、经济、生态三个方面的最佳综合效益，造就一种旅游可持续发展能力，保证整个旅游业具有长期的发展潜力，实现旅游与自然、文化和人类共存环境和谐相融，使旅游业发展既满足当代人需要，又不损害后代人满足自身需要的能力；既满足游客需求，又满足旅游地居民需求。

旅游资源绝大多数是不可再生的，特别是对世界遗产和国家级的风景名胜区、自然保护区、森林公园、历史名城、重点文物保护单位的开发利用，必须坚持"严格保护、合理开发、永续利用"的原则，要对祖先和子孙后代负责。要开发和利用好有限的旅游资源贵在创新。旅游环境是最好的旅游资源，而旅游环境的治理要靠有效的管理。要认真贯彻旅游业可持续发展的方针，切实搞好旅游资源与环境的保护工作。景区和服务区要严格分开，景区重点是保护，服务区重点是发展。要全面普查和评估资源，明确保护对象、目标和区域。依法实施"严格保护、统一管理、合理开发、永续利用"方针，努力实现旅游业可持续发展。坚持先规划，后开发，正确处理好自然景观、人文景观开发与保护的关系，协调好经济效益与社会效益、眼前利益与长远利益、局部利益与全局利益的关系，确保旅游目的地开发与环境保护同步规划、同步实施、同步发展；要切实治理环境污染，维护旅游资源，加强环保教育，提高全民环保意识，指导广大旅游者、经营者和全社会公众爱护环境、保护资源。特别是景观旅游资源的深层次开发和可持续利用，必须加快景观旅游资源立法保护，以法的形式阐明国家风景名胜景观的珍贵价值，规定相适应的管理体制和保护管理机制，排除部门、地方狭隘思想的干扰。要制定严谨、科学的资源评价标准，规定开发审批程序，规范利用行为，严格规定开发建设规模、保护责任和处罚办法。在行政立法的同时，要配套搞好各种规章制度和技术规范标准系列的建设，并明确执行主体，严格依法行政。保护利用好自然文化遗产和景观旅游资源，必须严格实行功能分区原则。风景区内的核心区严禁进行经济性开发和商业性建设，切实保护景观的自然与历史文化原作的真实性、完整性及风景区的自然度、美感度和灵感度，为游客提供最佳的景观，最大限度地满足旅游者的精神、文化消费需求。风景区内的控制区要限制经济性开发，尽量把旅游服务设施减少到最低限度。风景区外围开发区要积极开发旅游服务基地，大力发展第三产业，为核心区和控制区提供最好的食、住及娱乐服务，充分满足游客各方面的需求，形成景区内外功能分区明确、协调发展的格局，迅速改变目前错位开发、超载接待的状况。

(二)风景名胜区管理者与经营者角色的分离

管理者只能充当管家或服务员的角色，而不能充当业主的角色。管理机构应是非营利性机构，对景区旅游景观只有监督保护的义务，而没有随意支配的权利。任何个人、单位或地方政府，都无权把国家风景名胜区作为自己的摇钱树。经营者必须在有关法律法规的规范内进行独立自主经营，并接受地方政府和景区管理者监督和指导，严格规范经营行为，自觉保护景观旅游资源，坚决杜绝那些只顾局部利益和短期利益，而不顾自然环境和社会、经济、文化环境的实际承受能力，对景观旅游资源进行掠夺性和破坏性开发，把风景区和世界遗产地当作野外游乐场和"吃、喝、玩、乐综合体"进行野蛮开发的行为。切不可吃祖宗饭，断子孙路，要把青山、绿水、蓝天留给子孙后代，把凝结在旅游资源中的优秀传统文化传给子孙后代。切实做到有能力开发的就要很好开发；暂时没有能力开发的，要很好地保护起来，等待后人去开发。

本章小结

　　旅游目的地可持续发展是指在充分考虑旅游与自然资源、社会文化和生态环境相互作用和影响的前提下，把旅游目的地开发建立在生态环境承受能力之上，努力谋求旅游业与自然、文化和人类生存环境协调发展，并福及子孙后代的一种旅游发展模式。旅游可持续发展的实质：强调人与自然和谐共存、共同进化；旅游目的地可持续发展强调公平性、持续性和共同性。旅游可持续发展的目标体系主要包括生态环境可持续性、社会可持续性和经济可持续性三个方面。

　　影响旅游目的地可持续发展实现的因素有：决策者、投资者和经营者的思想意识偏差；社会行为者的行为偏差。要实现旅游目的地的可持续发展，应该做到：树立旅游目的地可持续发展观；科学制订旅游规划，完善旅游管理体系；增强公众环境意识，倡导科学文明旅游；研究旅游发展趋势，实施旅游发展创新；正确处理旅游资源开发与环境保护。

关键术语

　　旅游目的地可持续发展；旅游经济可持续发展；旅游社会可持续发展；旅游生态环境可持续发展

参考资料

　　[1]张满林，吴云超．旅游经济学[M]．电子工业出版社，2013．

　　[2]布尔．旅游经济学[M]．大连：东北财经大学出版社，2004

　　[3]庞闻，马耀峰，唐仲霞．旅游经济与生态环境耦合关系及协调发展研究——以西安市为例[J]．西北大学学报(自然科学版)，2011(6)．

　　[4]冯小鸽．论生态旅游可持续发展战略[D]．乌鲁木齐：新疆大学，2012．

　　[5]刘莹莹．"两型文化"与旅游可持续发展研究[D]．武汉：华中师范大学，2012．

　　[6]尤海涛．基于城乡统筹视角的乡村旅游可持续发展研究[D]．青岛：青岛大学，2015．

　　[7]涂自力．基于生态伦理的旅游可持续发展问题研究[J]．西南民族大学学报(人文社会科学版)，2012(8)．

　　[8]赵承华．乡村旅游可持续发展问题分析及路径选择[J]．农业经济，2018(4)．

　　[9]张朝枝，杨继荣．基于可持续发展理论的旅游高质量发展分析框架[J]．华中师范大学学报(自然科学版)，2022(1)．

网络资源

　　1. 中国生态旅游网：http://www.cntsk.cn/default.aspx(了解生态旅游信息)；

　　2. 中华人民共和国文化和旅游部网站：http://www.cnta.com/(了解旅游可持续发展

的相关政策信息）;

3. 中国旅游研究院：http：//www.ctaweb.org/（了解旅游可持续发展的最新动态信息）。

 **分析与思考**

1. 什么是可持续发展？如何理解旅游可持续发展的内涵？
2. 你认为影响旅游可持续发展的因素有哪些？
3. 推进旅游目的地可持续发展应树立哪些观念？
4. 旅游目的地可持续发展应抓好哪些重点内容？
5. 结合实际，分析如何实现旅游目的地的可持续发展。

 技能训练

1. 访问中华人民共和国文化和旅游部网站，查找10年内国家关于旅游可持续发展的政策和法规，并整理成文。
2. 借助网络资源和图书期刊文献，分析影响我国旅游经济可持续发展的因素，并根据自己的认识提出合理化建议。

 案例分析

"城在山水中，家在花园中"，这是记者在惠州采访的切身感受。"半城山色半城湖"的惠州森林覆盖率达59%，山、湖、江、海、泉、瀑、林、岛等自然资源星罗棋布。

近年来，惠州不断完善城市功能，加大了对旅游产业的发展力度。从早期的西湖、罗浮山到如今的滨海度假旅游，从龙门的农民画庄到惠阳生态旅游，从东坡乐园到五星级度假区的兴起，惠州旅游业正逐步实现由观光旅游型向休闲度假型的转变，由注重客流量型向注重经济效益型转变，由低档次的粗放服务向高标准的优质服务转变。

发挥优势实现旅游业可持续发展

翻开惠州市的旅游地图，不难看到，惠州南部环海，有大亚湾海域、巽寮湾、平海古城，中部有惠州西湖、罗浮山，北部有南昆山，构成了由南到北的百里生态旅游长廊。

惠州市相关负责人介绍说，惠州市旅游业具备四个明显的优势。

一是得天独厚的区位优势。惠州毗邻香港、澳门，有广大的客源市场。海陆空交通网络四通八达，广梅汕铁路、广惠高速、惠河高速、惠深高速、深汕高速贯穿境内，具有广阔的发展空间。

二是丰富独特的旅游资源优势。全市已建成的景区有近70处，国家和省级风景名胜区及自然保护区有18处。东江、西枝江横贯市中部，海岸线长223公里，境内雨量充沛，阳光充足，气候温和。

三是丰厚沉淀的文化内涵。惠州孕育了丰富而有特色的民俗、民间文化，一直是东江流域的经济、文化、交通中心。

四是旅游大发展的政策支持。惠州市高度重视旅游业发展，"建设粤港澳地区旅游休闲度假基地"已经纳入当地正在建设的八大基地之一。

"惠州拥有得天独厚的自然资源、文化资源，旅游产业在惠州的城市发展中占据了很重要的地位。"惠州市相关负责人说，"但旅游业的发展不能仅依靠优美的自然风光，要用世界的眼光谋划惠州旅游业的发展，必须紧跟世界旅游发展的潮流和趋势。"

2005 年，惠州市明确了旅游产业发展休闲度假的品牌定位，市委、市政府出台了关于加快旅游业发展的实施意见。2007 年，又提出"建设粤港澳地区旅游休闲度假基地"的目标，为此，惠州专门加大了与珠三角及港澳地区的旅游目的地合作和旅游推广力度：发起了珠三角九市旅游合作《罗浮山宣言》，参与推出《广东旅游一票通》，借此平台加强区域旅游合作，与港澳地区分别签署旅游合作协议并加大了宣传推广力度。

经过几年的大力推进，惠州市"休闲度假"产品知名度和美誉度不断提高。"十一五"期间，惠州市旅游总收入、接待过夜游客人数分别从 2005 年的 49.94 亿元、459.86 万人次跃居到 2010 年的 140.82 亿元、1073.55 万人次，旅游总收入 5 年增长了 2.82 倍。

转变思路打造休闲度假胜地

传统制鞋产业、对外加工、现代农业长期以来是惠州市惠东县的支柱产业，"从前我们守着个金海湾却没淘到金"，惠州市惠东县委宣传部副部长赖国文说。

随着发展思路的转变，惠州人发现，优美的生态环境确实能带来经济效益。在惠东县巽寮旅游度假区的喜来登酒店，记者遇见了从深圳来此度假的张先生一家。"这里的环境非常好，海水很蓝，沙滩上的沙子也很细，踩在脚下很舒服。我们从深圳开车过来只需要一个多小时。周末来这里住两天，感觉非常好。"张先生告诉记者。

据了解，近年来惠东县引进了上亿元的旅游目的地开发项目，巽寮滨海旅游度假区就是其中之一。在惠州市的 8 个国家 4A 级旅游景区中，惠东县就占了 3 个。

惠东县还聘请中山大学编制了《惠东县旅游发展总体规划》。在规划的指导下，通过加强旅游资源的整合与开发，以巽寮滨海旅游度假区为龙头，加快发展生态旅游和红色经典旅游。与此同时，在巩固珠三角地区及港澳台客源的基础上，面向其他省市开展旅游促销活动。

惠州市旅游局局长崔爽告诉记者，2007 年惠州提出了要全力打造旅游业的"3510"工程，即建设"三大体系""五大旅游顶级品牌""十条精品线路"。这一系列的战略决策为惠州市旅游业注入了新的生机。

着眼未来推动区域旅游一体化

《珠江三角洲地区改革发展规划纲要（2008—2020 年）》中提到，珠江三角洲地区要建设全国旅游综合改革示范区，建成亚太地区具有重要影响力的国际旅游目的地和游客集散地。

"我们要适应区域经济发展的需要，谋求区域旅游一体化的发展。"惠州市相关负责人表示。

在 2009 年 4 月 2 日，以惠州市旅游局为发起者，联合广州、深圳、东莞、佛山、珠海、中山、江门、肇庆等八市，在惠州罗浮山共同签署了旅游合作《罗浮山宣言》。广东省旅游局副局长王志红表示，此次《罗浮山宣言》的签订，标志着珠江三角洲地区九市旅游合作一体化的正式启动。

"作为《罗浮山宣言》的发起方，未来几年，我们要将惠州融入珠三角大的一体化范畴，推动珠三角、泛珠三角、环珠三角的旅游发展。"崔爽说。

为加快深莞惠旅游"同城化"的推进，2010年深圳、东莞、惠州三市对跨界交通基础设施进行有效对接。惠深沿海高速公路、潮莞高速惠州段建成通车，新增高速公路通车里程97.4公里。

（资料来源：https：//www.thepaper.cn/newsDetail_forward《拓宽旅游业可持续发展路径》，《经济日报》，2011-4-23）

思考问题：

1. 结合上述背景资料，阐述旅游可持续发展的内涵和实质，并试分析影响旅游经济可持续发展的因素。

2. 上述案例中各地在拓宽旅游业可持续发展方面有哪些好的做法值得借鉴？除此之外，你还有什么意见和建议？